1 MONTH OF
FREE
READING

at
www.ForgottenBooks.com

By purchasing this book you are eligible for one month membership to ForgottenBooks.com, giving you unlimited access to our entire collection of over 1,000,000 titles via our web site and mobile apps.

To claim your free month visit:
www.forgottenbooks.com/free766441

ISBN 978-0-666-83404-1
PIBN 10766441

FESTGABE

DER

UNIVERSITÄT TÜBINGEN

FESTGABE

ZUM FÜNFUNDZWANZIGJÄHRIGEN REGIERUNGS-JUBILÄUM

SEINER MAJESTÄT

DES

KÖNIGS KARL von WÜRTTEMBERG

IN EHRFURCHT DARGEBRACHT VON DER

UNIVERSITÄT TÜBINGEN

TÜBINGEN 1889

H. LAUPP'SCHE BUCHHANDLUNG

KÖNIGLICHE MAJESTÄT!

Als die Universität Tübingen vor zwölf Jahren ihr vierhundertjähriges Bestehen feierte, konnte sie in allen Zweigen ihrer Thätigkeit den Rückblick auf die vergangenen Jahrhunderte damit schliessen, dass die Regierungszeit Eurer Majestät eine neue Epoche der Blüte und des Gedeihens für sie bezeichne. Seitdem ist kein Jahr vergangen, in dem unsere Hochschule nicht einen bedeutsamen Beweis der Fürsorge Eurer Majestät erhalten hätte, so dass in der langen Geschichte derselben nicht leicht eine zweite Periode von gleicher Dauer zu finden ist, welche einen ähnlichen Fortschritt aufweisen könnte wie die verflossenen fündundzwanzig Jahre. Welche Ursachen auch sonst zu dieser Blüte und zu der Stellung, welche die Universität Tübingen nunmehr unter den deutschen Hochschulen einnimmt, beigetragen haben: wir wissen, wie viel dieselbe nicht bloss in Gewährung der Mittel, sondern auch in dem Schutze ihrer Interessen der besonderen Huld Eurer Majestät, Höchstihrer persönlichen Teilnahme an ihrem Ergehen zu danken hat, und wir rufen heute mit der Gewissheit der Erfüllung jenes denkwürdige Königswort ins Gedächtnis zurück, mit welchem der Universität an der Schwelle ihres fünften Jahrhunderts in feierlichem Augenblick die Versicherung gegeben wurde, »dass Eure Majestät es als eine Ihrer ersten Regentenpflichten erkennen, dieses Kleinod des Landes zu schützen und zu pflegen«.

Dem Gefühle des Dankes für diese Huld an dem Tage Ausdruck zu geben, an

welchem Eure Majestät mit dem ganzen Lande das Gedächtnis fünfundzwanzigjäh-
riger glücklicher und segensreicher Regierung feiern, haben sich die sieben Fakultäten,
welche an unserer Universität bestehen, vereinigt, um Eurer Majestät in einem gemeinsamen Werke ihre Huldigung darzubringen. Voran wollen diejenigen Fakultäten,
welche für ihren Betrieb der meisten Mittel bedürfen, darlegen, in welch reicher
Weise in den letzten Jahrzehnten diese Mittel für Lehre und Forschung zur Verfügung
gestellt worden sind; die Beiträge der übrigen Fakultäten sollen, indem sie Gegenstände aus der Geschichte des württembergischen Regentenhauses und Staates sowie
aus dem gelehrten und literarischen Leben dieses Landes behandeln, zeigen, wie
sehr unsere Universität neben der allgemeinen wissenschaftlichen Aufgabe, die ihr
obliegt, sich mit den Geschicken und Interessen des württembergischen Landes verbunden weiss.

Gott segne, Gott erhalte Eure Majestät!

Ehrfurchtsvoll

DER AKADEMISCHE SENAT,

IM NAMEN DESSELBEN DER REKTOR

Dr. ERNST von HERZOG.

INHALTSÜBERSICHT.

DIE KATHOLISCH-THEOLOGISCHE FAKULTÄT:

Die katholische Landesuniversität in Ellwangen und ihre Verlegung nach Tübingen.
Von
Dr. Fr. X. Funk,
Professor der katholischen Theologie.

DIE JURISTISCHE FAKULTÄT:

Der Felonie-Prozess gegen Herzog Ulrich von Württemberg.
Von
Dr. H. von Seeger,
Professor der Rechte.

DIE PHILOSOPHISCHE FAKULTÄT:

Klassizismus und Romantik in Schwaben zu Anfang unseres Jahrhunderts.
Von
Dr. Hermann Fischer,
Professor der Germanischen Philologie.

DIE STAATSWISSENSCHAFTLICHE FAKULTÄT:

Die Verträge des Königreichs Württemberg über internationale Rechtshilfe.
Von
F. von Martitz,
Dr. jur. Dr. oec. polit. Professor des Staatsrechts.

DIE

NATURWISSENSCHAFTLICHE

UND DIE

MEDIZINISCHE FAKULTÄT

DIE UNTER DER REGIERUNG

SEINER MAJESTÄT

DES

KÖNIGS KARL

AN DER

UNIVERSITÄT TÜBINGEN

ERRICHTETEN UND ERWEITERTEN INSTITUTE

DER

NATURWISSENSCHAFTLICHEN
UND DER
MEDIZINISCHEN FAKULTÄT

———————

TÜBINGEN 1889
H. LAUPP'SCHE BUCHHANDLUNG

Indem die Universität sich anschickt, die fünfundzwanzigste Jahresfeier des Regierungsantritts Seiner Majestät des Königs Karl zu begehen, ist es für die beiden Fakultäten, welche in den letzten Jahrzehnten den Erfolg ihrer Wirksamkeit durch grossartige Institutsbauten sichern und fördern sahen, ein besonders tief empfundenes Bedürfnis, ihrem hohen Landesherrn, dessen wärmster Fürsorge die Universität sich stets zu erfreuen hatte, zu seinem Jubiläum ihren ehrfurchtsvollen Dank und ihre Huldigung darzubringen.

Die medizinische und die naturwissenschaftliche Fakultät glauben ihrem Danke keinen besseren Ausdruck geben zu können, als indem sie die ihnen zugeteilten Institute und Sammlungen, welche in der Mehrzahl unter der Regierung Seiner Majestät des Königs Karl neu errichtet oder wesentlich erweitert worden sind, in Wort und Bild zu beschreiben unternehmen, in der Art, dass Jeder Vorstand die ihm unterstellte Anstalt ihrer Entstehung nach schildert, die Wandlungen, welche der von ihm vertretene Wissenszweig an hiesiger Universität erfahren hat, darlegt, an der

Hand des Planes die Bestimmung der Räume angibt, welche der Jetzige Institutsbau enthält, und die vorhandenen Sammlungen, ihr Entstehen und Wachsen auf Grund des zur Verfügung stehenden Materials beschreibt.

Auf diese Weise hoffen die beiden Fakultäten einen Beitrag zur Geschichte der Universität Tübingen zu geben, welcher zugleich als ein solcher zur Geschichte der Naturwissenschaften und der Heilkunde überhaupt sich erweisen dürfte. Denn diese Wissenschaften haben in wenigen Jahrzehnten Charakter und Umfang des Betriebes durchaus geändert, und heute mehr als Je ist ihre Weiterentwickelung durch den Umfang der technischen Mittel und die Reichhaltigkeit und Vielseitigkeit des Materials bedingt, welches ihnen zur Verfügung steht.

Als ein Ausdruck für die Wandlung, welche in dem Verhältnis der Naturwissenschaften zu den anderen Disziplinen vor sich gegangen ist, ist es anzusehen, wenn die Universität Tübingen, anderen darin vorauseilend, die naturwissenschaftlichen und mathematischen Fächer von den philosophischen und medizinischen abgelöst und 1863 zu einer besonderen Fakultät vereinigt hat.

DieJenigen Institute der naturwissenschaftlichen Fakultät, welche am frühesten besondere für ihren Zweck eingerichtete Räume bezogen haben, sind das chemische Laboratorium (Pl. 2) und das botanische Institut (Pl. 3), deren stattliche Bauten, im Jahr 1846 errichtet, ihrer äusseren Gestalt nach übereinstimmend das Universitätsgebäude (Pl. 1) in der Wilhelmstrasse flankieren. Der Anbau an das Erstere sowie das Gewächshaus (Pl. 4) gehören dem letzten Jahrzehnt an. In nordwestlicher Richtung an das chemische Laboratorium anschliessend erheben sich die grossen und mit allen technischen Hilfsmitteln der Jetztzeit ausgestatteten Neubauten (1885 und 1888) des physiologisch-chemischen (Pl. 5) und des physikalischen Instituts (Pl. 6). Das zoologische und das mineralogisch-geognostische Institut, welche zur Zeit noch in ältern für diesen Zweck eingerichteten Gebäuden untergebracht sind, haben eine beträchtliche Bereicherung ihrer Sammlungen erfahren, deren Beschreibung hier nicht übergangen werden durfte. Das Gleiche gilt von der Sternwarte und dem mathematisch-physikalischen Seminar.

Zu den Instituten der medizinischen Fakultät gehört die anatomische Anstalt, welche zwar schon im Jahre 1835 aus der engen Sankt Jakobs-Kapelle in das anatomische Theater am nördlichen Abhang des Österberges übergeführt, aber noch im Jahre 1882 durch den Anbau eines grossen Präpariersaales vergrössert wurde. Das physiologische Institut, im Jahre 1853 in Folge der Trennung des Lehrfaches der Physiologie von dem der Anatomie als eine selbständige Anstalt gegründet, hatte zunächst in dem Anatomiegebäude seine Räume behalten, bis es im Jahre 1867 ein eigenes Gebäude (Pl. 7) beziehen durfte; Tübingen ist damit fast allen deutschen Hochschulen vorangegangen. Ebenso ist das 1874 erbaute pathologisch-anatomische Institut (Pl. 8) die erste unter den modernen Anstalten ihrer Art an deutschen Universitäten.

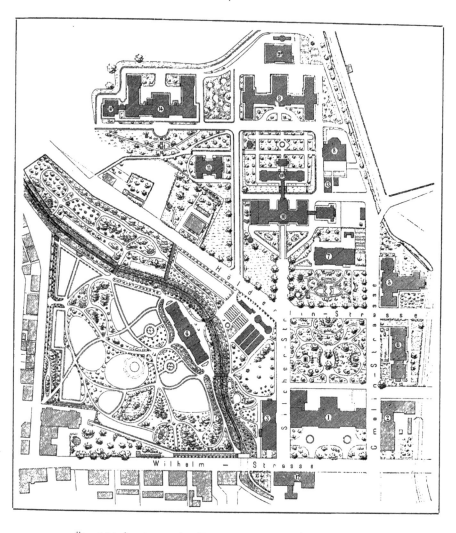

V

Übersichtsplan der um das Universitäts-Gebäude gelegenen Institute.

1. Das Universitäts-Gebäude. — 2. Das chemische Laboratorium. — 3. Das botanische Institut. — 4. Das grosse Gewächshaus im botanischen Garten. — 5. Das physiologisch-chemische Institut. — 6. Das physikalische Institut. — 7. Das physiologische Institut. — 8. Das pathologisch-anatomische Institut. — 9. u. 9 a. Die medizinische Klinik mit Dampfkesselhaus. — 10. u. 10 a. Die chirurgische Klinik mit Barackenbau. — 11. Das Isolierhaus. — 12. Die Augen-Klinik. — 13. Die Ohren-Klinik. 14. u. 14 a. Die geburtshilflich-gynaekologische Klinik und Wohnung des Vorstandes.

Die klinischen Anstalten, ursprünglich in dem aus der alten Bursa hervorgegangenen Klinikum vereint, haben sich von kleinen Anfängen in Folge der immer mehr wachsenden Zahl von Hilfesuchenden gewaltig vergrössert und, entsprechend der in neuerer Zeit vollzogenen Abzweigung von Spezialfächern, an Zahl vermehrt. So bezog zunächst die medizinische und chirurgische Klinik im Jahre 1846 gemeinsam ein neu erbautes Krankenhaus (Pl. 10), in welchem gegen hundert Kranke Aufnahme finden konnten; eine Baracke für chirurgische Kranke (Pl. 10a) wurde im Jahre 1869 angebaut. Dann wurde für die medizinische Klinik im Jahre 1878 ein stattlicher Neubau (Pl. 9) vollendet, während der chirurgischen Klinik das ältere Gebäude verblieb, dessen Erweiterung durch den Anbau eines Operations- und Hörsaales gegenwärtig zur Ausführung kommt. Die beiden Kliniken erhielten im vorigen Jahre ein Isolierhaus (Pl. 11) zur Absonderung ansteckender Kranker. Die Augenklinik (Pl. 12), im Jahre 1875 gegründet, wurde neuerdings durch einen Anbau erweitert. Die Ohrenklinik (Pl. 13) stammt aus dem Jahre 1888. In Ausführung begriffen ist die neue Frauen-Klinik (Pl. 14), welche bisher noch immer die Räume der alten Bursa inne hat.

Allen diesen in schönster Lage vereinigten klinischen Anstalten wird sich die Irrenklinik anreihen, für welche ein Neubau mit Raum für hundert Kranke demnächst in Angriff genommen wird.

Dr. PAUL BRUNS
d. Z. Dekan der medizinischen
Fakultät.

Dr. ALEXANDER BRILL
d. Z. Dekan der naturwissenschaftlichen
Fakultät.

INHALT.

ABBILDUNGEN.

Die Ansichten Nr. 2. 4. 5. 6. 7. 8. 10. 12. 13. sind nach Aufnahmen von Photograph W. Hornung, Nr. 9 und 11 nach Aufnahmen von Photograph P. Sinner, beide in Tübingen, Nr. 1 und 14. nach Zeichnungen der Architekten Lambert und Stahl in Stuttgart auf Grund der von Baurat F. Berner zur Verfügung gestellten Pläne, in Lichtdruck ausgeführt von Martin Rommel & Co. in Stuttgart.

Die Festschrift ist in Satz und Druck hergestellt durch die Buchdruckerei von H. Laupp jr. in Tübingen auf Papier der Neuen Papiermanufaktur Strassburg i/Els.

TÜBINGEN, im Juni 1889.   H. LAUPP'SCHE BUCHHANDLUNG
                                                   (J. G. KOTZLE).

NATURWISSENSCHAFTLICHE FAKULTÄT

DAS PHYSIKALISCHE INSTITUT.

DAS PHYSIKALISCHE INSTITUT.

I. GESCHICHTLICHES.

Über eine Sammlung physikalischer Apparate liegt ein Inventar vor aus dem
Jahre 1702. Sie gehörte dem Collegium illustre, einem im Jahre 1592 eröffneten
Internat, welches bestimmt war, Söhne des Landadels behufs Ausbildung als Staats-
diener kostenfrei aufzunehmen. Da diese Anstalt unabhängig von der Universität
war (alle Freiheiten und Privilegien derselben besass, ohne unter dem Senat zu stehen,
einen eigenen Rektor und eine Anzahl besonderer Lehrer hatte), so kann die Samm-
lung noch nicht als Universitätsattribut aufgefasst werden. Das Collegium illustre
(Jetzt Konvikt) scheint einen Hörsaal für Experimentalphysik besessen, seine Sammlung 1752 durch Herzog Karl eine erhebliche Vermehrung erfahren zu haben. Im
Jahre 1804 wurde sie auf das Schloss verlegt und zwar (wie mir Herr Prof. v.
R e u s c h mitteilt) ohne Zweifel so, dass die eine Hälfte des runden (im nordöstlichen
Thurm, zwei Treppen hoch gelegenen) Saales als Hörsaal, die andere mit etlichen
Schränken als Kabinet diente. Nach Herstellung des nördlichen Flügels der Bibliothek
(1818—1819) konnten die Instrumente in zwei Säle und einen Korridor dieses Flügels
übergeführt werden. Der Hörsaal wurde 1853 durch R e u s c h mit amphitheatralisch
angeordneten Sitzbänken versehen; «für den meist winterlichen Anfang des Sommer-
semesters sollte ein Öfelein wenigstens den Professor heizen.» Dasselbe, neben dem
Experimentiertisch, hatte ein kurzes, durch das Fenster geführtes Abzugsrohr für den
Rauch; im übrigen war der Hörsaal nicht heizbar und ohne künstliche Beleuchtung.
Dagegen war (1852) für Mathematik, Astronomie etc. noch ein heizbarer Hörsaal
disponibel (der östlichste Saal der Bibliothek — Südfront mit Balkon).

Praktische physikalische Übungen wurden in systematischer Weise und im Anschluss an theoretische Vorlesungen seit 1865 von R e u s c h gehalten.

Bereits im Jahre 1863 war ein Neubau projektiert und ein Plan dazu ausgear-
beitet worden. Der Jetzige Bau wurde im Frühjahr 1886 angefangen, im Herbst
1888 bezogen. Das Terrain, auf dem er steht, musste durch erhebliche Tiefer-

legungen und Korrektion von Bachläufen entwässert werden. Lange führten die Verhandlungen mit den verschiedenen Interessenten zu keinem Abschluss. Endlich, nachdem das Wasser über ein Jahr im Bau gestanden hatte, fand am 18. Juni 1887 auf wiederholtes Drängen der K. Staatsfinanzverwaltung und deren Baubehörde ein Zusammentritt aller Beteiligten statt, und es wurden die bezügl. Beschlüsse gefasst. Es vergingen aber noch mehr denn vier wertvolle Monate bis nach weiteren dringenden Vorlagen und längerem Schriftenwechsel, schliesslich mit der obersten wasserbaulichen Abteilung des Königlichen Ministeriums des Innern, die zuständige Königliche Kreisregierung sich zu einer d e f i n i t i v e n Bauerlaubnis in dem längst gewünschten und technisch eingehend begründeten Umfang entschliessen konnte. Nur der sofortigen energischen Inangriffnahme der wasserbaulichen Arbeiten (noch im Anfang November) ist es zu danken, dass im Herbst 1888 der Bau bezogen werden konnte.

Die Pläne des Jetzigen Institutes rühren von Baurat B e r n e r her; seiner Oberleitung unterstanden die Hochbauten; die Entwässerung sowie Wasserversorgung und maschinelle Einrichtung erfolgte nach Plänen und unter Oberleitung von Baudirektor Dr. v. E h m a n n ; die Ausführung des Baues und seiner Einrichtungen leitete an Ort und Stelle Bauinspektor K n o b l a u c h .

II. ALLGEMEINE BEMERKUNGEN, DIE EINRICHTUNGEN BETREFFEND.

Das Institut ist mit seiner Vorderseite wesentlich nach Süden gerichtet und steht 10 Meter von der Umfriedigung oder 17 Meter von der Strassenmitte zurück. Es gliedert sich in ein zweistockiges Hauptgebäude, bestehend aus einem Mittelbau und zwei seitlichen Pavillons; ausserdem einen Nebenbau, im Parterre die Wohnung des Mechanikers, darüber den Hörsaal für Experimentalphysik enthaltend. Ein niedrigerer Zwischenbau verbindet die beiden Teile des Institutes.

Seine Räume umfassen: Souterrain, Erdgeschoss und ersten Stock, wesentlich Je durch den ganzen Bau; ferner dient Institutszwecken der ganze rechte Pavillon. Der übrige Teil des zweiten Stockes ist Wohnung für den Vorstand.

Im allgemeinen kann man ihrer Bestimmung nach unterscheiden *)

1) Räume für die experimentellen Vorlesungen: grosser Hörsaal (T), Sammlung (Q), Vorbereitungszimmer (S), Werkstätte (R) — alle eine Treppe hoch;

2) diejenigen für die allgemeinen Übungen (Übungslaboratorium oder Praktikum) (N), optisches Zimmer (M) — beide gleichfalls eine Treppe hoch — und Zimmer B (für Zeitmessungen);

3) diejenigen, welche für selbständige Untersuchungen berechnet sind, mögen dabei nur die gewöhnlichen oder speziellere Anforderungen gestellt werden;

*) Die Buchstaben beziehen sich auf die nachfolgenden Grundrisse.

4) diejenigen, welche allgemeinen Zwecken dienen (Werkstätte, Maschinenraum, Vorratsräume).

Die Arbeitsräume 3) befinden sich wesentlich zu ebener Erde. Eben dahin wurden alle Verrichtungen, bei denen starke Erschütterungen entstehen, verlegt. Das Privat-laboratorium und Sprechzimmer des Vorstandes sollte einerseits dem Hörsaal und der Werkstätte, andererseits dem Übungspraktikum benachbart sein.

Eingänge: drei gesonderte; der eine für die den grossen Hörsaal Besuchen-den; ein anderer für die im Institut Arbeitenden; ein dritter für die Wohnung.

Was feste Aufstellungen betrifft, so wurde auf durchgemauerte, isolierte Pfeiler nach vielfachen Erkundigungen und Proben verzichtet, da diese die unteren Räume zu sehr beschränken. Die als Ersatz dafür angebrachten (im Plane schräg schraffierten) Steinkonsolen, namentlich in den Ecken, sowie Betonstreifen (mit b im Plane bezeichnet), welche gewachsenem Boden oder den Gurtungen von Gewölben auf-gelegt sind, haben sich bisher gut bewährt (vgl. ausserdem im III. Abschn. A und F). Im Raume E, in welchen eine Transmissionswelle geführt ist, befindet sich ein grosser, 1 Meter dicker Betonklotz direkt im Boden; ein ähnlicher, aber nicht so starker, im Hörsaal; letzterer ist auf die Gewölbe aufgelegt und vom Fussboden isoliert. Das Souterrain, soweit es ausgehoben ist, und das ganze Erdgeschoss sind im Interesse der Standsicherheit in den darüber gelegenen Zimmern gewölbt. In zwei Räumen (N und P) befindet sich nahe unterhalb der Decke je ein frei auf Sandsteinkonsolen der Seitenwände aufgelegter Balken, um erschütterungsfreie Aufhängungen daselbst zu ermöglichen.

Der Fussboden ist meist Riemenparket, in Asphalt eingelegt. In E, Maschinen-raum, Schmiede und Souterrain durchweg Zement; in B, C, D Asphalt. In den Korridoren teils Saargemünder, teils Mettlacher Platten.

Für lange horizontale Absehlinien sind, wie im Strassburger Institut, kleine Fenster in den Zwischenwänden der Vorderzimmer des ersten Stockes angebracht.

Um grosse vertikale Abmessungen zu gewinnen, gehen 80 × 80 cm weite Deckendurchbrechungen durch alle im rechten Pavillon gelegenen Zimmer hindurch. Kleinere Öffnungen, ebenfalls mit Deckeln geschlossen, gestatten auch einige andere über einander gelegene Räume mit einander in Kommunikation zu setzen.

Thürschwellen sind im Interesse des bequemeren Transportes schwerer Apparate überall mit den Korridor- und Zimmerböden in gleicher Höhe.

In den meisten Zimmern befinden sich vor den Fenstern in die Wand einge-lassene feste hölzerne Arbeitstische.

Verdunkelungsvorrichtungen in den Arbeitszimmern sind durch schwarze Filzgardinen, welche entweder vor dem ganzen Fenster herunter gehen oder auf einen leichten, in die Fensterbrüstung einsetzbaren 70 cm hohen Holzvorsatz (mit Thürchen) auffallen und ihn teilweise überdecken, hergestellt; im Hörsaal durch hölzerne Rollläden. Jeder der letzteren ist für sich beweglich; von einer Vorrichtung, um mehrere

Fenster gleichzeitig zu verdunkeln, wurde nach eingehender Erwägung Abstand genommen.

Als Heliostatenfenster dienen Schiebeflügel von Spiegelglas in Messingrahmen.

Elektrische Leitungen gehen aus dem Maschinenraum von der Dynamo-

Erdgeschoss.

A Arbeitsraum B Zeitmessung. C Chemie. D Batterie. E und F Arbeitsraum. G Schmiede. H Maschinenraum. I Vorratsraum. K Garderobe. I. 2. 3. 4 Dienerwohnung.

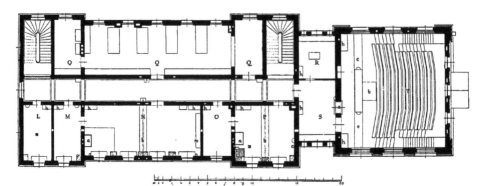

Erster Stock.

L und M optische Zimmer. N Uebungslaboratorium. O Geschäftszimmer des Vorstandes. P Arbeitszimmer des Vorstandes. Q Sammlung. R Werkstätte. S Vorbereitungszimmer. T grosser Hörsaal.

a = Abdampfnischen, b = Betonauflagen, c = vom Fussboden isolierter Streifen, als Unterlage für den Experimentiertisch, h = Heizkörper. Schräg schraffiert = Sandsteinkonsolen. — vertikal schraffiert = Deckendurchbrechungen.

maschine nach den meisten Zimmern, sowie dem Hörsaale; ferner von da Rückleitung zum Batterieraum, um Akkumulatoren zu laden; endlich führen aus dem Batterieraum dickdrahtige (4 mm Durchmesser) Leitungen nach den verschiedenen Arbeitsräumen. Es ist dadurch auch möglich im Batterieraum, der gewissermassen eine Zentralstelle darstellt, weiter von einander entfernte Zimmer rasch mit elektrischen Leitungen ohne erheblichen Widerstand zu verbinden, wie es für manche Zwecke wünschenswert ist.

Eisen in den Wänden ist fast durchweg vermieden; nur oberhalb des ersten Stockes ist eine dünne Schlauder durch die Aussenwände gelegt. Man hat sich vor. her während des Baues davon überzeugt, dass dadurch die räumliche Konstanz der magnetischen Horizontalintensität nicht mehr geschädigt wird, wie es durch un. vermeidliche andere Einflüsse ohnedies statt hat. Frei liegendes Eisen hat man nicht vermieden, aber dafür gesorgt, dass die Hauptmassen (Heizkörper) wenigstens von der Fensterwand weit entfernt sind. Bewegliches Eisen am Bau wurde nach Möglichkeit umgangen. — In einem Gebäude, welches notwendigerweise viele eiserne Gegenstände und permanente Magnete aufnehmen muss, erscheint es, falls seine Dimensionen nicht wesentlich grösser sind, unmöglich, einen Teil der Zimmer vor magnetischen Störungen zu schützen. Im Garten ist Raum für ein isoliertes eisenfreies Häuschen vorgesehen.

Die Heizung ist Bechem-Post'sches System — eine Niederdruckdampfheizung, welche Tag und Nacht im Betrieb ist und welche automatisch die Luftzufuhr zum Kesselfeuer und damit den Verbrauch an Brennmaterial so reguliert, dass derselbe ungefähr proportional der verlangten Wärmemenge ist. Das Prinzip hat sich bisher zufriedenstellend bewährt. Die Wohnungen werden mit Öfen geheizt.

III. ERLÄUTERUNG DES PLANES.

A. Arbeitsraum; in der Mitte ein Pfeiler für die Gurtbögen des Gewölbes; in 1 Meter Höhe ist in ihn eine horizontale 1,4 × 1,4 Meter grosse Sandsteinplatte eingelegt; sie dient als Arbeitstisch und in Verbindung mit den in gleicher Höhe befindlichen seitlichen oder Eckkonsolen ermöglicht sie Auflagen, welche vom Fussboden ganz isoliert sind. Boden: Parket in Asphalt.

B. Zeitmessung (Horizontalintensität). Asphaltboden.

C. Chemie (mit grossem Spültisch). Asphaltboden.

D. Batterie (mit grossem Spültisch). Asphaltboden.

E. Arbeitsraum; darin eine Transmissionswelle; Betonklotz b. Betonboden. Ein Wasserablauf direkt im Zimmerboden.

Alle genannten Räume bis zum Gurtbogen, welcher das Zimmer E durchspannt, liegen unmittelbar auf gewachsenem Boden auf. Es hat sich bisher kein Uebelstand etwa wegen kalten Fussbodens, wie wohl gefürchtet war, gezeigt. — Unterhalb der zweiten Hälfte von E befindet sich die Zentralheizung.

F. wie A; ausserdem in ihm Deckendurchbrechung. Im Korridor ein Ventilator, der durch die Transmission getrieben werden kann; bestimmt um in grösseren Öfen sehr hohe Temperaturen hervorzubringen. Unterhalb der linken Hälfte von F im Souterrain ein Arbeitsraum von annähernd konstanter Temperatur. Unter der zweiten Hälfte von F Gas- und Wassermesser und Verteilung von Gas und Wasser für das ganze Gebäude; Ablaufhahnen.

G. Schmiede; darin o Schmelzofen, der durch den Ventilator v im Maschinenraum H Luftzufuhr bekommen kann; f Schmiedefeuer, mit Blasebalg oder Ventilator zu bedienen.

Unter G ein Raum für konstante Temperatur, mit doppeltem Fensterladen; vor dem Raum für konstante Temperatur ein teilweise unter H gelegener Vorraum; beide können vollständig von einander durch eine gut isolierende doppelte Thür mit Luftschicht abgesperrt werden und durch ein — ebenso verschliessbares — Fenster aus dem einen Raum, wenn nötig, in den anderen beobachtet werden.

H. Maschinenraum; darin (gm) 6-pferdiger Deutzer Gasmotor; (dm) Dynamomaschine von der Maschinenfabrik Esslingen; i grosse Drehbank für Motorenbetrieb; ausserdem eine Fräsmaschine.

J. Vorratsraum; darunter Kohlenkeller. — K. Garderobe für die Besucher des grossen Hörsaales. — L. optisches Zimmer für selbständige Arbeiten. — M. Übungsoptik. — N. Übungslaboratorium; die linke vordere Ecke ist mit Asphalt ausgelegt, welcher nach einem Punkte abfällt, für Arbeiten mit Quecksilber; w grosse Holzkonsole für Wagen; oberhalb des Betonstreifens b ein frei aufgelegter Balken.

O. Geschäftszimmer des Vorstandes. — P. Privatlaboratorium des Vorstandes.

Q. Sammlungsräume; der rechts befindliche nicht mit Schränken besetzte Raum enthält auf fahrbaren Tischen die schweren Apparate.

R. Werkstätte. — S. Vorbereitungszimmer.

T. Grosser Hörsaal. Der Experimentiertisch ist vom Fussboden isoliert auf zwei dicken, rechts und links in den Wänden verankerten Balken aufgelegt. Diese ruhen etwa bei $\frac{1}{4}$ und $\frac{3}{4}$ ihrer Länge auf Mauren. Sonnenlicht kann entweder von zwei der südlichen Fenster oder von einem an der Rückwand gelegenen Fensterchen in den Saal geleitet werden. — Der Saal hat für 120 Zuhörer Sitzplätze. An der Wand des Saales oberhalb des Experimentiertisches ist eine vom Zwischenbau aus zugängliche Gallerie mit Vorrichtung für lange Aufhängungen. Beleuchtung des Hörsaales mit 4 Bogenlampen à 6 Amp (Je ca. 600 N. K.) von der Esslinger Maschinenfabrik; sie hat sich bisher sehr gut bewährt.

Endlich befindet sich oberhalb P (2 Treppen hoch) noch ein kleiner Hörsaal für theoretische Physik (30 Zuhörer) und diesem gegenüber ein Bibliothekzimmer.

Im Dachstock: Dunkelkammer für Photographie; ein Zimmer für ältere Apparate, ein zweiter Vorratsraum, eine Kammer für Kisten und endlich ein mit Oberlicht versehener Raum für photographische Aufnahmen.

Die Wohnung des Vorstandes liegt oberhalb der Räume L bis Q; der Keller derselben unterhalb I und II (I Waschküche, II Holzlege). Die Dienerwohnung ist mit 1 bis 4 bezeichnet; der zugehörige Keller liegt unterhalb H.

Der derzeitige Vorstand des physikalischen Institutes:
Professor Dr. **F. BRAUN.**

DIE STERNWARTE.

Fällt die Gründung der Sternwarte auch erst in die Mitte des 18. Jahrhunderts, so findet sich doch eine erfolgreiche Thätigkeit auf dem Gebiete der Himmelskunde schon in den ersten Zeiten unserer Hochschule. Das beweist die den Jahren 1511—1531 angehörende Wirksamkeit von Johannes Stöffler aus Justingen, der schon als Pfarrer in Justingen Ephemeriden für 1499—1531 berechnete und dessen Schriften von Copernikus und Kepler mit grosser Anerkennung benutzt wurden. Von seinem mechanischem Talent legt u. A. die astronomische Uhr auf dem Tübinger Rathaus noch jetzt Zeugnis ab. Noch grösseren Ruhm gewann später (1584—1631) Michaelis Mästlin, der Lehrer Keplers. Er erklärte zuerst das aschgraue Licht, das kurz vor und nach dem Neumond die Nachtseite der Mondscheibe neben der hellen Sichel zeigt, und bestimmte die Koordinaten des neuen Sternes von 1576 durch eine sinnreiche Methode in überraschend genauer Weise.

Als dann im 18. Jahrhundert die Universität durch das Interesse und Wohlwollen des Herzog's Karl einen neuen Aufschwung nahm, war die Sternwarte eines der ersten der auf seine Veranlassung erbauten Institute. Sie wurde 1752 unter Aufsicht ihres späteren Direktors G. W. Kraft auf dem nordöstlichen Eckturm des herzoglichen Schlosses in Gestalt eines regelmässigen Achtecks errichtet, der oberste Boden mit Kupfer gedeckt und an den Seiten durch eine solide eiserne Galerie begrenzt. Ihre Ausstattung war eine nach den Begriffen der Zeit gute und bestand im wesentlichen aus einem Quadranten von 3 Schuh Radius, den der berühmte Cassini de Thury bei seinen Vermessungen in Frankreich benutzt hatte, einer Pariser Pendeluhr von Agéron und einem 16füssigen Fernrohr. Nur wenige solcher Anstalten in Deutschland liessen sich, wie ihr erster Beschreiber Clemm (1753) rühmend sagt, mit dem Tübinger Observatorium vergleichen, da die alten Sternwarten zu Kassel und Nürnberg ausser Benützung oder sehr verwahrlost, und nur eine kleine Anzahl neuer z. B. in Berlin entstanden waren. Die Anlage auf einem hohen Turme, der aus Holz aufgeführte Bau und dgl. m. zeigte freilich, dass der Bauleiter Kraft kein Astronom gewesen war, wie dies schon sein Nachfolger Johann Kies empfand, der 1754 von der Stelle eines Astronomen an der Akademie der Wissenschaften in Berlin zu Kraft's Nachfolger berufen wurde und bis 1781 die Mathematik, Physik und Astronomie zu Tübingen mit grossem Erfolg vertrat. Kies vervollständigte den Apparat

des Observatoriums durch ein Dollond'sches Fernrohr, ein Mikrometer etc., stellte aber keine systematischen Beobachtungen des Himmels an, da ihn daran nach seiner Erklärung die ungenügenden Einrichtungen und sein Amt als fleissig lesender Professor der Mathematik hinderten, sondern lehrte nur jungen Leuten die Methoden zu beobachten.

Ihm folgte sein Schüler Christoph Friedrich Pfleiderer, zugleich Professor der Mathematik und Physik 1781—1821, unter dem 1785 die vom Wetter schon arg mitgenommene Sternwarte durch Landoberbauinspektor Gross neu wieder hergestellt wurde. Auf Pfleiderer's Wunsch gab man ihm 1795 in seinem Schüler Johann Gottlieb Friedrich Bohnenberger einen Adjunkten, der für diese Stelle ausgezeichnet geeignet war, und der durch seine Thätigkeit seit 1798 als ausserordentlicher und seit 1803 als ordentlicher Professor der Mathematik und Physik die Sternwarte zu ihrer grössten Bedeutung brachte. Er erhielt 1800 unmittelbar unter dem Observatorium ein Zimmer zu Beobachtungen und ganz in der Nähe desselben in dem östlichen Teil des Schlosses eine Wohnung. Nach dem hiedurch veranlassten Umbau war Bohnenberger im stande einen grossen Teil seiner eifrigen Thätigkeit der Astronomie und ihren Anwendungen zu widmen. Die vielfach abgängigen Instrumente ersetzte er und fügte eine Menge neuer wertvoller Erwerbungen hinzu. Die grossartigste von diesen ist ein Universal-instrument von Reichenbach und Ertel in München, das er selbst abholte und nach den Plänen der Erbauer in einem eigenen Häuschen mit drehbarem Dache im Schloss-garten aufstellen liess. Dies für seine Zeit vorzügliche Instrument hat Höhen- und Azimutal-Kreise von 3 Fuss Durchmesser, und sein Fernrohr von 18 par. Zoll Brenn-weite und 20 par. Linien Öffnung zeigt Sterne der zweiten und dritten Grösse am hellen Tage.

Neben zahlreichen kleineren astronomischen Untersuchungen, von denen er die erste, eine Beobachtung des Merkurdurchgangs am 7. Juni 1786, noch als Student anstellte, hat sich Bohnenberger besonders durch die 2 wertvollen Bücher: »Anleitung zur geographischen Ortsbeschreibung vorzüglich vermittelst des Spiegelsextanten 1795« und »Astronomie 1811« einen hochgeschätzten Namen erworben, und hauptsächlich das erste der beiden gewann sich zur damaligen Zeit viele Leser.

Die grösste Wichtigkeit erhielt aber unter ihm die Sternwarte dadurch, dass von ihr aus als Anfangspunkt die württembergische Landesvermessung in's Werk gesetzt wurde. Schon gleich bei Beginn seiner Tübinger Thätigkeit hatte Bohnen-berger die geographische Lage des Observatoriums möglichst genau bestimmt, im Ammerthal eine Basis von 16308.77 par. Fuss gemessen und eine Triangulation daran geschlossen, nach der er einen Teil der Karte von Schwaben 1798 herausgab, die allgemein als mustergültig anerkannt wurde und Erzherzog Karl so entzückte, dass er dem Autor eine Majorsstelle in seinem Generalstab anbot. Als dann im Jahre 1818 die Landesvermessung begonnen werden sollte, berief man Bohnenberger zu einem ihrer Leiter. Er unterrichtete die zu dem Geschäft nach Tübingen ge-sandten Feldmesser und Offiziere und nahm mit ihnen eine Probemessung in der Umgebung der Stadt vor. Bei der endgültigen Ausführung der Vermessung wurde dann die Sternwarte als Anfangspunkt des Koordinatensystems gewählt, und einen grossen Teil der Triangulation besorgte Bohnenberger dabei selbst. Nach längerer

Kränklichkeit starb er 1831. Sein Nachfolger als Professor der Mathematik, Physik und Astronomie wurde 1832 J. G. C. Nörrenberg, unter dem die Sternwarte eine eingreifende bauliche Veränderung dadurch erfuhr, dass in ihr Platz geschafft wurde zur Aufstellung eines Refraktor's aus der Werkstätte von Utzschneider und Fraunhofer in München, über dem man ein nach der Seite abfahrbares Dach errichtete.

Nach Pensionierung von Nörrenberg 1852 fand eine Trennung der Astronomie von der Physik statt, indem J. A. C. Zech, der zugleich Professor der Mathematik wurde, als Direktor der Sternwarte folgte. Zech hatte sich schon 1845 in Tübingen für Mathematik und Astronomie habilitiert und über vier Jahre bei seinem Freund und Lehrer Nörrenberg gewohnt, der ihm einen Teil seiner Amtswohnung auf dem Schloss abtrat. Während dieser Zeit arbeitete er eifrig auf astronomischem Gebiete und löste besonders zwei von der fürstlich Jablonowski'schen Gesellschaft gestellte Preisaufgaben über Finsternisse im Altertum. Nach zweijähriger Lehrthätigkeit am Gymnasium in Stuttgart kehrte er als ausserordentlicher Professor nach Tübingen zurück, wo er vier Jahre später Ordinarius wurde. Besonders beschäftigten ihn Studien über die Störungen und ihre Anwendung auf die Himmelskörper, da seine ganze Richtung mehr eine theoretische war und systematische Beobachtungen ihm auch durch die Verhältnisse der Sternwarte unmöglich gemacht wurden. Um diese Schwierigkeiten in etwas zu heben erhielt Zech 1861 auf seiner Amtswohnung in der Münzgasse ein kleines Observatorium eingerichtet, wohin er ein Passageinstrument u. dgl. überführte. Doch zu bald schon sollte ein früher Tod ihn 1864 seinen Studien entreissen, nachdem er noch kurz zuvor die Freude gehabt hatte, als erster Präsident der neu gegründeten deutschen astronomischen Gesellschaft gewählt zu werden. Er bereicherte die Sternwarte u. A. durch Beschaffung einer guten Pendeluhr von Tiede in Berlin. Nach Zech's Tode waren die Mathematiker Carl Neumann von 1865—1868 und Hankel 1869—1873 Vorstände des Observatoriums, denen 1873—1884 der Professor der Physik E. Reusch folgte, dem die Sternwarte eine Anzahl wichtiger neuer Instrumente verdankt. Als derselbe in den Ruhestand trat, übernahm sein Nachfolger auf dem physikalischen Lehrstuhl Professor F. Braun so lange die Aufsicht über das Observatorium, bis das physikalische Institut vom Schloss in den Neubau im Ammerthal herabzog. Seit Herbst 1888 ist der Privatdozent der Physik K. Waitz provisorisch mit der Verwaltung der Sternwarte beauftragt.

Schon Nörrenberg, besonders aber die Nachfolger Zech's fanden den Schwerpunkt ihrer Thätigkeit nicht in der Astronomie, sondern auf den andern von ihnen vertretenen Gebieten der Wissenschaft (Mathematik oder Physik). Deshalb, und wesentlich auch wegen der baulichen Verhältnisse, wurde von ihnen die Sternwarte nicht mehr zu längeren eigenen Beobachtungen benützt; statt dessen diente sie hauptsächlich, wie noch heute, zu Demonstrationen im Anschluss an eine mehr oder weniger populäre Vorlesung über Astronomie.

Der jetzige Stand der Sternwarte in baulicher Beziehung und an grösseren Instrumenten ist der folgende. Es gehören zu ihr, ausser dem früher erwähnten Häus. chen des Schlossgartens mit dem Reichenbach'schen Universalinstrument, zwei einfenstrige an der östlichen Front des Schlosses gelegene Zimmer und der Saal im nordöst. lichen Turm, der früher physikalischer Hörsaal war. Über demselben liegt eine Kammer, in der Instrumente aufbewahrt werden und noch eine kleine Treppe höher gelangt man zu dem eigentlichen Observatorium, das, seit Nörrenberg's Umbau nur wenig verändert, etwa die Form eines Kreuzes hat und aus fünf Abteilungen besteht. Der westliche Kreuzesarm ist das Vorzimmer, in das der Aufgang von urten und die nach oben durch eine Fallthür geschlossene Treppe nach der Plattform münden. Von hier aus tritt man über ein paar Stufen durch eine Glasthür in den höher lie. genden Mittelraum, wo der Refraktor von Utzschneider und Fraunhofer aufgestellt ist. Dieser ruht auf einer Untermauerung von Sandstein, die auf der Decke des im zweiten Stockwerk befindlichen Turmsaales aufliegt und in ihrer Mitte von einer Sandsteinsäule getragen wird. Die Säule steht auf einer zweiten, stärkeren im Turm. saal des ersten Stockwerks und diese endlich auf einem steinernen Gewölbe. Trotz solcher durch die Lage der Sternwarte auf einem hohen Turm bedingten ungünstigen Fundamentierung ist die Aufstellung des Instruments doch verhältnismässig fest. Der Refraktor ist von Merz und Mahler in genannter Werkstatt gefertigt und hat eine Öffnung von 6 Zoll und eine Brennweite von 8 Fuss. Es gehören zu ihm 5 Okulare aus demselben Münchener Institut mit Vergrösserungen von 84—417 und 5 ähnlich vergrössernde orthoskopische von Kellner in Wetzlar, ferner ein Kreismikrometer, ein Fadenmikrometer und ein Sternspektroskop mit 3 Prismensystemen von G. und S. Merz in München. Er zeigt unter günstigen Umständen den 5. Stern im Trapez des Orion. Über dem Refraktor ist ein auf Schienen fahrbares Dach angebracht, das durch Ketten mit einer Winde auf die eine oder andere Seite der Plattform geschoben werden kann.

Hinter dem Mittelraum im östlichen Vorsprung des Kreuzes steht ein Sandstein. pfeiler, der durch Backsteinuntermauerung auf dem Gebälk des oberen Turmsaales aufliegt und ein tragbares Passageinstrument mit 19 Linien Öffnung von Ertel und Sohn in München trägt, über diesem hat die Decke einen von Nord nach Süd gehenden Ausschnitt, der durch eine Metallklappe geschlossen werden kann. Ganz analog ist der nördliche Kreuzvorsprung des Observatoriums eingerichtet, nur geht der Deckenausschnitt hier von Ost nach West, und auf dem Pfeiler ist ein älteres Universalinstrument mit 20 Linien Öffnung von Reichenbach und Ertel aufgestellt. Vor dem südlichen Fenster endlich befindet sich ein breiter aufgemauerter Pfeiler zur festen Aufstellung der beweglichen Instrumente. Von diesen sind zu nennen ein Universalinstrument neuer Konstruktion mit Mikroskopablesung von Pistor und Martins in Berlin mit 5zölligen Kreisen; ein parallaktisch montierter Kometensucher von Utzschneider und Fraunhofer mit 24 L. Öffnung; ein parallaktisch montiertes dialytisches Fernrohr von Plössl in Wien mit 37 L. Öffnung, Kreismikrometer etc.; ein 12zölliges Aequatoreal von Utzschneider, Liebherr und Werner in München mit 21 Linien Öffnung u. s. w.

An Uhren sind vorhanden die alte Penduluhr von Agéron, eine neuere von Tiede, ein Boxchronometer von Kessels, elektrische Halbsekundenpendeluhr von Hipp etc.; ferner ein tragbarer Chronograph von Hipp.

Als geodätische Instrumente endlich wären hervorzuheben: Theodolit von Breithaupt in Cassel, Nivellierinstrument von demselben, Präzisionsnivellierinstrument von Himmel in Tübingen und Theodolit von Tesdorpf in Stuttgart.

Der derzeitige provisorische Vorstand der Sternwarte:

Privatdozent Dr. **KARL WAITZ.**

DAS MATHEMATISCH-PHYSIKALISCHE SEMINAR.

Bis vor wenigen Jahrzehnten waren in Tübingen, wie in früherer Zeit auch anderwärts, Mathematik, Astronomie und Physik (in dem heutigen Sinne des Worts) in
einer Hand vereinigt. Die Geschichte des mathematischen Unterrichts, in welchem
heute dem Seminar eine wesentliche Rolle zufällt, ist denn auch so enge mit der
Entstehung der Sternwarte und des physikalischen Kabinets verknüpft, dass es erlaubt
sein wird, wegen der früheren Zeit auf die vorstehenden Berichte zu verweisen.

Die wohl als »Tübinger Schule« bezeichnete Reihe von Mathematikern, welche
im vorigen Jahrhundert aus dem Stift hervorging, versah die Universität mit anregenden
Lehrern. Der Interessenkreis dieser Schule lag Jedoch auf dem Gebiet der angewandten
Mathematik. So richteten die Begründer und ersten Leiter der Sternwarte G. W.
Kraft (Professor in Tübingen von 1744 bis 1754) und Kies (von 1754 bis 1781)
naturgemäss ihre Thätigkeit — wenn man von der damals unerlässlichen Abfassung einiger
Lehrbücher absieht — auf astronomische und physikalische Aufgaben; Pfleiderer (von
1781 bis 1821) machte sich durch Forschungen zu Euklid und zur Geschichte der
Trigonometrie bekannt, während der Letzte der Reihe, der ihr einen auch heute
noch klangvollen Namen zufügte, Bohnenberger (Professor in Tübingen von 1798
bis 1831), seine hervorragende Erfindungskraft den mit der Vermessung des Landes zusammenhängenden geodätischen, mechanischen und astronomischen Problemen widmete.

Indessen darf nicht verschwiegen werden, dass der bedeutendste deutsche Mathematiker Jener Zeit, Joh. Friedrich Pfaff, geboren 1765 in Stuttgart, die Anregung zu seinen
feinsinnigen Untersuchungen über Differentialgleichungen, denen später C. G. J. Jacobi
durch Einführung des Namens »Pfaff'sches Problem« ein Denkmal setzte, nicht auf der
Universitätsstadt seiner Heimat erhalten hat und dort auch nicht erhalten konnte,
sondern in Norddeutschland, namentlich im Umgang mit Gauss, dem er durch Freundschaft und gegenseitige Hochschätzung verbunden war. Überhaupt standen in Jener
Zeit und noch lange nachher die deutschen Universitäten — von Göttingen abge-

sehen, wo Gauss in einsamer Grösse den Ruhm der deutschen Wissenschaft mehrte — abseits von dem grossen Wettkampf, der auf dem Gebiet der reinen Mathematik durch die Entdeckungen eines Leibniz und Newton unter den ausgezeichnetsten Köpfen der führenden Nationen entbrannt war.

Von den Nachfolgern Bohnenbergers auf dem Lehrstuhl der Mathematik in Tübingen waren wiederum Nörrenberg (von 1832 bis 1851) Physiker und Zech (von 1852 bis 1864) Astronom. Auch dem 1830 als ausserordentlicher Professor der reinen Mathematik angestellten Dr. Hohl (bis 1887) gelang es nicht häufig, Vorlesungen über Zweige der höheren Mathematik zu stande zu bringen. Der erste, der solche regelmässig einführte, war der 1864 als Nachfolger von Zech berufene Carl Neumann. Freilich hatte er gegenüber einem Zuhörerkreis, dem die allerersten Vorkenntnisse mangelten, einen schweren Stand.

In einer 1869 an den akademischen Senat gerichteten Denkschrift, in welcher sich Neumann über den Mangel an Jeglichem wissenschaftlichen Interesse bei den Zuhörern bitter beklagt, bezeichnet er als eines der Mittel, um die mathematischen Studien zu fördern, die Errichtung eines Seminars, welches den Verkehr zwischen Dozenten und Studierenden in der Weise vermitteln sollte, dass die letzteren zu selbständiger Arbeit veranlasst und stufenweise zu einer wenn auch kleinen eigenen Produktion auf einem der Forschung noch offenen Gebiet emporgehoben werden sollen. Solche Seminare bestanden damals schon an vielen deutschen Universitäten und waren meist nach dem Muster des von Bessel und Jacobi in Königsberg begründeten eingerichtet.

Die Vorstellungen Neumanns fanden an hoher Stelle die verdiente Berücksichtigung. Bereits am 23. November 1869 ordnete ein Ministerialerlass die Errichtung eines mathematisch-physikalischen Seminars an der Universität an, zu dessen Vorstand Neumann's Nachfolger Hermann Hankel (von 1869 bis 1873) ernannt wurde.

Dem Wirken dieses Instituts, verbunden mit einer von Du Bois-Reymond veranlassten und unter seiner Mitwirkung 1878 durchgeführten Abänderung der Prüfungsbestimmungen für die Kandidaten des Lehramts, verdanken es heute die Mathematiker an hiesiger Universität, dass ihren Vorlesungen Interesse und Verständnis seitens der Zuhörer entgegengebracht wird.

Das Lehrerpersonal des Seminars hat in den zwanzig Jahren seines Bestehens mannigfach gewechselt. Mit Hankel traten als Lehrer Professor Dr. v. Reusch und der Rektor der Realschule Dr. Kommerell ein; nach dem Tode des letzteren 1872 Professor Dr. Hauck und Privatdozent Dr. Gundelfinger (bis 1877). Hankel's Nachfolger Du Bois-Reymond übernahm 1874 die Vorstandschaft des Seminars; auf Hauck folgten die Professoren an der Realschule 1875 Seyboth, 1879 Dr. Haas; dann 1881 Repetent (später Privatdozent) Dr. Reiff. Die Vorstandschaft ging nach Du Bois-Reymond's Weggang 1884 auf den Verfasser dieses Berichts über; an Stelle von Professor Dr. v. Reusch trat 1884 Professor Dr. Braun ein; zu den vorhandenen Lehrkräften gesellten sich 1885 Professor Dr. Stahl und Privatdozent Dr. Franz Meyer, der 1888 wieder ausschied.

Die zunehmende Frequenz des Seminars, der Wechsel und die Vermehrung des Lehrerpersonals machten einige Statutenänderungen nötig, denen die Königliche Regierung 1887 die Genehmigung erteilte.

Den Bemühungen der Lehrerschaft des Seminars, unter den Studierenden der Mathematik und Naturwissenschaften wissenschaftlichen Sinn zu pflegen, kommt jetzt auch in dankenswerter Weise die K. Kultministerial-Abteilung für Gelehrten- und Realschulen entgegen, indem sie befähigte Lehramtskandidaten, welche eine fachwissenschaftliche Arbeit zu machen beabsichtigen, zu der sie während der Vorbereitung für die Professoratsprüfung die Musse nicht finden konnten, veranlasst, nach abgelegter Prüfung ein oder zwei Semester lang an der Universität weiteren Studien nachzugehen. So besteht die gegründete Aussicht, dass in Württemberg auch die fachliche Ausbildung und die gelegentliche wissenschaftliche Produktion der Lehrer der Mathematik an höheren Bildungsanstalten auf der gleichen Stufe anlangen wird, auf der man in bezug auf allgemeine und philosophische Bildung im Vergleich mit anderen deutschen Ländern hier seit langem steht.

Den mannigfachen Bedürfnissen des mathematischen Unterrichts an der Universität stellt neuerdings das Seminar auch eine ansehnliche Sammlung von Lehrmitteln zur Verfügung.

Aus den Überschüssen des Etats hatte bereits du Bois-Reymond eine Handbibliothek für Studierende zu gründen begonnen. Dank der Liberalität der hohen Behörden konnte dieselbe 1884 wesentlich vergrössert und durch eine Sammlung von Zeichnungen und Modellen zum Zweck von Demonstrationen in Vorlesungen vervollständigt werden.

Die Bibliothek, zur Zeit etwa 220 Bände stark, enthält neben den Werken klassischer Schriftsteller auf dem Gebiet der reinen und angewandten Mathematik und den neuesten Bänden einiger wissenschaftlichen Zeitschriften hauptsächlich gute Lehrbücher, deren Anschaffung den Studierenden oft schwer fällt. Indem man die Benutzung auf jede mögliche Weise erleichtert, will man den Wettbewerb bei der Universitätsbibliothek vermindern und diese entlasten.

Die Sammlung von Modellen, die in Glasschränken in dem Hörsaal und dem Bibliothekraum untergebracht ist, dient zur Ergänzung und Belebung des Vortrags da, wo es sich um Gegenstände der räumlichen Anschauung handelt, also in den Vorlesungen über die Geometrie der algebraischen Kurven und Flächen, über Flächenkrümmung, über analytische Mechanik und gelegentlich in der über Theorie der Funktionen. Die aus etwa 300 Modellen bestehende Sammlung weist krumme

Oberflächen in Gips, Karton oder gespannten Fäden auf, Kurven in Draht, biegsame Metallstreifen, welche das Problem der Flächenabwicklung erläutern u. s. w. Die meisten sind Kopien nach Originalen, welche an der technischen Hochschule in München unter Leitung dortiger Professoren (früher Brill und Klein, Jetzt Dyck) entstanden sind. Auch die auf Veranlassung von Kummer in Berlin und von Schwarz in Göttingen entstandenen Flächenmodelle sind vorhanden. Dazu kommt die Modellserie von Flächen dritter Ordnung nach Rodenberg, von windschiefen Flächen vierter Ordnung nach Rohn, die Chr. Wiener'sche Fläche dritter Ordnung, Fadenmodelle von abwickelbaren Flächen nach Björling, Komplexflächen nach Plücker und F. Klein, Apparate zur Erläuterung des Problems der Drehung um einen festen Punkt, zur Darstellung von Minimalflächen durch Flüssigkeitshäutchen. Die Sammlung enthält ferner wertvolle Originalmodelle, wie Fadenkonstruktionen der Regelflächen zweiter Ordnung nach Professor v. Reusch, Modelle der Strahlenfläche von Rektor Dr. Böklen in Reutlingen, die Asymptotenkurven der Steiner'schen Fläche von Professor Dr. Fink hier, Flächen von konstantem positivem Krümmungsmass mit ebenen Krümmungslinien (nach Enneper) von Sievert, eine Serie von Kegeln dritter Ordnung von Kölmel u. a. m.

Die Sammlung von Zeichnungen (auf etwa 20 Blättern) zur Kurventheorie enthält nur Originale; eine Darstellung der Newton'schen Typen von Kurven dritter Ordnung, durch Kollineation aus den Haupttypen abgeleitet (Kölmel), eine vollständige Aufzählung der elliptischen Kurven vierter Ordnung (H. Wiener), Zeichnungen zur Frage der Helligkeit kaustischer Kurven (Finsterwalder), zur Theorie der Auflösung höherer Singularitäten von algebraischen Kurven in die elementaren (Schultheiss).

Der derzeitige Vorstand des mathematisch-physikalischen Seminars:

Professor Dr. **ALEXANDER BRILL.**

DAS CHEMISCHE LABORATORIUM.

DAS CHEMISCHE LABORATORIUM.

Der erste Bau eines chemischen Laboratoriums der Universität *) wurde von dem Professor der Medizin Johannes Zeller im Jahre 1732 beantragt, vom Herzog Eberhard Ludwig genehmigt und zur Ausführung desselben 300 fl. aus der Kirchenkasse angewiesen. Am 3. September 1733 wurde feierlich der Grundstein des Gebäudes in unmittelbarer Nähe der als Anatomie dienenden Jakobskapelle in der unteren Stadt gelegt. Gegen die Wahl dieses Platzes auf einem noch benutzten Kirchhofe und in der Nähe ihrer Fruchtspeicher erhob die Stadt lebhaften Widerspruch; doch verbot ihr der Herzog Jede Hinderung des Baues bei schwerer Strafe. Als Jedoch der Herzog bald darauf starb, geriet infolge des Widerstandes der Stadt der Bau schon nach Aufführung der Grundmauern ins Stocken und konnte erst 19 Jahre später 1752 unter der Regierung des Herzogs Karl Eugen auf einem anderen, von der Stadt geschenkten, nördlich der Kapelle gegen die Madergasse hin gelegenen Bauplatze wieder aufgenommen werden. Im April 1753 war das kleine zweistöckige Gebäude, das 653 fl. gekostet hatte, fertig. Seine Benutzung war, dem damaligen Gebrauche entsprechend, keine sehr lebhafte; nur alle drei Jahre wurden Übungen gehalten, zu deren Bestreitung Je 45 fl. ausgeworfen waren. Die Chemie wurde damals von dem durch seine sibirische Reise berühmten ordentlichen Professor der Medizin Johann Georg Gmelin d. J. gelehrt und nach dessen Tode (1755) von seinem Bruder und Nachfolger Philipp Friedrich Gmelin († 1768); beide Söhne von Johann Georg Gmelin d. ä., der, im Laboratorium von Urban Hjärne in Stockholm gebildet, sich als Apotheker in Tübingen niederliess und Stammvater der Familie Gmelin wurde, welche der Tübinger und anderen deutschen Hochschulen so viele ausgezeichnete Lehrer der Medizin und der Naturwissenschaften, besonders der Chemie gegeben hat.

Gegen Ende des vorigen Jahrhunderts wurde das Studium der Medizin und der

*) J. Säxinger, Die Entwickelung des medizinischen Unterrichtes an der Tübinger Hochschule. Tübingen, Fues, 1883.

mit ihr verbundenen Naturwissenschaften durch die Errichtung der hohen Karlssᶜchule in Stuttgart, welche von 1781 bis 1794 den Rang einer Universität besass, schwer beeinträchtigt. Nach ihrer Aufhebung kam von dort 1796 Karl Friedrich Kiel-meyer, aus Bebenhausen gebürtig, als Professor der Chemie und der Botanik nach Tübingen, der bekanntlich auch auf die Entwickelung der Zoologie im Anfang unseres Jahrhunderts bedeutenden Einfluss geübt hat.

Als im Jahre 1809 die Anatomie mehr Raum beanspruchte, wurde ihr das che-mische Laboratorium abgetreten und das Gerät desselben vorläufig in einem Ge-wächshause des botanischen Gartens untergebracht. Der Vorschlag Kielmeyers, in dem Garten ein neues, dem verlassenen an Grösse ungefähr gleiches Laboratorium zu bauen, kam wegen des Geldmangels jener schweren Zeiten nicht zur Ausführung. Dagegen tauchte alsbald der Plan auf, das Laboratorium in die Hofküche des Schlosses zu verlegen, dem aber, als für die Studierenden wie für den Vorstand gleich unzweckmässig, Kielmeyer den entschiedensten Widerspruch entgegensetzte. Nochmals 1814 erklärte er: »Gegen die Verlegung des Laboratoriums in die vor-malige Hofküche auf dem Schlosse, die, ohne mich vorher zu befragen, ehemals in Wurf kam, habe ich im Jahre 1810 auf Aufforderung der Königlichen Ober-studiendirektion sattsam die Gründe vorgelegt und erkläre daher nur kurz, dass ich, wenn eine solche Verlegung beliebt würde, eo ipso aufhöre, Professor der Chemie auf hiesiger Universität zu sein, weil eine solche Entfernung des Labora-toriums und des botanischen Gartens mit meiner Gesundheit unverträglich und für die Benutzung des Laboratoriums durch die Studierenden nachteilig wäre.« Aber zur Ausführung des von ihm gewünschten Neubaues vermochte weder die Universität noch die Königliche Oberstudiendirektion die Mittel aufzubringen. Vom Kurator von Wangenheim im April 1815 aufmerksam gemacht, dass die Zeit jetzt vielleicht etwas günstiger sei, wiederholte Kielmeyer seinen Antrag, aber zunächst wieder ohne Er-folg. Als jedoch im März 1816 ein königlicher Erlass neue Vorschläge verlangte, liess Kielmeyer durch einen Tübinger Werkmeister den Plan zu einem 36 Fuss breiten und 28 Fuss tiefen, aus Keller, Erdgeschoss und Oberstock bestehenden Gebäude ausarbeiten, das im botanischen Garten, dem Gasthof zur Traube gegenüber, also wohl ungefähr an der Stelle des jetzigen Museums, errichtet werden sollte. Die Zeichnung und ein auf 3077 fl. 21 kr. sich belaufender Kostenanschlag wurden unter dem 19. Oktober 1816 ausgefertigt, und der Plan würde wohl durch die entschiedene Fürsprache seines hoch angesehenen Urhebers zur Ausführung gelangt sein, wenn dieser selbst der Universität erhalten geblieben wäre. Kielmeyer wurde aber durch Königliche Entschliessung vom 17. Februar 1817 zum Staatsrat und Vorstand der staatlichen Sammlungen in Stuttgart ernannt und reichte erst bei seinem Abgange im Mai 1817 dem Senate der Universität die Pläne ein, alles weitere seinem Nach-folger überlassend.

Dieser war Dr. med. Christian Gottlob Gmelin, geb. zu Tübingen, ein Schüler von Berzelius. Da für ihn die Professur der Chemie von der der Botanik getrennt wurde, hatte er kein besonderes Interesse daran, dass das chemische Laboratorium im botanischen Garten errichtet werde; und da er in seinem eigenen Hause, der Gmelin'schen Apotheke am Markte, selbst ein Laboratorium besass, so war auch ein gut eingerichtetes Universitätslaboratorium für ihn kein so gar dringendes Bedürfnis. So kam denn dasselbe in die ungeeigneten Räume der Hofküche im Schlosse, in denen es dreissig Jahre lang ein wenig befriedigendes Dasein geführt hat. Die Mangelhaftigkeit des Lokales veranlasste Gmelin, die feineren Apparate, um sie vor dem Verderben zu sichern, in sein eigenes Laboratorium überzuführen. In diesem wird er auch seine wissenschaftlichen Arbeiten ausgeführt haben, von denen namentlich die Untersuchungen der Lithium enthaltenden Minerale und die für die Entwickelung der Industrie so ausserordentlich wertvolle Entdeckung des künstlichen Ultramarins seinen Ruf begründeten. Er suchte jedoch auch das Universitätslaboratorium nach Kräften zu heben. Bald nach Antritt seines Amtes beantragte er (Juni 6, 1818) eine Erhöhung des immer nur noch jährlich 45 fl. betragenden Satzes für chemische Experimente und erlangte am 29. März 1819 durch Ablehnung eines Rufes nach Berlin für die nächsten zehn Jahre einen jährlichen Etat von 500 fl. für das Laboratorium. Auch wurde letzteres durch Hinzunahme einer angrenzenden Waschküche im März 1823 vergrössert. Seit Ostern 1817 war dem Vorstande des Laboratoriums auch ein »Amanuensis« beigegeben worden in der Person des Privatdozenten Dr. med. G. K. L. Sigwart, der vorher schon einige Jahre von 1810 bis 1813 in Berlin Privatdozent gewesen war. Da dieser jedoch schon vorher im Dezember 1816 einen Lehrauftrag für Zoochemie erhalten hatte und am 11. November 1818 zum ausserordentlichen Professor ernannt wurde, so ist er als Assistent Gmelins niemals thätig gewesen. Erst 1827 wurde dieses unerspriessliche Verhältnis gelöst und Gmelin gestattet einen jungen Pharmazeuten als Amanuensis anzustellen.

Die Verhältnisse des Laboratoriums blieben aber beengt und auch die Hilfsmittel mangelhaft. Als im Winter 1842 auf 43 der damalige Assistent täglich sehr fleissig arbeitete, war schon im Dezember das für den ganzen Winter bestimmte Brennholz verbraucht, und der Verwaltungs-Ausschuss musste neues bewilligen. Da das Laboratorium überhaupt seinem Zwecke wenig entsprach, stellte der akademische Senat am 24. Dezember 1835 den Antrag auf Erbauung eines neuen Laboratoriums nebst Dienstwohnung des Vorstandes. Dieser Plan kam mit dem Neubau der Universität zur Ausführung. Nachdem in den folgenden Jahren verschiedene Entwürfe beraten waren, wurden im Frühjahre 1844 die vom Bauinspektor, nachmaligem Oberbaurat Barth entworfenen Pläne genehmigt und sofort ausgeführt, so dass das

neue Institut im Herbste 1846, ein Jahr nach dem am 18. Oktober 1845 eingeweihten
Universitätsgebäude, bezogen werden konnte.

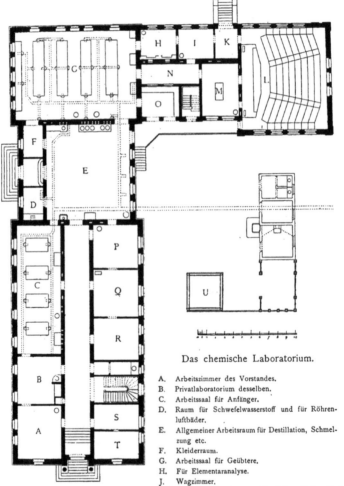

Das chemische Laboratorium.

A. Arbeitszimmer des Vorstandes.
B. Privatlaboratorium desselben.
C. Arbeitssaal für Anfänger.
D. Raum für Schwefelwasserstoff und für Röhren-
   luftbäder.
E. Allgemeiner Arbeitsraum für Destillation, Schmel-
   zung etc.
F. Kleiderraum.
G. Arbeitssaal für Geübtere.
H. Für Elementaranalyse.
J. Wagzimmer.

K. Eingang zum Hörsaal. L. Hörsaal. M. Vorbereitungszimmer. N. Durchgang. O. Offene Halle. P. Bibliothek.
Q. Für Elektrolyse und andere physikalische Arbeiten. R. Für Gasaralyse. S. Zimmer des Dieners. T. Magazin. U. Eishaus.

Dieser Bau ist in derselben würdigen, aber einfachen geradlinigen Architektur

und aus demselben Material, gelblichen Sandsteinquadern, wie das Universitätsgebäude ausgeführt und begrenzt mit diesem und dem dem chemischen symmetrisch
angelegten botanischen Institute den Universitätsplatz, dessen vierte Seite von der
Wilhelmstrasse eingenommen wird. Der vorstehende Grundriss gibt in den mit A
bis G und P bis T bezeichneten Räumen den damals hergestellten Bau wieder. Der
Teil A, B, C, P, Q, R, S, T ist zweistöckig und enthält im oberen Stocke die Wohnung
des Vorstandes, im unteren Stocke das Laboratorium, zu dem auch der einstöckige
Bau E gehört, während G damals Hörsaal war.

Christian Gmelin hat noch fast 14 Jahre in diesem Institute gewirkt. Im Winter-
semester 1858|59 wurde er durch Krankheit genötigt seine amtlichen Verrichtungen
einzustellen und musste sich auch für den Sommer 1859 beurlauben lassen. Um
sein wichtiges Lehrfach nicht längere Zeit unvertreten zu lassen, veranlasste das K.
Ministerium alsbald den akademischen Senat, sich nach einem geeigneten Nachfolger
umzusehen. Nachdem die Gewinnung eines solchen gesichert war, kam Gmelin am
17. Oktober 1859 um seine Versetzung in Ruhestand ein, die unter Anerkennung seiner
vorzüglichen Dienste gewährt wurde. Er hielt indessen noch den Winter hindurch
die praktischen Übungen bis zum 14. März 1860, räumte die Wohnung am 19. April,
übergab seinem Nachfolger das Institut am 7. Mai und starb wenige Tage darauf
am 13. Mai 1860. Ihm zu Ehren wurde die zwischen Laboratorium und Universität
hindurchführende Strasse Gmelinstrasse benannt.

Sein Nachfolger war A d o l f S t r e c k e r aus Darmstadt, Schüler und langjähriger
Assistent Liebigs, dann (1851—1860) Professor der Chemie an der Universität zu
Christiana in Norwegen, von wo er nach Tübingen berufen wurde. Er kam als ein
durch zahlreiche Arbeiten bereits bekannter Mann in seinen neuen Wirkungskreis, in
welchem er den früheren noch viele wertvolle Untersuchungen anreihte, die er teils
selbst ausführte, teils durch seine Schüler ausführen liess. Er brachte nach Tübingen
die von Liebig in die deutschen Laboratorien eingeführte rastlos angespannte Art
des Unterrichtes und der Forschung, auf der zum grossen Teile der ausserordentliche
Aufschwung beruht, den die wissenschaftliche Chemie und die chemische Technik in
unserem Jahrhundert in Deutschland genommen hat. Das Laboratorium war unter
seiner Leitung bald von lernbegierigen Schülern gefüllt und überfüllt. Bei einer am
6. Dezember 1866 ausgeführten Visitation fand die Kommission des Senates eine
Vergrösserung des Laboratoriums höchst wünschenswert, da auf 32 Arbeitsplätzen
45 Praktikanten beschäftigt waren. Indessen erklärte Strecker eine Erweiterung des
an drei Seiten von Strassen begrenzten Gebäudes für unausführbar und unterliess es
daher sie zu beantragen.

Während Strecker das Laboratorium leitete, ging dasselbe im letzten Regierungs-
Jahre König Wilhelms von der medizinischen Fakultät, der es 111 Jahre angehört

hatte, an die im Herbste 1863 eröffnete naturwissenschaftliche Fakultät über, der ersten ihrer Art in Deutschland.

Im Frühjahre 1870 folgte Strecker einem Rufe nach Würzburg. Sein Nachfolger war Rudolf Fittig aus Hamburg, Schüler und Assistent Wöhlers in Göttingen. Er beantragte und erlangte sogleich die schon längst notwendig erachtete Erweiterung des Laboratoriums durch einen an die nördliche Ecke desselben gegen Nordosten hin nach dem Entwurfe des Bauinspektors, jetzigen Baurates Koch ausgeführten Anbau, die Räume H bis O (s. den Grundriss) enthaltend. Derselbe bildet den äussersten linken Flügel der hier beigefügten Gesamtansicht des Instituts. Der für diesen Anbau verfügbare Raum war durch die schon damals beabsichtigte, jetzt durchgeführte Korrektion des Käsenbaches sehr beschränkt, da dieser Wasserlauf die einzige nicht an Strassen stossende vierte Seite des Grundstückes eng begrenzt. Es wurde aber der gebotene Raum in zweckmässigster Weise ausgenutzt, zu welchem Behufe das von Strecker 1861 erbaute Eishaus U in den inneren Hof versetzt werden musste. Der bisherige Hörsaal G wurde zu einem grossen Arbeitssaale umgewandelt und auch die älteren Arbeitsräume C und E ganz neu hergerichtet. Der Anbau nahm den neuen Hörsaal nebst einer Anzahl von Nebenräumen auf.

Als Fittig Ostern 1876 Tübingen mit Strassburg vertauschte, fand der gegenwärtige Vorstand nur wenige Änderungen wünschenswert. Es wurde die Ventilation der Arbeitssäle wesentlich verbessert; ein Bibliothek-, Lese- und Schreibzimmer für die Praktikanten, ferner ein Zimmer für Elektrolyse und andere physikalischchemische Arbeiten und ein solches für Gasanalysen eingerichtet. Da zu diesen Zwecken bisher als Magazine benutzte Räume verwendet wurden, so trat ein Mangel an zur Aufbewahrung von Geräten und Materialien geeigneten Orten ein, dem aber baldige Abhülfe in Aussicht steht. Im Jahre 1878 wurde die städtische Hochdruckwasserleitung in das Laboratorium eingeführt zum Betriebe von Wasserstrahlluftpumpen und ähnlichen Zwecken, während für den sonstigen Wasserverbrauch die Quellwasser- und die Regenwasserleitung des Laboratoriums erhalten blieben.

Die jetzige Anordnung und Einteilung der Räume ist folgende. Durch den durch zwei Säulen gezierten südöstlichen Eingang an der Wilhelmsstrasse gelangt man in den langen Mittelgang des älteren Baues, der unmittelbar jenseits der Treppe durch eine (im Plane nicht gezeichnete) Glasthür geteilt ist. Vor derselben führt die Treppe rechts zur Wohnung des Vorstandes, die, wie schon gesagt, über den Räumen A, B, C, P, Q, R, S, T gelegen ist. A ist das Sprech- und Arbeitszimmer des Vorstandes, B dessen Privatlaboratorium, C der Arbeitssaal für die mit qualitativer und den Elementen der quantitativen Analyse beschäftigten Anfänger. D ist ein Raum für Arbeiten mit Schwefelwasserstoff, in dem rechts auch die Luftbäder zum Erhitzen zugeschmolzener Glasröhren aufgestellt sind. Zwischen D und F liegt der Eingang für die Praktikanten des Laboratoriums. E dient für Arbeiten, die viel

Raum beanspruchen, Destillationen, Gasentwickelungen, Schmelzversuche u. s. w.;
F ist Kleiderzimmer; G der Arbeitssaal für die fortgeschritteneren Praktikanten,
unter denen auch die Assistenten ihre Arbeitsplätze haben. Die Arbeitssäle C und
G sind mit sehr zweckmässig eingerichteten Arbeitstischen ausgestattet, die selbstverständlich mit den erforderlichen Gas- und Wasserleitungen versehen sind. Die
im Grundriss punktiert gezeichneten unter dem Fussboden verlaufenden Abzugskanäle
führen alles Abwasser dem Käsenbache zu. An den Innenwänden beider Hörsäle
befinden sich mit Glasfenstern versehene Abzugskästen mit Hempel'schen Vorrichtungen zur raschen Abführung der schädlichen Gase und Dämpfe. Die Räume H bis O
bilden den unter der Regierung Seiner Majestät des Königs Karl hergestellten Neubau.
H ist der sogenannte Verbrennungsraum für die Elementaranalyse organischer Stoffe:
I das Wagezimmer; K Vorplatz des Hörsaales, zu dem die Zuhörer aus der Nauklèr-
strasse Zugang haben. Der Hörsaal L bietet für hundert und einige Zuhörer Platz.
Er ist mit einem grossen gut eingerichteten Experimentiertisch und mit einer Vorrichtung zur völligen Verdunkelung versehen, durch welche vermittelst der Umdrehung
einer Kurbel alle elf Fenster gleichzeitig durch schwarze Rollvorhänge geschlossen
werden können. Im Hörsaale steht links vom Vortragenden ein Projektionsapparat,
der Bilder kleiner Gegenstände auf einen rechts angebrachten weissen Rollvorhang
zu werfen und so dem ganzen Auditorium gleichzeitig zu zeigen gestattet. Zur
Beleuchtung dient Drummond'sches Kalklicht, zu dem der Sauerstoff aus einem
grossen im Vorplatz K aufgestellten kupfernen Gasometer zugeleitet wird. Das
Vorbereitungszimmer M enthält auch die im Hörsaale benutzte Präparatensamm-
lung. Im Durchgang N stehen in Glasschränken die für die Vorträge dienenden
Apparate. O ist eine offene Halle. Der unter C, H bis O befindliche Keller dient
zur Aufnahme der Vorräte an Säuren und anderen Chemikalien und von Brennmaterial
für das Laboratorium. Unter den Dächern über diesen Räumen lagern die Vorräte
an Glas und Porzellan. In P ist die aus Beiträgen der Studierenden angeschaffte
Handbibliothek des Laboratoriums aufgestellt, die hier von den Praktikanten an
einem grossen Schreibtisch fleissig benutzt wird. In Q werden Elektrolysen, optische
und andere physikalisch-chemische Untersuchungen, Molekulargewichtsbestimmungen
u. s. w. ausgeführt. R ist für Gasanalysen eingerichtet. S ist ein Zimmer des Dieners, dessen ursprüngliches Schlafzimmer T, da der seit mehr als zwanzig Jahren
verheiratete Mann nicht mehr im Institute wohnt, als Magazin benutzt wird. Die
Heizung der meisten Räume geschieht durch Meidinger'sche Füllöfen, durch deren
Einführung eine sehr wesentliche Ersparnis an Brennmaterial erzielt werde, obschon
jetzt mehr Räume geheizt werden als früher, wo nur Buchenholz gebrannt wurde.

An den Fenstern von T, S, R vorbei führt eine Einfahrt von der Wilhelmsstrasse
in den Hof. Der Raum Jenseits derselben ist von Christian Gmelin zu einem Gärtchen
für den Vorstand umgeschaffen worden. Hinter demselben steht im Hofe das schon

erwähnte Eishaus U und neben demselben ein hölzernes Gebäude für das Heizmaterial des Vorstandes, an das sich eine Waschküche und ein früher für feuergefährliche Operationen benützter, Jetzt als Glasmagazin dienender Raum anschliessen. Vor beiden ist ein laufender Brunnen. Nordöstlich am Hörsaal L vorbei führt auf einer über den Käsenbach gelegten, erst im vorigen Jahre vom Bauinspektor Knoblauch erbauten mächtigen Brücke eine Ausfahrt durch ein eisernes Thor auf die Nauklerstrasse, wodurch der früher sehr beschwerliche Fuhrwerksverkehr im Hofe ganz wesentlich erleichtert worden ist.

Der derzeitige Vorstand des chemischen Laboratoriums:

Professor Dr. LOTHAR MEYER.

DAS MINERALOGISCHE UND GEOGNOSTISCHE INSTITUT.

Als der Verfasser dieses Berichts im Herbste 1837 seine hiesige Lehrstelle antrat, war die »Naturaliensammlung« im südlichen Flügel des Schlosses untergebracht: oben an der östlichen Ecke standen in einem geräumigen Zimmer neben dem Mathematischen Hörsaal die Minerale in acht eichenen Schränken mit Glasaufsätzen und Je 16 Schubladen. Sie waren einst Eigentum des Bergrat Widenmann in Stuttgart, der bis zur Aufhebung der Karlsschule den Lehrstuhl der Mineralogie daselbst bekleidete. Sein »Handbuch des oryktognostischen Teils der Mineralogie. Leipzig 1794« legt noch Zeugnis ab, welche vortreffliche Kenntnis derselbe in seinem Fach besass. Dem entsprach auch die sorgfältig aufgestellte Sammlung, welche für Jene Zeit Lob verdiente. Vor ihr muss im Collegium illustre noch eine zweite Sammlung vorhanden gewesen sein (Klüpfel, Geschichte der Universität Tübingen 1849 II. 511), nach welcher daselbst G. K. CH. Storr, ein Bruder des berühmten Theologen Chr. Gottlob Storr, lehrte. Es ist zwar nicht bekannt, welchen Umfang dieselbe hatte, allein Storr's »Alpenreise vom Jahre 1781« zeugt noch heute von dessen vortrefflicher Kenntnis, und der klare richtige Kupferstich eines Bergkrystalls mit sechsseitiger Säule, Rhomben- und Trapezfläche, welchen er »aus dem Drusenkram eines Wirtes in Wasen« mitnahm, könnte noch heute Jedes Lehrbuch der Mineralogie schmücken. Die Sammlung wurde später mit der Stuttgarter vereinigt (Professor Plieninger, Beschreibung von Stuttgart 1834 pag. 81).

Eine geognostische Sammlung hatte G. Schübler, der von 1817—1834 den botanischen Lehrstuhl inne hatte, mit grossem Fleiss gesammelt; aber die Erfunde entsprachen wenig den Erwartungen, welche der Fremde im Anblick des prächtigen Werkes von MaJor Zieten (Versteinerungen Württembergs 1830—1833) von dem Reichtum an Petrefakten Schwabens hatte. Die ziemlich umfangreiche Sammlung bestand hauptsächlich aus Gebirgsbrocken, die nachlässig in roten Schubladen aufgehäuft zwei kleine Zimmer in der südlichen Ecke des westlichen Schlossflügels einnahmen. Leider hatte nach dem Tode Schüblers im Herbst 1834 sich Niemand mehr um die Sache bekümmert, die Dinge blieben mehrere Jahre einem ungetreuen Diener überlassen, der mehreres Wertvolle daraus entwendete, doch werden zwei Stücke, ein wohlerhaltenes Hinterhaupt von Mastodonsaurus giganteus aus der Lettenkohle von Gaildorf, und ein Abguss von Phytosaurus cylindricodon aus dem Stubensand im Neckarthal unterhalb Tübingen ein ewiges Zeugnis von dem rührenden Sammeleifer des mit Recht berühmten Mannes ablegen. Da der Bibliothekar Robert v. Mohl mehr Raum für die Bücher bedurfte, so wurden die roten Schränke in das schmale Zimmer neben der Mineralogie geschafft, so dass nun die ganze geologische Sammlung für sich von der Zoologie abgeschlossen beieinander war. Neben den Tieren lag noch ein altes Herbarium, so dass sämtliche Disziplinen der Naturkunde in dem kleinen Raume des südlichen Flügels neben dem mathematischen Hörsaale glücklich untergebracht waren.

Die Botanik war für die alten Mediziner die wichtigste Abteilung der drei Naturreiche. Daher muss es wundernehmen, dass erst nach dem dreissigjährigen Kriege 1652 die Einrichtung eines Pflanzengartens in den Akten erwähnt wird (Säxinger, Entwickelung des medizinischen Unterrichts der Tübinger Hochschule pag. 18), derselbe lag zwischen Bursa (heutige Gebäranstalt) und Sapienz (alte Aula), und war dem linken Neckargehänge, welches Crusius Rothrain nannte, durch kostbare Grabarbeiten abgewonnen worden. Ein Blick auf die hohe Schutzmauer und auf die unterirdischen Gewölbe zeigt zu deutlich, dass seine Errichtung mit der der umliegenden Gebäude zu Zeiten Eberhard's im Bart zusammenhängt. Es scheint aber, dass die umwohnenden Professoren den Garten anfangs in ihren Nutzen zogen. Wie bescheiden die Institute in ihren Ansprüchen waren, geht aus den Worten von Andr. Christ. Zeller (Merkwürdigkeiten der Universität Tübingen 1743 pag. 235) hervor: »unter dem Universitätshaus und zwischen der Bursa ist der jetzt sehr schön florierende Hortus Medicus, welcher in sehr guten Stand nach und nach ist gebracht worden, dass er von Reissenden gesehen zu werden verdient.« Ich habe das wohltapezierte Häuschen von 12 Fuss Länge und 9 Fuss Breite, welches zu Demonstrationen diente, noch in den Fünfziger Jahren als Arbeitshaus benützt, bis es der Seifensieder Forstbauer erstand und auf seinem Gut im Viehwaidle hinter dem Totengarten wieder aufstellte, wo es noch Jedermann beaugenscheinigen kann.

Die Petrefakten haben neben den Pflanzen die Aufmerksamkeit der Bewohner in ganz besonderem Grade angezogen, zumal da sie in früheren Zeiten für wichtige Arzneimittel gehalten wurden. Ich setzte das in einer akademischen Gelegenheitsschrift (Verzeichnis der Doktoren, welche die philosophische Fakultät 1852|53 ernannt hat) weitläufig auseinander. Darnach war Wilhelmus Wernherus, Comes Cimbrensis, 1540 im südwestlichen Deutschland der erste Sammler, den der Zeitgenosse Conrad Gesner (de rerum fossilium, lapidum et gemmarum lib., Tiguri 1565) nicht genug zu rühmen weiss. Dieses alte Werk ist das erste, welches im lateinischen Texte mit Holzschnitten ausgestattet ist, worin wir mehrere Württembergische Er. funde auf das Deutlichste wieder erkennen. Noch näher steht uns Johannis Bauhini historia novi et admirabilis fontis balneique Bollensis 1598, welche bald darauf 1602 von Förter ins Deutsche übersetzt wurde. Hier finden wir nun auf 52 Quartseiten eine ganze Reihe wohlerkennbarer Abbildungen aus der Umgegend von Boll, worunter sich Ammonites communis und heterophyllus aus dem Liasschiefer, verkieste Amaltheen und Terebrateln, ein weisschaliges Ammonitenstück des Braunen Jura z aus dem Teufelsloch bei Eckwälden wiedererkennen lassen, selbst eine Pholadomya, welche 1594 »in seines Herrn Lustgarten zu Mömpelgardt« ausgegraben wurde, bildete er deutlich ab. Wir haben hier offenbar eine der ältesten Petrefaktensammlungen vor uns, von der man jetzt nichts mehr weiss. Auf der Universität begann der Sammeleifer erst mit

Johann Georg Gmelin 1674—1728 Apotheker und Chemiker zu Tübingen, Stammvater der seiner Zeit so berühmten Professoren gleichen Namens. Von der Sammlung hat sich bis in die Fünfziger Jahre noch ein grosser Teil erhalten; ich habe von dem Urenkel Christian Gmelin einen vollständigen Unterkiefer und den Zapfen eines grossen Ochsen erhalten, die beide aus dem Rhein zwei Stunden von Mannheim herausgezogen wurden (Keyssler's Neueste Reisen 1741 pag. 1309), und noch heute eine Zierde des Mineralogischen Instituts sind (Sonst und Jetzt 1856 pag. 33). Ein vortreffliches Kronenstück eines verkiesten Pentakriniten erhielt Knorr (Lapides Diluvii universalis I. tab. XI. c pag. 10) von »Herrn Dr. Gmelin in Tübingen«; Ja wie glücklich die Sammler von damals im Finden waren, zeigt daselbst das dunkle Bruchstück eines Pentacrinites tuberculatus (l. c. tab. XXXVI Fig. 1 pag. 33) »aus dem Württembergischen bei dem Kloster Bebenhausen«, wo eine Frau Präceptor Essich (Verzeichnis der Doktoren 1855 pag. 13) besonderes Geschick im Sammeln hatte. Alles das floss in die Sammlung des Apothekers, um zu Arzneien verwendet zu werden. Eine alte Etikette »Bebenhausen, Jordan 1714« enthält noch Zähnchen aus der oberen Knochenschicht (bone bed) auf der Grenze zwischen Keuper und Psilonotenbank, die wegen ihres Phosphorgehalts für besonders heilsam galten. Wahrscheinlich wurde dieselbe ein Jahrhundert später von den Schülern Schübler's vorgefunden, und die Aufmerksamkeit wieder darauf gelenkt.

Bekannter ward der Ruf von Mammuthszähnen, die mit anderen Tierknochen in unglaublicher Menge im Lehm bei der Ufkirche (Sattler, Historische Beschreibung des Herzogtums Würtemberg I, 77) im Oktober 1700 gefunden wurden, worüber die Gelehrten sehr geteilter Meinung waren. Ganze Wagenlasten davon wurden zu Arzneien verwendet, und nur ein Teil in der Kunst- und Naturalien-Cammer aufbewahrt, »darzu Jakob Gut von Sulz Gelegenheit gegeben, der sich eine schöne Sammlung von allerlei curiosis angeschafft und, weil er ohne Erben verstorben, solche Naturalien-Cammer Herzog Eberharden III. legieret« (Sattler l. c. I. 38). Um Jene Zeit thaten sich die Diluvianisten, welche der Engländer Woodward ins Leben gerufen hatte, durch ihren Sammeleifer besonders hervor, und fanden unter den Theologen viele Freunde, welche die Versteinerungen in unsern Bergen als sicheren Beweis für die Wahrheit der Biblischen Überlieferung nahmen. Nur die Mediziner wollten nicht daran glauben, sie blieben bei der absurden Idee stehen, Jene figurierten Steine seien nie lebendig gewesen. Als man dem Rosinus Lentilius (Eteodromus Medico-practicus) am 5. Juli 1709 in Stuttgart die schneeweissen Muscheln brachte, welche zu Billionen im Tertiärsand von Steinheim liegen, setzte er wohlweislich hinzu: »animal-cula fuisse sine maxima quoque difficultate neutiquam concipitur«. Nur ein Mann überragte durch seinen Scharfblick alle, und bereitete durch langjährige ernstliche Beschäftigung damit die Lösung des grossen Rätsels vor. Es war der auch sonst in medizinischem Wissen berühmte Elias Camerer (Camerarius). Endlich durch die vielen Widersprüche der Geistlichen entmutigt, schliesst er (Ephem. Cent. V et VI, 270): »Sed manum de tabula! Es thut mir leid, dass dem berühmten Woodward meine bescheidene Einsprache so missfiel, aber ich schweige, denn ich liebe den Mann, wenn ich auch den Gegner nicht anerkenne. Ich habe es überhaupt nicht auszumachen, woher Jene Fossilien kommen, ich trete bis Jetzt noch keiner Partei bei, utraque suos patitur manes, beide leiden Jetzt ihre manes, ihr Fegfeuer, und müssen geduldig warten, ob sie in das Elysium der Wahrheit eintreten. Die Wahr-heit der allgemeinen Sündfluth ist freilich weltbekannt, quisquis Mosi et prophetis non credit, neque figuratis credet lapidibus.« So schrieb der Mann am 10. April 1716 von Tübingen sein letztes wahrhaft prophetisches Wort. Er hatte namentlich auch die »conchiformia arenae granula« von Steinheim mit der Lupe untersucht (l. c. Cent. III. IV. 1715, 257), und darin zum Staunen seiner Landsleute so viele kleine winzigen Schneckchen zwischen grösseren gefunden, dass er bestimmt be-hauptete, so etwas könne nicht durch eine Sündflut hingewälzt sein. Ein solcher Mann, dem aus den verschiedensten Gegenden des Landes die Steine zugesandt wurden, musste natürlich die Lust zum Sammeln anregen, es waren damals Scholaren von Hamburg, Regensburg, Memmingen etc., die viele Zentner dieser »Curiosa« in ihre Heimat schickten, aber uns ist davon nichts überliefert. Keyssler, Gouverneur der Jungen Grafen von Bernstorff, die hier im Collegium illustre drei Semester (1727—28) studierten, ist in seinen »Neuesten Reisen« des Lobes voll. Ich brauche daher nicht zu wiederholen, was ich im obigen Doktorenverzeichnis der Hauptsache nach auseinandergesetzt. Ohnehin nahm nach Camerarius' Tode der Eifer bald sehr ab, zumal da die Theologen alsbald zur Einsicht kamen, dass die Versteinerungen keineswegs Zeugen der Sündflut seien. Doch erregten die riesigen Stosszähne der

Elephanten (Mammuthe) immer wieder die Aufmerksamkeit. Ja als im Herbst 1816 am Seelberge ein ganzes Haufwerk (Correspondenzblatt des Wurtembergischen Land. wirtschaftlichen Vereins 1824 VI p. 22 tab. 1) über dem Süsswasserkalke aufgedeckt wurde, beehrte König Friedrich in höchsteigener Person den glücklichen Fund und befahl, dass er im Stuttgarter Mineralienkabinet mit grösster Vorsicht aufgestellt würde. Unserer akademischen Sammlung ist zwar von dieser Überfülle nichts mit. geteilt, doch konnte auch ich mal bei dem Bau der Eisenbahn nach Waiblingen einen doppelt gekrümmten Zahn von 12 Fuss Länge und an der Wurzel von 1 Fuss Dicke in seltener Vollständigkeit erwerben. An der südlichen Wand des obersten Zimmers aufgestellt gibt er uns, umgeben von Backenzähnen mannigfaltiger Art, die sonderbarer Weise zuweilen von Badenden im Kiese des Neckarbettes, auf das treff- lichste erhalten, gefunden wurden, eine genügende Vorstellung. Doch wollte ich hier von Einzelheiten reden, so würde ich zu weitschweifig werden, ich muss der bessern Übersicht wegen blos die Hauptgruppen zusammenfassen.

Leider ist die kostbare Sammlung in den engsten Räumen zusammengedrängt. Die Hauptsachen stehen in den drei unteren zum Teil sehr düsteren und leider feuchten Sälen zwischen Holzgebäuden, die in früheren Jahrhunderten schon wiederholt von grossen Feuersbrünsten heimgesucht wurden. Um etwas mehr Luft zu bekommen wurde mir in neuerer Zeit der frühere Turnsaal und darunter der feuchte Tanzsaal zum notdürftigen Unterbringen noch überlassen, welche nun genügend Licht und be- queme Arbeitszimmer liefern.

Die Minerale nehmen im Hauptsaale 4 Doppelkästen mit grossen Glastischen ein, Jeder enthält 96 verschliessbare Schubladen, und Glastische von entsprechender Grösse, die das Studium bequem machen. Mein »Handbuch der Mineralogie, 3. Auf- lage 1877«, liefert dazu das System. Schon 1838 wurde die Sammlung durch An- kauf der Steine von Hofrat Sick vermehrt, worunter auch ein dicker an beiden Enden verstümmelter Mammuthzahn war, den Plieninger (Beschreibung von Stuttgart 1834 p. 86) bereits als bei Lorch gefunden erwähnte. Später kam die Sammlung von Bergrat Hehl und Prof. Glocker in Breslau hinzu, die gegen eine billige Leib- rente überlassen wurden, welche die Besitzer freilich nur wenige Monate genossen, so dass wir sie fast als geschenkt ansehen konnten. Aber wirklich geschenkt ist die höchst wertvolle Meteorsteinsammlung, deren Verzeichnis ich früher zum Teil mit Abbildungen (Klar und Wahr 1872 p. 315) gegeben habe. Sie ist in einem besonderen Glastische mit vielen Schubladen in der südöstlichen Ecke aufgestellt. Auch grosse Schaustücke, zum Teil von ausnehmender Schönheit, wie die grosse Amerikanische Amethystdruse, 50 kg schwer, welche wir Hrn. Dr. Hahn danken, fehlen nicht.

Die Petrefacten, von denen ich einen grossen Teil systematisch beschrieben habe, schliessen sich daran unmittelbar an.

1. Die Cephalopoden, welche in 36 Foliotafeln mit 717 Nummern abge-

bildet wurden, stehen in bester Reihe auf zwei grossen Glastischen und entsprechenden verschlossenen Schubladen, wo sie bequem von den Studierenden mit den Abbildungen in der Hand verglichen und bestimmt werden können.

Daran reihen sich

2. Die Brachiopoden, welche in meinem Werke 25 Foliotafeln mit 2772
Nummern einnehmen, sind besonders ausgezeichnet durch die vielen freigelegten Kno-
chengerüste, wie man sie nicht leicht in einer Sammlung von solchem Umfange
findet.   Von den Echinodermen nehmen

3. Die Echiniden auf 27 Tafeln mit 1684 Nummern wohl gereinigt einen grossen
Glastisch ein. Ich habe besonders den inländischen seit Jahren eine grosse Aufmerksamkeit
gewidmet, so dass man hier manche Präparate findet, die keine andere Sammlung hat.

4. Die Crinoideen bieten auf 25 Tafeln 2627 wohlgetroffene Bilder, die meistens aus unserem schwäbischen Jura und aus dem Muschelkalk stammen.   Der
Reichtum des Landes an diesen sonderbaren Geschöpfen tritt uns hier am lebhaf-
testen vor Augen.   Es zählen dahin die berühmten »Medusenhäupter«, welche die
schwäbischen Theologen im vorigen Jahrhundert in Aufregung versetzten. Aber alle
Jene Funde können sich mit unsern heutigen bei weitem nicht messen, wenn wir auf
die 24 Fuss lange und 16 Fuss breite Platte im untersten Raum blicken, die ich
mühsam auf der Ölhütte bei Reutlingen ausgegraben und in der Sammlung unentgeltlich
niedergelegt habe.   Es liegen darauf zahlreiche Kronen zum Teil mit 5 Fuss langen
Stielen, die in ⅕ natürlicher Grösse (Schwabens Medusenhaupt 1868) abgebildet wurden.

5. Die Schwämme auf 28 Tafeln mit 917 Nummern gehören nicht nur zu
den reichsten Sammlungen unter den bekannten, sondern es befinden sich darunter
auch Grössen bis zu 2 Fuss, die man nicht leicht wieder zu Gesicht bekommt.

6. Die Sternkorallen auf 42 Tafeln mit 2346 Nummern liefern besonders
von Nattheim die schön gelben verkieselten Exemplare, die schon im Anfange des
vorigen Jahrhunderts die alten Sammler beschäftigten und in den grössten Ruf brach-
ten.   Mit welchem Recht lehrt uns ein Blick auf den Glastisch, welcher die schönsten davon vor Augen legt.   Doch am grössten ist die Menge der

7. Gasteropoden, welche auf 34 Tafeln mit 3166 treulich abgebildeten
Nummern dargelegt sind.   Konnte auch nicht alles wegen des beschränkten Raumes
dem Auge vorgeführt werden, so ist doch so viel da, dass der Junge Anfänger mit dem
Buche in der Hand sich genügend belehren kann.

Das Alter hat mich in diesen mühsamen Arbeiten früher überrascht, als ich in
der Jugend wähnte.   Ist auch auf diesen 218 Foliotafeln mit 14 229 Nummern in
bester Ordnung beschrieben, eine Einsicht in den Reichtum unserer akademischen
Sammlung gegeben, so waren doch die berühmten Ammonshörner im ersten Bande,
vermischt mit Ammoniten anderer Gegenden, nur auf 21 Tafeln mit 338 Nummern
bedacht, die übrigens längst vergriffen sind.

Nun zeichnet sich aber unsere Sammlung gerade durch diese merkwürdigsten
Tiere der Vorwelt ganz besonders aus, wie schon ein Blick auf die 9 Fuss hohe
und 6 Fuss breite Pyramide beweist. Daher kam mir die Gelegenheit günstig, dass
ich noch am Schluss meiner Wirksamkeit »die Ammoniten des Schwäbischen Jura,
1883—1888« auf 126 Foliotafeln mit 2583 Nummern ausführlicher behandeln konnte.
Dieselben liegen in der Sammlung zerstreut herum. Auch die zahlreichen Pelecy-
poden stehen auf zwei grossen Glastischen mit zugehörigen Schubladen auf das
sorgfältigste zum Studium aufgestellt, aber sie monographisch zu beschreiben fand
ich bis jetzt noch keine Zeit, so gerne ich auch diese wichtige Abteilung den genannten acht Werken beigefügt hätte.

Einer Geognostischen Sammlung, nach welcher ich ein Collegium über
Geognosie lese, liegen meine Schriften »das Flözgebirge Würtembergs« und besonders »die Epochen der Natur« zu Grunde, wodurch den Zuhörern die volle Gelegenheit zum weiteren Studium geboten ist. Es sind dabei nicht bloss die württembergischen Formationen bedacht, sondern auch die ausländischen mit Auswahl hinzugefügt.

Ausser diesen Tischen, die hauptsächlich die Mitte der Säle einnehmen, sind
zunächst die Wirbeltiere in grossen Rahmen an den Wänden aufgehängt, und da-
zwischen in den Nischen und Fenstern füllen kleinere Stücke den Platz aus. Vieles
davon ist zwar in meinem »Jura 1858« und in meinem »Handbuch der Petrefaktenkunde«, das drei Auflagen erlebte, abgebildet, aber die Sachen, zum Teil in den
schönsten und sonst nirgends gesehenen Exemplaren, sind nur im grossen zusammengestellt. Die vielen Hunderte von Belegstücken hier aufzuführen würde zu weit
führen, aber um die Riesengrösse zu zeigen, will ich nur einzelne davon angeben:
Ichthyosaurus multiscissus ist unter den vollständigen über 23 Par. Fuss
lang, der Kopf 5 Fuss. Und doch erreicht der grösste Wirbelkörper kaum 5 Zoll
in der Höhe, während einzelne Wirbel von 7 Zoll und 6 Pfund Schwere die Sammlung mehrere aufbewahrt. Sogar einen vollständigen Schädel von 7 Fuss mit 27
fast daumendicken Zähnen im Unterkiefer erhielt ich aus dem obern Lias von Boll.
Sparsamer als die Ichthyosauren finden sich die
Gaviale (Macrospondyli) mit krokodilähnlichen Schildern. Der grösste davon misst über 19 Pariser Fuss, und da der Schädel 4½ Fuss erreicht, so kann man
die ganze Länge etwa auf 27 Fuss annehmen. Ein anderer grosser aus dem grauen
Stinksteine, von dem noch 11 Fuss vorhanden sind, zeigt noch weisse Quarzkiesel nebst
versteinertem Holz im Magen, das er offenbar aus Hunger verschluckt haben musste;
dabei kann man die verknöcherten Gurgelringe bis zur Gabelung zu den beiden
Lungen noch in ihrer Lage beobachten. Ichthyosauren waren weniger gefrässig, sie
zeigen meist nur Fischschuppen und Reste schwarzer Dinte, die von Sepien herrührt, aber bestimmt zwischen den Rippen die Stelle des Magens andeutet. Be-

sonders merkwürdig, aber auch in andern Ländern gefunden, sind mehrere Exemplare von Ichthyosaurus quadriscissus, die Junge im Leibe zwischen den Rippen haben, wovon einer höchst wahrscheinlich gefressen wurde. Vom

Archegosaurus aus dem Steinkohlengebirge bei Lebach sind wertvolle Präparate (Bronn's N. Jahrb. 1861, 294) vorhanden, die links auf zwei Glastischen im zweiten Zimmer stehen. Besonders lehrreich sind die sorgfältig herausgearbeiteten Schilder von Mastodonsaurus robustus (Capitosaurus) mit rings geschlossener Schläfengrube, die ich 1850 ausführlich beschrieben habe.

Aus dem obern Keuper sind die riesigen Knochen von Zanclodon sehr beachtenswert, die im zweiten Zimmer einen Kasten mit zwei Glastischen einnehmen, und manche seltenen Knochen von Riesengrösse enthalten, wogegen der dünne Hals mit schlanken Wirbeln auffallend plötzlich absetzt.

Die Säugetiere sind an der östlichen Wand des oberen Saales in fünf kleinen Glaskästen aufgestellt, worunter ausser Mammuth die Zähne vom Mastodon, Rhinoceros, besonders die schneeweissen von Dinotherium in die Augen fallen, welche bei Pfronstetten über den Bohnerzen mit Palaeotherien im Lehm gefunden wurden. Im Oberkiefer sind alle sechs Backenzähne erhalten, wovon der vorderste kegelförmige (Württembergische Jahreshefte IX, 1853 tab. 7 fig. 9) den Kenner ganz besonders anzieht, da er meines Wissens nirgends wieder aufgefunden ist.

Von Steinheim sind in den Fensternischen des mittleren Saales zwei Doppelfenster mit den schönsten Zähnen und Knochen belegt, worunter sich besonders die trefflich erhaltenen Backenzähne von Mastodon angustidens, eine ganze Menge von Rhinocerosknochen und Zähnen, und die prächtigsten Geweihe von Palaeomeryx Aurelianense in ganzen Reihen, sowohl krank als gesund, anschliessen. Daneben steht von

Pfronstetten ein Tisch mit acht Fenstern, worunter nicht blos viele hundert verschiedener Zähne und Knochen aufgehäuft, sondern auch ganze Gebisse zusammengestellt wurden, die uns die klarste Einsicht in das älteste Säugetier Palaeotherium gewähren.

Den Nusplinger Platten des Weissen Jura ζ wurde im mittleren Saal ein grosser Tisch mit acht Fenstern gewidmet, an deren Spitze der schon oben genannte Pterodactylus Suevicus liegt, und in Beziehung auf die Klarlegung der Knochen kaum seines Gleichen findet. Daran schliesst sich ein vollständiger Rhacheosaurus, prachtvolle Exemplare von Squatina acanthoderma, vollständige Schulpe von Sepia, zahlreiche Krebse, welche schon lebenden Garnelen Penaeus speciosus etc. ähnlich werden.

Zwischen hinein liegen dann Präparate und Erfunde, die man in keiner bekannten Sammlung sieht. Ich erinnere nur an Lepidotus Elvensis (Anzeige der akademischen Feier des Geburtstages König Wilhelms 1847, tab. I und II), an denen ich Monate lang gemeisselt habe, um Schuppen, Schleimkanäle, Kiemen etc. klar zu legen, die alle im ersten und zweiten Zimmer aufgestellt sind. Von ganz besonderer

Pracht ist das Gebiss von Ober- und Unterkiefer eines Rochen Bdellodus Bollensis (Württembergische Jahreshefte 1882 tab. III), der bis jetzt noch nicht zum zweiten Male gefunden wurde. Die prächtigen Gebisse von Lepidotus giganteus, welche bei Schnaitheim im Oolithe des Weissen Jura ε gefunden wurden (Württembergische Jahreshefte 1853 tab. 7 fig. 1—8) zeigen nicht nur die glänzendsten Schmelzkronen, sondern innen im Kieferknochen liegen noch die deutlichsten Keimzähne versteckt, unter jeder Wurzelspitze eine hohle Schmelzschüssel, aber in verkehrter Lage, denn dieselben mussten beim Hineinrücken in das Maul eine Drehung von 180° machen. Zu allerletzt kam eine riesige Schildkröte Psammochelys Keuperina (Neues Jahrbuch 1889 pag. 120), die unerwarteter Weise in den Dombausteinen des weissen Keupersandsteines von Häfner-Neuhausen gefunden wurde, womit Herr Forstrat Dr. Tscherning in Bebenhausen uns überraschte.

Die Pflanzen sind im Lande zwar weniger vertreten als die Tiere, doch bieten der Keuper und die Lettenkohle manche lehrreiche Stücke, die wegen ihrer Seltenheit zur Zierde der Sammlung dienen: die riesigen Schachtelhalme sind in möglichster Mannigfaltigkeit vorhanden, vom jüngsten zarten Spross bis zur knorrigsten Wurzel (Handbuch der Petrefaktenkunde 3. Auflage pag. 1085); die seltenen Zweige von Araucaria, und die zarten Wedel von Zamiten aus dem Posidonienschiefer von Boll ziehen wegen ihrer Wohlerhaltung das Auge der Kenner auf sich; eine vorzügliche Sammlung von Dicotyledonenblätter vom Harz, Böhmen und Mähren (Epochen der Natur pag. 661) etc. wird nicht leicht übertroffen.

Alles dieses und vieles andere nicht Erwähnte liegt in drei Etagen der alten Aula aufgehäuft, unter Verschluss in 3276 Schubladen, vor den Augen ausgebreitet auf 310 Glastischen und 29 aufrechtstehenden Glaskästen. Dazu kommt noch zu ebener Erde der Hörsaal, worin die Holzmodelle für Krystallographie, und optische Instrumente aufgestellt sind.

Der derzeitige Vorstand des mineralogischen und geognostischen Instituts:
Professor Dr. **FRIEDRICH AUGUST von QUENSTEDT.**

DAS ZOOLOGISCHE INSTITUT.

Die Geschichte der zoologischen Anstalt hängt in ihren ersten Anfängen, ebenso wie die der mineralogisch-geologischen und der botanischen eng mit der des alten Naturalienkabinets zusammen. In einem Erlass vom 20. März 1771 *) ist zuerst auf die Errichtung eines Lehrstuhls für Naturkunde hingewiesen. Zugleich wurden die Lehrer der Chemie und Botanik veranlasst, die nötigsten Vorlesungen über Naturkunde mit Benutzung der Sammlungen des verstorbenen Professors der Chemie und Botanik Philipp Friedrich Gmelin zu halten. Diese Sammlungen waren aber zum grössten Teil durch den Sohn Gmelins, den Göttinger Professor Johann Friedrich Gmelin, bekannt als Herausgeber der 13. Ausgabe von Linné's Systema naturae, nach Göttingen gebracht worden und war deshalb der 1774 als Lehrer für Chemie und Botanik berufene Professor G. K. Ch. Storr auf seine eigene Sammlung, welche er 1784 durch den Ankauf derjenigen des Frankfurters Pasquay bedeutend vermehrte, angewiesen. 1784 wurde Storr in Ausführung der vorerwähnten Bestimmung des Erlasses von 1771 zum ordentlichen Professor der Naturkunde mit einem Gehalt von 200 Gulden ernannt und lehrte als solcher vorzüglich Zoologie und Mineralogie. Seine Sammlung wurde in einem Saale des Collegium illustre aufgestellt und ihr dereinstiger Ankauf, wie es scheint, in Aussicht genommen. Als Storr aber 1801 von seinem Amte zurücktrat, kam jener Ankauf nicht zu stande und die Universität sah sich wiederum jeder naturwissenschaftlichen Sammlung beraubt.

Da beschlossen im Sommer 1802 die damaligen Professoren der medizinischen Fakultät Wilhelm Gottfried Ploucquet, Johann Heinrich Ferdinand Autenrieth und Karl Friedrich Kielmeyer durch ihre eigenen naturwissenschaftlichen Sammlungen den Grund zu einem öffentlichen Naturalienkabinet zu legen. In demselben

---

*) Siehe hierüber die folgend abgedruckte: Brevis Expositio historiae thesauri ad historiam naturalem pertinentis, quen. facultas medica Tubingensis possidet.

Sommer stellte der Freiherr Christian von P a l m aus Kirchheim unter Teck der medizinischen Fakultät die Summe von 2000 Gulden mit der Bestimmung zur Verfügung,
dass dafür eine grössere naturwissenschaftliche Sammlung gekauft werde, und schenkte
später noch ein zusammengesetztes Mikroskop.

Von einem Teile Jener 2000 Gulden wurde die mineralogische Sammlung des
Bergrats W i d e n m a n n, die nach dessen Tode in den Besitz des Apotheker W a l z in
Stuttgart übergegangen war, nach dem Tode des zweiten Besitzers, welcher sie
durch seine eigene Sammlung vermehrt hatte, gekauft und damit der Grundstock
für die Jetzige mineralogische Sammlung der Universität gelegt.

Im August desselben Jahres bewilligte der akademische Senat eine weitere
Summe von 1000 Gulden, welche zusammen mit dem Rest der Palm'schen Schenkung
angelegt wurde um aus den Zinsen das neue Naturalienkabinet zu unterhalten. Das
kurfürstliche Kabinet in Stuttgart tauschte Doppelstücke aus, ebenso wie das mit
der Storr'schen Sammlung geschah. Im Jahre 1803 räumte der damalige K u r f ü r s t
F r i e d r i c h einen Platz auf dem Schloss zur Aufstellung der Sammlungen ein und
ernannte im Jahre 1804 den Professor der Mineralogie und Materia medica F e r d i -
n a n d G m e l i n zum Vorstand des Kabinets, welcher, von seinen wissenschaftlichen
Reisen zurückgekehrt, im Jahre 1805 auch die Stellung übernahm. Die Stellung
Storr's als Lehrer der Naturkunde war in der Hauptsache an Kielmeyer übergegangen.

Eine wesentliche Bereicherung namentlich seines vergleichend-anatomischen Teils
erfuhr das Naturalienkabinet durch die Skeletsammlung des Professor Ferdinand
August E m m e r t, welche derselbe schenkte, wie auch im Jahre 1808 der frühere
Bürgermeister und Landschaftskonsulent B a t z seine naturwissenschaftliche Sammlung
vermacht hat. Im Jahre 1817 erhielt der geologisch-mineralogische Teil eine reiche
Sammlung von ungarischen Fossilien durch den Professor Z i p s e r in Neusohl. Die
bei weitem wertvollste Zusendung geschah aber im Jahre 1818 von seiten des verstorbenen K ö n i g W i l h e l m, welcher die von ihm für 7700 Gulden gekaufte zoologische Sammlung des Heidelberger Professor G a t t e r e r nach Tübingen überwies
und ausserdem anordnete, dass sämtliche Doppelstücke der in den Besitz des Königlichen Naturalienkabinets in Stuttgart übergegangenen Storr'schen Sammlung eben-
dahin abgegeben würden. Auch die verstorbene K ö n i g i n K a t h a r i n a schenkte
einen Teil ihrer eigenen Sammlung und bei Auflösung der Königlichen Menagerie
erhielt Tübingen einen Teil der vergifteten Tiere.

Nachdem im Jahre 1817 Kielmeyer als Direktor der Königlichen öffentlichen Bibliothek und des Naturalienkabinets nach Stuttgart übergesiedelt war, wurde G u s t a v
S c h ü b l e r zum Professor der Naturgeschichte und insbesondere der Botanik ernannt.
Ihm trat im Jahre 1819 W i l h e l m R a p p als ausserordentlicher Professor der Anatomie des Menschen und der Tiere zur Seite und übernahm später noch Physiologie,

Zoologie und für einige Zeit pathologische Anatomie, bis zum Jahre 1844, in welchem Arnold für die menschliche Anatomie und Physiologie eintrat.

Mit der Anstellung Rapp's wurde der zoologische Teil des Naturalienkabinets als selbständige Abteilung unter Rapps Aufsicht gestellt, ebenso wie Schübler die botanische Sammlung übernahm, wenn auch das Naturalienkabinet noch immer als ein Ganzes unter der Oberaufsicht Gmelins bestehen blieb. Es befand sich dasselbe im südlichen Flügel des ersten Stockwerks des Schlosses.

Wesentliche Vergrösserungen wurden der zoologischen Sammlung, mit welcher wir uns von jetzt ab allein zu beschäftigen haben, durch die reichen Sendungen zu teil, welche in den zwanziger Jahren und später Herr Bankier von Ludwig vom Kap der guten Hoffnung aus ausser nach Stuttgart auch nach Tübingen richtete, sowie durch reiche Insektensammlungen, welche durch Herrn Missionar Mögling aus China kamen, auch durch eine Sammlung von Naturalien von Celebes aus dem Nachlass des bekannten Anatomen Meckel. Zu gleicher Zeit beteiligte sich das Naturalienkabinet an der von Philipp Schimper und Dr. Wiest nach Ägypten und Abessynien unternommenen wissenschaftlichen Reise mit einem Beitrag von 50 Gulden, wofür ebenfalls seltenere Tiere in die Sammlung gelangten.

Nachdem im Jahre 1833 Professor Ferdinand Gmelin die Vorlesungen über Mineralogie aufgegeben hatte, äusserte er zugleich den Wunsch, von der Oberaufsicht über das Naturalienkabinet entbunden zu werden, nachdem dasselbe schon, wie vorher bemerkt, seit 1819 mehr oder weniger genau in die naturgemässen drei Abteilungen für Zoologie, Botanik und Mineralogie geschieden worden war. Nach langen Verhandlungen und nach einem im Oktober 1836 vorgenommenen Augenschein welcher namentlich für die zoologische Abteilung das Bedürfnis einer teilweisen Erneuerung nachwies, wurde durch Verfügung des Ministeriums des Innern und des Kirchen- und Schulwesens vom 8. Mai 1837 die botanische Sammlung mit dem botanischen Garten vereinigt, die Sammlungen für Mineralogie dem Professor Christian Gmelin bis zur Anstellung eines eigenen Lehrers für dieses Fach übertragen und Professor Rapp zum Vorstand der Sammlungen für vergleichende und pathologische Anatomie, sowie Jener für Zoologie ernannt. Die endgültige Auseinandersetzung dauerte aber noch bis zum 1. April 1839. Während dieser Zeit waren die zoologischen Sammlungen neu geordnet und war ein genaues Verzeichnis derselben angefertigt worden.

Rapp richtete sein Hauptaugenmerk auf die Wirbeltiere, obwohl er auf seinen verschiedenen Reisen auch die Wirbellosen nicht ausser acht liess. Ihm verdankt die Anstalt vor allem die reiche, fast vollständige Sammlung von Edentaten und die zahlreichen Skelete, welche die vergleichend-anatomische Abteilung schmücken. Aber mit dem Wachsen der Sammlungen zeigte sich zu gleicher Zeit, dass die für sie bestimmten Räumlichkeiten auf dem Schlosse nicht mehr hinreichten, und so wurden,

nachdem in den Jahren 1841—45 das neue Universitätsgebäude an der Wilhelmsstrasse gebaut und am 31. Oktober 1845 bezogen worden war, der zoologischen
Anstalt die drei obersten Stockwerke der heute sogenannten alten Aula überwiesen.
Im Jahre 1846 fand die Übersiedlung in die neuen Räume statt. Rapp war es noch
zehn Jahre vergönnt, in denselben die Sammlung, welche ihm wesentlich ihre Entwicklung zu verdanken hat, zu verwalten und zu vermehren, bis er im Jahre 1856
von seinem Amte zurücktrat. Sein Nachfolger in Zoologie und vergleichender Anatomie wurde F. Leydig. Unter ihm erfuhr die Sammlung Vermehrungen besonders
in württembergischen Mollusken, in einheimischen Insekten und in Amphibien und
Reptilien. Leider erlaubt das geringe aus der Zeit von 1857—75 vorhandene Akten-
material keine genauere Darstellung der Geschichte derselben in dieser Zeit.

In den Akten finden sich nur zwei Äusserungen des Professor Leydig, der im
folgenden erwähnte Antrag betreffend die Erweiterung des Hörsaals und eine An-
frage wegen Gründung einer kleinen Institutsbibliothek.

Es vermied dieser feinsinnige, ebenso still wie erfolgreich seiner Wissenschaft
lebende Gelehrte möglichst die Berührung mit Behörden wie Fakultät und Senat,
welche Anforderungen für Neugestaltung einer wissenschaftlichen Anstalt nötig machen.
Geradezu erstaunlich ist es, mit welch einfachen Mitteln er seine klassischen Vorlesungen gehalten hat.

Als im Jahre 1875 Professor Leydig einem Ruf nach Bonn folgte, wurde zu
seinem Nachfolger der jetzige Vorstand der zoologischen Anstalt Professor Th. Eimer
ernannt. Bei seinem Eintritt waren Arbeitsräume, abgesehen von der kleinen nordöstlichen, der Stiftskirche zu im mittleren Stock gelegenen Stube, in welcher die
praktischen Übungen abgehalten worden waren und dem darunter neben dem Eingange gelegenen Raum, welcher dem Präparator diente, nicht vorhanden. Alle
übrigen Räume waren, abgesehen ausserdem vom Hörsaal, von der zoologischen
Sammlung eingenommen, welche zum grossen Teil nicht in Schränken, sondern auf
offenen Wandbrettern aufgestellt war, so dass dieselbe, ohne Gefahr beschädigt zu
werden, allgemeiner Benützung nicht frei gegeben werden konnte.

Es handelte sich darum, diesem Übelstande abzuhelfen und zugleich Räume zu
schaffen, in welchen der Vorstand, Assistenten und Studierende zum Zweck wissenschaftlichen Arbeitens sich ständig niederlassen könnten. Diese Räume wurden,
so gut es gieng, im mittleren Stock hergestellt, indem der betreffende Teil der
Sammlung aus demselben entfernt und mit demjenigen des unteren Stockes vereinigt
wurde. Im Hörsaale, welcher sich früher in dem nach Osten schauenden Zimmer
des mittleren Stockes befand, waren zufolge einer in den Akten stehenden Äusserung Leydigs vom 20. Juni 1864 nach seinem Antritt durch Wegnahme der amphi-
theatralischen Einrichtung der Sitze für doppelt so viele Zuhörer, als deren früher
Platz hatten, nämlich für dreissig und einige, Sitze geschaffen worden, so dass er in

dem genannten Jahre noch für die Vorlesungen über vergleichende Anatomie zu. reichend war, nicht aber für die über Zoologie, auf welche 50 Zuhörer kamen. Daher wurde der Hörsaal im Jahr 1864 auf Kosten eines Teils des Vorplatzes erweitert. Inzwischen war die Zahl der Zuhörer so gewachsen, dass 1876 der in der südöst‑lichen Ecke gelegene Saal zum Hörsaal gemacht wurde, der ehemalige Hörsaal zum Laboratorium. Erst Jetzt, nach Schaffung der nötigen Räumlichkeiten, konnte auch eine grössere Anzahl von Studierenden in die praktischen Übungen aufgenommen werden, während diese Zahl früher beschränkt sein musste. Diese Umwandlung aber innerhalb des alten Rahmens zu bewerkstelligen, nahm, zugleich mit der Be‑schaffung der nötigen Einrichtung, mit der notwendigen Verbesserung und Ergänzung der Sammlungen und mit der Erwerbung und Herstellung der den heutigen Anfor‑derungen entsprechenden Lehrmittel, Jahrelange Arbeit in Anspruch und war die Aufgabe um so mehr eine schwierige, als nicht mit einer grösseren Geldbewilligung, sondern mit wiederholten kleineren solchen die Bedürfnisse gedeckt werden mussten. Trotzdem ist es, dank dem Entgegenkommen der Königlichen Regierung, möglich gewesen, die zeitgemässe Einrichtung der Anstalt in wesentlichen Stücken durchzuführen, zu dem Zwecke, dass das selbstthätige Arbeiten der Studierenden in derselben immer mehr in den Vordergrund treten konnte.

Was die Vermehrung der Hülfsmittel für den Unterricht angeht, so sind unter der Leitung des Vorstandes, unterstützt von dem Assistenten Dr. F i c k e r t, mehrere hundert grosse Wandtafeln für die zoologischen, vergleichend-anatomischen und ent‑wicklungsgeschichtlichen Vorlesungen angefertigt worden, ferner wurde eine grössere Anzahl der für die Anschauung so wichtigen Modelle über Bau und Entwicklung der Tiere angeschafft, sodann wurden, wesentlich durch die Thätigkeit des Assistenten Dr. V o s s e l e r, eine reiche Sammlung von mikroskopischen Präparaten hergestellt. Es wurden Aquarien eingerichtet, durch die geschickte Hand des Präparator F ö r s t e r wurden wesentliche Abteilungen der vergleichend-anatomischen Sammlung neu aufgestellt, ergänzt oder fast vollkommen neu eingerichtet, namentlich die über das Nervensystem und die übrigen Eingeweide. Gleichermassen wurde die zoologische Sammlung teils durch Umstopfen, teils durch Neuanschaffungen den Zwecken des heutigen Bedürf‑nisses dienstbar gemacht. Insbesondere wurden durch den Ankauf verschiedener im Lande befindlicher Sammlungen von Tieren, vorzüglich von Insekten, diejenigen Ge‑genstände erworben, welche für die Anregung zur Bethätigung im Beobachten der Tiere und ihres Lebens in unserer unmittelbaren Umgebung von Bedeutung sind, zu‑gleich mit dem Zwecke, solche Sammlungen nicht zersplittert werden zu lassen. So wurden erworben: die dem verstorbenen Landgerichtsdirektor S t e u d e l in Rottweil gehörige, wesentlich württembergische Arten enthaltende Käfersammlung, die B r u c k‑m a n n'sche Eiersammlung aus Stuttgart, die viele für Württemberg seltene Stücke umfassende Schmetterlingssammlung des Rentner K e l l e r in Reutlingen, die reiche

Sammlung exotischer Schmetterlinge des Flaschner Albrecht in Tübingen und die an seltenen Stücken ebenfalls reiche Jaag'sche Vogelsammlung aus Rottenburg. Überhaupt wurde insbesondere auch in Rücksicht auf die 1881 erfolgte Verlegung der Forstschule von Hohenheim nach Tübingen auf die Sammlung der heimischen Tiere Württembergs und Deutschlands vor allem Gewicht gelegt. An Geschenken erhielt die Anstalt seit Jahren prachtvolle Sendungen von Tieren, insbesondere von Insekten, aber auch von Säugetieren und anderen durch Herrn Forstmeister Adolf Seubert aus Karlsruhe von Java, abgesehen von kleineren dankenswerten Zuwendungen von anderen Seiten, unter welchen eine solche von Insekten, hauptsächlich Schmetterlingen zu erwähnen ist, weil sie wohl die erste war, die aus dem deutschen Kamerun nach Deutschland kam, geschenkt von Herrn Dr. Passavant aus Basel. Endlich hat der Unterzeichnete bis Jetzt auf Reisen in Italien, Griechenland, in der Balkanhalbinsel, in Ägypten und Nubien gesammelt. So sind die Sammlungen und Arbeitsvorräte ohne grosse Kosten seit 1875 um ein sehr Bedeutendes vermehrt, bezw. nach Ausscheidung von Unbrauchbarem verbessert worden. Allein abgesehen davon, dass sie in engen Räumlichkeiten zusammengedrängt und so wiederum Beschädigungen ausgesetzt sind, lässt es ihr mehr und mehr gewachsener wissenschaftlicher Wert dringend wünschen, dass sie ein der Feuersgefahr weniger zugängliches Gebäude, als dies die alte Aula ist, aufnehme. Auch der Hörsaal reicht wiederum nicht mehr aus und ist vollkommen ungenügend eingerichtet. Desgleichen können die Arbeitsräume der Anstalt nur als Notbehelf bezeichnet werden.

Die Sorgfalt, mit welcher Regierung und Volksvertretung unseres Landes die Universität pflegen und sie zu einer der glänzendsten unter ihren Schwestern im Reiche zu gestalten suchen, zeigt sich in der Herstellung der schönen Reihe von neuen wissenschaftlichen Anstalten, welche in diesem Werke aus Anlass des 25Jährigen RegierungsJubiläums Seiner MaJestät unseres Königs Karl beschrieben werden. Billig gingen dieJenigen in der Erneuerung voran, welche der Gesundheit des Menschen gewidmet sind und die, welche aus Gründen des Bedürfnisses an sich in erster Linie Anspruch darauf hatten, den Anforderungen der Neuzeit gemäss eingerichtet zu werden.

Die Tierkunde aber ist vom Boden der beschreibenden Naturgeschichte aus in das Gebiet entwickelungsgeschichtlicher, mikroskopischer, vergleichend-anatomischer und vergleichend-physiologischer Forschung übergetreten. An Stelle Jener ausschliesslichen, zum Teil beschaulichen Betrachtung der äusseren Form, des gröberen, äusseren und inneren Baues und der Lebensweise der Tiere, welche sie in früheren Zeiten pflegte und für welche sie vorzüglich nur sammelte, sucht sie Jetzt Form und Bau durch Vergleichung zu verstehen und zu erklären und sucht sie das Leben in seinen Äusserungen, seinen Wirkungen und in seinem Werden ergründen und begreifen zu helfen. Zu dem Zwecke betritt sie das Gebiet des physiologischen Versuchs und fordert eine Menge neuer Hilfsmittel, indem zugleich die Notwendigkeit selbstthätiger Arbeit der Jünger der Wissenschaft in ihr in den Vordergrund tritt. Die Umwandlung, dieselbe, welche auch mit der Pflanzenkunde vor sich ge. gangen ist, fällt, obschon in Einzelnem lange vorbereitet, doch in der Hauptsache in die letzten Jahrzehnte.

Jene sorgfältige Pflege der idealen Güter der Bevölkerung wird gewiss auch der also neugestalteten Wissenschaft der Tierkunde bald mit freigebiger Hand die Mittel und vor Allem die sichere, wohnliche Heimstätte gewähren zu neuem Blühen und Gedeihen.

Der derzeitige Vorstand des zoologischen Instituts:
Professor Dr. **G. H. THEODOR EIMER.**

Es befindet sich in der zoologischen Anstalt ein im Jahr 1819 angelegtes Buch, bestimmt zum Einzeichnen der Namen der Besucher des früheren Naturalienkabinets, welches bis zum Jahr 1858 benützt wurde.

In diesem Buche ist, zum grösseren Teil offenbar von Ploucquet, zum kleineren (von »Curam et moderationem musaei« an) von Christian Gmelin geschrieben, eine Einleitung enthalten, welche wir im Folgenden wörtlich wiedergeben. Leider ist die im Schlussatz enthaltene Zusicherung in der Folgezeit nicht erfüllt worden.

Brevis Expositio Historiae Thesauri ad Historiam Naturalem pertinentis, quem Facultas Medica Tubingensis possidet.

Inter ea, quae ad Institutionem Studiosorum Medicinae, Rei cameralis, quin humaniorum modo scientiarum faciunt, locum haud postremum sibi vindicat sic dicta Historia Naturalis, quae corporum, si non omnium tamen praecipuorum, ex singulis regnis Naturae depromendorum notitiam comprehendit.

Olim haec disciplina in nostra Universitate, perinde ac in reliquis, non eo cum fervore culta fuit, ac nostris diebus id fieri solet: Impedimento quippe erat una ex parte curta suppellex, vel potius ejus defectus, et ex altera parte opinio, hoc operae genus ad meras curiositates vel saltem ad minus necessarias elegantias, potius quam ad seria studia pertinere.

Inde factum est, ut, excepta Botanica, utpote quae magis ad usum pharmacevticum facere videbatur, et Zoologia et Mineralogia admodum negligerentur: Non deerant quidem apud Professores Medicinae, apud alios Medicos, Pharmacopoeos, nec non alios Collectiones aliquae, hinc inde curiosis forte praemonstrandae, verum circa medium Seculum praeteritum demum Historia naturalis ex professo tradi coepit.

Leges circa hoc objectum latas primas offendimus in sic dicto recessu d. XX. Martii 1771 dato, ubi § 33 ita se habet:

»Nicht weniger werden wir auch vor die Errichtung eines besondern Lehrstuhls in der Naturgeschichte zu seiner Zeit, da gegenwärtig die noethige Moyens hiezu nicht vorhanden seynd, bei hinkünftig entstehenden Vacaturen und derselben Wider-Ersetzung in dem Collegio Illustri gnaedigst besorgt seyn: Inzwischen aber koennen die noethigste Collegia darinnen, zumalen bey denen bereits vorhanden seyenden Gmelinischen Cabinets, von denen Lehrern der Chymie und Botanic gelesen werden.«

Thesauri vero illi Gmeliniani ex parte distracti fuerunt, majorque eorum pars ab Filio Philippi Gmelini, haerede, Gottingae Professionem Chemiae obtinentis, ei deportata fuit.

Cum anno 1774 D. D. Storr Professionem Botanices et Chemiae adiret, Collectionem insignem huc facientem secum apportabat, quam anno 1784 per emtionem Thesauri, quem Pasquay Francofurtensis, magna cum solertia et elegantia concinnaverat, magnifice auxit, eique Jam Serenissimus Dux Carolus commodum locum in Collegio Illustri concessit. Eodem anno 1784 promissa incitato Recessu Erectio cathedrae Historiae naturalis in Collegio Illustri in actum deducta fuit, et D. Storr salarium ordinarium Professoris Collegii, scilicet ducenti floreni, quorum pars dimidia in sic dictis naturalibus praestanda est, assignati fuerunt.

Hoc thesauro instructus, hocque officio fungens non semel, Jam Cursum universae historiae naturalis, Jam specialius vel Zoologiam, vel Mineralogiam tradidit, donec autumno 1801 munus Professoris resignaret.

Hoc modo Universitas nostra denuo seclusam se vidit ab omni apparatu huc faciente.

Tristi hac facie verum commoti, aestate 1802, Professores Facultatis Medicae, tum degentes:

Guilielmus Godofredus Ploucquet,
Johannes Henricus Ferdinandus Autenrieth,
Carolus Fridericus Kielmeyer,

quicquid horum objectorum possidebant, conferre, et basin aliquam Thesauri publici Historiae naturalis condere decreverunt, per quam donationem haud plane contemnendi quid collatum fuit.

Quod vero magis, eadem hac aestate 1802,

Generosissimus Dominus Baro
Christianus de Palm Kirchhemii degens,

Facultati medicae bis mille florenos munificentissime donavit, eum quidem in finem, ut nummi hi comparando apparatui alicui insigniori, ad Historiam naturalem spectanti impenderentur.

Atqui Celebris Mineralogus Widenmann Stuttgardiae exquisitam collectionem mineralogicam magnis sumtibus sibi comparaverat, eamque systematice ordinaverat: Infausto lapsu in fodinas Erbacenses praecipitatus hunc suum thesaurum reliquit, quem dein Mineralogiae deditus Pharmacopoeus Walz emit, suisque adhuc auxit.

Etiam hoc possessore demortuo, collectio ista iterum venalis prostabat: Hanc pretio 1800 florenorum comparabamus.

Postea Idem Generosissimus Baro de Palm
praestantissimum atque elegantissimum Microscopium compositum, 138 florenis constans, priori dono addidit.

Mense Augusto ejusdem anni Senatus academicus similes in usus mille florenos ex Fisco academico benevole decrevit, quos, hactenus omni fundo carentes in census annuos collocavimus, quibus huic illive necessitati satisfacere possemus.

Ex Gazophylacio Electorali Stuttgardiano nonnulla ad regnum animale pertinentia erga exemplaria aliqua duplicata nostrarum rerum commutabamus, nec non similia quaedam eodem titulo ex apparatu Storriano recipiebamus. Nec deerant Benefactores et Donatores, qui res nostras ornare et augere benevole studuerunt, quorum nomina sequentibus paginis inscripta in perpetuam memoriam, eamque gratam, fuere.

Praeter ea, quae propius ad Historiam naturalem spectant, etiam aliis, quae ad illustrandam Rem medicam et physicam facere possunt, colligendis operam dabimus.

Aestate 1803 Serenissimus Elector amplissimum atque commodissimum locum pro asservatione et expositione Thesauri nostri in arce Tubingensi clementissime assignavit, eumque reparari et adaptari suis sumtibus curavit. Itaque autumno et hieme sequenti huc res nostras deportavimus et rite collocavimus, ordine, quem B. Widenmann et Walz constituerant, hactenus, quantum potuimus, servato.

Anno 1804 D. Ferdinandus Gmelin Professor Mineralogiae et Materiae medicae constitutus fuit, hactenus peregrinationes medicas, scientificas prosequens. Hic die XXVI. Februarii 1805 reversus, curam et moderationem Musaei, a Facultate medica ipsi traditam, suscepit.

Quae et qualia fuerint atque sint studia Professorum atque Doctorum hujus Universitatis ad augendas atque amplificandas hujus Musaei res enarrare, modestia viventium prohibet, inter mortuos autem eminet meritis de nostro Musaeo fato praematuro nobis ereptus vir eruditissimus et imprimis de Historia naturali animantium eorumque Anatomia comparata meritissimus D. Ferd. Aug. G. Emmert, Anatomiae Professor publ. ord. Fatendum tamen est, studia nostra in tanto rerum necessariarum ex omni genere naturae ambitu parum valuisse, nisi Fautorum et amatorum gratia et munificentia juvati fuissemus. Quos inter primus et Princeps est Potentissimus rex Guilielmus, qui regia munificentia Musaeum Professoris Heidelbergensis Gatterer ab ipso emtum donavit, atque ex Musaeo Storriano, nunc etiam suo, multa et egregia cum nostro Musaeo conjungi jussit. Inter privatos donatores autem praecipue nominamus Dom. Batz consulem olim Ludovicipolitanum, qui Musaeum suum testamento nobis donavit, et Dom. Zipser Hungarum, qui pulcherrimis et rarissimis Hungariae et Transsylvaniae fossilibus Musaeum nostrum ornavit.

Externa etiam Musaei nostri facies benevolentia potentissimi regis aucta et ornata est. Proprio Inspectore, qui et Peregrinis et Nostris, praesertim rerum natu- ralium in hac Universitate Studiosis promte ad munus esse debet, Musaei nostri usus facilis atque commodus reddebatur. Quo factum est, ut jam a pluribus abhinc annis Peregrinatores, tum scientiae ipsius gnari, tum rerum tam memorabilium curiosi Musaeum nostrum visitaverint, indeque multiplex et varia communicatio orta sit inter nos atque peregrinos, utrique parti quam maxime utilis, tum notionum tum rerum mutua commutatione. Hanc utilitatem ut pro viribus faveamus atque augeamus, fine anni 1819 decrevimus, omnes qui Musaeum nostrum visitaturi sint, rogare, ut nomina sua libro huic inscribant; nos interim sequentia Musaei nostri fata accurate consignabimus. Scriptum Decembri anni MDCCCXIX.

DAS BOTANISCHE INSTITUT.

DIE BOTANISCHE ANSTALT.

Die botanische Anstalt besteht an unserer Universität, wie an den meisten grösseren Schwesteranstalten, aus zwei Teilen: dem Garten und dem Institut. Mit der Beschreibung des ersteren, als des weitaus älteren, soll begonnen werden.

I. Der botanische Garten.

Der heutige botanische Garten folgt einem Vorgänger, welcher schon in den Jahren 1662 bis 1675 hinter den Universitäts-Gebäuden am Neckar angelegt wurde. In Jenem kleinen »Hortus medicus« wurden anfänglich nur Freilandpflanzen gepflegt, bis später auch ein kleines Gewächshaus und ein Gartenhaus zur Erteilung des botanischen Unterrichts erbaut wurde. Als historisch interessant sei hinzugefügt, dass die Botanik an unserer Hochschule unter Leonhard Fuchs, Professor der Anatomie und Chirurgie von 1535—1566, einen ersten Aufschwung nahm; und weiter, dass Rudolf Jakob Camerarius 1688 als der erste Professor extr. angestellt wurde, welcher ausschliesslich Botanik zu lehren hatte. Später erhielten Chemie und Botanik einen gemeinschaftlichen Vertreter, ein Verhältnis, das bis zum Anfang unseres Jahrhunderts unverändert blieb.

Als die beschränkten Räume des alten Gartens den inzwischen erweiterten Anforderungen nicht mehr genügten, wurde im Jahre 1805 der herrschaftliche ›Thummel Gartten‹ nebst einigen dazu erworbenen kleineren Grundstücken — d. i. der von der Ammer, der Graben- und der Wilhelmstrasse begrenzte Teil des heutigen Gartens — zur Anlage eines neuen botanischen Gartens bestimmt. Im Jahre 1810 waren die Arbeiten so weit gediehen, dass derselbe der Benutzung übergeben werden konnte. Zur Kultur von Kalt- und Warmhauspflanzen wurde ein Gewächshaus erstellt, mit dem eine Wohnung des Universitätsgärtners verbunden war, und das später durch Anbauten wiederholt vergrössert wurde.

In der Folge erfuhr der Garten noch dreimal einen Gebietszuwachs. 1836 wurde der auf dem linken Ufer der Ammer, nordwestwärts gelegene, alte Kirchhof erworben; 1846 gelangte der kleine Garten, welcher beim Bau des Instituts-Gebäudes

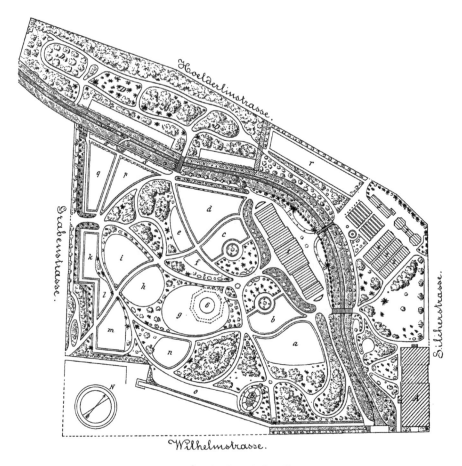

Situationsplan des botanischen Gartens.

A Botanisches Institut. 1 2 3 4 Gewächshäuser. 5 Vermehrungshaus 6 Projektiertes Aquarium für Warmhauspflanzen. 7 Arbeitsschuppen. 8 Aquarium. a—q Systematische Anordnung der Beetgruppen. r Zusammenstellung der wichtigsten offizinellen Gewächse und Versuchsfeld. D. D Arboretum.

erübrigt wurde, zum botanischen Garten, und 1866 endlich wurde der zwischen dem alten Kirchhof und dem Institut befindliche Privat-Garten zur Abrundung des Ganzen angekauft.

Der gesamte durch die Ammer in einen grösseren und kleineren Teil geschie-

dene Flächenraum des Gartens mit Einschluss der Bauplätze beträgt heute 2 ha
60 a 09 qm. Er wird auf der Ost- und Südostseite von der Silcher- und Wilhelmstrasse, auf der Süd- und Südwestseite von dem Garten des Museums und der Graben-
strasse, auf der Nordwest- und Nordseite endlich von der Hoelderlinstrasse begrenzt.

Nachdem in den Jahren 1885 und 1886 das alte, baufällig gewordene grosse Gewächshaus durch einen stattlichen Neubau ersetzt worden war, ergab sich die Notwendigkeit, auch die gesamte Gartenanlage einer Neugestaltung zu unterziehen, um
so mehr, als die ältere den heutigen wissenschaftlichen Forderungen nicht mehr entsprach. Nach dieser Umgestaltung, welche im Frühjahr 1888 begonnen wurde und
noch nicht völlig durchgeführt ist, wird der Garten die auf dem beigefügten Plane
angedeutete Gestalt erlangen.

1) Wir fassen zunächst die F r e i l a n d - P f l a n z u n g e n in's Auge. Den grösseren
Teil des ganzen Raumes nimmt das sogenannte »S y s t e m« ein, d. h. eine Sammlung
von typischen, bei uns im Freien kultivierbaren Vertretern der wichtigsten Pflanzenfamilien, angeordnet nach dem natürlichen System. Aufgabe dieser Sammlung
ist, das Material für die Vorlesungen, Arbeits-Kurse und die im Institute ausgeführten wissenschaftlichen Arbeiten zu liefern, sodann den Studierenden und auch
dem grösseren Publikum die natürliche Verwandtschaft der Pflanzenfamilien durch
geeignete Zusammenstellung vor Augen zu führen. Unserer Neuordnung wird das
von E i c h l e r (in dessen »Syllabus«) entwickelte System zu Grunde gelegt. Annuelle
Pflanzen, Stauden und niedrige Sträucher werden gemeinschaftlich, grössere Sträucher
und Bäume dagegen aus klimatischen Rücksichten in eigenen Gruppen aufgestellt.
Bei der Bepflanzung ist die gerade Beetform beibehalten. Die jetzt vielfach beliebte
Art, den in den Rasen gelegten Beeten eine verschiedene, oft recht verwickelte Gestalt zu geben, um durch die Anordnung solcher Beete die Verwandtschaft der Familien anzudeuten und zugleich die unschönen geraden Linien zu vermeiden, erschien
nicht nachahmenswert. Auch bei der Bepflanzung in geraden Beeten lässt sich dem
ästhetischen Bedürfnis dadurch Rechnung tragen, dass man für öftere Unterbrechung
der Beetreihen sorgt, und grösseren Beet-Komplexen wechselnde und dem Auge ge-
fällige Formen verleiht.

Die Anordnung der Beetgruppen im System ist im Situationsplan durch die Buch-
stabenfolge a—q angedeutet. Bei a beginnen die Dikotylen mit den Apetalen, und
enden bei o mit den Gamopetalen; die Felder p und q nehmen die Monokotylen ein.

Ausser dem System enthält der grössere, auf dem rechten Ufer der Ammer
gelegene Teil des Gartens ein Aquarium (Sit. 8) für die einheimischen Wasserge-
wächse, eine Anzahl kleinerer und grösserer Strauch- und Baumgruppen, teilweise
nach Familien geordnet, sowie den Raum für eine erst im Werden begriffene Sammlung von Alpenpflanzen.

Wenden wir uns auf das linke Ufer der Ammer, so finden wir im nordwestlichen

Teile des Gartens, auf dem alten Kirchhofe, das eigentliche »Arboretum«,
(Sit. D, D) eine Sammlung der bei uns
im Freien ausdauernden Sträucher und
Bäume. Dieselbe ist ziemlich reichhaltig
und, so weit als thunlich, nach dem natürlichen System geordnet.

Der neben dem Arboretum gelegene
Teil des Gartens (Pl. r) endlich enthält
eine besondere Zusammenstellung der
wichtigsten offizinellen Gewächse,
sodann ein Versuchsfeld, d. i. einen
Raum zur Ausführung physiologischer
Versuche, und der durch die gegenwärtige Bewegung der systematischen
Botanik erforderlich gewordenen Kulturen. Es ist dafür Sorge getragen,
dass dieser wichtige Raum, wenn erforderlich, jederzeit erweitert werden
kann.

2) Damit gelangen wir zu den Ge-
wächshäusern.

Den Hauptbau bildet das neue,
1885—1886 an dem Platze des alten,
vom Bezirksbauamt unter der Leitung
von Baurat Koch erstellte grosse Glas-
haus (Sit. 1). Dasselbe ist mit seiner
vorderen Längsfront nach Süden gerichtet, und zerfällt in das eigentliche Glas-
haus und die, massiv aus Baustein aufgeführten Nebenbauten, welche die Hinter-
seite und die beiden Flügel einnehmen.

Die Hauptfront des Baues hat eine
Länge von 63,5 Meter, von denen
11 Meter auf die beiden die Enden ab-
schliessenden Nebengebäude kommen.
Die Mitte des Ganzen nimmt ein hoher
Kuppelbau ein (Pl. I. D), dem sich rechts
und links je eine höhere innere (Pl. C und E)

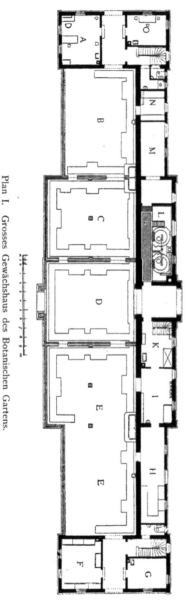

Plan I. Grosses Gewächshaus des Botanischen Gartens.

A Zimmer des Inspektors. B, C und D Abteilungen für Warmhauspflanzen. D Kuppelbau. E, F Abteilung für Kalthauspflanzen. F und G Herbarium. H Topf-
magazin. I und N Verpflanzräume. K Wachzimmer. L Zentralheizung. M Holz- und Kohlenmagazin. O Samenzimmer.

DAS GROSSE GEWÄCHSHAUS

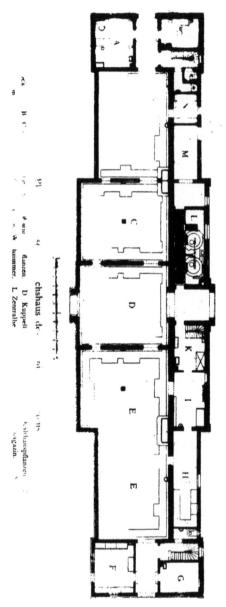

Teile des Gartens, auf dem alten Kirchhofe, das eigentliche ›Arboretum‹,
(Sit. D, D) eine Sammlung der bei uns
im Freien ausdauernden Sträucher und
Bäume. Dieselbe ist ziemlich reichhaltig
und, so weit als thunlich, nach dem natürlichen System geordnet.

Der neben dem Arboretum gelegene
Teil des Gartens (Pl. r) endlich enthält
eine besondere Zusammenstellung ·der
wichtigsten offizinellen Gewächse,
sodann ein Versuchsfeld, d. i. einen
Raum zur Ausführung physiologischer
Versuche, und der durch die gegenwärtige Bewegung der systematischen
Botanik erforderlich gewordenen Kulturen. Es ist dafür Sorge getragen,
dass dieser wichtige Raum, wenn erforderlich, jederzeit erweitert werden
kann,

2) Damit gelangen wir zu den Ge-
wächshäusern.

Den Hauptbau bildet das neue,
1885—1886 an dem Platze des alten,
vom Bezirksbauamt unter der Leitung
von Baurat Koch erstellte grosse Glas-
haus (Sit. 1). Dasselbe ist mit seiner
vorderen Längsfront nach Süden gerichtet, und zerfällt in das eigentliche Glas-
haus und die, massiv aus Baustein aufgeführten Nebenbauten, welche die Hinter-
seite und die beiden Flügel einnehmen.

Die Hauptfront des Baues hat eine
Länge von 63,5 Meter, von denen
11 Meter auf die beiden die Enden ab-
schliessenden Nebengebäude kommen.
Die Mitte des Ganzen nimmt ein hoher
Kuppelbau ein (Pl. I. D), dem sich rechts
und links je eine höhere innere (Pl. C und E)

DAS GROSSE GEWÄCHSHAUS IM BOTANISCHEN GARTEN.

und eine niedrigere äussere (Pl. B und E) Abteilung symmetrisch anordnen. Die Höhe des Kuppelbaues beträgt bei 9 Meter Länge und 10,20 Meter Tiefe 13,30 Meter. Die beiden anstossenden inneren Abteilungen haben Je 9 Meter Länge, 10,10 Meter Tiefe und 8,50 Meter Höhe. Von den äusseren Abteilungen endlich misst Jede 12 Meter in der Länge, 8,10 Meter in der Tiefe und 5,70 Meter in der Höhe. Der Kuppelbau und die auf der linken Seite desselben gelegenen Abteilungen sind durch vertikale Glaswände von den Nachbarräumen geschieden. Der ganze Bau hat doppelte Verglasung, mit Ausnahme des Daches der Kuppel, welches nur einfache besitzt. — Von den Räumen dienen die beiden Abteilungen der linken Seite und der Kuppelbau zur Pflege von Warmhauspflanzen, der letztere besonders von Palmen und sonstigen hochwüchsigen Pflanzen, während die Abteilungen der rechten Seite der Kultur von Kalthauspflanzen gewidmet sind. Die ganze nördliche Stützmauer des Hauses ist aus porösem Tuffstein erbaut, um Kletterpflanzen den nötigen Halt zu gewähren.

Die Heizung aller fünf Abteilungen geschieht durch eine grosse Dampfwasseranlage, deren beide Kessel in dem Raume L des Hintergebäudes aufgestellt sind. Die übrigen Räume des letzteren (Pl. H, I, K, M, N) dienen als Verpflanz-, Geschirr- und Arbeiterzimmer.

Von den beiden die Flügel einnehmenden Nebengebäuden, welche aus einem unteren und halben oberen Stock bestehen, enthält das links gelegene ein Zimmer für den Garten-Inspektor (Pl. A), ein Samenzimmer (O), und darüber die Wohnungen der Gehilfen. Die Räume des rechten Flügels dagegen (Pl. F, G und die darüber gelegenen) werden vom Herbarium und der Holzsammlung eingenommen.

Ausser dem Hauptbau besitzt unser Garten drei kleinere Kulturhäuser, welche im Jahre 1874 auf Hofmeister's Antrag erbaut wurden. Dieselben sind auf dem linken Ufer der Ammer gelegen (Sit. 2, 3, 4) und mit ihren Längsaxen von Nord nach Süd gerichtet. Alle drei haben Satteldächer mit doppelter Verglasung. Ihre Länge beträgt übereinstimmend Je 23 Meter bei 5,7 Meter Tiefe: die Höhe des mittleren ist 3,85 Meter, die der beiden seitlichen 3 Meter. In dem mittleren und dem nordwärts gelegenen Hause werden die feineren Warmhauspflanzen, im letzteren besonders Farne und Orchideen, in dem südwärts gelegenen dagegen Kalthausgewächse gezogen. Die Erwärmung der drei Häuser ist eine gemeinschaftliche und erfolgt durch eine Dampfwasserheizung, welche in dem mittleren Baue aufgestellt ist. — Weiter ist eines kleinen, 16 Meter langen und 4,40 Meter tiefen, halb in die Erde gebauten Vermehrungshauses (Pl. 5), sodann der Mistbeetkästen, welche eine Fläche von 20,60 Meter Länge und 16,70 Meter Tiefe bedecken, und eines Geräte- und Arbeitsschuppens (Pl. 7) zu gedenken.

Endlich bleibt noch zu erwähnen, dass die Kalthauspflanzen im Sommer an verschiedenen Orten im Freien aufgestellt werden. Die Hauptgruppen derselben haben ihren Platz zwischen dem grossen Glashause und der Ammer.

In unserem Plan (Sit. 6) ist noch ein Haus angedeutet, das jedoch einstweilen nur in der Gestalt eines Projektes vorhanden ist. Dasselbe stellt ein Aquarium für Warmhauspflanzen dar, und bezeichnet die Lücke in unsern Gewächshausbauten, welche sich längst fühlbar macht, und durch deren Ausfüllung die letzteren zur Abrundung und zum Abschluss gelangen würden.

3. Das Herbarium befindet sich, wie erwähnt, gegenwärtig im rechten Flügel des grossen Glashauses. Den Grundstock desselben bilden das im Jahre 1846 angekaufte, der Angabe nach 25 000 Spezies enthaltende Herbarium von Hochstetter (Professor in Esslingen) und die Sammlung von Mohl's. Das erstere ist hauptsächlich reich an afrikanischen Pflanzen, während die letztere fast ausschliesslich europäische enthält, und insofern eine notwendige Ergänzung des ersteren bildet. — Zu dem Hauptherbar kommt noch eine Reihe kleinerer Sammlungen, sowohl phanerogamischer, als besonders kryptogamischer. Von diesen seien hier nur genannt:

1) Ein Herbarium südafrikanischer Pflanzen (vom Cap und Natal.)

2) Flora Galliae et Germaniae exsiccata, Phanerogamen und Kryptogamen.

3) Exsiccata aus Australien, Polynesien, Amerika etc., Geschenk des Herzogs Paul Friedrich von Württemberg.

4) Kützing's Süsswasseralgen.

5) Rabenhorst's Algen Europas; desselben Diatomeen und Characeen, seine Fungi europaei, das Herbarium mycologicum, die Flechten Sammlungen, sowie seine Moose und Gefäss-Kryptogamen.

6) Schaerer und Hepp. Lichenes Helvetiae exsiccatae.

7) Eine Sammlung von Gefäss-Kryptogamen, besonders Farnen, von Dr. Karl von Schaeffer in Zwiefalten, die erst jüngst (1888) durch Vermächtnis an unsere Anstalt gelangte. Mit ihren in dreiundfünfzig grossen Kästen aufbewahrten, genau bestimmten, durchgehends prächtigen Exemplaren bildet dieselbe eine sehr wertvolle Bereicherung unseres Herbariums.

Das ganze Herbarium umfasst in seinem jetzigen Bestande 585 starke Mappen, welche der Hauptsache nach in Schränken aufgestellt sind.

Was endlich das auch in unseren Besitz übergegangene wichtige Herbarium K. F. Gärtner's anlangt, so ist dasselbe laut Bestimmung vom Hauptherbar getrennt im »Museum Gärtner« untergebracht.

II. Das Institut.

Das Institut wurde im Jahre 1846 unter der Direktion von Hugo von Mohl nach den Plänen von Oberbaurat von Barth erbaut, und erhielt die ihm heute noch eigene äussere Gestalt. Es stellt eines der beiden Seitengebäude der Universität dar, und ist mit der einen Längsfront der Silcherstrasse, mit der andern dem botanischen Garten zugewandt, während die vordere Seitenfront nach der Wilhelm-

strasse, die hintere wieder nach dem Garten
sieht (Sit. A). Die annähernd in der Richtung
von Südost nach Nordwest verlaufende Längsfront misst 54, die Seitenfront 17,2 Meter.

Das ganze Gebäude besteht aus drei Teilen:
dem zweistöckigen Hauptbau, dem einstöckigen
Hörsaal und dem ebenfalls einstöckigen Verbindungsbau. Im Hauptbau dient der erste Stock
zur Amtswohnung des Vorstandes.

Seiner ursprünglichen Aufgabe und Einrichtung nach zerfiel das Institut in den Hörsaal, die
Räume für die Sammlungen und die Arbeitszimmer
des Professors. Die Sammlungen, hauptsächlich
aus Herbarien bestehend, waren in den grösseren
Räumen (Pl. II, H, F, E, K) aufgestellt. Anleitung zu praktischen Arbeiten erteilte M o h l nicht;
sein Unterricht beschränkte sich ausschliesslich
auf seine ausgezeichneten Vorlesungen. In diesem
Punkte trat schon unter seinen beiden nächsten
Nachfolgern, Hofmeister und Schwendener,
eine Wandlung insofern ein, als dieselben mikroskopische Kurse einrichteten. Eine durchgreifende
Änderung erfolgte aber erst unter Mohl's drittem
Nachfolger Pfeffer. Indem dieser für die Herbarien eigene Räume in dem neuen Gewächs-
hause bestimmte, und zwei noch nicht ausgebaute
Zimmer des Instituts in den zur Benutzung erforderlichen Stand setzen liess, gewann er Räume, welche
sich in vorzüglicher Weise zu einer Stätte wissenschaftlicher Arbeit eigneten. Indem er ferner Jene
Räume im Sinne heutiger Laboratorien mit allen
erforderlichen Einrichtungen versah, eine Appa-
raten-Sammlung für experimentelle Untersuchungen
anlegte und allmählich reich ausstattete, verlieh
er dem Institut einen vorwiegend physiologischen
Charakter. — Nach Ausführung dieser Veränderungen braucht unser Institut den Vergleich
mit den besten seiner Art gewiss nicht zu scheuen.

Nach diesen, für das Verständnis des Ganzen

Plan II. Das botanische Institut.

A, B Schreibzimmer und Laboratorium des Vor-
standes. C Arbeitszimmer. D Kulturhaus E, I,
L, M Räume für physiologische Untersuchungen.
F, H Mikroskopier-Säle. G Hörsaal. K »Museum
Gärtner«.

notwendigen, Vorbemerkungen wollen wir die einzelnen Bestandteile des Instituts, den Hörsaal, die Räume des Laboratoriums und die der Sammlungen, in aller Kürze durchwandern.

1) Der Hörsaal (Pl. II. G), mit eignem Eingang auf der Gartenseite versehen, ist ein auf drei Seiten mit 14 Fenstern ausgestatteter heller, luftiger Raum, der 100 Zuhörern bequem Plätze bietet. Er hat bei ganzer Tiefe des Gebäudes 12 Meter Länge und 5,20 Meter Höhe. Die Sitzplätze für die Zuhörer haben amphitheatralische Anordnung, dergestalt, dass die höchsten, auf der Eingangsseite, dem Demonstrations-Tisch gegenübergelegenen, um 0,70 Meter emporragen. Besondere Schränke enthalten ausser den von Kny und Dodel-Port herausgegebenen Tafel-Sammlungen eine grosse Anzahl von eigens für die Entfernungen dieses Hörsaals gemalten Tafeln, deren Höhe 155 cm bei 116 cm Breite beträgt. Zu den Seiten des Demonstrations-Tisches angebrachte leichte eiserne Gestelle mit Schnürvorrichtungen ermöglichen das gleichzeitige Aufhängen von 10—12 grossen Tafeln. In den Fensternischen sind feste Tische angebracht, welche sowohl zur Aufstellung von Apparaten und Demonstrations-Mikroskopen, als zu Arbeitsplätzen für Anfänger verwandt werden können. Der Demonstrations-Tisch steht mit der Gas- und Wasserleitung in Verbindung, und 20 Gasflammen erhellen, wenn erforderlich, den ganzen Raum.

2) Das Laboratorium umfasst, wie oben angedeutet, den grösseren Teil der Räume im Verbindungsbau und im Erdgeschoss des Hauptgebäudes. Das letztere wird seiner ganzen Länge nach von einem 3 Meter breiten Korridor durchschnitten, zu dessen Seiten sich zwei Zimmerreihen von gleicher Tiefe, 6,5 Meter, anordnen. Von dem grossen Korridor gelangt man durch einen 2 Meter breiten Seiten-Korridor auf der Südwestseite in den Garten.

Um nun zu den einzelnen Räumen überzugehen, dienen die Säle des Verbindungsbaues (Pl. F und H) hauptsächlich zu mikroskopischen Zwecken, der erstere, grössere, mit 5 Fenstern versehen, für die Assistenten und fortgeschritteneren Praktikanten, der letztere dreifenstrige für die Anfänger. Die Wände dieses Saales werden von grossen Schränken eingenommen, in welchen teils die in den Kursen benützten Mikroskope, teils die feineren, besonders in der physikalischen Physiologie angewandten Apparate aufgestellt sind. Hier findet sich auch die in historischer Beziehung interessante Sammlung älterer Mikroskope und sonstiger optischen Instrumente, welche dem Institut aus dem Nachlasse Mohl's überwiesen wurden. — Wie in dem kleineren, so sind auch in dem grösseren Saale die Wände teils mit Schränken für die zur Arbeit erforderlichen einfacheren Apparate und Utensilien, für Chemikalien u. s. w., teils mit Gebläse- und anderen Vorrichtungen bestellt. Die Mitte des Raumes nehmen grosse solide Tische zur Ausführung von Versuchen ein.

Von den Räumen im Hauptbau sind vier (Pl. E, J, L und M) hauptsächlich zur Ausführung physiologischer Untersuchungen bestimmt, die mit E, L und M bezeichneten vorwiegend zu physikalisch-, der mit I bezeichnete zu chemisch-physiologischen. Der grössere Saal (Pl. E) ist dementsprechend mit massiven Arbeitstischen, Pfeilern zum Aufstellen von Fernröhren, einem Schranke zu Dunkel-Kulturen, grösseren Wasser-luftpumpen, einem Abdampfschrank u. s. w. ausgestattet; das kleine Zimmer (Pl. M) ist für Dunkel-Kulturen und Beleuchtungsversuche hergestellt, an der Südostseite mit einer Vorrichtung zur Aufstellung eines Heliostaten. — Der Raum (Pl. J) hat die seiner besonderen Bestimmung entsprechende chemische Einrichtung an Tischen, Ge-stellen und Apparaten, und ist mit Abzugschrank, Verbrennungsofen u. s. w. versehen.

Die beiden Zimmer (Pl. A und B) dienen zur besonderen Benutzung des Instituts-Vorstandes, das erstere als Schreibzimmer, das letztere als Laboratorium.

In dem kleinen Raum (Pl. C), der vom Diener benutzt wird, sind Hobelbank und Schraubstock mit dem nötigen Handwerkszeug aufgestellt. Hier ist zugleich ein grösserer Destillations-Apparat angebracht.

In sämtlichen Arbeitsräumen ist für die Verbindung mit der Gas- und Wasser-leitung in reichlicher und zweckmässiger Weise Sorge getragen. Wasserluftpumpen, kleinere und grössere, finden sich in allen Sälen.

Endlich ist noch zu erwähnen, dass auf der Südwestseite des Baues (Pl. D) ein kleines Kulturhaus angebaut ist, in welches man vom Dienerzimmer (Pl. C) aus gelangt.

3) Die Sammlungen nehmen, wie oben angedeutet, gegenwärtig im Institut nur einen geringen Raum ein. Ein besonderes Zimmer (Pl. K) gehört nur dem »Museum Gärtner«, die übrigen Sammlungen sind teils in grossen, auf den Korridoren auf-gestellten Schränken, teils in den Arbeitssälen untergebracht.

Das »Museum Gärtner« besteht aus dem Nachlass der beiden Gärtner: 1) der karpologischen Sammlung von Joseph Gärtner; 2) der Sammlung von getrockneten Bastard-Pflanzen, Bastard-Samen, Zeichnungen, Manuskripten und einer Anzahl gedruckter Werke von Karl Friedrich Gärtner, dem Sohn des zuerst Genannten; 3) dem Mikroskop von Joseph Gärtner; 4) einigen Porträts. Der gesamte wertvolle Besitz wurde dem Institut im Jahre 1860 von Fräulein E. Gärt-ner, der Tochter K. F. Gärtners, testamentarisch überwiesen, und bleibt als »Museum Gärtner« vereinigt.

In demselben Raume sind vorläufig untergebracht eine pharmakognostische Sammlung, sowie die Präparaten-Sammlungen von H. von Mohl und W. Hof-meister, diese dem Institut ebenfalls testamentarisch vermacht.

Von den in den Schränken der beiden Korridore aufgestellten Sammlungen seien hier nur genannt: eine Sammlung von in Alkohol aufbewahrten Präparaten, eine desgleichen von Wachsmodellen zum Studium der Entwickelungsgeschichte, eine desgleichen von Skelett-Modellen, und eine Sammlung von ausgewählten getrockneten Pflanzen; sämtlich zum Zweck der Demonstration in den Vorlesungen.

Weiter wollen wir noch der Chemikalien-Sammlung gedenken, welche in den Schränken des kleinen Korridors ihren Platz gefunden hat.

Zum Schluss seien hier noch die Vorstände der heutigen botanischen Anstalt seit deren Gründung der Reihe nach aufgezählt.

Die Gründung selbst geschah unter Staatsrat von Kielmeyer, welcher der Anstalt bis zu seinem Abgange von der Universität im Jahre 1817 vorstand. Ihm folgte G. Schübler bis 1835. In diesem Jahre tritt Hugo von Mohl die Stellung an und hat dieselbe siebenunddreissig Jahre hindurch inne bis zu seinem 1872 erfolgten Tode. Nach ihm wird Wilhelm Hofmeister berufen, der aber schon fünf Jahre später, 1877, stirbt. Ihn ersetzt im Frühjahr desselben Jahres S. Schwendener, bleibt aber nur bis zum Herbst 1878, um dann einem Rufe nach Berlin zu folgen. An seiner Stelle wirkt während neun Jahren W. Pfeffer, seit Herbst 1887 in Leipzig thätig.

Der derzeitige Vorstand der botanischen Anstalt:

Professor Dr. **HERMANN VOECHTING.**

DAS PHYSIOLOGISCH-CHEMISCHE INSTITUT.

DAS PHYSIOLOGISCH-CHEMISCHE INSTITUT.

Die »physiologische Chemie« ist nur eine Hülfswissenschaft der Physiologie. Ihre besondere Aufgabe ist die Lösung der chemischen Probleme des Lebensprozesses, und sie verdiente daher wohl eher den Namen der »chemischen Physiologie«. Sie hat sich schon früh als selbständiger Forschungszweig entwickelt; denn noch ehe sich allenthalben die Trennung von Anatomie und Physiologie vollzog, gab es bereits hie und da physiologisch- oder pathologisch-chemische Laboratorien, freilich nur kümmerlich ausgerüstet nnd meist nur angesehen und behandelt als adnexa an die klinischen Institute.

Den hervorragendsten Anteil an der Entwickelung der physiologischen Chemie zu einer selbstständigen Disziplin hat wohl die Tübinger Hochschule genommen. Schon im Jahre 1816 wurde hier dem damaligen Adjunkten, Dr. med. Georg Karl Ludwig Sigwart, auf Verlangen der medizinischen Fakultät die Verpflichtung auferlegt, von Zeit zu Zeit Vorlesungen über Zoochemie zu halten, und die Regierung bewilligte schon damals die Mittel zur Anschaffung der dazu nötigen Instrumente. Vorerst freilich, Ja sogar noch auf lange Zeit hinaus, war Sigwart, wiewohl seit 1818 Professor extraordinarius, ohne eigenes Laboratorium. Die eben erwähnten Instrumente wurden in einem von verschiedenen Kollegen benutzten, im südöstlichen Teile des Schlosses befindlichen Zimmer, dem sogenannten »mathematischen Hörsaale«, aufbewahrt, woselbst Sigwart auch seine Vorlesungen gehalten hat. Erst 1835 wurde ihm in widerruflicher Weise das bis dahin von dem Professor Schübler verwaltete und der staatswirtschaftlichen Fakultät unterstellte »Laboratorium für Agrikultur und technische Chemie« überwiesen samt dessen ganzem Apparate, der nunmehr mit dem seinigen vereinigt ward. Dieses letztere Laboratorium war zuerst 1827 in der früheren Wohnung eines Unterbibliothekars auf dem Schlosse eingerichtet worden, musste aber nach einem darin stattgehabten, für die Bibliothek sehr gefährlichen Brande im Jahre 1837 verlegt werden. Seitdem, bis zu Sigwart's

im Jahre 1864 erfolgten Tode, befand es sich in einem schmalen, im Erdgeschosse des südlichen Schlossflügels enthaltenen Gelasse, welches links mit einer
ehemaligen Waschküche, rechts mit dem kleinen zwingerartigen Hofe in Verbindung
steht, der noch jetzt zwischen dem Südflügel und dem südwestlichen runden Turme
gelegen ist. Wer in dieses Gelass gelangen wollte, musste — während längerer
Zeit — zuerst über die im westlichen Flügel aus dem Schlosshofe frei anstei-
gende Treppe hinauf bis zu der dortigen Plattform, von da nach links und
wieder eine Treppe hinab in den eben genannten Zwinger steigen, von wo er endlich durch eine niedrige Thür direkt in dasselbe eintrat. Dieser feuchte, keller-
artige Raum, dessen Decke von einem seltsam unregelmässigen Gewölbe gebildet
wird, war kaum mit mehr als einem mächtigen Heerde, einem Gebläse und einem
grossen Spülsteine ausgerüstet. Praktische Übungen konnten in demselben nicht
gehalten werden, und physiologisch-chemische Arbeiten sind niemals aus ihm her-
vorgegangen.

Der erste für die Zukunft der physiologischen Chemie wirklich entscheidende,
ihre selbständige Existenz in Tübingen sicher begründende Schritt geschah im
Jahre 1845. Im Juni dieses Jahres wurde nämlich, und zwar wiederum auf Be-
treiben der medizinischen Fakultät, welche die Abhaltung von Vorlesungen über
physiologische und pathologische Chemie immer von neuem als wünschenswert
im Interesse des medizinischen Unterrichts betonte, Eugen Schlossberger
als Lehrer derselben nach Tübingen berufen. Es geschah dies um die gleiche
Zeit, wo für die reine Chemie das neue Laboratorium in der Wilhelmstrasse gebaut und das Schlosslaboratorium von Christian Gmelin geräumt wurde.

Mit Schlossbergers Berufung, der, ein Schüler Liebig's und Heinrich Rose's, aber
medicinae Doctor, nunmehr das alte Schlosslaboratorium übernahı ı, war der physiologischen Chemie zum ersten Male an einer deutschen Hochschule eine unabhängige
Professur und eine selbständige Heimstätte bereitet; aber erst 14 Jahre später,
im Jahre 1859, wurde das anfängliche Extraordinariat in ein zweites Ordinariat
für Chemie umgewandelt, eine Genugthuung, die dem fleissigen, aber schon
lange kränkelnden Schlossberger erst im letzten Jahre vor seinem Tode zu Teil
ward.

Von 1861 bis zum Frühjahre 1872 hat Hoppe-Seyler diesen zweiten chemischen
Lehrstuhl inne gehabt. Erst unter Hoppe-Seyler hat das alte Schlosslaboratorium
eine wesentliche Erweiterung erfahren, indem namentlich die ehemalige obengenannte
Waschküche und nach Sigwarts Tode auch dessen Abteilung samt ihrem wissenschaftlichen Apparate hinzugezogen wurden. Auch sind erst unter ihm eine Anzahl
geeigneter Arbeitstische für Praktikanten aufgestellt und die einzelnen Räume, so
gut es damals möglich, mit Gas- und Wasserleitung versorgt worden. Das so erweiterte Institut hiess fortan, da es durch die Vereinigung zweier kleinerer, prakti-

schen Zwecken dienender, chemischer Institute entstanden war, »Laboratorium für angewandte Chemie«.

Durch die Bemühungen beider, Schlossbergers und Hoppe-Seylers, hat sich zuerst in Tübingen, wie kaum anderswo, der regelmässige Besuch eines für Junge Mediziner eröffneten chemischen Praktikums eingebürgert, und man darf wohl dreist behaupten, dass an keiner anderen deutschen Universität so früh und mit solcher Konsequenz die Tradition gepflegt worden ist, dass praktisch-chemische Übungen für die wissenschaftliche Erziehung des zukünftigen Arztes unentbehrlich seien.

Diese Tradition und daneben die mangelhafte, den Ansprüchen der fortgeschrittenen Wissenschaft keineswegs mehr entsprechende Einrichtung des alten Schlosslaboratoriums sind die Veranlassung zu dem stattlichen Neubau geworden, der Jetzt den Namen des »physiologisch-chemischen Instituts« führt.

Dieses Institut, ausser der gleichnamigen Anstalt der erneuten Strassburger Universität, soviel uns bekannt, bis Jetzt das einzige, welches zu dem durch seinen Namen bezeichneten Zwecke an einer deutschen Hochschule errichtet worden, wurde in den Jahren 1883—85 nach den mit dem derzeitigen Institutsvorstande, Professor Hüfner, vereinbarten Plänen und unter der Oberleitung des Baurats Berner in Stuttgart von dem Bauinspektor Knoblauch ausgeführt.

Dasselbe liegt am nordwestlichen Ende der neueröffneten Gmelinstrasse, gegen welche es die Hauptfaçade kehrt, ist von freundlichen Gartenanlagen umgeben und besitzt einen T-förmigen Grundriss. Ein solcher wurde gewählt, weil er am ehesten die Möglichkeit bietet, grosse Unterrichts- und Arbeitsräume zu schaffen, welche von beiden Seiten Licht und Luft erhalten, und dieselben zugleich um ein Zentrum herum zu gruppieren.

Die Räume des Keller- und des Erd-Geschosses sind mit Ausnahme der im südöstlichen Flügel befindlichen Dienerwohnung durchaus für die besonderen Zwecke des Instituts benutzt; im 1. Obergeschoss, das sich Jedoch nur über den vorderen Mittelbau erstreckt, befindet sich die Wohnung des Institutsvorstandes.

Von den eigentlichen Institutsräumen dient die Mehrzahl und darunter der grösste den praktischen Arbeiten; einige andere sind für Vorlesungszwecke bestimmt und die dritte Gruppe enthält die Vorräte an Chemikalien, an Glas- und sonstigen Apparaten, sowie endlich an Feuerungsmaterial. Ein Stall für Versuchstiere durfte gleichfalls nicht fehlen; er befindet sich in einem besonderen kleinen Anbau.

Treten wir durch den in der Mitte des Vorderbaues angebrachten Haupteingang, zu welchem eine stattliche doppelte Freitreppe führt, in das Innere des Gebäudes, so gelangen wir zunächst in einen mit den Büsten der Meister Berzelius und Liebig geschmückten Vorraum und weiter aus diesem, über wenige Granitstufen hinauf und durch eine gläserne Flügelthüre hindurch, in den Kreuzungspunkt der 3 Arme des im Erdgeschosse gelegenen Korridors. Wendet man sich von da aus zuerst in den südöstlichen Arm, so folgen hier der Reihe nach, an der Hauptfaçade gelegen, das Destillationszimmer (I, E), das Sprechzimmer des Professors (I, F) und das

Plan I. Physiologisch-chemisches Institut. Erdgeschoss.

A Hörsaal. B Vorbereitungszimmer. C Sammlungsraum für physikalische Apparate. D Sammlungsraum für chemische Präparate. E Destillationszimmer. F Sprechzimmer des Professors. G Laboratorium für physiologische Chemie. H Physikalisch-chemisches Arbeitszimmer. I Zimmer für Gasanalyse. K Zimmer für Elementaranalyse. N Wagenzimmer. L Dunkelzimmer. M Kleiderraum. O Analytisches Laboratorium (für Anfänger). P Assistentenzimmer. Q Schwefelwasserstoffzimmer. R Offene Halle. S Dienerzimmer (mit Vorräten an Chemikalien).

Laboratorium für physiologische Chemie (I, G).

Das Destillationszimmer, mit Asphaltfussboden versehen, ist ein grosser allgemeiner Arbeitsraum mit einem mächtigen eichenen Tische in der Mitte zur Auf-

stellung von Retorten und Kühlröhren, auf welchem sowohl für Gas- wie für Wasser-
zufuhr, desgleichen auch für Wasserabfluss hinreichend gesorgt ist. Ferner findet

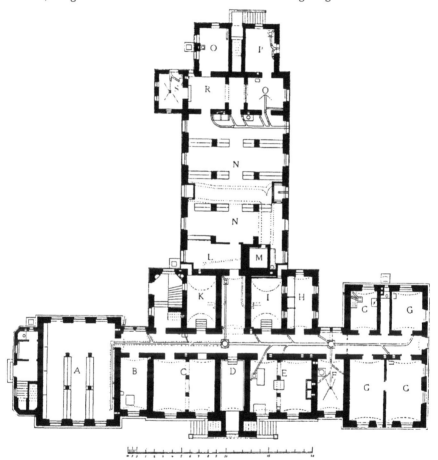

Plan II. Physiologisch-chemisches Institut. Kellergeschoss.

A Glasmagazin. B Raum für Gas- und Wassermesser. C Holzraum. D Kohlenraum. E Maschinenraum. F Waschküche.
G Dienerwohnung. H Holzraum des Professors. I Keller des Dieners. K Keller des Professors. L Kohlenraum.
M Zentralofen. N Vorratsraum. O Raum für Tierversuche. P Werkstatt. Q Raum für Säureballons. R Raum für die
Eisschränke. S Hundestall.

sich hier der Apparat zur Herstellung von destilliertem Wasser, weiter ein Wasser-
trommelgebläse mit Glasblasetisch, ein Spültisch und ein grösserer Abzugschrank
(Digestorium).

8*

Das Laboratorium für physiologische Chemie liegt in einer Ecke des südöstlichen Anbaues und empfängt sein reichliches Licht durch drei grosse Fenster von Südwesten und durch zwei von Südosten. Es enthält abermals einen grossen Abzugschrank und zwei grosse Arbeitstische mit zusammen acht Plätzen. Es dient vorgeschrittenen Praktikanten zum Aufenthalte und mehr noch solchen, die mit selbständigen wissenschaftlichen Arbeiten beschäftigt sind.

An dieses Zimmer schliesst sich, gleichfalls im südöstlichen Anbau gelegen, ein Raum (I, H) an, der lediglich für physikalisch-chemische Arbeiten bestimmt ist, d. h. für solche physiologische Untersuchungen, zu deren Durchführung die Anwendung physikalisch-chemischer Hülfsmittel und Methoden erforderlich ist. Da bei den meisten derartigen Untersuchungen die hervorragendste Rolle als Hülfsmittel das Quecksilber spielt, so ist das Zimmer mit einem wohlgeschliffenen und schwach nach einer Seite geneigten Terrazzofussboden versehen, welcher das gern umherspritzende und sich in kleinen Tröpfchen verlierende Metall nötigt, nach einer an ganz bestimmter Stelle angebrachten Vertiefung, einem »Quecksilberfang«, zusammenzurinnen, wo es sorgsam gesammelt und wieder gewonnen werden kann. Da ferner im gleichen Zimmer viel mit feinen Beobachtungsfernröhren und mit dem Kathetometer gearbeitet wird, so ist in den Boden in abgemessener Entfernung von den Beobachtungsobjekten eine genau horizontal gelegte starke Steinplatte von 2 m Länge und 0,5 m Breite eingelassen, die ihrerseits fest auf dem darunter befindlichen Gewölbe ruht und eine sichere Aufstellung jener Beobachtungsinstrumente gestattet. Tische vor den Fenstern, ein Digestorium und ein Schrank zur Aufbewahrung der notwendigsten Glasapparate vervollständigen die wissenschaftliche Ausstattung des Zimmers.

Nebenan liegt, mit seinem einzigen Fenster gegen Nordosten gerichtet, der für die Gasanalyse bestimmte Raum (I, J), zu welchem man auch direkt vom Korridor aus gelangen kann. Derselbe ist mit dem gleichen Terrazzofussboden, dem nämlichen Quecksilberfang und einer ebensolchen Steinplatte versehen, wie das physikalisch-chemische Zimmer; ist aber nicht heizbar, wie dieses. Eine direkte Kommunikation zwischen beiden ist durch ein schmales Pförtchen ermöglicht; da dasselbe indessen die Gefahr einer unliebsamen Erwärmung des gasanalytischen Raumes vom Nachbarzimmer her in sich birgt, so ist, um diese thunlichst zu verhüten, die hölzerne Thüre so dick wie die steinerne Wand (30 cm) gebaut, aber nicht massiv, sondern hohl; der Raum zwischen ihren beiden Wänden ist mit Luft gefüllt.

Am entgegengesetzten, gegen Nordwesten gerichteten, Arme des Korridors folgen dem Haupteingange zunächst erst zwei kleine Sammlungsräume, von denen der erste (I, D) die für die Demonstration in den Vorlesungen benutzten chemischen Präparate enthält, der andere (I, C) eine Sammlung feinerer physikalischer Apparate; alsdann ein kleines Vorbereitungszimmer (I, B) und endlich der Hörsaal (I, A), welcher abermals in einem besonderen Anbau liegt. Der Hörsaal

empfängt sein Licht von zwei entgegengesetzten Seiten und ist mit einer Ver-
dunkelungsvorrichtung versehen; er hat amphitheatralisch angeordnete Sitzreihen und
vermag etwa 70 Zuhörer bequem zu fassen. Der Eingang für die Studierenden ist
am oberen Ende angebracht, wohin sie durch ein kleineres daselbst angebrachtes
Treppenhaus unmittelbar gelangen.

Um den in der Hauptaxe und der unmittelbaren Verlängerung des Eingangs
gelegenen Korridorarm ordnet sich eine dritte Gruppe von Räumen an, davon vier
im vorderen Mittelbau, der fünfte und grösste im hinteren Längsbau untergebracht
sind. Die vier ersteren sind das Zimmer für Elementaranalyse (I, K), das Wagenzimmer (I, N), der Kleiderraum (I, M) und endlich ein Dunkelzimmer (I, L),
das zu spektroskopischen, photometrischen und polaristrobometrischen Untersuchungen
dient. Im Raume für Elementaranalyse haben gleichzeitig eine Reihe Wasserluftpumpen und ein langer Tisch zur Aufstellung von Luftpumpenglocken ihren Platz
gefunden; und in betreff des Wagenzimmers möge bemerkt werden, dass dasselbe
absichtlich an eine schattige, vor greller Mittags- und Nachmittagssonne geschützte
Stelle des Gebäudes verlegt und dass weiter, um möglichste Sicherheit gegen Erschütterungen zu bieten, sein im übrigen gedielter Boden mit drei auf dem unten befindlichen Gewölbe direkt aufsitzenden Quadersteinen versehen ist, auf welchen dann
erst die Füsse des schweren, die feinen Wagen tragenden, eichenen Tisches ruhen.

Der fünfte hier anstossende Raum (I, O) ist der grösste des ganzen Hauses;
es ist das Laboratorium für die Anfänger, die Jungen Mediziner, die sich hier
die erste Kenntnis und Übung in der analytischen Chemie erwerben. Dieser
mächtige, von zwei gegenüberliegenden Seiten erhellte Raum füllt nahezu den ganzen
einstockigen, mit einem platten Holzzementdache gedeckten Hinterbau aus und ist
mit 38 Arbeitsplätzen versehen, von denen 6 unmittelbar vor den Fenstern untergebracht sind. Ausser zwei grossen Abdampfschränken besitzt derselbe eine Reihe
fest aufgestellter Wasserbäder mit konstantem Niveau und darüber befindlicher Hempel'scher Abzüge, ferner ein Sandbad, zwei Hofmann'sche Nischen und eine kleinere
Dunkelkammer für spektroskopische Versuche. An das hintere Ende desselben
schliesst sich abermals ein Gang an, und an diesem liegen 1) das Arbeitszimmer
des Assistenten (I, P), 2) ein Vorratszimmer für die zu analytischen Zwecken
gebrauchten Chemikalien (I, S), alsdann 3) ein Schwefelwasserstoffzimmer
(I, Q) und 4) die Aborte.

Zur Einrichtung eines besonderen, durch einen Ofen heizbaren Arbeitszimmers
für den Assistenten, der in anderen Laboratorien seinen Platz wohl meist neben den
Studenten im grossen Arbeitsraume zu haben pflegt, gab einmal der Wunsch Veranlassung, strebsamen Assistenten auch in den Ferien, wo der grosse Arbeitsraum niemals geheizt wird, Gelegenheit zu experimentellem Arbeiten zu geben,
sodann aber ferner der Umstand, dass von dem Assistenten häufig gerichtlich-

chemische Untersuchungen ausgeführt werden müssen, — was nur in einem Raume geschehen darf, der den gleichzeitig arbeitenden Studenten verschlossen ist.

Aus dem Schwefelwasserstoffzimmer, das nach Kolbe's im Leipziger Laboratorium geschaffenem vortrefflichen Muster eingerichtet ist, tritt man endlich in eine gegen Nordwesten gelegene offene Halle (I, R), bestimmt für Arbeiten im Freien, sei es, dass dieselben helles Sonnenlicht erfordern, sei es reichliche frische Luft zum Zwecke der raschen Entfernung übler Gerüche oder giftiger Gase. — Man sieht, dass das Schwefelwasserstoffzimmer ebenso wie die offene Halle weit genug von den Räumen entfernt liegen, wo feinere metallene Apparate aufbewahrt oder gebraucht werden, und doch wieder nahe genug, um von den Praktikanten des analytischen Laboratoriums mit wenigen Schritten erreicht zu werden.

Im grösstenteils gewölbten Kellergeschoss des Vordergebäudes befindet sich ausser der Wohnung des Dieners, die aus drei Zimmern und einer Küche besteht (II, G, G, G, G), und ausser dem Holzraume (II, H), der Waschküche (II, F) und den Kellern des Professors und des Dieners (II, I, K) zunächst der Maschinenraum (II, E), in welchem vorderhand ein vierpferdiger Gasmotor, eine Zentrifuge und eine Kapelle für zwei Muffelöfen aufgestellt sind (der Platz für eine später aufzustellende Dynamomaschine ist daselbst gleichfalls schon vorgesehen); ferner ein Gelass für den Gas- und Wassermesser (II, B), ein Kohlen-, Holz- und ein Glasmagazin (II, D, C, A).

Im Kellergeschoss des Hintergebäudes aber steht zunächst der grosse Ofen (II, M) für die Zentralfeuerung; dann folgt ein heller, luftiger Vorratsraum (II, N, N) zur Unterbringung von allerlei Chemikalien, gröberen Apparaten und sonstigen Utensilien, in dessen hinterer Abteilung auch ein Herd für grössere Schmelzversuche und eine Kapelle zur Aufnahme der Kanonen (Vorrichtungen zum Erhitzen von Substanzen in zugeschmolzenen Röhren) errichtet sind.

Am Ende befindet sich eine Gruppe kleinerer Räume, so das heizbare Zimmer für Tierversuche (II, O), dahinter eine kleine Werkstatt für den Diener (II, P), gegenüber ein Gelass zur Aufbewahrung von Säureballons und feuergefährlichen Chemikalien (II, Q), und zuletzt schliesst sich als besonderer seitlicher Anbau ein Raum für Tierkäfige (II, S) an, der gleichfalls durch einen Ofen zu heizen ist. In der gleichmässig kühlen Vorhalle (II, R) haben zwei grosse Eisschränke ihren Platz gefunden.

Die Heizung der meisten Institutsräume geschieht durch Öfen und zwar durch solche von verschiedener Konstruktion. Der physiologisch-chemische Arbeitsraum sowie der Hörsaal werden durch Möhrlin'sche Mantelöfen erwärmt, welche gleichzeitig, da sie mit Luftzufuhr von aussen versehen und da in der Gegenwand entsprechende Luftabzugskanäle angelegt sind, die Lüftung besorgen. Nur das grosse analytische Laboratorium mit den unmittelbar daranstossenden Nebenräumen, als

Wagenzimmer, Dunkelzimmer, Zimmer für Elementaranalyse (die beiden ersteren sind übrigens für den Gebrauch in den Ferien auch noch mit Öfen ausgestattet), wird durch einen grossen im Kellergeschoss aufgestellten Calorifer von E. Möhrlin in Stuttgart geheizt und zugleich vorzüglich gelüftet. Die Lüftungseinrichtung gestattet einen dreimaligen Luftwechsel in der Stunde.

Was endlich die Versorgung des Institutes mit W a s s e r und mit G a s anlangt, so ist dieselbe Dank der Fürsorge des Baudirektors Dr. v o n E h m a n n eine sehr reichliche. Das Wasser ist frisches Quellwasser, das, erst in einem besonderen einen Kilometer entfernten Sammelbecken gefasst, noch mit einem Drucke von vier Atmosphären den Hähnen entströmt. Dieser hohe Druck ermöglicht nicht nur allenthalben die Anbringung von Wasserstrahlpumpen und Trommelgebläsen, sondern auch die Benutzung des Wassers zu Feuerlöschzwecken. Für diese letzteren ist eine besondere Leitung bis auf den Dachboden geführt und zwar mit Zapfstellen in Jedem Stockwerke.

Der derzeitige Vorstand des physiologisch-chemischen Instituts:

Professor Dr. GUSTAV HÜFNER.

DIE

MEDIZINISCHE FAKULTÄT

DAS ANATOMISCHE INSTITUT.

DAS ANATOMISCHE INSTITUT.

Die anatomischen Arbeiten waren hier, wie wohl überall, bis zum Ende des vorigen und in unser Jahrhundert hinein als »schmutziges Geschäft« in sehr obskuren Lokalitäten untergebracht (L. F. v. Froriep, über die anatomische Anstalt zu Tübingen von Errichtung der Universität bis auf gegenwärtige Zeit, Weimar 1811). Dem ist aber hier schon früher als anderswo abgeholfen · worden, so dass das Tübinger Institut der Hauptsache nach als eines der ältesten gelten kann, welches an deutschen Hochschulen noch heute dem Bedürfnis der Gegenwart vollkommen entspricht. Denn bereits im Herbst 1835 wurde die nach den Anträgen des Vorstandes Rapp und dem Plane des Kreisbaurates Roth neu erbaute anatomische Anstalt eröffnet (W. Rapp, Anzeige der Eröffnung des neuerbauten anatomischen Theaters der Universität). Dieselbe hatte anfangs dem gesamten Unterricht der normalen und pathologischen Anatomie des Menschen und der Physiologie zu dienen. Auch nachdem das Lehrfach der letzteren von dem der Anatomie und dem Institut getrennt war, blieben sie doch noch in demselben Hause vereinigt. Als dann aber für die Physiologie 1867 und für die pathologische Anatomie 1874 ein neues Institut geschaffen war, verblieb das anatomische der menschlichen Anatomie mit Einschluss der mikroskopischen und Entwicklungsgeschichte allein, und in diesem Zustande trat es der jetzige Vorstand im Herbst 1875 an.

Um diese Zeit traten zwei Umstände ein, welche die Anstalt auch für die Zwecke der reinen Anatomie nicht mehr ganz ausreichend erscheinen liessen, weil sie keinen Raum enthielt, in welchem die praktischen Arbeiten der Schüler an der Leiche in dem Masse, wie wir sie jetzt verlangen, und bei der jetzigen Frequenz sich durchführen liessen: 1) wurden nach der Gründung des Reiches infolge der einheitlichen Zusammenfassung des deutschen Heerwesens mit allem, was dazu gehört, die besonderen militärchirurgischen Lehranstalten unseres Landes aufgehoben und das Leichenmaterial, das bisher zum Teil auf diese verteilt gewesen war, fiel nun aus dem ganzen Lande der

Anatomie der Universität zu und ergab ein reicheres Material zur Durchführung des praktischen Studiums in derselben. 2) aber gelang es dem Vorstande durch Vereinbarung mit Kollegen, einen zusammenhängenden Teil der Vormittagsstunden des Wintersemesters von Vorlesungen frei und für die Präparierübungen verfügbar zu machen, wodurch dieselben dann erst als ebenbürtiger Teil des Unterrichts ein- und durchgeführt werden konnten. Unter diesen erfreulichen Umständen musste sich nun sofort der zum Zwecke der Präparierübungen verfügbar gewesene Raum, in dem nur ein kleiner Teil der Schüler des Instituts gleichzeitig an denselben teilnehmen konnte, als ungenügend herausstellen und es wurde auf Antrag des jetzigen Vorstandes und auf Grund eines von demselben skizzierten Entwurfes von der hohen Regierung der Anbau eines besonderen Präpariersaales zugleich mit Anlage eines noch fehlenden Leichenkellers verfügt und nach den Plänen und unter Leitung des Herrn Baurates Koch im Jahre 1882 ausgeführt.

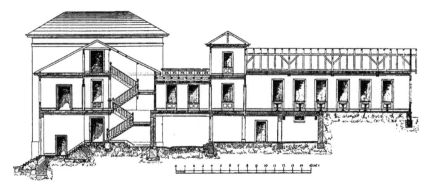

Das anatomische Institut.
Durchschnitt durch die Mitte des Haupthauses und die Länge des Präpariersaales.

So ist das Institut zustandegekommen, wie es jetzt dasteht. Es besteht aus dem Haupthaus von 1836 mit Parterre, I. Stock und Pavillons an beiden Enden und dem 1879 angebauten Präpariersaal, welcher der Länge nach hinten senkrecht an die Mitte anstösst, sodass der Gesamtgrundriss eine T-förmige Gestalt hat. Dieser steht so auf dem hinter dem Haupthause ansteigenden Abhange des Österberges, dass er in einem Niveau mit dem I. Stock des alten Hauses liegt und mit demselben durch einen brücken-artigen Verbindungsbau zusammenhängt, unter welchem die Durchfahrt durch den Hof rings um das Haupthaus freibleibt. Unter dem Anbau liegt in der Erde aber im Niveau des Hofes und mit Eingang von demselben der Leichenkeller. In dem Erdgeschoss des Haupthauses, welches ziemlich niedrig in dicken, massiven Mauern steckt, befinden sich nur die Wohnung des Dieners und einzelne kleinere Räume zu unter.

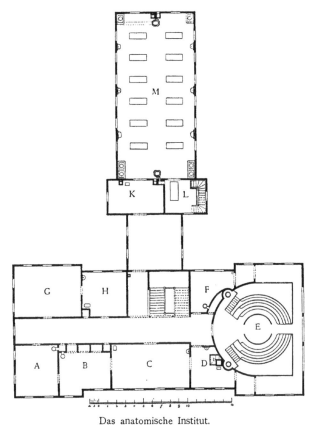

Das anatomische Institut.

Grundriss des I. Stocks vom Haupthause und des Präpariersaales.

A Arbeitszimmer des Vorstandes. B Arbeitszimmer des I. Prosektors. C Mikroskopiersaal. D Mikroskopierzimmer. E Amphitheater. F Vorbereitungszimmer. G Kleiner Sammlungssaal. H Arbeitszimmer des II. Prosektors. I Garderobe in dem brückenartigen Verbindungsbau zwischen Haupthaus und Präpariersaal. K Vorzimmer des Präpariersaales. L Aufzug und Treppe zwischen Präpariersaal und Leichenkeller. M der Präpariersaal.

geordneten Arbeiten, Maceration und Zusammensetzung der Skelette, sowie Unterbringung von Tieren u. dergl. Alle wesentlichen Lokalitäten für Unterricht und Untersuchungen sind im ersten Stock des Haupthauses, der einen leichten Riegelbau darstellt, nebst dem mit ihm durch den brückenartigen Verbindungsbau zusammenhängenden

Präpariersaalanbau, also auf einem Boden vereinigt. Nur ein Sammlungssaal stellt den einen der beiden Pavillons über dem I. Stock dar, in dem andern steigt das Amphitheater zur doppelten Höhe des letzteren an und über dem Anbau erhebt sich als ein kleiner Pavillon noch ein Lokal mit Apparat zum Photographieren (vgl. die Abbildung).

Das Hauptstück im alten Hause ist das Amphitheater für Vorlesungen und Demonstrationen. Die Gestalt desselben kann wohl als eine architektonische Künstelei bezeichnet werden, aber eine sehr gelungene. Im I. Stock gelegen, aber mit dem einen Pavillon darüber, der es im Grundrisse nicht einmal ganz umfasst, also in zwei Stock Höhe, durch den leichten Riegelbau hinaufgeführt, stellt es zur Hälfte eine Rotunde mit Kuppeldecke dar, die aus Brettern gefügt zum Teil in den Dachstuhl hineinreicht und in diese fügt sich der amphitheatralische Aufbau der Bänke für die Zuhörer ein. In der andern Hälfte aber erhebt sich der eine viereckige Raum bis zur vollen Höhe der oberen Decke des Pavillons und führt durch reichliche Fenster von drei Seiten — an der Hauptwand mehr Fenster als Wand — dem Raum in der Mitte eine reiche Fülle von Licht zu. Der Platz für den Lehrer war ursprünglich dem Eingang gegenüber, vor der Mitte der Fensterwand, ist aber nun gerade gegenüber, also vor den Eingang verlegt mit Tafeln zum Zeichnen, die an einem freistehenden Gerüst so in die Höhe gezogen werden können, dass der Zugang zum Leichentische unter ihm frei bleibt, um die Präparate hereinzubringen. In dieser Anordnung nun, darf man wohl sagen, dass dies Theater ein musterhaftes Lokal zu Vorträgen mit Zeichnung an der Tafel und Demonstration darstellt.

Der I. Stock des Haupthauses enthält ausserdem in der Mitte seiner Nordfront den Saal für mikroskopische Uebungen mit 4 Fenstern und 20 Plätzen, dazu ein Nebenzimmer mit 2 Fenstern und 9 Plätzen, sodass also 29 Schüler teilnehmen können, wofür auch die Mikroskope da sind. Dies entspricht mit Doppelkursen dem Bedürfnis der jetzigen Frequenz mit nahezu 60 Teilnehmern im Sommersemester. Ferner einen kleinen Sammlungssaal (früher Präpariersaal) ausser dem grösseren, der in dem linken Pavillon eine Treppe höher liegt, sodann drei Arbeitszimmer für Vorstand und Prosektoren, und ein paar kleinere Räume zur Vorbereitung der Demonstrationen in der Nähe des Amphitheaters.

Aus der hinteren Mitte vom I. Stock führt nun der brückenartige Verbindungsbau, welcher als Garderobe dient, zu dem Anbau des Präpariersaales. Im Anfangsstücke desselben befindet sich ein Vorzimmer, darunter im Souterrain, die Injektionsküche und daneben Treppe und Aufzug zur Beförderung der Leiche aus dem Leichenkeller im Souterrain zum Seziersaale. Der Saal selbst, 18 m lang, 9 m breit, zur Hälfte über dem Leichenkeller, zur andern auf dem geebneten Boden des Bergabhanges stehend, 6 Fenster an jeder Langseite, enthält entsprechend den Fenstern an jeder Seite 6 Leichentische, dazu an den Fenstern kleine Klapptische für abgetrennte Präparate, in den Ecken 6 Waschtische mit Wasser-Ab- und Zufluss, an den Pfeilern noch 6 Wasserhähne mit Abfluss zum Spülen. Die Leichentische sind ähnlich den von der Leipziger Anatomie beschriebenen, nur etwas vereinfacht, drehbar auf einer hohlen gusseisernen Säule mit Abfluss durch dieselbe in einen Kanal und Wasserverschluss zum Abschluss der Luft im Saale gegen den Kanal nach einer Zeichnung des Herrn Baurates Koch in der Werkstätte der Herren Wurster und Sailer in Derendingen ausgeführt, welche auch den Aufzug geliefert hat. Da sich die Frequenz der Teilnahme an den Präparierübungen, gerade zu der Zeit, als der Saal fertig war, zuerst auf etwas über 100 gehoben und seitdem mit geringer Schwankung auf dieser Höhe gehalten hat, so entsprechen die Dimensionen und Einrichtungen des Saales seitdem ganz dem vorhandenen Bedürfnis, da der grössere Teil der angemeldeten Teilnehmer ohne Unbequemlichkeit gleichzeitig arbeiten kann und in der Hauptzeit des Winters arbeitet.

Die Hauptsache bleibt, dass zu diesem Zweck auch für das nötige Leichenmaterial gesorgt ist. Die Ablieferung von Leichen gewisser Kategorien nach der bestehenden gesetzlichen Verordnung aus dem Bereiche des ganzen Landes ergibt nach dem Durchschnitte der letzten 14 Jahre 170 im Jahre, auch wenn dieselbe in der heissesten Jahreszeit und einem grossen Teile der Ferien ausgesetzt wird. Davon kommt die grössere Hälfte auf das Wintersemester und wird zu den anatomischen Präparierübungen und Demonstrationen verwendet, die kleinere im Sommer zu den chirurgischen Operationsübungen. Dies entspricht vollkommen dem Bedürfnisse des Unterrichtes. Denn es kann damit Jedem Teilnehmer an diesen Uebungen Gelegenheit gegeben werden, alle Teile des Körpers einmal durchzupräparieren und alle wichtigen Operationen einmal an der Leiche auszuführen. Das ist nicht weniger und nicht mehr als man verlangen kann und muss. Gelegentlich sind auch schon in den Ferien Leichen zur Sektion im pathologisch-anatomischen Kurse, zu dem es hier mehr an dem nötigen Material fehlt, abgegeben worden.

Bei diesem Stand der Dinge können wir mit dankbarer Befriedigung nach dem heutigen Stande der Frequenz und der Ansprüche des Studiums die Aussprüche wiederholen, mit denen Froriep 1811 und Rapp 1836 ihre Darstellungen des damaligen Standes der Dinge geschlossen haben: »so ergibt sich, dass für Hilfsmittel zum anatomischen Studium in Tübingen in der That Jetzt so gesorgt ist, dass Lehrer und Studierende dadurch sehr unterstützt und aufgemuntert werden«, und »die anatomischen Studien sind durch dieses mit königlicher Freigebigkeit ausgestattete Institut neu belebt und um vieles erleichtert«.

Der derzeitige Vorstand des anatomischen Instituts:
Professor Dr. **WILHELM HENKE.**

DAS PHYSIOLOGISCHE INSTITUT.

DAS PHYSIOLOGISCHE INSTITUT.

Wohl kaum in irgend einer Wissenschaft ist im Laufe der letzten Jahrzehnte ein so gewaltiges und schnelles Wachstum nach Tiefe und Breite zu verzeichnen, als in der Physiologie, vornehmlich in der Physiologie des Menschen und der Tiere. Wenn auch selbstverständlich von Jeher den denkenden Arzt und Anatomen nicht bloss das Aussehen, die Grösse und Gestalt eines gesunden oder kranken Organes interessierte, sondern er auch dessen Bedeutung zu erforschen suchte, so gab es doch ebenso wenig eine besondere physiologische Methodik, wie eine für sich bestehende selbständige physiologische Wissenschaft. Dieselbe war vielmehr ein Anhängsel der Anatomie oder einer anderen medizinischen beziehungsweise naturwissenschaftlichen Disziplin.

Wenn ich nur bis an den Anfang dieses Jahrhunderts zurückgehe, so war hier in Tübingen die Physiologie in den Händen des Zoologen (Rapp) oder Anatomen (Arnold), und erst vom Jahre 1853 wird K. Vierordt alleiniger Vertreter der Physiologie. Auch er war anfänglich Mietling in der Anatomie und die damaligen physiologischen Institutsräume daselbst bestanden aus einem vierfenstrigen Zimmer nebst einem daranstossenden zweifenstrigen im zweiten Stock und aus einem kleinen zweifenstrigen Zimmer im Erdgeschoss. Das letztere — früher ein Holzstall — erwies sich so feucht, »dass es, weil keine Instrumente in demselben aufgestellt werden konnten, nur eine sehr beschränkte Verwendung gestattete«. Wie unzureichend auch Jene beiden andern Zimmer für die Arbeiten des Vorstandes und der Schüler, sowie für die Unterbringung der Apparate und die Demonstrationen physiologischer Versuche waren, bedarf kaum der Begründung. Hierzu kam noch ein zweiter Uebelstand, den nur derjenige voll würdigen kann, welcher Je genötigt war, sein Auditorium, auf das er ausserdem nicht das erste Anrecht hat, mit Anderen teilen und dabei experimentelle Vorlesungen halten zu müssen. Auch Vierordt war in der wenig beneidenswerten Lage, den physiologischen Unterricht in dem anatomischen Hörsaal zu geben. Zudem folgten, was das Allerunangenehmste, die beiden Vorlesungen unmittelbar aufeinander.

Mit richtigem und scharfem Verständnis dafür, was der physiologische Unterricht leisten soll und was er unter sothanen Umständen nur leisten kann, beantragte Vierordt im November 1861 bei der medizinischen Fakultät den Neubau eines physiologischen Instituts. Er führt aus, wie klein und unzureichend die ihm zur Verfügung stehenden Räumlichkeiten überhaupt sind, wie störend und beschränkend die gemeinschaftliche Benützung des Hörsaales mit dem Anatomen ist und wie ungerecht zugleich, da doch die Vertreter der Physik, Chemie, Botanik, Zoologie und Mineralogie eigene Hörsäle zur Verfügung hätten. Zudem litten die Apparate, die alle eng zusammengestellt und wenig geschützt sind, in hohem Masse. »Einzelne Apparate müssen, da sie als Ganzes nicht unterzubringen sind, auseinandergenommen und beim Jedesmaligen Gebrauch erst zusammengesetzt werden, die Multiplikatoren mit ihren empfindlichen Magnetnadeln können nicht anders zur Verwendung kommen, als in einem Zimmer, das ganz angefüllt ist von nicht zu entfernenden Eisenmassen. Die Aufstellung Jeder auch nur etwas umfänglicheren Vorrichtung ist unter diesen Umständen zur Unmöglichkeit geworden, so dass eine ganze Anzahl wichtiger Untersuchungen gar nicht vorgenommen werden kann.« Wenn Studierende arbeiten wollen, so können sie kaum anders als in Jenem oben erwähnten ehemaligen Holzstall untergebracht werden.

Vierordt verlangt als unumgänglich notwendige Räume eines physiologischen Institutes in Tübingen, wo schon ein physiologisch-chemisches Institut besteht, 1) einen Hörsaal, 2) ein Zimmer zu Versuchen und Demonstrationen, 3) ein solches zu physiologisch-chemischen Untersuchungen, 4) und 5) zwei Zimmer zur Aufbewahrung von Instrumenten und Apparaten, 6) ein Arbeitszimmer für den Vorstand und 7) ein Zimmer für den Diener. Ueber die Grösse der Zimmer folgen dann weitere sich auf die hiesigen Verhältnisse beziehende, zweckmässige Angaben. Ferner müssten hinzukommen 1) ein Keller mit verschliessbaren Räumlichkeiten als Aufbewahrungsort für Brennholz und Versuchstiere, sowie für Präparate, welche eine gleichmässige niedrige Temperatur verlangen, 2) ein Speicherraum zur Unterbringung von Hilfswerkzeugen, gröberen oder zurückgestellten Inventarstücken, 3) ein kleiner Hofraum mit Brunnen, 4) womöglich ein Stückchen Gartenland, um Futter für Kaninchen und andere Versuchstiere in der Nähe zu haben. Das Institut müsste ausserdem in nicht zu grosser Entfernung von der Aula und dem Krankenhaus liegen und der Bau sollte sobald wie möglich in Angriff genommen werden, da die Abhilfe obiger Missstände dringend notthut.

Fakultät und Senat unterstützten den Vierordt'schen Antrag und gingen sogar vielfach noch weiter, als der Antragsteller, der nur das äusserste Mass dessen verlangte, was unbedingt notwendig war. So wurde denn nach verschiedenen Verhandlungen zwischen den genannten Behörden, dem Finanzministerium und dem Ministerium des Kirchen- und Schulwesens, sowie nach mancherlei Schwierigkeiten und Hindernissen der Neubau eines physiologischen Institutes von der Ständekammer im Juli 1865 genehmigt und im Frühjahr 1866 mit den Erdarbeiten begonnen. Da kam der Krieg, und die Arbeiten stockten vollständig, so dass Vierordt sehr stark zweifelte, ob überhaupt sein sehnlichster Wunsch, eine würdige Heimatsstätte für die von ihm vertretene Wissenschaft zu erwerben, wenigstens in absehbarer Zeit in Erfüllung gehen könnte. Glücklicherweise aber ging die Sache vorwärts und unter Berücksichtigung obiger Angaben von Vierordt wurde von der königlichen Regierung ein Plan entworfen und ausgeführt, woran in erster Linie die Baumeister Schlierholz, dann Kapf und Koch sich beteiligten. Das Gebäude kam im August 1867 unter Dach und im Herbst 1868 (also nahezu 7 Jahre nach Vierordts erstem Antrage) räumte die Physiologie der Anatomie das Feld und das neue Institut wurde bezogen.

Mit den Gefühlen des aufrichtigsten Dankes gegen alle diejenigen, welche zu dem Gelingen des Werkes beigetragen hatten, vornehmlich »gegen den energischen und um das Unterrichtswesen unseres Landes hochverdienten Kultusminister Dr. v. Golther«, richtete sich Vierordt in seinem neuen, schönen Bau, meines Wissens dem ersten eigens für die Physiologie erbauten Institut in Deutschland ein und schaffte teils allein, teils in Gemeinschaft mit seinen Assistenten und Schülern rüstig und erfolgreich im Dienste seiner Wissenschaft weiter. Am 24. Mai des Jahres 1884 hielt er seine letzte Vorlesung, kam sofort, weil er sich krankheitshalber seinem Amte nicht mehr gewachsen fühlte, um seine Pensionierung ein, »um möglicherweise — im Falle der Genesung — noch einige Jahre wirklicher Ruhe geniessen zu dürfen«. Freilich ging ihm dieser Wunsch nicht in Erfüllung; denn schon am 22. November schied er im Alter von etwa 66 Jahren aus dem Leben, nachdem er wenige Tage vorher sich wie ein Held aufgerafft und wehmütigen, aber ernsten und festen Sinnes von seinem schönen Heim und der ihm so lieben, von ihm ins Leben gerufenen Werkstätte wissenschaftlicher Arbeit Abschied genommen, die er auch nicht mehr sehen sollte. Ehre ihm und seinem Andenken, dem Erbauer des ersten physiologischen Instituts in Deutschland.

Das physiologische Institut, dessen Lage in unmittelbarer Nähe vom Krankenhaus, dem botanischen Garten und der Aula am besten aus den beigefügten Plänen hervorgeht, stellt ein zweistöckiges, durchweg aus Quadersteinen und Ziegeln erbautes Haus dar, welches durch die Ruhe und Einfachheit, sowie die Schönheit seiner Formen Jedermann angenehm auffällt. Es liegt mit der Hauptfront nach Südost und ist rings von Anlagen und Gärten umgeben (die beifolgende Ansicht, die nach einer vor etwa 20 Jahren gemachten Photographie angefertigt ist, zeigt den Bau noch verhältnismässig frei, denn die Bäume sind inzwischen tüchtig gewachsen). Der untere Stock, sowie der dazu gehörige Anbau dient lediglich Institutszwecken; der obere umfasst die Wohnung des Vorstandes.

Beifolgender Plan erläutert die Einzelheiten. Der Haupteingang liegt auf der linken Schmalseite des Hauses bei der dort befindlichen Treppe. Diese führt in einen viereckigen Raum, welcher sich in der Längsrichtung des Hauses in den Korridor des Institutes fortsetzt, zur linken Hand in das Treppenhaus übergeht und zur rechten in das Vorstandszimmer A führt. Eine Glasthüre trennt den Korridor von jenem Raum, so dass man durch sie unmittelbar und durch das Vorstandszimmer mittelbar in die Insti-

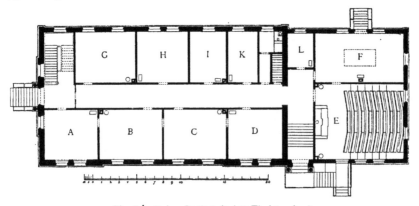

Physiologisches Institut (nebst Tierhäuschen).

A Zimmer des Vorstandes. B C D G H Arbeitsräume. I Assistentenzimmer. K Arbeitszimmer. L Schlafzimmer des Dieners. E Hörsaal. F Demonstrationszimmer mit Oberlicht. 1—6 Tierhäuschen.

tutsräume gelangt. Links und rechts vom Korridor, der übrigens auch noch durch eine zweite, erst seit einiger Zeit bestehende, bei K befindliche (auf den Plan nicht gezeichnete) Glasthüre v o l l s t ä n d i g abgeschlossen ist, liegen die eigentlichen Räume des Institutes B, C, D, G, H, I, K. Die nach vorn (Süd-Ost) gelegenen A, B, C, D stehen mit dem Korridor und untereinander, die nach hinten gelegenen G, H, I, K nur mit dem Korridor durch Thüren in Verbindung. Sie sind gross (4,1 m hoch; im übrigen siehe Plan), hell und luftig und ungemein übersichtlich angeordnet. Diesen Zimmern hatte Vierordt folgende Bestimmung zugewiesen: A Vorstandszimmer, B Dunkelzimmer für optische Versuche, C Aufbewahrungsraum für Apparate, D Zimmer für Pharmakologie (dem damaligen Professor K ö h l e r eingeräumt), G chemisches Zimmer mit einem

Abzug versehen, H Wagenzimmer, I Assistenzimmer (Wohnung für den Assistenten), K Arbeitszimmer für den Diener. Die Räumlichkeiten, deren Jede für sich einen Ofen und Gasleitung und meistens auch Wasserleitung hat, dienen auch Jetzt noch im Wesentlichen den gleichen Zwecken mit Ausnahme von dem Zimmer D, welches nur etwa ein Jahr seiner ursprünglichen Bestimmung treu blieb und dann zum Arbeitszimmer namentlich für Studierende umgewandelt würde, das es auch heute noch ist. Im Uebrigen eignen sich die nach hinten gelegenen kühlen Zimmer mehr für Arbeiten im Sommer, die nach vorn gelegenen sonnigen mehr für solche im Winter und werden demgemäss auch benutzt.

Nahe der Glasthüre, die zwischen K und D den Korridor abschliesst, geht es links in den Abort und etwas weiter in den Keller, der ebenfalls durch einen Längs-Korridor in eine vordere und hintere Hälfte und durch einen Querverschlag in den Keller des Institutes und denJenigen des Vorstandes getrennt ist. Der erstere, zu welchem man auf dem eben beschriebenen Weg kommt, liegt nahezu unter den Räumen C, D, I, K und dient zur Aufbewahrung von Holz, Kohlen, Chemikalien und kleineren Versuchstieren (Ratten, Frösche); der des Vorstandes, zu welchem man nahe der Eingangsthüre gegenüber von A hinabgelangt, unter den anderen Räumen A, B, C, G, H. Unter A liegt die Waschküche.

Geht man in der Richtung des Korridors weiter, so gelangt man links in ein kleines Zimmer L, als Schlafzimmer für den Diener bestimmt und geradeaus in den 4,75 m hohen, 10 m langen und 7,27 m breiten Hörsal E, in welchem eine unter einem Winkel von etwa 13 Grad aufsteigende Reihe von 8 Bänken Platz für 70—80 Zuhörer gewährt. Fünf grosse Fenster erhellen den Saal, der nur das eine Unangenehme hat, dass er in den Morgenstunden im Sommer sehr viel Sonne bekommt und leicht die Temperatur eines Warmhauses annimmt. Gleich rechts vom Eingang befindet sich der Experimentiertisch und in seiner Mitte ein kleiner Pult für den Dozenten. Die Studierenden gelangen auf anderem Wege, als vorhin geschildert, in diesen Raum, nämlich durch den besonderen Eingang, welcher, wie aus Plan und Zeichnung ersichtlich ist, unmittelbar von aussen in die Vorderseite des Anbaus führt. Neben dem Hörsaal E befindet sich ein grosses Demonstrierzimmer, welches nicht bloss von drei Fenstern, sondern auch noch von der Decke, die teilweise (bei F) aus Glas besteht, ausgiebig Licht empfängt. Aus diesem Zimmer führt eine Treppe in den Hofraum des Institutes und weiter gelangt man in gleicher Richtung in das in demselben gelegene, für sich stehende Tierhaus, dessen Lage und Grössenverhältnisse ebenfalls auf beistehendem Plane ersichtlich sind.

Es ist ein mit einem Thürmchen (Taubenschlag) versehener, zierlicher, einstöckiger Fachwerkbau, welcher zu ebener Erde die Stallungen 1, 2, 4, 5 für die Versuchstiere (namentlich Kaninchen und Meerschweinchen) enthält und in den darüber befindlichen Räumen, zu denen man durch 3 gelangt, Platz genug bietet zur

10 *

Aufbewahrung von Heu, Stroh u. s. w. Die in den Ställen 4 und 5 gezeichneten rechtwinkligen Stücke stellen ausgemauerte und mit Brettern zu verdeckende Gänge in der Erde dar, in welchen sich die Kaninchen mit Vorliebe aufhalten und nisten. Im Sommer können sie ausserdem im Freien, nämlich in dem vollkommen mit einem Drahtgitter verschlossenen Raum 6 sich aufhalten, was für den Gesundheitszustand der unverletzten und namentlich der operierten Tiere von grossem Wert ist. Der das Institut umgebende Garten liefert ihnen ausserdem das nötige Futter.

Der derzeitige Vorstand des physiologischen Instituts:
Professor Dr. **PAUL GRÜTZNER.**

DAS PATHOLOGISCH-ANATOMISCHE INSTITUT.

DAS PATHOLOGISCH-ANATOMISCHE INSTITUT.

Nachdem das Fach der pathologischen Anatomie von dem der normalen Anatomie abgetrennt worden war, wurde es einige Jahre lang durch ausserordentliche Lehrer vertreten. Als pathologisches Institut diente das neben dem alten Krankenhaus gelegene Sektionsgebäude, in welchem ein Sektionslokal und einige Arbeitszimmer sich befanden. Der erste ordentliche Vertreter des Faches, O. Schüppel, der im Jahre 1867 aus Leipzig berufen worden war, stellte schon im Jahre 1868 Anträge auf Beschaffung neuer Räume und 1872—4 wurde unter Leitung des Bauinspektors, jetzigen Baurates Koch das pathologische Institut erbaut.

Das Tübinger pathologische Institut ist das älteste unter den modernen derartigen Anstalten an deutschen Hochschulen. Obwohl daher ohne Vorbild geplant, zeichnet sich dasselbe durch eine klare und wohl erwogene Grundrissbildung aus; leider ist die Anlage nur für kleine Verhältnisse gebaut und genügte schon unter der Leitung des als Nachfolger Schüppels im Jahre 1881 berufenen Vorstandes E. Ziegler dem Bedürfnisse nicht mehr. Insbesondere lag es ursprünglich im Plane, den Sektionssaal zugleich auch als Vorlesungssaal zu benutzen. Da sich dies nicht durchführen liess, so musste der grösste der drei nach dem ursprünglichen Plan zum Laboratorium für histologische und experimentelle Arbeiten bestimmten Räume in einen Hörsaal umgewandelt werden. Dies hatte natürlich einen von Anfang an fühlbaren Mangel an Räumlichkeiten zur Folge und da in dem letzten Jahrzehnte der Bedarf der pathologischen Institute an Laboratoriumsräumen gegen früher ein sehr viel grösserer geworden ist, so mussten die ursprünglich zur Aufnahme der pathologisch-anatomischen Sammlung bestimmten Säle für Laboratorien in Anspruch genommen werden, während die Sammlung in verschiedenen Räumen des Hauses untergebracht wurde. Dieser Mangel an genügenden Räumlichkeiten machte sich aber von Jahr zu Jahr in dem Masse fühlbarer, als die Methode des Unterrichts, den Studierenden durch eigene Laboratoriumsarbeiten in den verschiedenen Zweigen der pathologisch-anatomischen Disziplinen ˙in den selbsterworbenen Besitz des von dem Lehrer auf ihn Übertragenen gelangen zu lassen, trotz der, dem Lehrer hierdurch neu erwachsenen Aufgaben als die eigentlich rationelle mehr und mehr befestigt und erweitert wurde und zur allgemeinen Anwendung gelangte. Als aber vollends die Bakteriologie, dieser ganz neue, hochwichtige und für die Ausbildung der Medi-

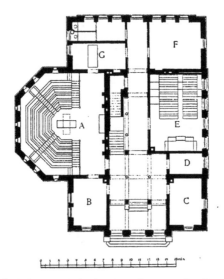

Das pathologisch-anatomische Institut. Grundriss des Erdgeschosses.

A Sektionssaal. B Experimentierzimmer. C und F Dienerwohnung. D Garderobe. E Hörsaal. G Leichenaufzug.

ziner unentbehrliche Zweig der Pathologie, ihrer ganzen Natur nach, dem Lehrer der pathologischen Anatomie sowohl als ObJekt seiner Forschung wie auch als Lehrgegenstand zufiel und die Bakteriologie nur dann mit dem erwünschten Erfolge gelehrt und studiert werden konnte, wenn der Schüler unter Leitung des Lehrers mit eigener Hand seine Kulturen pflegte, ihre Entwickelung beobachtete, unter dem vielfach sehr Ähnlichen das Besondere herausfinden und dann durch das Experiment die Entstehung, Entwickelung der Krankheit beobachten und das Krankheitsprodukt untersuchen lernte — da konnte nur durch entsagende Beschränkung das Geschwisterpaar der Bakteriologie und pathologischen Anatomie unter demselben Dache sich notdürftig einrichten. In weiser Fürsorge für die Universitäts-Bedürfnisse und -Aufgaben hat das hohe Ministerium einen, von dem Vorgänger des derzeitigen Institutsvorstandes entworfenen Erweiterungsplan des pathologischen Institutes bereits genehmigt.

Zur Zeit ist die Einteilung des Institutes folgende: A H (Grundriss) ist der links vom Eingang gelegene vom Erdgeschoss in das erste Stockwerk reichende Sektions-saal, der durch seitliches Oberlicht erleuchtet wird und ein Amphitheater besitzt, das ungefähr 100 Zuhörern Raum bietet. E ist der im Erdgeschoss gelegene Hörsaal, in dem etwa 40 Zuhörer Platz finden. Das Zimmer B wird zur Vornahme von

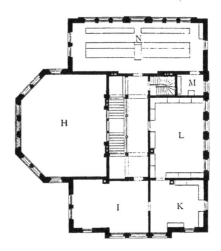

Das pathologisch-anatomische Institut. Grundriss des I. Stockes.

H Sektionssaal (Fortsetzung von A in voriger Fig.). I Bakteriologisches Laboratorium. K Vorstandszimmer · L Histologisches Laboratorium. M Raum zur Aufbewahrung mikroskopischer Präparate. N Saal für die praktischen Kurse der pathologischen Histologie.

Experimenten an Tieren benützt. D ist die Garderobe. C und F sind dem Diener als Wohnung angewiesen. In G befindet sich der Aufzug für die im Souterrain liegenden Leichen.

Der nach Nordosten gelegene lange Saal N des ersten Stockes wird zur Ab-haltung der praktischen Kurse der pathologischen Histologie, sowie der demonstra-tiven Kurse benutzt und es können in demselben bis 45 Zuhörer Platz finden. M dient zur Aufbewahrung mikroskopischer Präparate, L dient als Laboratorium für histologische Untersuchungen und enthält sieben Arbeitsplätze, von denen drei den Assistenten des Institutes, welche kein eigenes Zimmer haben, reserviert sind. K ist das Zimmer des Vorstandes. In I ist das bakteriologische Laboratorium unter-gebracht.

Das Souterrain enthält Räume zur Aufbewahrung und zur Abgabe der Leichen, ferner eine Küche, Legen für Holz und Kohlen und einen Stall für kleine Versuchstiere.

An Stelle des nach Freiburg i. B. berufenen Professors Ziegler hat seit April 1889 der Unterzeichnete die Leitung des Institutes übernommen.

Der derzeitige Vorstand des pathologisch-anatomischen Instituts:

Professor Dr. **PAUL BAUMGARTEN.**

DIE MEDIZINISCHE KLINIK.

DIE MEDIZINISCHE KLINIK.

Die klinischen Anstalten haben in Tübingen ebenso wie an den meisten anderen Universitäten mit kleinen Anfängen begonnen, und die Entwickelung des klinischen Unterrichts ist nur langsam fortgeschritten. Zu Anfang dieses Jahrhunderts waren für alle Kliniken zusammen nur 6 Betten vorhanden. Erst Johann Heinrich Ferdinand Autenrieth (geb. 1772 in Stuttgart, seit 1822 Kanzler der Universität, gest. 1835), der 1797 als Professor der Anatomie berufen worden war und später auch andere Fächer der Medizin vertrat, erreichte es, dass durch Umbau und Einrichtung der alten Bursa mehr Raum für klinische Kranke beschafft wurde. Das Gebäude, welches gegenwärtig noch die geburtshilfliche Klinik enthält, wurde 1805 bezogen, und Autenrieth leitete in demselben bis zum Jahre 1831 die medizinische Klinik, während die chirurgische und geburtshilfliche Klinik in dem gleichen Hause, aber unter anderer Leitung sich befanden. Sein Nachfolger Ferdinand Gottlieb Gmelin (geb. 1782 in Tübingen, gest. 1848) war bis zum Jahre 1840 Vorstand der medizinischen Klinik, die unter ihm eine weitere Ausdehnung erhielt. Darauf wurde G. Heermann (geb. 1807 in Blomberg in Lippe-Detmold, gest. 1844 in Rom) aus Heidelberg berufen, war aber wegen Krankheit nur kurze Zeit in Thätigkeit. Während längerer Abwesenheit desselben wurde die Klinik von dem Assistenzarzte Carl August Wunderlich (geb. 1815 in Sulz am Neckar, gest. 1877 in Leipzig) besorgt, der 1843 zum ausserordentlichen Professor und provisorischen Vorstand, 1846 zum ordentlichen Professor und definitiven Vorstand der Klinik ernannt wurde. Die Poliklinik war schon im Jahre 1838 von der stationären Klinik abgetrennt und an Hermann Friedrich Autenrieth, den Sohn des früheren Kanzlers, übertragen worden.

Da das alte Klinikum, welches ausser den Kliniken auch noch die Wohnungen für die Vorstände enthielt, den gesteigerten Anforderungen nicht mehr genügte, so war im Jahre 1842 die Erbauung eines neuen Krankenhauses für die medizinische und chirurgische Klinik beschlossen worden. Dasselbe wurde im Jahre 1846 bezogen und das alte Gebäude vollständig der geburtshilflichen Klinik eingeräumt.

Nachdem Wunderlich im Jahre 1850 einer Berufung nach Leipzig gefolgt war, wurde die Leitung der medizinischen Klinik an Georg Rapp (geb. 1818 in Annweiler in der Rheinpfalz, gest. 1886 in Stuttgart) übertragen, der aber 1854 die Stelle mit der eines Oberamtsarztes in Rottweil vertauschte. Zum Vorstand der Klinik wurde berufen Wilhelm Griesinger (geb. 1817 in Stuttgart, gest. 1868 in Berlin), der schon früher als Privatdozent und ausserordentlicher Professor (1847—1849) in Tübingen gelehrt hatte und nachher in Kiel und Kairo als klinischer Lehrer thätig gewesen war. Derselbe folgte 1860 einem Rufe nach Zürich. Zur Leitung der medizinischen Klinik wurde berufen der damalige Vorstand der medizinischen Klinik in Greifswald, Felix Niemeyer (geb. 1820 in Magdeburg, gest. 1871 in Tübingen), der bis zu seinem Tode die Klinik geleitet hat. Im Herbst 1871 wurde die Klinik an den derzeitigen Vorstand übertragen.

Unter der Leitung von Wunderlich, Griesinger und Niemeyer hatte die medizinische Klinik einen bedeutenden Aufschwung genommen, indem durch diese als Lehrer wie als Schriftsteller hochberühmte Männer ausser den württembergischen auch zahlreiche auswärtige Studierende angezogen wurden; und es war im Laufe der Zeit immer stärker die Notwendigkeit hervorgetreten, den klinischen Instituten eine grössere Ausdehnung und eine vollkommenere Einrichtung zu geben.

Die medizinische und die chirurgische Klinik waren bisher in dem Gebäude vereinigt gewesen, welches im Jahre 1846 bezogen worden war und damals in Bezug auf Ausdehnung und Einrichtungen dem Bedürfnisse der Zeit vollständig entsprochen hatte. Die chirurgische Klinik nahm das erste, die medizinische das zweite Stockwerk ein. Als im Laufe der Zeit die Anforderungen in Bezug auf Behandlung der Kranken und auf klinischen Unterricht bedeutend gestiegen waren, stellten sich allmählich die Einrichtungen dieses Krankenhauses als ungenügend heraus. Es war zu wenig Raum vorhanden für die Unterbringung von Kranken, und es fehlten ausserdem alle Einrichtungen, welche in neuester Zeit als eine notwendige Bedingung für eine erfolgreiche Krankenbehandlung erkannt worden waren. Endlich wären auch die Einrichtungen für den klinischen Unterricht nicht mehr dem Bedürfnis der Zeit entsprechend. Für genauere chemische, physikalische oder mikroskopische Untersuchungen sowie für eigentlich wissenschaftliche Arbeiten war kein genügender Raum vorhanden.

Schon seit dem Jahre 1860 waren Anträge zur Verbesserung der Anstalten gestellt worden; auch war im Jahre 1867 der Plan erörtert worden, eine neue chirurgische Klinik zu bauen und das ältere Gebäude ganz für die medizinische Klinik einzurichten. Aber diese Bemühungen hatten zunächst für die medizinische Klinik keinen Erfolg; nur für die chirurgische wurde dem Raummangel durch Erbauung einer Baracke einigermassen abgeholfen.

Seit dem Jahre 1871 wurde das Bedürfnis einer Verbesserung immer dringender. An den meisten anderen Universitäten waren innerhalb der letzten Dezennien für klinische Zwecke neue Krankenhäuser mit vervollkommneten Einrichtungen gebaut, an einigen anderen die vorhandenen in durchgreifender Weise verbessert worden. In Deutschland gab es ausser der Tübinger keine andere medizinische Klinik, welche mit einer so geringen Krankenzahl und mit so unvollkommenen Einrichtungen sich behelfen musste. Und da die württembergischen Medizinstudierenden nicht mehr an die Landesuniversität gebunden waren, sondern an jeder anderen deutschen Universität studieren und die Prüfungen ablegen konnten, so war die Befürchtung nahe-liegend, dass wegen der Mangelhaftigkeit der klinischen Institute die medizinische Fakultät in Tübingen allmählich hinter anderen medizinischen Fakultäten zurückbleiben werde.

Die Bemühungen der Kliniker und der akademischen Behörden, eine Verbesse-rung des Zustandes herbeizuführen, hatten dank dem Entgegenkommen der hohen Ministerien und des Abgeordnetenhauses vollständigen Erfolg. Nachdem der erste Plan, nach welchem für die medizinische und die neu zu gründende ophthalmiatrische Klinik ein gemeinschaftliches Gebäude errichtet werden sollte, wegen mancherlei Un-zuträglichkeiten aufgegeben und für die ophthalmiatrische Klinik ein schon bestehen-des Haus erworben war, wurde für die medizinische Klinik allein ein neues Gebäude erstellt und das ältere, welches bisher die medizinische und die chirurgische Klinik gemeinschaftlich enthalten hatte, ganz für die chirurgische Klinik eingerichtet.

Das neue Krankenhaus für die medizinische Klinik wurde im Oktober 1879 be-zogen. Die Einrichtungen desselben haben sich bisher vollständig bewährt.

Die Pläne für das Gebäude wurden unter anhaltender Rücksprache mit dem derzeitigen Vorstand von Herrn Baurat K o c h entworfen; die Oberleitung des Baues hatte Herr Oberbaurat v. B o k, dessen Mitwirkung wir auch in Betreff der Einzel-heiten manche zweckmässige Einrichtung verdanken.

Bei den Entwürfen war darauf Rücksicht genommen worden, dass einerseits die grösseren Krankenzimmer möglichst isoliert von einander und von möglichst vielen Seiten der Luft und dem Lichte zugänglich sein sollten, dass aber andererseits, weil die Klinik in der Regel in den Krankenzimmern am Krankenbette gehalten wird, die Entfernung derselben unter einander nicht zu gross sein durfte. Es wurde dies er-reicht durch eine Einrichtung, welche zwischen dem sogenannten Korridorsystem und dem Pavillonsystem in glücklicher Weise die Mitte hält. An einen schmalen Mittel-bau schliessen sich an beiden Enden je zwei Flügel an, von denen jeder in jedem Stockwerk ein einziges grosses Krankenzimmer enthält, welches somit nach drei Seiten frei liegt. Nur die kleinen Krankenzimmer für Einzelkranke sind zum Teil in dem Mittelbau gelegen, von dem ausserdem nach hinten noch ein mittlerer Flügel ausgeht, der aber keine Krankenzimmer enthält. Die verschiedenen Stockwerke

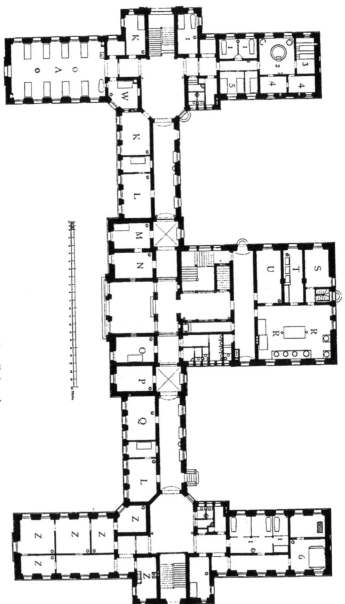

Plan I. Die medizinische Klinik. Erdgeschoss.

A Krankensaal für Männer. K kleinere Krankenzimmer. L, l Wohnung der Assistenzärzte. M Konsultationszimmer. N Wartezimmer. O Dienerzimmer. P Zimmer des
Hausmeisters. Q Weisszeugkammer. R Küche. S Speisekammer. T Spülküche. U Zimmer für das Küchenpersonal. Z Wohnung des Hausmeisters.
, 1, Wannenbäder. 2 Sturil- und Douche-Bäder. 3 russisches Dampfbad. 4, 4 Hessehıftbad. 5 Ankleide- und Ruhezimmer. 6 Raum des pneumatischen Apparates.

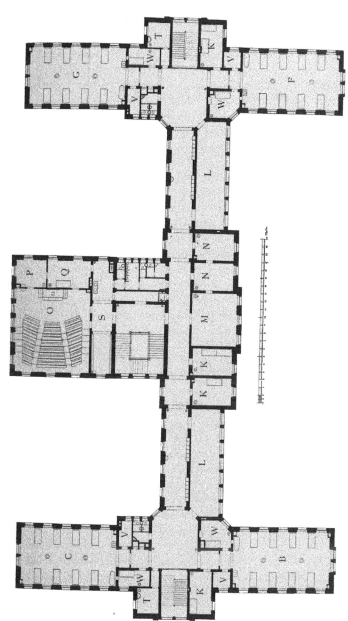

Plan II. Die medizinische Klinik. Erster Stock.

B, C Krankensäle für Männer. F, G Krankensäle für Frauen. K, K, K kleinere Krankenzimmer. L, L offene Hallen. M Sprechzimmer der Aerzte N, N Zimmer des Vorstandes mit der klinischen Bibliothek. O Hörsaal, P Dunkelzimmer für ophthalmoskopische und laryngoskopische Untersuchungen. Q Zimmer für elektrische Untersuchung und Behandlung. S Garderobe. T, T Theeküchen. V, V Räume für die zur Krankenpflege nöthigen Gerätschaften W, W, W, W Wärterzimmer.

sind sowohl in der Mitte als auch an den beiden Enden des Mittelbaues durch Treppen mit einander verbunden.

Es sind 9 grössere vorzugsweise für die Klinik bestimmte Krankenzimmer vorhanden, von denen eines (A) im Erdgeschoss in dem linken vorderen Flügel liegt, die übrigen (B, C, D, E, F, G, H, J) im ersten und zweiten Stockwerk in je einem Flügel. Jedes Krankenzimmer enthält 8 Betten, so dass im ganzen 72 Betten für klinische Kranke vorhanden sind. Es erschien diese Zahl ausreichend mit Rücksicht auf den Umstand, dass das Krankenhaus nur Universitätsklinik ist, und dass die klinischen Kranken aus einer grossen Zahl ambulant behandelter oder auch von auswärts angemeldeter Kranker ausgewählt werden. Alle Kranken, welchen ihre Ortsbehörde das Zeugnis ausstellt, dass sie nicht zahlungsfähig seien, werden unentgeltlich verpflegt und behandelt, und auch wenn ein solches Zeugnis nicht vorliegt, kann ›im klinischen Interesse‹ jeder Kranke unentgeltlich aufgenommen werden. Einen rechtlichen Anspruch auf Aufnahme hat niemand, und deshalb kann bei der Auswahl das klinische Interesse im Vordergrund stehen, so dass vorzugsweise solche Kranke aufgenommen werden, bei welchen von der Behandlung in der Klinik eine Heilung oder wesentliche Besserung zu erwarten ist, oder welche aus irgend einem anderen Grunde für den Unterricht besonders geeignet sind.

Jedes der grösseren Krankenzimmer hat 12 grosse Fenster, so dass Licht und Luft in ausreichender Weise Zutritt haben. Ausserdem ist der Raum so reichlich bemessen, dass die Klinik am Krankenbette gehalten werden kann, selbst wenn 70 oder mehr Zuhörer anwesend sind. Wir haben deshalb auch ohne Bedenken in Zeiten stärkeren Andrangs vorübergehend noch einige Betten mehr in den Zimmern aufgestellt.

In jedem grösseren Krankenzimmer befindet sich eine kupferne Badewanne, welche Zufluss von kaltem und warmem Wasser und einen Ablauf hat. Die Badewanne steht auf Rollen und kann deshalb leicht an jedes Bett herangebracht werden; übrigens werden in der Regel die Fieberkranken, welche voraussichtlich häufigere Bäder nötig haben, in die der Wanne zunächst stehenden Betten gebracht, so dass für gewöhnlich die Wanne an ihrem Platze stehen bleiben kann.

Die Wärterzimmer (W) liegen in unmittelbarer Nähe der Krankenzimmer und haben auch in der Zwischenwand ein Fenster, von welchem aus das ganze Krankenzimmer übersehen werden kann. Ausserdem ist in der Nähe jedes Krankenzimmers, aber von demselben ganz abgetrennt, ein kleiner Raum (V) vorhanden, in welchem die für die Krankenpflege besonders häufig gebrauchten Gerätschaften aufbewahrt werden, und in welchem sich unter anderem auch ein oder zwei Nachtstühle befinden für solche Kranke, welche aufstehen können, deren Stuhlgänge aber besichtigt oder genauer untersucht werden sollen. Endlich ist für je zwei Krankenzimmer noch eine sogenannte Theeküche (T) vorhanden, in welcher unter Anwendung von Gasfeuerung

Thee gekocht, Kataplasmen bereitet, Speisen und Getränke gewärmt werden können, die aber auch als Spülküche dient.

Die Verteilung der Kranken auf die Krankenzimmer ist der Art, dass die Flügel auf der linken Seite des Hauses männliche, die auf der rechten Seite weibliche Kranke enthalten.

Ausser den grossen vorzugsweise für die Klinik bestimmten Krankenzimmern sind noch kleinere Zimmer (K) vorhanden für solche Kranke, welche aus irgend einem Grunde isoliert werden sollen, und namentlich für zahlende Kranke, welche ein eigenes Zimmer beanspruchen. Diese kleineren Zimmer sind zum Teil in dem Mittelbau gelegen, zum Teil an den Enden desselben, wo die Flügel sich anschliesen. Die Zahl dieser kleineren Zimmer zu 1 oder 2 Betten beläuft sich mit Einschluss der ursprünglich für Hülfswärter und anderes Dienstpersonal bestimmten Zimmer, welche, soweit sie nicht für diesen Zweck verwendet werden mussten, ebenfalls zu Einzelkrankenzimmern eingerichtet worden sind, gegenwärtig auf 17.

Ein kleineres Zimmer ist durch Vergitterung des Fensters und andere Vorsichtsmassregeln so eingerichtet, dass auch unruhige Kranke und selbst Tobsüchtige für kurze Zeit darin untergebracht werden können.

Die übrigen Einrichtungen für den Betrieb der Klinik sind in den verschiedenen Stockwerken verteilt.

Im Erdgeschoss (s. Plan I) besteht der vordere linke Flügel aus dem Krankenzimmer A. Der hintere linke Flügel enthält die Badeeinrichtungen für solche Kranke, welche aufstehen und umhergehen können. Die mit 1 bezeichneten Räume enthalten gewöhnliche Badewannen. Der Raum 2 enthält ein grösseres Bassin und ausserdem die Einrichtungen für Strahl- und Regendouche, Nadeldouche u. s. w. Dabei kann das Wasser kalt oder auch bis zu jedem beliebigen Grade erwärmt angewendet werden. Der Raum 3 ist ein russisches Dampfbad, und in den Räumen 4 befindet sich das Heisseluftbad (türkisch-irisch-römisches Bad). Der Raum 5 ist ein Ankleide- und Ruhezimmer. — Im Mittelbau folgen von links nach rechts ein kleineres Krankenzimmer (K), die Wohnung für einen Assistentsarzt (L), ferner Konsultationszimmer (M) und Wartezimmer (N) für die ambulanten Kranken, dann rechts vom Haupteingang das Zimmer für den Hausknecht (O), das Bureau des Hausmeisters (P), die Weisszeugkammer (Q), die Wohnung für einen zweiten Assistenzarzt (L). Ein dritter Assistenzarzt, der erst seit einem Jahre angestellt wurde, hat seine Wohnung ausserhalb des Hauses. — Im rechten vorderen Flügel ist die Wohnung des Hausmeisters (Z). — Im rechten hinteren Flügel sind noch Baderäume für weibliche Kranke (1), und in dem hinteren Raum (6) befindet sich der pneumatische Apparat. Derselbe ist so eingerichtet, dass darin die Luft sowohl verdichtet als verdünnt werden kann. Die Verdichtung kann bis zu 3 Atmosphären Gesamtdruck (2 Atmosphären Überdruck) getrieben werden; doch kommt in der Regel nur ein Gesamtdruck von $1^{1}/_{2}$ bis 2

Atmosphären (⅓ bis 1 Atmosphäre Überdruck) zur Anwendung. In dem Apparat ist bequemer Raum für 5 Personen. Durch Signalpfeifen und durch die kleinen Glasfenster können sich dieselben anhaltend mit den ausserhalb befindlichen Personen verständigen. Die Dampfmaschine für den Betrieb des Apparats befindet sich unterhalb desselben im Kellerraum und erhält den Dampf von dem ausserhalb des Krankenhauses gelegenen Kesselhause. — Der nach hinten gelegene mittlere Flügel enthält im Erdgeschoss die Küche (R) in welcher in der Hauptsache mit Dampf gekocht wird, der aus dem Kesselhause zuströmt, ferner ein Zimmer für das Küchenpersonal (U), eine Spülküche (T), die Speisekammer (S). In der Nähe des Hauptkorridors befindet sich ein Aufzug, durch welchen die Speisen in die oberen Stockwerke befördert werden.

Im ersten Stockwerk (s. Plan II) bestehen die Flügel links und rechts aus klinischen Krankenzimmern für Männer (B, C) und für Weiber (F, G). Im Mittelbau befindet sich auf jeder Seite je eine nach vorn offene Halle oder Veranda (L), in welcher die Kranken des betreffenden Stockwerks, ohne Treppen steigen zu müssen, sich an freier Luft ergehen können, und in welche auch manche Kranke in ihren Betten hinausgebracht werden, ferner links zwei kleinere Krankenzimmer (K), in der Mitte das Sprechzimmer für die Ärzte, in welchem auch die Krankengeschichten angefertigt und aufbewahrt und einfachere chemische und mikroskopische Untersuchungen gemacht werden, dann nach rechts zwei Zimmer (N), von denen das eine als Vorzimmer dient und zugleich die klinische Bibliothek enthält, das andere für den Vorstand bestimmt ist. In dem nach hinten sich erstreckenden Mittelflügel befindet sich der Hörsaal (O) für die Vorlesungen, in welchem unter Umständen auch die Klinik abgehalten wird, ferner ein Zimmer (P), welches vollständig verdunkelt werden kann, für ophthalmoskopische und laryngoskopische Untersuchung, endlich ein Zimmer (Q) für elektrische Untersuchung und Behandlung.

Das zweite Stockwerk entspricht im wesentlichen dem ersten. Die beiden Flügel links bestehen aus den Krankenzimmern D und E der Männerabteilung, die beiden Flügel rechts aus den Krankenzimmern H und J der Weiberabteilung. Im Mittelbau sind, wie im ersten Stockwerk, zu beiden Seiten offene Hallen, dann in der Mitte 5 kleinere Krankenzimmer. Der nach hinten sich erstreckende mittlere Flügel enthält einen grossen Saal mit verschiedenen Nebenräumen für chemische und physikalische Arbeiten, und ferner die Wohnungen für zwei Studierende, welche als Assistenten immer für ein halbes Jahr angestellt werden.

Hinter dem Krankenhause liegt in einiger Entfernung das Kesselhaus mit drei grossen Dampfkesseln, welche den für die Heizung der Klinik und für die Küche sowie für die einzelnen Motoren erforderlichen Dampf liefern. In dem gleichen Gebäude befindet sich ausser den Wohnräumen für den Maschinisten mit Familie und für den Heizer auch noch eine grosse Waschküche nebst Trockenräumen und Bügel-

zimmern. Dort wird die ganze Wäsche für die medizinische, chirurgische, gynaekologische, ophthalmiatrische, otiatrische Klinik und für das pathologische Institut unter
der Aufsicht des Hausmeisters der medizinischen Klinik besorgt. In die Klinik gelangt der heisse Wasserdampf durch eine unterirdische Leitung.

Die Heizung der Klinik wird durch den vom Kesselhause gelieferten Dampf
bewerkstelligt. Auch in der Küche wird mit Dampf gekocht; doch befindet sich in
derselben auch noch ein Herd, und dieser bildet, wenn man von den kleinen Gas-
heizungsapparaten in den Theeküchen absieht, überhaupt die einzige Feuerstelle im
ganzen Krankenhause. In den grösseren Krankenzimmern sind Je zwei grosse Öfen
angebracht, welche etwa zur Hälfte mit Wasser gefüllt sind; diese werden durch den
Dampf erwärmt, während das Kondensationswasser wieder nach dem Kesselhause
zurückfliesst, um wiederum zur Speisung der Dampfkessel zu dienen. In allen übrigen
Zimmern sind ähnliche Dampfwasseröfen von entsprechender Grösse aufgestellt, und
auch sämtliche Korridore werden durch ähnliche kleine Öfen bis zu einem mässigen
Grade erwärmt.

Die Ventilation ist mit der Heizung verbunden. Die Öfen in den Krankenzimmern sind in der Mitte hohl, und es steigt anhaltend in denselben erwärmte Luft
auf, welche vom Dachraum herkommt und durch Röhren unter dem Fussboden unter
die Öfen geleitet wird. Ausserdem sind in den grösseren Krankenzimmern in Je zwei
schräg gegenüberliegenden Ecken besondere Ventilationskamine vorhanden, durch
welche im Winter die erwärmte Luft des Krankenzimmers in grosse über das Dach
hinaus verlängerte Dunstrohre abströmt. In den letzteren wird das Aufsteigen der
Luft befördert einerseits durch eine besondere in denselben angebrachte Dampfheizung
und andererseits durch sogenannte Luftsauger, eine Einrichtung, welche bewirkt, dass
Jeder vorbeiströmende Wind die Luft herauszieht. Auch die kleineren Krankenzimmer
haben einen Ventilationskamin. Im Sommer, wenn nicht geheizt wird, genügt das
Öffnen der Fenster in vollständigster Weise für die Ventilation.

Besonders wichtig ist die Ventilation für die Abtritte. Da sich der Einrichtung
eines zweckmässigen Schwemmsystems unüberwindliche Schwierigkeiten entgegenstellten, so wurden vorläufig einfache Abtrittsgruben eingerichtet, aber zugleich durch
entsprechende geheizte Luftkanäle eine Ventilation hergestellt, welche die Wirkung
hat, dass anhaltend von oben her Luft in die Fallrohre der Abtritte hineingezogen
wird. Die für diese Ventilation erforderliche Dampfheizung wird auch während des
Sommers unterhalten.

In allen kleineren Krankenzimmern befindet sich eine elektrische Klingel, und
auch die übrigen Räume sind unter einander und mit dem Kesselhause durch elektrische Läutapparate in Verbindung gesetzt.

Im vergangenen Jahre wurde ein in der Nähe der Kliniken errichtetes neues
Absonderungshaus für ansteckende Kranke bezogen, in welchem die Räume für die

medizinische und die chirurgische Klinik zwar zu einem Gebäude vereinigt, aber sonst vollständig von einander getrennt sind, so dass auch Jede Klinik einen besonderen Eingang hat. Für die medizinische Klinik sind in demselben 3 Krankenzimmer mit im ganzen 8 Betten, ferner ein Wärterzimmer und ein Badezimmer eingerichtet.

Die neue medizinische Klinik ist seit ihrem Bestehen von einer grossen Zahl von Kranken in Anspruch genommen worden, wie aus der folgenden Zusammenstellung hervorgeht:

Jahr	Zahl der ambulatorisch behandelten Kranken	Zahl der aufgenommenen Kranken	Zahl der Verpflegungstage der aufgenommenen Kranken
1880	1787	695	17 800
1881	1732	738	17 300
1882	1965	810	22 043
1883	1819	. 667	20 053
1884	2120	663	21 602
1885	2046	552	19 952
1886	2327	632	21 271
1887	2370	574	22 569
1888	2482	627	20 813.

Der derzeitige Vorstand der medizinischen Klinik:
Professor Dr. **CARL von LIEBERMEISTER.**

DIE POLIKLINIK.

Im Jahre 1840 wurde die Poliklinik als eigenes Universitätsinstitut gegründet. Es liegen wenig und für eine fortlaufende Darstellung der Entwickelung nicht ausreichende Aktenstücke vor, daher kann nur die Zeit von 1873 an etwas eingehender geschildert werden. —

Mehr und mehr steigerte sich das Bedürfnis die Studierenden der Medizin schon auf der Hochschule mit dem für die Praxis Nötigen durch Anschauung bekannt zu machen. Daran hatte sich auch die Poliklinik zu beteiligen. Für sie war eine Doppelaufgabe zu lösen: Einmal musste die Anzahl der Kranken vermehrt, dann musste deren Ausnutzung für den Unterricht eine ergiebigere werden. —

Um eine Vermehrung des Krankenstandes herbeizuführen, war eine Vorbedingung zu erfüllen: ununterbrochene Wirksamkeit der Poliklinik das ganze Jahr hindurch. Früher war während der Frühlings- und der Herbstvakanz das Institut geschlossen worden; es ist nicht zu erwarten, dass Kranke, die für Monate der ärztlichen Behandlung durch die Poliklinik entbehren müssen, sich im Semester derselben als Unterrichtsmaterial zur Verfügung stellen, wenn sie nicht den ganz mittellosen Schichten der Bevölkerung angehören. —

Als Ausgleich für die Unbequemlichkeiten, welchen bis zu einem gewissen Grade Alle ausgesetzt sind, die Lehrzwecken dienen, müssen denselben Vorteile zugewandt werden.

Neben unentgeltlicher Behandlung und, wo es nötig, auch kostenfreie Verpflegung ist für die Kranken der Poliklinik eine geregelte Wartung erforderlich. Zu diesem Ende wurde eine Station der Stuttgarter Diakonissen errichtet. —

Da die Stadt Tübingen alleine die ausreichende Zahl von Kranken nicht zu liefern vermochte, wurde Lustnau in den Bereich der Poliklinik hineingezogen. —

Durch diese Einrichtungen, welche den humanitären Zwecken in gleicher Weise wie denen des Unterrichts dienen, gelang es die besser Gestellten in grösserem Umfang in die Klientel der Poliklinik zu bringen. —

12*

Für den Unterricht wurde das poliklinische Material namentlich dadurch besser verwertet, dass regelmässige Besuche der Kranken in deren Wohnungen von einer bestimmten Zahl der Praktikanten unter persönlicher Leitung des Vorstandes eingeführt wurden. Dafür sind täglich 3 Stunden bestimmt. Die Praktikanten teilen sich in Gruppen ein, von welchen Je eine an dem für sie bestimmten Tage die Besuche mitmacht. — Daneben werden die Kranken unter die Praktikanten zur selbständigen Beobachtung verteilt. —

Die Zunahme der Krankenzahl zeigen die folgenden Ziffern:

In den Jahren 1864 bis 1872 wurden durchschnittlich 944 Fälle, oder wenn man das ganz abnorme KriegsJahr 1870 ausscheidet, 850 Fälle behandelt.

Von 1874 bis 1878 wurden Jährlich 1464 Fälle behandelt.

Von 1879 bis 1888 wurden Jährlich 2660 Fälle behandelt.

Die Jahre 1874 bis 1878 sind die Übergangszeit, welche erforderlich war, um die neuen Einrichtungen sich unter der Bevölkerung einbürgern zu lassen. Das letzte Jahrzehnt zeigt nur die der Verbreitung von epidemischen Krankheiten zukommenden Schwankungen.

Zum Vergleich möge noch die Zahl der Todesfälle Erwähnung finden:

Vom Oktober 1859 bis Oktober 1866 starben in der poliklinischen Klientel 216 d. h. Jährlich 31 Menschen.

Vom 1. Januar 1874 bis zum 1. Januar 1879 starben 239 d. h. Jährlich 48 Menschen.

Vom 1. Januar 1879 bis zum 1. Januar 1889 starben 713 d. h. Jährlich 71 Menschen.

Der derzeitige Vorstand der Poliklinik:

Professor Dr. THEODOR von JÜRGENSEN.

DIE CHIRURGISCHE KLINIK.

DIE CHIRURGISCHE KLINIK.

Die ersten Anfänge der chirurgischen Klinik an unserer Hochschule reichen bis zum Jahr 1795 zurück, in welchem es den Bemühungen des verdienten Professors der Anatomie und Chirurgie K. F. Clossius gelang, im städtischen Lazarett ein Zimmer mit je zwei Betten für die medizinische und chirurgische Klinik einzurichten. Eine selbständige klinische Anstalt wurde erst unter seinem Nachfolger Joh. Ferd. Autenrieth gegründet, indem die alte Bursa zu einem Klinikum umgebaut und 1805 von der medizinischen, chirurgischen und geburtshilflichen Klinik bezogen wurde. Die bescheidene Anstalt enthielt im ganzen zwölf Zimmer mit fünfzehn Betten für die drei Kliniken, wurde jedoch mit der Zeit so erweitert, dass während der folgenden drei Jahrzehnte der chirurgischen Klinik bis zu sechzehn Betten eingeräumt wurden.

Bald nach Eröffnung des akademischen Klinikum wurde im Jahre 1806 ein eigener Lehrstuhl für Chirurgie und Geburtshilfe errichtet, und zunächst mit Ch. L. Hiller besetzt, aber nach einigen Jahren (1808) L. Fr. Froriep für denselben gewonnen, dessen Wirksamkeit in Tübingen jedoch nur bis zum Jahre 1814 dauerte. Sein Nachfolger war W. F. Ludwig, der spätere kgl. Leibarzt und Staatsrat, welcher ebenfalls nur ein Jahr lang diese Stelle bekleidete. Auch G. A. Georgii starb schon 1819, worauf jene Fächer dem Professor L. S. Riecke übertragen wurden, welcher bis zum Jahre 1843 der chirurgischen und geburtshilflichen Klinik vorstand. In diesem Jahre wurde die Leitung beider Kliniken getrennt, und der neu gegründete Lehrstuhl der Chirurgie dem Professor Viktor Bruns übertragen, welcher beinahe vierzig Jahre hindurch an dieser Stelle wirkte und den chirurgischen Unterricht an unserer Hochschule zu hoher Blüte brachte. Seit dem Jahre 1881 ist die Leitung der Klinik in den Händen des derzeitigen Vorstandes.

Die neuere Entwickelung der chirurgischen Klinik beginnt mit der Eröffnung des akademischen Krankenhauses im Jahre 1846, welches dieselbe gemeinschaftlich mit der medizinischen Klinik bezog. Das in würdigem Stile und nach zweckmässigem

Plane erbaute Haus nahm im ersten Stockwerk die chirurgische Abteilung mit 30—40 Betten auf. Hierzu wurde im Jahre 1869 von Baurat K o c h eine durch einen bedeckten Gang mit dem Haupthause verbundene Baracke angebaut, welche einen grossen Krankensaal mit 24 Betten enthält. Eine dem steigenden Zudrang von Kranken entsprechende Erweiterung erfuhr die chirurgische Klinik erst im Jahre 1878 dadurch, dass ihr mit der Übersiedelung der medizinischen Klinik in einen eigenen Neubau das ganze ältere Gebäude eingeräumt wurde, das noch durch die Einrichtung einer Kalt- und Warmwasser-Leitung, sowie durch Anbau einer Veranda vor alle drei Stockwerke der Südwestseite des Gebäudes vervollständigt wurde. Im Jahre 1888 wurde in nächster Nähe der Klinik ein Isolierhaus errichtet, welches zur Aufnahme ansteckender Kranker, namentlich an Diphtherie und Erysipel Erkrankter, sowie solcher mit jauchenden Wunden und Geschwüren dient, um der Gefahr der Übertragung von Infektionsstoffen vorzubeugen. Der Bau wurde gleichfalls nach dem Plane des Baurat K o c h ausgeführt.

Gegenwärtig ist von dem derzeitigen Vorstand der Klinik der Anbau eines neuen Operations- und Hörsaales beantragt, da der bisherige für die vermehrte Frequenz der Studierenden seit mehreren Jahren nicht mehr genügt und ausserdem die für eine strenge Durchführung der Antiseptik günstigen Bedingungen nicht hinreichend erfüllt. Der von Baurat B e r n e r ausgearbeitete Plan zu einem solchen Neubau ist von der kgl. Staatsregierung genehmigt, und eine Exigenz hiefür bei den Ständen eingebracht worden. —

Die chirurgische Klinik besteht aus einem Komplex von Gebäuden, die auf einer kleinen Anhöhe, für Licht und Luft von allen Seiten frei zugänglich, gelegen sind.

I. Das in einfachem und edlem Stile gehaltene H a u p t g e b ä u d e stellt einen dreistockigen Bau mit zwei Endflügeln dar, welche nach vorn und mehr noch nach rückwärts vorspringen, sowie einem weiteren Avant-Korps in der Mitte der hinteren Seite, das die Treppe und die Aborte enthält. Es ist ein einbündiges Haus, d. h. in jedem Flügel ist eine Zimmerreihe nach aussen und ein dahinter vorbeiführender Gang, welche zusammen die Tiefe jedes Flügels ausfüllen. An der Seitenfront des südwestlichen Flügels ist ein steinerner Vorbau, welcher für jedes Stockwerk eine nach Südwesten offene, äusserst geräumige Halle oder Veranda bildet. Letztere bieten eine herrliche Aussicht auf Stadt und Umgebung und dienen im Sommer während des ganzen Tages als ebenso angenehmer wie gesunder Aufenthalt im Freien nicht bloss für die ausser Bett befindlichen Kranken, sondern auch für die Bettlägerigen, welche in ihren Betten auf die Veranda verbracht werden — namentlich die Kinder benutzen sie als prächtigen Spiel- und Tummelplatz.

Das Erdgeschoss hat den Haupteingang in der Mitte, dem das Treppenhaus gegenüberliegt. Die rechte Hälfte enthält die Verwaltungsräume, nämlich Küche und Speisekammer, sowie die Wohnungen für den Hausmeister, die Köchinnen, die Küchen- und Dienstmägde und die Hausdiener; die linke Hälfte enthält die Kanzlei des Hausmeisters, Assistentsarztwohnungen, die Vorrats- und Weisszeugräume, zwei Badekabinette, ausserdem einen Krankensaal mit zehn Betten und ein Separatzimmer für Privatkranke. Die vor dem Erdgeschoss gelegene Veranda ist nach allen Seiten mit Glasfenstern versehen und durch eine Wand in zwei Hälften geteilt: die eine wird als Reservekrankensaal benutzt, die andere ist als o r t h o p ä d i s c h e s I n s t i t u t eingerichtet. Diese letztere Halle ist äusserst geräumig, hell und hoch und eignet sich daher vortrefflich zur Aufstellung des orthopädischen Turngerätes (senkrechte und horizontale Leiter, Sprossenbaum, Wolm, Divan, Streckbetten u. s. w.) und zur Vornahme der regelmässigen täglichen Übungen, an denen seit der Eröffnung des Instituts im Jahre 1885 beständig eine Anzahl Kinder aus der Stadt und von auswärts teilnehmen. Ausserdem ist der Turnsaal mit einer Anzahl von Apparaten ausgestattet, welche zur orthopädischen Behandlung von Gelenkaffektionen, zur Nachbehandlung nach Gelenkresektionen, geheilten Knochenbrüchen u. dergl. benutzt werden.

Im ersten Stockwerk, dessen Grundriss die beistehende Abbildung wiedergibt, wird die rechte Hälfte von zwei Krankensälen (1, 2), vier Separatzimmern (3—6) und einem Wärterzimmer (7) eingenommen, welche fast sämtlich auf die Veranda (8) führen. Die linke Hälfte enthält der Treppe gegenüber das Ambulatorium, nämlich ein Wartezimmer (B) und ein Untersuchungszimmer (A) für ambulatorische Kranke. Daran stösst das Vorstandszimmer (C) nebst einem Untersuchungszimmer (D) für Privatkranke. Den Flügel dieser Hälfte nimmt auf der einen Seite ein Sammlungsraum für anatomische Präparate (E) und das Laboratorium (F) für mikroskopische und bakteriologische Arbeiten, auf der andern Seite ein Sammlungsraum für Verbände und Apparate (J) sowie das Instrumentarium (K) in Anspruch. In der Mitte des Flügels befindet sich der Operations- und Hörsaal (L), mit dem ein Warteraum für die Kranken (G) und ein Raum zur Herstellung antiseptischer Verbandstoffe (H) in Verbindung stehen.

Das zweite Stockwerk enthält 5 Krankensäle für die Frauen- und Kinderabteilungen, sowie einige Separatzimmer für Privatkranke und die Diakonissen.

II. Der projektierte Anbau eines n e u e n O p e r a t i o n s s a a l e s kommt an die nordöstliche Seite des Hauptgebäudes zu stehen. Der Abstand von letzterem beträgt 8 m, die Verbindung wird durch einen bedeckten Gang hergestellt, welcher die Fortsetzung des Korridors im ersten Stockwerk (durch den gegenwärtigen Operationssaal hindurch) bildet. Dieser Gang dient nur zur Benutzung für Kranke und Ärzte, während für die Studierenden ein direkter Zugang zum Operationssaale von dem Erdgeschoss des Anbaues aus mittelst zweier seitlicher Treppenhäuser geboten ist.

Bei der Konstruktion und inneren Einrichtung des Operationssaales wurde der

Die chirurgische Klinik. Erster Stock.

I. Hauptbau: A. Untersuchungszimmer. B Wartezimmer. C Vorstandszimmer. D Untersuchungszimmer für Privatkranke. E Sammlungsraum für anatomische Präparate.
F Laboratorium für mikroskopische und bakteriologische Arbeiten. G Warteraum für Kranke. H Raum zur Herstellung antiseptischer Verbandstoffe. J Sammlungsraum für
Verbände und Apparate. K Instrumentarium. L Hörsaal. 1, 2 Krankensäle. 3—6 Separatzimmer. 7 Wartezimmer. 8 Veranda. II. Plan des neuen Operations-
saales: a Operationssaal. b Zimmer für Instrumente und Verbandstoffe. c Wartezimmer für Kranke. III. Baracke. M Krankensaal. N Badekabinett. O Theeküche.
P, P Assistentenzimmer. Q, R Wärter- und Vorratszimmer. S Bedeckte Veranda. IV. Sommerbaracke.

Versuch gemacht, die sich zum Teil entgegenstehenden Bedürfnisse des Unterrichtes und Interessen der Kranken und des Operateurs möglichst zu wahren.

Der Saal bildet einen 6,0 m hohen, 10,10 m breiten und 11,50 m langen Raum, in welchem die steil aufsteigenden Sitzreihen für 100 Zuhörer in Hufeisenform den Operationsraum umgeben. Das Licht fällt hinter den Sitzreihen von oben her auf den Operationsraum, so dass also die Zuschauer nicht gegen das Licht sehen und nicht von demselben geblendet werden. Die Beleuchtung geschieht nämlich wesentlich durch ein 3,5 m breites Seitenlicht an der Nordostseite, welches von der obersten Sitzreihe bis zur Decke reicht und sich hier wie bei einem Maler-Atelier ohne Unterbrechung noch auf einen beträchtlichen Teil der schrägen Dachfläche fortsetzt. Durch dieses grosse Fenster wird dem Operationssaal das unter dem günstigsten Winkel einfallende hohe Seitenlicht und Oberlicht zugeführt; für solche Operationen, welche sehr helle Seitenbeleuchtung mit ganz horizontalem Lichteinfall verlangen, kann der Operationstisch vor eines der beiden breiten Seitenfenster gestellt werden, zumal hierbei ausser dem Operateur kaum weitere Zuschauer etwas von dem Operationsfeld sehen können. Das Wesentliche der beschriebenen Einrichtungen liegt darin, dass die Operationsbühne von dem Mittelfenster durch die Sitzreihen der Zuhörer getrennt, dagegen nach rückwärts völlig frei ist, während bei den meisten Operationssälen der Operationsraum unmittelbar an das weit herabreichende Mittelfenster anstösst und nach rückwärts von den hufeisenförmig angeordneten Sitzreihen abgeschlossen wird.

Der grosse Vorteil unserer Einrichtung liegt darin, dass hinter der Operationsbühne ein grosser Raum verfügbar ist, in welchem nötigenfalls noch ein zweiter Operationstisch aufgestellt und die zur Operation erforderlichen Gegenstände auf fahrbaren Tischen aus Eisen und Glas bereit gehalten werden. Diese Tische werden aber erst unmittelbar vorher in dem Nebenraume (b) mit den nötigen Instrumenten, Verbandstücken u. s. w. beladen. Nur auf diese Weise ist es möglich, die vielerlei Schränke für die Instrumente und sonstigen Utensilien aus dem Operationssaal ganz zu verbannen, so dass dieser ausser dem Operationstisch und den Subsellien gar keine Möbel besitzt. Diese Einrichtung gestattet ohne Schwierigkeit eine gründliche und vollkommene Reinigung und Desinfektion des ganzen Saales, welche noch dadurch erleichtert wird, dass die mit Ölfarbe gestrichenen Wände des Saales möglichst glatt, ohne allen Schmuck, ohne Winkel und Ecken sind, wie auch der untere Teil der Wände ebenso wie der Fussboden mit weissen Fayenceplättchen verkleidet ist, so dass jede Verunreinigung leicht erkannt und abgespült werden kann. Demselben Zwecke dient noch die ganz besondere Konstruktion der Subsellien nach dem Muster der Socin'schen Klinik zu Basel: dieselben werden nicht wie gewöhnlich aus Holz mit Verkleidung ausgeführt, sondern bestehen aus einem leichten Eisengerüst mit aufklappbaren Sitz- und Pultbrettern, so dass jeder nicht leicht zugängliche Winkel

13

vermieden und der ganze Raum, einschliesslich des Amphitheaters mittelst eines an die Wasserleitung befestigten Schlauches abgespritzt werden kann. — Vom Operationssaal führt ein Schacht in den Keller, durch welchen gebrauchte und verunreinigte Verbandstücke direkt in einen mit Desinfektionsflüssigkeit gefüllten Behälter fortgeschafft und unschädlich gemacht werden; desgleichen ist der an den Saal anstossende Nebenraum (b) durch einen Aufzug mit einem darüber gelegenen Raum verbunden, der zur Anfertigung der antiseptischen Verbandstoffe dient, um letztere ohne Jede Gefahr der Verunreinigung direkt zur Verwendung zu befördern.

Alle die beschriebenen Einrichtungen sind durch die Anforderungen der modernen antiseptischen Chirurgie geboten, um die überall vorhandenen Keime, welche in den Wunden Entzündung erregen, aus den Operationsräumen möglichst fern zu halten und zu vernichten. Gerade in einer Unterrichtsanstalt muss dieser Anforderung um so peinlicher genügt werden, weil allein schon durch die Menge der Zuhörer Schädlichkeiten hineingebracht werden, welche in einem nur zu Heilzwecken dienenden Hospitale leicht sich fernhalten lassen. Dazu muss aber noch die Gefahr der Übertragung schädlicher Stoffe von einem Operierten auf den andern verhütet werden, da gegenwärtig in dem klinischen Operationssaale täglich 3—4, zuweilen 5—6 und noch mehr Operationen vorgenommen werden. Und doch ist es gerade dieser Raum, welcher zumeist das Schicksal unserer Operierten entscheidet!

Ausser dem Operationssaal mit den besprochenen Nebenräumen und dem Wartezimmer für Kranke (c) enthält der projektierte Anbau noch einen Hörsaal für theoretischen Unterricht in der Chirurgie, weil bei der Verwendung des Operationssaales für diesen Zweck die Demonstration von anatomischen Präparaten aus antiseptischen Rücksichten nicht zulässig wäre; eine Garderobe für die Studierenden sowie eine Wohnung für den Heizer ist gleichfalls in dem Neubau untergebracht. —

III. Hinter dem Hauptgebäude, durch einen bedeckten Gang mit demselben verbunden, befindet sich eine geräumige Baracke aus Fachwerk mit Firstventilation; sie enthält einen grossen hohen und hellen Krankensaal (M) mit 24 Betten. Von weiteren Gelassen ist ein Badekabinett (N), eine Theeküche (O), zwei Assistentenzimmer (P, P) sowie Wärter- und Vorratszimmer (Q, R) vorhanden; an der Südseite ist eine bedeckte Veranda (S) angebaut.

IV. Hinter der grossen Baracke und mit derselben durch eine offene Brücke verbunden ist noch eine kleine Sommerbaracke vorhanden, welche 6 Betten enthält und nur im Sommer zu beziehen ist. —

In der Nähe der chirurgischen Klinik ist endlich das neuerbaute Isolierhaus gelegen, welches der chirurgischen Klinik gemeinschaftlich mit der medizinischen Klinik zugehört. Beide Abteilungen des einstockigen Gebäudes haben getrennte Eingänge und sind auch im Innern des Gebäudes vollkommen von einander geschieden. Der chirurgischen Abteilung ist die nach Süden gelegene Hälfte eingeraumt, welche drei Krankenzimmer mit 8—10 Betten (A, A, A), ein Wärterzimmer (B), einen kleinen Operationssaal (C), ein Zimmer für den wachhabenden Arzt (D), ein Badekabinett (E), Theeküche (F) und Abort enthält. In sämtlichen Gelassen sind die Fussböden mit Terrazzo belegt, die Wände vollkommen glatt und mit Ölfarbe gestrichen. Die medizinische Abteilung enthält gleichfalls drei Krankenzimmer mit

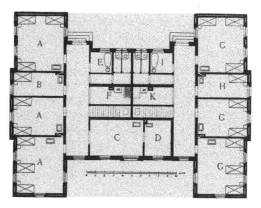

Isolierhaus für die chirurgische und medizinische Klinik.

Chirurgische Abteilung: A, A, A Krankenzimmer. B Wärterzimmer. C Operationssaal. D Zimmer für den wachhabenden Artz. E Badekabinett. F Theeküche.
Medizinische Abteilung: G, G, G Krankenzimmer. H Wärterzimmer. J Badekabinett. K Theeküche.

8—10 Betten (G, G, G), ein Wärterzimmer (H), Badekabinett (J), Theeküche (K) und Abort. Im Souterrain ist ein grosser Henneberg'scher Desinfektionsapparat für Bett- und Kleidungsstücke aufgestellt. —

Die im vorstehenden beschriebene räumliche Entwicklung der chirurgischen Klinik ist die Folge des stetig steigenden Zudranges von Kranken gewesen. In den letzten [vierzig Jahren hat sich die Anzahl der während eines Jahres im Hause aufgenommenen Kranken von 300 auf 1000, die Anzahl der ambulant behandelten Kranken von 500 auf 2000 vermehrt, so dass gegenwärtig jährlich 3000 Kranke in der Klinik behandelt und gegen 1000 Operationen (einschliesslich der kleineren chirurgischen Eingriffe) vorgenommen werden. Dementsprechend ist während der letzten vier Jahrzehnte die Zahl der verfügbaren Betten von 30 auf 120 vermehrt worden — und doch müssen noch immer wegen Platzmangels viele Hilfesuchende abgewiesen, viele Operierte und Verletzte vor der vollständigen Heilung entlassen werden. Dementsprechend ist aber auch das ärztliche Hilfspersonal ansehnlich verstärkt worden, indem gegenwärtig der Vorstand der Klinik von vier Assistenzärzten und zwei Assistenten unterstützt wird.

Der steigende Krankenzuwachs ist natürlich für den klinischen Unterricht von grösster Bedeutung. Und abgesehen von der Zahl der Kranken ist das Material der Klinik ein besonders reichhaltiges und übertrifft qualitativ das der meisten Anstalten von gleichem und grösserem Umfange aus dem Grunde, weil die chirurgische Klinik ebenso wie die anderen Kliniken unserer Hochschule reine Universitätsinstitute sind, so dass die Aufnahme sämtlicher Kranken ausschliesslich von der Auswahl der Vorstände abhängig ist. Einen Anspruch auf Aufnahme hat kein Kranker, dagegen werden alle, welchen von der Ortsbehörde ihre Zahlungsunfähigkeit bezeugt wird, unentgeltlich verpflegt und behandelt.

Nicht zum geringsten Teile wird aber der Zudrang chirurgischer Kranker dadurch befördert, dass mit der segensreichen Einführung der antiseptischen Wundbehandlung sich eine grossartige Umgestaltung der ganzen operativen Chirurgie und ihrer Erfolge vollzogen hat. Denn die Antiseptik hat das Gebiet der Chirurgie in ungeahntem Masse erweitert und den Operationen ihre von den Wundkrankheiten drohenden Gefahren genommen, so dass oft genug Leben und Glieder erhalten, Schmerzen und langes Krankenlager erspart werden. Und in der Handhabung der antiseptischen Wundbehandlung selbst sind seit ihrer Begründung durch Joseph Lister noch wertvolle Fortschritte gemacht, indem namentlich der Carbolverband durch den wirksameren Sublimatverband ersetzt und diesem die Form des »Trockenverbandes« gegeben worden ist. Keine Worte vermögen wohl diese Fortschritte anschaulicher zu machen, als die folgende Übersicht über die Resultate, welche in der Tübinger chirurgischen Klinik bei den Amputationen der grossen Gliedmassen in drei verschiedenen Perioden erzielt worden sind.

In der vorantiseptischen Zeit wurden in den Jahren 1843—63 im ganzen 211 Amputationen der grossen Gliedmassen mit 71 Todesfällen ausgeführt. Nach Abzug derjenigen Fälle, in denen der Tod aus zufälligen anderen, mit der Operation nicht in Zusammenhang stehenden Ursachen erfolgte, verblieben 183 Fälle, von denen 56 = 30,6 Prozent einen tötlichen Ausgang nahmen.

Während der Jahre 1877—82, der Periode des Lister'schen Carbolverbandes, kamen 149 Amputationen mit 14 Todesfällen vor. Nach Abzug der von der Operation unabhängigen Todesfälle bleiben 143 Amputationen, von denen 8 = 5,5 Prozent einen tötlichen Ausgang nahmen.

Während der Jahre 1882—88, der Periode des Sublimat-Trockenverbandes, sind 205 Amputationen der grossen Gliedmassen mit 4 Todesfällen vorgekommen. Nach Abzug der von der Operation unabhängigen Todesfälle bleiben 202 Amputationen, von denen nur 1 = 0,4 Prozent tötlich endete.

Der derzeitige Vorstand der chirurgischen Klinik:
Professor Dr. **PAUL BRUNS.**

... natürlich für den klinischen Unterricht von
... der Zahl der Kranken ist das Material
... und übertrifft qualitativ das der meisten Anstalten
... aus dem Grunde, weil die chirurgische Klinik
... unserer Hochschule reine Universitätsinstitute sind,
... Kranken ausschliesslich von der Auswahl der Vor-
... Anspruch auf Aufnahme hat kein Kranker, dagegen
... Ortsbehörde ihre Zahlungsunfähigkeit bezeugt wird,
... behandelt.

... Teile wird aber der Zudrang chirurgischer Kranker da-
... der segensreichen Einführung der antiseptischen Wund-
... ...artige Umgestaltung der ganzen operativen Chirurgie und
... hat. Denn die Antiseptik hat das Gebiet der Chirurgie
... ...rweitert und den Operationen ihre von den Wundkrank-
... genommen, so dass oft genug Leben und Glieder er-
... langes Krankenlager erspart werden. Und in der Hand-
... Wundbehandlung selbst sind seit ihrer Begründung durch
... volle Fortschritte gemacht, indem namentlich der Carbolver-
... Sublimatverband ersetzt und diesem die Form des
... ... worden ist. Keine Worte vermögen wohl diese Fort-
... machen, als die folgende Übersicht über die Resultate,
... chirurgischen Klinik bei den Amputationen der grossen Glied-
... Perioden erzielt worden sind.

... Zeit wurden in den Jahren 1843—63 im ganzen 211
... ...liedmassen mit 71 Todesfällen ausgeführt. Nach Abzug
... der Tod aus zufälligen anderen, mit der Operation nicht
... ... Ursachen erfolgte, verbleiben 183 Fälle, von denen
... ...lichen Ausgang nahmen.

... 82. der Periode des Lister'schen Carbolverband.
... mit 14 Todesfällen vor. Nach Abzug der von der O.
... ... bleiben 143 Amputationen, von denen 8 = 5,5 Pro...
... ...en.

... 8. der Periode des Sublimat-Trockenverbandes,
... ...liedmassen mit 4 Todesfällen vorgekommen. ...
... ...unabhängigen Todesfälle bleiben 202 Amputati...
... ...tlich endete.

Der derzeitige Vorstand der chirurgischen Kli...

Professor Dr. PAUL BRUNS.

DIE AUGENKLINIK.

DIE AUGEN-KLINIK.

Kliniken für Augenkranke als selbständige Staatsanstalten gibt es an deutschen Hochschulen erst seit zwei Jahrzehnten, seit der Zeit nämlich, da die Augenheilkunde von der Chirurgie, mit welcher sie bis dahin im Unterrichte verbunden war, sich abzulösen und ein selbständiges Lehrfach zu bilden begann. Zwar hat es an einzelnen Universitäten (Wien, Prag, Leipzig) schon früher besondere Lehrstühle für Augenheilkunde gegeben, allein nur eine kleine Anzahl von Spezialisten beschäftigte sich damals gründlich mit dem Fache. Erst der gewaltige Aufschwung, den die ophthalmologische Wissenschaft um die Mitte dieses Jahrhunderts, insbesondere seit der Erfindung des das Innere des Auges der Untersuchung blosslegenden Augenspiegels nahm, bekundete einerseits die Bedeutung der Augenheilkunde für die wissenschaftliche Medizin und für die ärztliche Praxis und damit die Notwendigkeit für Jeden praktischen Arzt, sich mit der Disziplin näher bekannt zu machen, machte andererseits die Trennung Jener beiden Lehrfächer für alle den Forderungen der Zeit entsprechend eingerichteten Hochschulen zur Notwendigkeit.

An unserer Hochschule hatte schon in früherer Zeit einmal die Augenheilkunde eine Stätte gefunden. Um die Mitte des vorigen Jahrhunderts wurde sie von einem hervorragenden Chirurgen, Professor Mauchardt (geb. 1696 in Marbach), der auch in der ophthalmologischen Wissenschaft einen sehr guten Namen hat, ausgeübt und gelehrt. Später geriet sie für lange Zeit stark in den Hintergrund und wurde schliesslich nur gelegentlich von Assistenzärzten vorgetragen.

Die Ernennung des ersten Dozenten eigens für das Fach der Augenheilkunde (1864) gehörte zufällig zu den ersten Regierungshandlungen Sr. Majestät des Königs Karl. Drei Jahre später (1867) wurde eine ausserordentliche, 1874 eine ordentliche Professur für Augenheilkunde gegründet.

Die für ausgiebigen klinischen Unterricht erforderliche Zahl von Augenkranken anzusammeln, machte anfangs in der kleinen wenig günstig gelegenen Stadt viel

Schwierigkeit. Die Privataugenheilanstalt, welche diese Aufgabe lösen sollte, wuchs indes allmählich so heran, dass ein regelmässiger klinischer Unterricht in der Augenheilkunde in Gang gebracht werden konnte. Nach der Gründung des Ordinariats wurde die Anstalt seitens des Staates übernommen, das Haus gegenüber dem Universitätsgebäude, in welchem die Privatanstalt schon einige Jahre betrieben worden war, angekauft und für die Staatsklinik, zunächst in provisorischer Weise, eingerichtet.

Im Herbst 1875 wurde die Universitäts-Augenklinik eröffnet, zunächst für 28 Betten eingerichtet, die bald auf 32 vermehrt wurden. Die rasche Steigerung der Zahl der Augenkranken, welche die Klinik aufsuchten, andererseits die Steigerung der Ansprüche an den Unterricht, indem die als ein selbständiges Prüfungsfach in die ärztliche Prüfung aufgenommene Augenheilkunde mehr und mehr den regelmässigen medizinischen Studien eingereiht wurde, machte bald eine Vergrösserung der Anstalt notwendig. Das Gebäude bot dazu keinen ausreichenden Raum, insbesondere mangelte es an genügenden Unterrichtsräumen. Ein Neubau wäre nach dem Vorgange vieler anderer Universitäten für die rasch entwickelte und noch notwendig weiter zu entwickelnde Klinik am wünschenswertesten gewesen, allein da andere Bedürfnisse der medizinischen Fakultät und anderer Fakultäten für dringender gehalten wurden, wurde beschlossen, dass die Umgestaltung der Klinik, durch einen Umbau des Hauses und Aufführung eines besonders für die Unterrichtsräume bestimmten Anbaues geschehen sollte.

In den Jahren 1884 und 1885 kam dieser Plan zur Ausführung. Die freie Lage des Gebäudes gewährte die Möglichkeit zu einem zweistöckigen Anbau auf der Nordostseite. Das durch Anlegung durchlaufender Korridore, Speiseaufzug, Ventilationsvorrichtungen, Verbesserung der Aborte, Gas- und Wasserleitung, Telegraphenleitung verbesserte Hauptgebäude konnte jetzt in den drei obern Stockwerken ausschliesslich zu Krankenräumen verwendet werden, während die dem Unterrichte und der Krankenuntersuchung dienenden Räume in den Anbau verlegt wurden.

Ein mit dem Hauptgebäude in unmittelbarer Verbindung stehendes Hintergebäude enthält die für die Ökonomie bestimmten Räume und die Wohnung des Hausmeisters.

Die nachstehende Zeichnung stellt den Grundriss des Erdgeschosses dar. Die mit A, B, C, D, E bezeichneten Räume gehören dem nordöstlichen Anbau, die mit F, G, H, J, K, L bezeichneten dem Hauptgebäude, die mit M, N, O bezeichneten dem Hintergebäude an.

Ein Korridor geht vom Haupteingange aus durch das ganze Hauptgebäude und setzt sich in einen korridorartigen Raum fort, der zum Hörsaal führt.

A ist der Hörsaal, etwa 7 Meter lang und breit und 4 Meter hoch. Ein einziges grosses 3 Meter breites, 2,55 Meter hohes Fenster befindet sich auf der Nordostseite, es kann durch Rollläden geschlossen, dadurch vollständige Verdunkelung hergestellt werden, so dass der Saal zu Augenspiegelkursen benützt werden kann.

Zu diesem Zwecke werden 6—8 Lampen durch Schläuche mit der Gasleitung in Verbindung gebracht. B ist Arbeitszimmer zu mikroskopischen Arbeiten, zugleich zur Aufbewahrung der Bibliothek, der Instrumente, Apparate und Präparate dienend.

C ist Dunkelzimmer, durch geschwärzte Fenster dunkel gehalten, zur Untersuchung der Kranken und zum Unterrichte dienend. D ist Untersuchungszimmer,

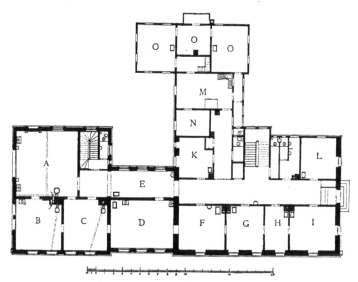

Plan I. Die Augenklinik. Erdgeschoss.

A Hörsaal. B Arbeitszimmer zu mikroskopischen Arbeiten. C Dunkelzimmer. D Untersuchungszimmer. E Warteraum für poliklinische Kranke. F Zimmer des Vorstandes mit G, Wartezimmer. H Zimmer des Hausdieners. J Wohnung des Assistenten. K Zimmer für optische Apparate. L Geschäftszimmer des Hausmeisters. M, N, O Wohnräume des Hausmeisters.

zugleich Abfertigungszimmer für ambulante Kranke. E anschliessend an den Korridor des Hauptgebäudes ist Warteraum für poliklinische Kranke, F Zimmer des Vorstandes mit dem Wartezimmer G, H Zimmer des Hausdieners, J Wohnung des Assistenten, eines Kandidaten der Medizin. K ist ein zur Aufstellung optischer Apparate bestimmtes Zimmer, L Geschäftszimmer des Hausmeisters.

Im Hinterhause befindet sich M, die Küche, N die Speisekammer, O die Wohnung des Hausmeisters mit besonderem Eingange. Im Untergeschoss des Hinterhauses befinden sich 2 Badezimmer, Waschküche, Bügelzimmer, Kaninchenstall.

Der erste Stock des Hauptgebäudes enthält 3 grössere und 3 kleinere Krankenzimmer, für Männer bestimmt, nebst 1 Zimmer für die Wärterin. Ein durchlaufender Korridor setzt sich in den Anbau fort. Im ersten Stock des Anbaues befinden sich die Wohnungen für 2 Assistenzärzte, ein Wäschevorratszimmer, ferner uber dem Hörsaale, diesem an Grösse entsprechend, ein Tagesraum, zum Aufenthalt und Speisezimmer nicht bettlägeriger Kranker bestimmt, im Bedürfnisfalle zur Aufnahme einiger Betten benützt.

Der zweite Stock enthält 3 grössere und 3 kleinere Krankenzimmer, für Frauen bestimmt, und 1 Zimmer für eine Wärterin.

Plan II. Die Augenklinik. Erster Stock.

A Tages- und Speiseraum für nicht bettlägerige Kranke. B, B, C, C Zimmer für die Assistenzärzte. D Zimmer der Wärterin. E Wäschezimmer. 1—6 Krankenzimmer.

Der dritte Stock enthält 5 kleinere Zimmer für der Absonderung bedürfende Kranke. Ausserdem befinden sich in demselben wie auch in dem Dachstocke des Anbaues Räume für das dienende Personal.

Die Heizung geschieht in den Krankenzimmern durch Thonöfen, in den übrigen Räumen teils durch Thonöfen, teils durch eiserne Regulieröfen.

Die Ventilation wird durch Zuleitung frischer Luft von aussen bewirkt, welche mittelst in das Gebälk eingelassener Kanäle von Zinkblech in die Kachelöfen geleitet und von diesen erwärmt wird. Die Abführung der schlechten Luft geschieht durch senkrechte von den Kaminen durch gusseiserne Zungen getrennte und dadurch etwas erwärmte Schlote, welche über das Dach führen und für die Winterventilation am Zimmerboden, für die Sommerventilation an der Decke regulierbare Einströmungsöffnungen haben.

Die Anzahl der Krankenbetten beträgt gegenwärtig 43, von denen 38 für Erwachsene, 5 für Kinder. Die grösseren Zimmer enthalten 3 bis 4, die kleineren 1 bis 2 Betten.

Der Umfang und das allmähliche Anwachsen der Wirksamkeit der Augenklinik wird ersichtlich aus den nachfolgenden Zusammenstellungen.

Die erste Tabelle zeigt die Krankenfrequenz in den 13 Jahren 1876 bis 1888.

	Gesamtzahl der behandelten Augenkranken:			Zahl der in die Klinik aufgenommenen Kranken		
Jahr.	Männer.	Frauen.	Summe.	Männer.	Frauen.	Summe.
1876	446	332	778	163	146	309
1877	560	420	980	211	158	369
1878	734	492	1226	240	154	394
1879	698	515	1213	220	160	380
1880	863	608	1471	274	193	467
1881	945	734	1679	301	216	517
1882	1035	667	1702	282	203	485
1883	1065	726	1791	308	222	530
1884	1257	882	2139	341	226	567
1885	1241	1024	2265	334	258	592
1886	1146	927	2073	343	285	628
1887	1219	1071	2290	352	350	702
1888	1281	1033	2314	387	356	743

Die folgende Tabelle enthält eine Zusammenstellung der in dem gleichen Zeit-
raume ausgeführten wichtigeren Augenoperationen. Kleinere Operationen wie Entfernung fremder Körper, einfache Punktionen, Jncisionen von Abscessen, galvanische
Cauterisationen der Hornhaut, sowie sämtliche Operationen an den Thränenorganen
sind nicht mitgezählt.

Augenoperationen		1876	1877	1878	1879	1880	1881	1882	1883	1884	1885	1886	1887	1888
Staar- operationen	Staarextraktionen	42	69	69	81	108	103	116	93	133	137	120	103	122
	Anderweitige Staar- operationen und Nach-staaroperationen	36	25	19	18	21	13	23	11	16	17	21	33	18
Operationen an der Iris (Iridectomieen, Corelysen etc.)		44	56	63	70	95	78	70	72	85	100	120	128	114
Operationen an der Cornea und Sclera (Paracentesen, Abrasion, Querspaltung, Staphylomabtragung, Sklerotomien etc.)		10	7	4	8	18	29	33	27	21	20	61	59	94
Operationen an der Conjunctiva (Symblepharon, Pterygium, Geschwülste etc.)		5	6	5	0	5	4	5	2	2	4	11	11	9
Operationen an den Lidern (En- und Ectropion, Trichiasis, Blepharoplastik etc.)		6	15	11	11	8	10	13	12	16	13	22	22	40
Operationen an den Augenmuskeln (Schieloperationen etc.)		5	10	12	10	12	17	11	23	15	28	24	48	37
Operationen an der Orbita (Enucleation des Bulbus, Exstirpation von Geschwülsten etc.)		11	15	18	20	20	17	28	25	35	34	24	30	28
Summe der Operationen		159	203	201	218	287	271	299	265	323	353	403	434	472

Der derzeitige Vorstand der Augenklinik:
Professor Dr. **ALBRECHT NAGEL.**

DIE OHREN-KLINIK.

Wenn auch die Ohrenheilkunde eine noch verhältnismässig Junge Disziplin darstellt, — reichen doch die ersten Anfänge zu einem selbständigen wissenschaftlichen
Ausbau derselben bei uns in Deutschland noch keine drei Dezennien zurück, — so
hat sie doch in dieser Zeit einen solchen Aufschwung erfahren, dass sie heute eine
anerkannte Stellung im Gebiete der Gesamtmedizin einzunehmen berechtigt ist. An
einer Hochschule Deutschlands nach der andern hat sie inzwischen ihre Vertretung
gefunden, und wurde ihr in Form von selbständigen Instituten eine Heimstätte bereitet.

Wie vielfach anderwärts, so waren früher auch an unserer Hochschule die
Krankheiten des Ohres der Chirurgie überwiesen, bis im April 1883, nach der im
Winter 1882/83 erfolgten Habilitation des derzeitigen Vorstandes der Klinik für das
Fach der Ohrenheilkunde, eine eigene Abteilung für Ohrenkranke, in Form einer
Poliklinik, ins Leben trat, und Vorlesungen und Kurse über die Krankheiten des
Ohres abgehalten wurden.

Anfangs als Tochteranstalt der chirurgischen Klinik, sowie aus Mitteln derselben
begründet und in einem Zimmer des Erdgeschosses im ehemaligen Sektionshause
untergebracht, erhielt die Poliklinik vom Jahre 1885/86 einen eigenen Etat und
wurde so unter die Zahl der selbständigen Universitäts-Institute aufgenommen.

Neben der bei der Zunahme des Krankenbesuches immer mehr sich als störend
erweisenden Raumbeschränktheit, machte sich weiter das Bedürfnis geltend, Ohren-
kranken, zu deren Behandlung eine genauere Überwachung oder operative Eingriffe
notwendig sind, Aufnahme und Verpflegung bieten zu können.

Durch die Errichtung einer stationären Klinik für Ohrenkranke wurde diesem
Bedürfnisse entsprochen. Bereits im Sommer 1887 erfolgte die Bewilligung der hiefür
erforderlichen Mittel, doch konnte erst im Herbste des folgenden Jahres, als nach
Vollendung des neuen Isolierhauses die oberen Räume des Sektionshauses freigeworden
waren, die Einrichtung und Eröffnung der Klinik stattfinden.

14*

Dieselbe umfasst nunmehr die zweckentsprechend umgebauten Räume des ehemaligen Sektionshauses, und zwar im Erdgeschosse desselben ein geräumiges Wartezimmer und daran anstossend einen grossen und hellen Raum, der für die Untersuchung der Kranken, sowie für Vorlesungs- und Kurszwecke bestimmt ist. Im ersten Stocke sodann Je ein geräumiges und luftiges Krankenzimmer für männliche und weibliche Kranke, sowie ein kleineres, als Separatzimmer verwendetes Gemach.

Belegt ist die Klinik zur Zeit mit 4 Betten für Erwachsene und 2 Kinderbetten, bietet aber für 4 weitere Betten noch genügend Raum.

Besorgt werden die Kranken von einer Wärterin, die zugleich in der Sprechstunde zur Hilfeleistung dient. Die Verköstigung geschieht gegen Abrechnung aus der Küche der medizinischen Klinik.

Mit der Klinik ist eine, in den Morgenstunden von 9—11 Uhr abgehaltene Sprechstunde verbunden, deren Besuch bisher eine von Jahr zu Jahr steigende Zunahme aufzuweisen hat und im letzten Jahre über 500 zur Untersuchung und Behandlung gekommene Ohrenkranke ergab.

Der derzeitige Vorstand der Ohrenklinik:
Prof. Dr. **J. WAGENHÄUSER.**

DIE GEBURTSHILFLICH-GYNAEKOLOGISCHE KLINIK.

DIE GEBURTSHILFLICH - GYNÆKOLOGISCHE KLINIK.

Der klinische Unterricht in der Geburtshilfe wurde an der Tübinger Hochschule erst spät eingeführt. 1795 hat Professor Clossius das alte Lazarett, in welchem bisher arme Studierende und Buchbinder stiftungsgemäss behandelt wurden, zu einem Klinikum eingerichtet. Statt der von Clossius für die 3 Kliniken beantragten 12 Betten sind in den ersten 2½ Jahren nur zwei für die medizinische und zwei für die chirurgische Klinik bewilligt worden. Nach Ablauf dieser Zeit wurden für die geburtshilfliche Klinik zwei Betten geschaffen, trotzdem die Fakultät erklärte, dass mindestens 4 nötig sind. Der Etat für die 3 Kliniken und den poliklinischen Unterricht betrug zu Anfang dieses Jahrhunderts 600 fl. In diesem primitiven Zustande bestanden die Kliniken bis Mai 1805, zu welcher Zeit das neue Klinikum bezogen wurde. Professor Autenrieth — 1797 Nachfolger von Clossius — hat durch inneren Umbau der seit 1482 bestehenden alten Bursa das neue Klinikum mit einem Kostenaufwand von 15 000 fl. geschaffen und in demselben 12 Zimmer mit anfangs 15 Betten für die 3 Kliniken eingerichtet. Allmählich wurde die Zahl der Betten vermehrt und der geburtshilflichen Klinik 10 Betten zugewiesen. Der jährliche Etat für die geburtshilfliche Klinik, welche damals zugleich Hebammenschule war, betrug 1606 fl. Im Herbst 1846 bezogen die medizinische und chirurgische Klinik das neuerbaute Krankenhaus, während im alten Klinikum die geburtshilfliche Klinik blieb. 1847 wurde Professor Breit als erster selbständiger Lehrer der Geburtshilfe angestellt, im November 1868 übernahm nach dem Tod von Breit der derzeitige Vorstand die Klinik. Bei der Übernahme waren in der Klinik 48 Betten vorhanden, während jetzt 97 Betten in der Anstalt stehen, wovon 2 für Gebärende, 16 für Wöchnerinnen, 35 für Schwangere, 36 für gynaekologische Kranke und 8 für das Personal bestimmt sind. Eine gynaekologische Klinik gab es 1868 noch nicht, diese wurde erst 1870 von dem derzeitigen Vorstand errichtet. In dem uralten, baulich sehr defekten Gebäude mit innerer Einrichtung der primitivsten Art für eine geburtshilfliche Klinik, war der Gesundheitszustand in den ersten Jahren der Thätigkeit des derzeitigen Vorstandes ein recht ungünstiger, Kindbettfieber kam in vielen Fällen vor, die Zahl der Erkrankungen und Todesfälle war eine grosse. Durch zahlreiche bauliche Veränderungen wurden die grössten Übelstände beseitigt, welche die Gesundheit der Wöchnerinnen schwer schädigten. Nach Einführung der antiseptischen Massregeln hat sich der Gesundheitszustand bald gebessert und schliesslich so günstig gestaltet, dass am 26. September 1886 die letzte von 1000 Wöchnerinnen entlassen wurde, von welchen keine im Wochenbett erheblich puerperal erkrankt war. Die gynaekologische Klinik entwickelte sich rasch, die Zahl der hilfesuchenden Frauen nahm von Jahr zu Jahr zu, so dass schon seit langer Zeit die 36 Betten nicht hinreichen und weitere Betten mit gynaekologischen Kranken belegt werden müssen.

Das über 400 Jahre alte Gebäude wurde allmählich baulich so defekt, dass wiederholt ein teilweiser Einsturz drohte, es musste daher bei den akademischen Behörden und dem hohen Ministerium der Antrag auf einen Neubau gestellt werden, der im Frühjahr 1887 von den Ständen auch genehmigt wurde.

Die Zunahme der Frequenz an beiden Kliniken lässt sich durch Zahlen leicht ersichtlich machen.

Vom 1. Jänner 1869 bis Ende 1878 haben in der geburtshilflichen Klinik 1496 Frauen geboren.

Vom 1. Jänner 1879 bis Ende 1888 stieg die Zahl der Geburten auf 2451, so dass der Zuwachs in 10 Jahren nahezu 1000 Geburten beträgt.

In den letzten 10 Jahren hat sich die Zahl der in der Poliklinik behandelten Geburten ebenfalls gemehrt und betrug in dieser Zeit 526.

Von 1870 bis 1879 wurden jährlich 200 bis 250 Frauen in die gynaekologische Klinik aufgenommen, von da ab nahm die Frequenz ungewöhnlich zu, so dass im Jahre 1887 — 883 und 1888 — 881 Frauen in der Klinik behandelt wurden.

Die Gesamtzahl aller in der gynaekologischen Klinik vom 1. Oktober 1870 bis 1. April 1889 teils ambulant teils stationär behandelten Frauen beträgt 6228.

Bei diesen 6228 Frauen wurden 680 Operationen ausgeführt und zwar:

184 Laparatomien: Ovariotomie, Myomotomie, Castration, Salpingotomie, Exstirpation des Uterus, Probeincission.

83 Dammplastik und Prolapsoperationen.

82 Polypen und Fibromoperationen.

75 Operationen wegen Carcinoma Uteri: vaginale, supravaginale Amputation der Portio, des Cervix, Hysterotomie, Auskratzen mit dem scharfen Löffel, Kauterisation mit Paquelin.

35 Blasenscheidenfisteloperationen.

10 Mastdarmfisteloperationen.

24 Discissionen, Amputation der Vaginalportion.

187 sonstige Operationen an der Urethra, Vulva, Hymen, Bartholinischen Drüsen, Cysten, Geschwülste, Stenose, Carcinom der Vagina, Operationen bei Exsudaten, Haematomen, an der Mamma, Punktionen.

In der geburtshilflichen Klinik wurden 4 Kaiserschnitte ausgeführt, 3 nach der Methode von Porro, 1 nach der klassischen Methode.

Die neue Frauenklinik.

Bei Feststellung des Entwurfs für die neue Klinik wurde vor allem die moderne Erfahrung bezüglich der Verhütung von Infektion, wie solche seit strenger Durchführung der Antisepsis sich ergeben hat, berücksichtigt. Die ganze Anlage des Gebäudes, die innere Einteilung, Einrichtung, Ausstattung wurde bis ins Detail dieser Erfahrung angepasst, um so möglichst sicher die Quellen der Infektion auszuschliessen, welche durch unzweckmässige Anlage und nicht zweckentsprechende Einrichtung entstehen. Es wurden ferner alle Anforderungen berücksichtigt, welche die Neuzeit beim Bau von Kliniken überhaupt und speziell einer Frauenklinik stellt und alles in das Bauprogramm aufgenommen, was bei den neuen Frauenkliniken sich bereits voll und ganz bewährt hat.

Die Klinik besteht aus einem 72 Meter langen Mittelbau mit 3 Stockwerken und zwei seitlichen nicht ganz 40 Meter langen Flügeln mit 2 Stockwerken, von welchen der südliche durch einen 7 Meter langen gedeckten Gang mit der ausserhalb des Gebäudes liegenden Wohnung des Vorstandes in Verbindung steht. Der südliche Flügel enthält die gynaekologische, der nördliche die geburtshilfliche Klinik. Im Mittelbau sind der Hörsaal, der Saal für den klinischen Unterricht, der grosse, kleine Operationssaal, das Sammlungs-, Arbeitszimmer, das Warte- und Untersuchungszimmer, die Zimmer für den Vorstand, die Kanzlei des Hausmeisters, die Wohnungen der Assistenzärzte, der Oberhebamme, Badezimmer für die Ärzte, endlich der hydraulische Aufzug untergebracht.

Die Klinik ist auf 110 Betten berechnet, wovon 40 für die gynaekologische Klinik, 40 für Schwangere und 30 für Wöchnerinnen bestimmt sind. Für eine spätere Erweiterung sind die Mansarden-Dachstöcke der Flügel ausersehen, welche jetzt nicht eingerichtet werden. Die Klinik wird ganz aus Stein und Eisen gebaut, erhält für alle Räume ein Zentralheizung-Niederdruckdampfheizung-System Bechem und Post und wird durch Pulsionsvorrichtung ventiliert. Alle Zimmer münden auf einen 2,60 Meter breiten Korridor, welcher die Flügel mit dem Mittelbau verbindet, die lichte Höhe der Zimmer beträgt 4,50 Meter; die Fussböden haben eichene Riemen in Asphalt gelegt, die Wände der Zimmer sind mit Ölfarbe angestrichen. Der Korridor, die Badezimmer, die Aborte sind mit Terrazzo belegt, der grosse und

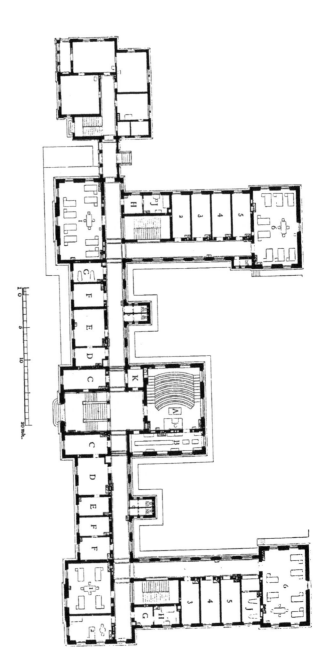

Plan I. Die geburtshilflich-gynaekologische Klinik. Erdgeschoss.

A Hörsaal. B Raum für die Sammlung. K Hydraulischer Aufzug.
A Hörsaal. B Raum für die Sammlung. K Hydraulischer Aufzug.
D Vorzimmer. E Untersuchungszimmer. F Wäsche. G Badezimmer. J, H Wärterin und Theeküche. 1, 2, 3, 4, 5, 6
Zimmer für gynaekologische Kranke.

Im linken Flügel: C Zimmer des Hausmeisters. D Vorzimmer. E Untersuchungszimmer. F Wäsche. G Badezimmer. J, H Wärterin und Theeküche. 1, 2, 3, 4, 5, 6

Im rechten Flügel: C Vorzimmer. D, E Zimmer des Vorstandes. F, F Zimmer des Assistenzarztes. G, H Wärterin und Theeküche. J Badezimmer. 1, 2, 3, 4, 5, 6 Zimmer
für Wöchnerinnen.

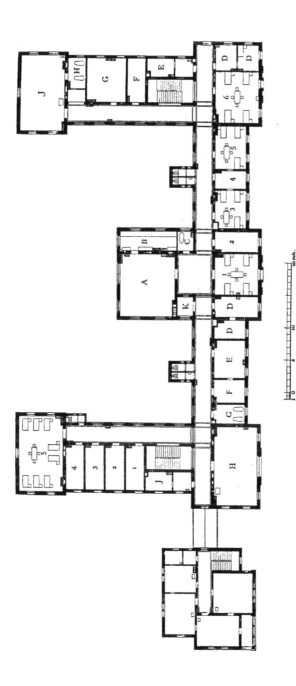

Plan II. Die geburtshilflich-gynaekologische Klinik. Erster Stock.

A Saal für den klinischen Unterricht. B Mikroskopierzimmer. C Badezimmer. E Kleiner Operationssaal. F Zimmer für Instrumente G Badezimmer. H Grosser

Im linken Flügel: Gynaekologische Abteilung. D, D Zimmer des Assistenzarztes. E Kleiner Operationssaal. F Zimmer für Instrumente G Badezimmer. H Grosser
Operationssaal. J Wärterin und Theeküche. 1, 2, 3, 4, 5 Zimmer für gynaekologische Kranke.
Im rechten Flügel: Geburtshilfliche Abteilung. D, D Oberhebamme. E Wärterin und Theerküche. F Wäsche. G Zimmer für Praktikanten. H Badezimmer.
J Gebärsaal. 1, 2, 3, 4, 5, 6 Zimmer für Wöchnerinnen.

kleine Operationssaal, der Gebärsaal, die syphilitische Abteilung für Schwangere haben Belag von Mettlacherplatten. Zur Isolierung infizierter Wöchnerinnen dient eine ausserhalb des Hauses gelegene Baracke mit 4 Betten, Badezimmer, Theeküche, Zimmer für Wärterin. Zur Isolierung von Kranken innerhalb des Hauses sind 12 Einzelzimmer bestimmt. Eine Warm- und Kaltwasserleitung versieht die meisten Räume des Hauses und die 7 Badezimmer mit Wasser. Die Aborte sind durch Anbau ausserhalb des Hauses verlegt, gut ventiliert und mit reichlicher Wasserspülung versehen. Ein hydraulischer Aufzug vermittelt den Transport der Kranken in alle Stockwerke.

Das Kellergeschoss enthält die Zentralheizung, den Desinfektionsapparat, den Ofen zur Verbrennung der Placenten. Die Küche samt Nebenräumen, die Wohnung des Hausmeisters, Dieners, Heizers, der Köchin, Mägde, den Schlafsaal für 4 Praktikanten und das Zimmer des Assistenten.

Das Erdgeschoss enthält den Hörsaal A, die Sammlung B, im Flügel rechts: Wartezimmer C, Zimmer des Vorstandes D, E, Wohnung des Assistenzarztes F, F, Zimmer für Wärterin und Theeküche G, H, Badezimmer J; im Flügel links: Zimmer des Hausmeisters C, Vorzimmer D, Untersuchungszimmer E, Wäsche F, Badezimmer G, Zimmer für Wärterin und Theeküche H, J, ausserdem 7 Einzelzimmer und 5 Zimmer für Wöchnerinnen und gynaekologische Kranke.

Im ersten Stock befindet sich der Saal für den klinischen Unterricht A, das Mikroskopierzimmer B, ein Badezimmer C, im Flügel links: die Wohnung des Assistenzarztes D, D, der kleine Operationssaal E, das Zimmer für Instrumente F, Badezimmer G, der grosse Operationssaal H, Zimmer für Wärterin und Theeküche J; im Flügel rechts: die Wohnung der Oberhebamme D, D, Zimmer für Wärterin und Theeküche E, Zimmer für die Wäsche F, das Zimmer für die Studierenden G, Badezimmer H, der Gebärsaal J, ausserdem Zimmer für Wöchnerinnen und gynaekologische Kranke.

Der Dachstock enthält den Schlaf- und Tagraum für Schwangere, eine isolierte syphilitische Abteilung für 4 Schwangere mit Schmierzimmer, eigenem Bad und Abort, ausserdem auch einen Saal für gynaekologische Kranke mit Badezimmer und Zimmer für eine Wärterin.

Als Techniker sind beim Bau thätig: Herr Baurat Berner: Entwurf der Klinik und Oberleitung des Hochbaues, Herr Baudirektor Dr. v. Ehmann: Gas- und Wasserversorgung, Kanalisation, Heizung und Ventilation, hydraulischer Aufzug, Herr Bauinspektor Knoblauch: Bauausführung.

Die neue Frauenklinik wird am 1. November 1890 eröffnet werden.

Der derzeitige Vorstand der Klinik:
Professor Dr. JOHANN von SÄXINGER.

ÜBER

EINIGE DARSTELLUNGEN DER

CHRISTLICHEN SITTENLEHRE

DURCH

WÜRTTEMBERGISCHE EVANGELISCHE

THEOLOGEN

VON

D ROBERT KÜBEL

PROFESSOR DER EVANGELISCHEN THEOLOGIE

W enn die Universität Württembergs ihrem in Ehrfurcht geliebten König bei der
frohen Feier Seines fünfundzwanzigjährigen RegierungsJubiläums ihre Huldigung
darbringt, so hat die evangelisch-theologische Fakultät gewiss alle Ursache,
unter den Huldigenden mit in die erste Reihe zu treten. Die Sorge für die evangelische Kirche, namentlich für die Ausbildung ihrer künftigen Diener war schon für
die ersten evangelischen Fürsten unseres Landes eine ihrer liebsten und am eifrigsten
betriebenen Aufgaben. Seit mehr als dreihundertundfünfzig Jahren waltet die hiesige
evangelisch-theologische Fakultät ihres Berufes. Und was die Nachfolger eines
Herzog Ulrich und Christoph bis auf unsern allverehrten König Karl, welchem
unsere heurige Feier gilt, Alles gethan haben für die Pflege ächten evangelisch-theo-
logischen Studiums, tritt auf Jedem Blatt der Geschichte unserer Fakultät, wie der
ganzen Universität leuchtend hervor.

Wie aber die Geschichte einer theologischen Fakultät aufs engste mit der
des Regentenhauses und Landes zusammenhängt, so spiegelt sich im Charakter
derselben und der durch sie vertretenen Theologie notwendig ab der Charakter des
Volkstammes, in dessen Mitte sie wirkt und aus welchem sie wenigstens die grosse
Mehrzahl, sozusagen den eisernen Bestand ihrer Lehrer und Schüler gewinnt. Dass
überhaupt ein tief religiöser Zug wesentlich zur Eigentümlichkeit des württembergischen Volkscharakters gehört, ist längst anerkannt und ist vor Jedermanns
Augen ausgewiesen durch die einflussreiche Stellung, welche — Gott sei Dank dafür!
— noch heute die Kirche in unserem ganzen Volksleben einnimmt. Wie dieser religiöse Zug mit der gesamten Beanlagung unseres Volkes und selbst mit dem Charakter unseres Landes als solchen zusammenhängt, hat in klassischer Weise Rümelin
in dem Werk des statistisch-topographischen Büreaus »Das Königreich Württemberg«
u. s. w. II, 1, S. 238 ff. nachgewiesen. Was dieser und andere Forscher über die
Eigentümlichkeit der württembergischen Religiosität aufgestellt haben, geht hauptsächlich darauf hinaus, dass uns mit einander eigen sei einesteils individualistische
religiöse Selbständigkeit und andernteils freier Zusammenschluss mit Gleichgesinnten,

der uns nicht hindert, sondern fördert in dem Bestreben, uns gehen zu lassen; ferner noch mehr dass uns mit einander eigen sei einesteils tief grabendes, Ja grübelndes Nachsinnen über die Geheimnisse des Glaubenslebens, ein mystischer, Ja theosophischer oder auch spekulativphilosophischer Zug, und andernteils treues, beharrliches, aber möglichst geräuschloses Arbeiten für die praktischen Lebensaufgaben des Christentums. Hervorragende Mystiker, Theosophen, spekulative Theologen und Philosophen hat Württemberg so gut hervorgebracht, wie einzelne Männer ersten —, unendlich viele zweiten Rangs auf dem Gebiet der inneren und äusseren Mission.

Unsere Aufgabe berührt aber näher nur die Frage, wie im Verhältnis zu diesem religiösen Volkscharakter sich speziell das Leben der theologischen Wissenschaft bei uns gestaltet hat. Dieses hat Ja natürlich noch ganz andere Quellen und Normen, als was etwa aus dem Leben des Landes und Volkes ihm zuströmt. Aber unter all den Quellen, aus denen —, und unter all den Normen, nach denen eine theologische Wissenschaft lebt, wird sie doch Jetzt mehr dieser, Jetzt mehr Jener zugeneigt und offen sein, Je nachdem — unter Anderem — auch der religiöse Volkscharakter eine Art Naturverwandtschaft mit der einen und anderen hat. Ja dieser Charakter ist seinerseits auch wieder Produkt der Nahrung, die ihm aus den ihm dargebotenen Quellen fliesst. Geben und Nehmen, Erzeugen und erzeugt werden, steht kaum wo anders mehr in lebendiger Wechselwirkung, als da wo es sich um die Ingredienzien handelt, die einen Volkscharakter, vollends dessen innerstes Zentrum, das religiöse Leben, bilden helfen. Nun ist es freudig zu begrüssen, dass wir auch für die vorliegende Frage nach der Eigentümlichkeit der württembergischen evangelischen Theologie auf einen weitgehenden Konsensus unter denen, welche dieselbe schon behandelt haben, hinweisen können. Es sei hier nur genannt: Palmer »über den eigentümlichen Charakter der evang. Theol. in Württemberg«, Jahrb. f. d. Theol. 1866, S. 108 ff.; Wagenmann Realencyklopädie 2. Aufl. XVI. S. 69, von Älteren besonders Römer, Kirchengeschichte Württembergs (passim); vgl. auch meinen Aufsatz »drei Väter der württemb. evang. Kirche« in Öhler's Zeitschrift »Halte was du hast« Band VIII, Heft 6. Allgemein zugegeben wird, dass als die Quelle und Norm für die Theologie unter uns die Bibel in viel tiefer und weiter gehendem Sinn aufgefasst und benützt wird, als dies an und für sich für Jede evangelische Theologie gilt, und sodann dass die theologisch-wissenschaftliche Arbeit selbst wieder zwei Aufgaben zusammen löst, wenigstens zu lösen sucht, welche sonst leicht ausser oder gar wider einander sind, nämlich einesteils strengstens wissenschaftlich, andernteils lebensmässig und lebenstüchtig zu sein. Selbstverständlich wird in dem Ineinander dieser zwei letztgenannten Momente Jetzt das Schwergewicht auf dieses, Jetzt auf Jenes fallen, und werden das eine Mal die Männer der Kritik, der Spekulation, der philosophischen und theologischen Kombination oder des Sammlerfleisses u. s. f., das andere Mal die Männer der mystischen und praktischen Theologie sozusagen das Resultat sein; niemals aber treten bei uns beide völlig auseinander: ein F. Ch. Baur war Jahrzehntelang zugleich Prediger und Professor. Auch er war wesentlich biblischer, freilich bibel-kritischer Theologe. Gerade die Beschäftigung mit der Bibel, welche von Joh. Brenz an für unsere Theologie spezifisch charakteristisch ist, sorgt dafür, dass eine gesunde Vermittelung Jener beiden Momente doch immer gefunden wird. In der Geschichte unserer Fakultät tritt — siehe Weizsäcker, Festprogramm 1877: Lehrer und Unterricht an der evang. theol. Fakultät — die biblische Haltung von vornherein dadurch hervor, dass die biblische Exegese die Alles beherrschende, Ja zuerst die einzige Disziplin ist; nur im Anschluss an sie, selbst nur als eine Art Anhang zu ihr erscheint in den ersten Zeiten die systematische Theologie (Weizsäcker a. O. S. 5. 9). Wenn es in dieser Beziehung im Lauf der Zeiten anders und die biblische Exegese eben zu einer Disziplin neben andern geworden ist, so wird doch gesagt werden dürfen, dass noch heute unter uns durchaus die Fundamentierung der gesamten Theologie auf das Studium der hl. Schrift anerkannt und bethätigt ist.

Nun ist die biblische Wahrheit Lebenswahrheit. Einer Theologie, zu deren spezifischem Charakter man den Biblicismus rechnen muss, wird man dies teils darin ansehen, dass all ihre Arbeit sich möglichst ausweist als im Dienst des Lebens aus Gott stehend, teils wird das in denJenigen Disziplinen am meisten hervortreten, welche ausdrücklich diese Teleologie an der Stirne tragen. Das sind die Fächer der praktischen Theologie und die Ethik. Nur von den letzteren reden wir hier noch weiter. Interessant ist es zu sehen, wie lange es anstand, bis die Moral oder Ethik ein eigenes Unterrichtsfach an unserer Fakultät wurde. Zum erstenmal erscheint (s. Weizsäcker a. O. S. 82) im Jahre 1690 theologia moralis als besondere Disziplin für einen neuanzustellenden Professor in Aussicht genommen; aber noch einige Jahrzehnte hindurch ist es nicht theologische, sondern philosophische Moral, was doziert wird (ib. S. 87 f.), erst von 1717 an ist theologische Moral eine stehende eigene Disziplin an unserer Fakultät. Ein paar Jahre nachher, 1720, erscheint die erste der Schriften, welche in den Kreis der von uns hier etwas näher zu schildernden gehören.

Gerade für die Moral tritt nun in den Schriften württembergischer Theologen, die wir ins Auge fassen, die biblische Haltung überhaupt, dann aber die verschiedene Art, wie man dieselbe bethätigen kann, in äusserst bezeichnender Weise hervor. Was in der Geschichte der ganzen evangelischen Theologie, wie wir freilich hier nicht weiter darzuthun haben, unterschieden werden kann als eine zweifache Art positiver innerer Stellung zur Bibel, das drückt dem kleinen Ausschnitt aus der Geschichte der theologischen Ethik, welchen wir ins Auge fassen, seinen Stempel auf: Das eine Mal nämlich wird das Bibelwort, die biblische Wahrheit in äusserlich autoritativer Weise hingenommen, verarbeitet und verwendet, ein eigentlicher innerer Lebenskonnex zwischen dem Theologen und seiner Wissenschaft einerseits und dem biblischen Wort andererseits fehlt oder macht sich wenigstens nicht recht spürbar, sein Verhältnis zur Bibel ist teils das des Verstandes und Willens, teils das des Achtungsgefühls. Das andere Mal dagegen ist die innere Stellung des Theologen und seiner Wissenschaft selbst direkt, unmittelbar, innerlichst biblisch, die letztere ist aus lebendigstem Sicheinleben in die Bibel erwachsen. Während der Theologe ersterer Art Erkenntnisse, vielleicht ein ganzes System, das er wo anders gewonnen hat, nur mit der Bibel vergleicht, durch sie rechtfertigt, vielleicht auch nach ihr da und dort korrigiert, vielleicht auch umgekehrt die Bibel nach seinem System modelt, lebt der Theologe zweiter Art als Christ und als Theologe ganz in und aus der Bibel, sucht für seine Wissenschaft die genuinen Lebensanschauungen eben der Bibel erst zu gewinnen und nach ihr zu verarbeiten. Die erstere Stellung ist die derjenigen Theologie, die unter dem Namen Supranaturalismus, besonders in seiner Unterart des rationalen Supranaturalismus bekannt ist und möglicherweise mit dem Rationalismus sich berührt. Die zweite Stellung ist die derjenigen Theologie, die unter dem Namen der württembergischen biblischen Schule bekannt ist. Für die ethische Wissenschaft speziell wendet sich die Sache in der Weise, dass für das Verhältnis zwischen den allgemein-menschlichen ethischen Wahrheiten oder den moralischen Vernunftwahrheiten (wie sie dann durch die philosophische Moral zum System gestaltet werden) einerseits und den spezifisch-christlichen ethischen Wahrheiten andererseits dort das Schwergewicht durchaus auf die erstere Seite fällt: Die moralischen Vernunftwahrheiten sind das massgebende, die biblischen ethischen Sätze dürfen teils nur (quantitativ) neben sie treten als ergänzend, Spezielles noch beifügend und dgl., teils (qualitativ) Jenen zur Verdeutlichung, Bekräftigung, autoritativen Einführung dienen, teils auch müssen sie von Jenen sich weisen und korrigieren lassen. Hier dagegen, bei der streng-biblischen Moral, gewinnt man die ganze ethische Anschauung, auch die vom Menschen an sich und seiner Lebensaufgabe, eben aus der Bibel, bildet nach der Offenbarung in Christo und ihrer Bezeugung in der h. Schrift seine Gesamtweltansicht und gibt von vornherein eben die christliche Moral als eine eigene, an und für sich zunächst (materialiter) unbekümmert um die blosse Vernunftmoral, aber mit der Überzeugung, dass die biblisch-christliche sich auch als die einzig vernünftige bewährt. Wie aber alles dies zusammenhängt mit ganz allgemeinen Fundamentalfragen der Theologie, und welche Menge von Schattierungen innerhalb der unterschiedenen Richtungen noch möglich und faktisch vorhanden sind, dies darzulegen ist nicht unsere Aufgabe. Dagegen wird im Verlauf unserer Darstellung von selbst sich herausstellen, dass und wie Jene Differenz in der Stellung des Ethikers zur Bibel auch innere, materiale Konsequenzen für die Bestimmung des christlich Ethischen selbst hat.

Es wäre nun äusserst interessant nachzuweisen, wie auch schon vor dem Zeit-punkt, mit welchem die Theologia moralis eine eigene Disziplin an unserer Fakultät wird, und namentlich wie ausserhalb des engeren akademisch-wissenschaftlichen Kreises moralische Fragen innerhalb der württembergischen Theologenwelt beantwortet werden. In letzterer Beziehung ist es Ja charakteristisch für unser Land, dass mehrere seiner allerbedeutensten Theologen nicht Universitätslehrer gewesen sind, zwei Männer haupt-sächlich, die doch, der eine für unsere Kirche, der andere für unsere Theologie, den tiefgehendsten und nachhaltigsten Einfluss ausgeübt haben (vgl. meinen angeführten Aufsatz in Öhlers Zeitschr.). Der eine ist Joh. Val. Andreä, geboren 1586, gestorben 1654; von seinen Schriften gehört mehr oder weniger in das Gebiet der Ethik und hat auch wissenschaftlichen Wert der Theophilus sive consilium de chri-stiana religione sanctius colenda 1649 (deutsch neu herausg. von Öhler 1878); ausser-dem ist aus seinen mehr erbaulichen Schriften besonders civis christianus 1619 zu nennen (Auszüge aus seinen Schriften s. meinen Aufs. a. O.), von denen zu schweigen, in welchem seine Bemühungen um Union u. s. f. zum Ausdruck kommen. Viel grösser aber, überhaupt neben Brenz der grösste Theologe, den Württemberg hervorgebracht hat, ist Joh. Albr. Bengel, geboren 1687, gest. 1752 (vgl. auch Weizsäcker a. O. S. 101 f.). Es wäre wohl nicht zu schwer, aus seinem Gnomon eine Ethik zusammenzustellen, wie man bereits mit einer Pastoraltheologie gethan hat, vgl. Flat-tich-Werner, Bengels Schatzkästlein zur Führung des geistlichen Amtes, Ludwigs-burg 1860. Noch unmittelbarer aber für die Ethik hochbedeutsam sind Bengels »Abriss der sogenannten Brüdergemeinde« 1751 und seine »sechzig erbauliche Reden über die Offenbarung Johannis« 1747; in den letzteren tritt wol so, wie sonst nirgends, Bengels ethische Grundanschauung und ihre Konsequenz für die Auffassung der ge-samten Lebensaufgabe des Christen und der Gemeinde hervor. Wir können aber leider hier auf alles dies, daher auch auf die zum Teil ganz ausgezeichneten Werke, welche die Schüler Bengels für mehr populäre, aber im höchsten Sinn edel-populäre Moral hervorgebracht haben, — es sei nur an die Rieger, Steinhofer u. A. erinnert — nicht eingehen; auch den grossen Theosophen der Schule, Ötinger, können wir nur nennen. Dagegen werden wir auf diejenigen akademischen Ethiker, die zu Bengels Schule gehören, näher eingehen.

Wir beschränken unsre genauere Darstellung auf diejenigen Bearbeitungen der christlichen Sittenlehre, welche als eigentlich wissenschaftliche von Tübinger Theo-logen ausgegangen sind. Da können wir nun das, was vorhin über die zwei ver-schiedenen Arten von Stellung zur Bibel gesagt wurde, sofort so anwenden, dass wir zwei Linien von Tübinger Moraltheologen unterscheiden, deren eine, in gewissem Sinn, sozusagen vorlaufend von Kanzler Pfaff vertreten, in den durch ein Jahrhundert getrennten Schülern Bengels, Reuss und Beck ihre grossen Re-präsentanten gewinnt; es ist die streng biblische Ethik, die uns hier entgegentritt.

Die andere Linie ist die der supranaturalistischen Tübinger Schule, deren Haupt G. Ch. Storr noch unmittelbar mit der Bengelschen Schule zusammenhängt und in gewissem Sinn auch noch den Biblicismus vertritt, während dann seine Schüler J. F. Flatt, vollends Süskind, welch letzteren freilich wir nur kurz berühren können, ganz den Typus des von uns geschilderten rationalen Supranaturalismus darstellen; vgl. Wagenmann, Realencykl. 2. A. Band XVI, S. 67 ff. Weit mehr kommt die biblische Ethik zur Geltung bei der dann folgenden Reihe von Moraltheologen, die man, freilich sehr unter Vorbehalt, spätere Nachkömmlinge der älteren Tübinger Schule nennen könnte, zuerst Kern, der aber nichts Grösseres auf unserem Gebiet hinterlassen hat, dann Schmid und Palmer. Es liegt ausser unsrer Aufgabe, zu zeigen, wie teils mit der Kant'schen Philosophie für Jene älteren Tübinger, Flatt und besonders Süskind, teils mit dem grossen Gesamtumschwung der Theologie, der sich hauptsächlich an den Namen Schleiermachers knüpft, aber auch unter Einfluss der Hegel'schen Bewegung, für diese neueren Tübinger, Schmid und Palmer, doch sozusagen die theologische Konstellation und Aufgabe eine ganz andere geworden ist, als dass sie mit Anwendung der Kategorieen Supranaturalismus, Rationalismus, rationaler Supranaturalismus u. s. w. (vgl. auch meinen Artikel »Rationalismus und Supranaturalismus, Realenc.« 2. A. XII, S. 507 ff.) wirklich noch nach allen Seiten genügend bezeichnet wäre. Ja auch die biblicistische Richtung, wie sie Beck vertritt, ist doch mehr, als vielleicht Beck selbst zum Bewusstsein kam, durch den Einfluss des neuen wissenschaftlichen Geistes in manchem etwas anders geworden, als sie unter Bengel, Reuss u. s. f. gewesen ist. Immerhin wird die folgende Darlegung, wie wir glauben, wenigstens das eine und andere zur Erhärtung dieser Sätze beibringen.

Wir befolgen in der Besprechung der Werke der genannten Ethiker die chronologische Ordnung, und beginnen hienach mit Christoph Matthäus Pfaff, geboren 1686, gestorben 1760. Von seinen Schriften gehören in das uns hier beschäftigende Gebiet die institutiones theologiae dogmaticae et moralis, Tübingen 1720, sodann »kurzer Abriss vom wahren Christentum« 1720, »Entwurf der theologischen Gewissensfragen und das Juris matrimonialis« 1756, hiezu »akademische Rede über den Entwurf« 1757, endlich nach seinem Tod herausgegeben: »theologische Bedenken über drei Gewissensfragen, Beichte und Abendmahl betreffend«, 1763; vgl. auch Klüpfel, Realenc. 2. A. XI, S. 554 ff., Weizsäcker a. a. O. S. 97 ff. Nun sind aber fast alle diese Schriften, abgesehen von dem uns nicht berührenden kirchenrechtlichen und pastoraltheologischen Interesse, das mehrere bieten, mehr oder weniger erbaulicher Art; und wenn wir deswegen nur die erstgenannte näher ins Auge fassen, so finden wir zu unsrer Verwunderung, dass auch hier das erbauliche Moment eine grössere Rolle spielt, als wir erwarten (vgl. Pfaffs eigenes Geständnis von der digressio quaedam homiletica S. 827). Schon der Titel weckt wissenschaftliche Hoffnungen, die dann enttäuscht werden; zu dem schon genannten instit. theol. dogm. et mor. wird nämlich beigefügt: ubi, utraque in unam massam Jacta ..... res fidei morumque exiguntur« u. s. f. Erwartet man nun hienach eine wirklich einheitliche systematische Darlegung der biblischen und kirchlichen Lebenswahrheit für Glauben und Handeln des Christen in Einem, so ist dagegen der faktische Bestand der, dass die beiden Wissenschaften, Dogmatik und Ethik rein äusserlich an einander gereiht werden. Dabei wird im dritten Teil der Dogmatik schon de ecclesia, ministerio, cultu publico u. s. f., in zwei Anhängen de magistratu und de conjugio gehandelt. Inhalt und Anordnung des ethischen, weit kürzeren Teils selbst ist folgender: 1) corruptio profundissima; eine fast nur populäre, zum Teil aber wirklich rhetorische Beschreibung des Sündenelends. 2) Der status securitatis und servitutis, und im Gegensatz hiezu status conversionis, schöne, aber idealistische Beschreibung des letzteren. 3) Die theologische Moral ist veri ejusque practici christianismi notitia ex experientia spirituali profluens; eben dieses echte Christentum, den Christus in nobis, die fides und die obedientia u. s. f. schildert dieser Abschnitt. 4) Die askesis = exercitium sanctimoniae internae, qua christianus florere debet, besteht in abnegatio sui, toleratio crucis, imitatio Christi, commercium cum Deo perpetuum. Im einzelnen führen wir zur Charakteristik ein paar Sätze an: omnis activitas sequestranda Christoque soli fasces tradendi, ut quidquid nostrum est per Spiritum suum penitus destruat (849). Die Liebe Gottes betreffend, so wird gesagt, dass der Christ Deum propter Deum amat, in Deo ipso tanquam in centro suo acquiescit u. s. f. (863). 5) Die speziellen officia et virtutes christianorum. Hier wird zuerst die Grundfrage, ob und inwiefern dem Christen ein Gesetz gelte, nicht unrichtig, aber ohne tieferes Eindringen beantwortet, sodann die Pflichten gegen Gott, das eigene Selbst und den Nächsten kurz dargestellt. Unter dem ersten Gesichtspunkt werden, aber sehr kurz, auch die schwereren Fragen, wie über den Eid, die vota, die consilia evangelica u. dgl. behandelt; letztere werden ein insulsum genannt, aber sehr gut bringt Pf. das Richtige an dieser katholischen Anschauung dadurch zu seinem Recht, dass er vom christlichen Enthusiasmus, dem divinus ardor redet, qui in sanguine veterum christianorum bulliebat, während jetzt omnium pectora frigore quodam ac gelu obsita Jam sunt (870 f.). — Die Anordnung dieser Pfaff'schen Ethik folgt in der Hauptsache dem einfachen Schema: allgemeine (1—4) und spezielle Ethik; der erste Teil gibt gleichsam die Geburtsgeschichte und Wesensdarlegung des Christen; der zweite Teil die Erweisung des Christentums in der Pflichterfüllung. Der Standpunkt ist kurz gesagt der pietistische, zum Teil mystische, streng bibelgläubig, auch kirchengläubig; jedoch ein im Bengel'schen Sinn aus tief biblischer Produktion geborenes Werk ist diese Ethik nicht; an neuere Anschauungen, wie z. B. F r a n k, betreffend die Quelle der ethischen Wissenschaft, erinnert Pfaff's Deduktion derselben ex experientia spirituali; vgl. auch unten S c h m i d. Jedenfalls aber ist diese Ethik eine spezifisch und ausschliesslich christliche Ethik, ohne alle Connivenz gegen philosophische Diktate irgendwelcher Art, insofern ächt theologisch, leider aber nicht, oder mindestens nicht immer das, was wir streng wissenschaftlich nennen.

Mit Pfaff der Richtung nach nahe verwandt, aber — sit venia verbo — zu Bengel'scher Höhe, zu biblischer Klarheit und Ruhe emporgehoben steht der Kanzler Jeremias Friedrich Reuss, geb. 1700, gest. 1777, da; vgl. Ch. F. Schmidt, chr. Sittenlehre S. 100; Beck, Ethik I, S. 35; Weizsäcker, a. a. O. S. 117 ff.; über sein Verhältnis zu Bengel s. Wächter, Bengel und Ötinger 1886, S. 59 ff. Von ihm gehört in unsre Abhandlung die treffliche Schrift, deren Titel viel zu bescheiden lautet: elementa theologiae moralis, quibus quae ad rectam pie beateque in Jesu Christo vivendi rationem pertinent generatim exponit J. F. Reuss, Tübingen 1767. In der Einleitung wird der Zweck der theologischen Moral dahin bestimmt, viam et modum pie et beate vivendi zu zeigen, aber so dass Christus als der Eine autor vitae gewahrt wird. So tritt auch der Unterschied der christlichen von der natür-lichen Sittlichkeit und Frömmigkeit hervor; die theologische Moral führt nicht bloss die göttlichen Gesetze des Lebens vor, sondern zeigt auch, wie man sie erfüllen kann, sie hat den Glauben an Christum zum novae vitae principium. Sie zerfällt in mor. generalis et specialis; diese Schrift will nur die generalis geben, ihre Abschnitte sind folgende: 1) de natura atque indole theologiae moralis. Dieser fundamentale Abschnitt gehört nach unserem Ermessen zum besten, was z. B. über die Frage des Unterschieds zwischen philosophischer und theologischer Moral geschrieben worden ist, und dürfte noch heute wohl erwogen werden. Reuss wendet sich gegen die Ansicht, die wir dann bei Flatt finden werden, als ob die theologische Moral nur nova fundamenta virtutum et officiorum, ferner nova et effi-caciora motiva, endlich auch nova officia (z. B. die gegen Christum, die Kirche u. dgl.) zur philosophischen hinzubringen würde; wohl verhalte sich mit alledem Jene zu dieser auch wie summum genus zum infimum, aber der eigentliche innerste Charakter der theologischen Moral wird gebildet einesteils durch den Zweck, welchen sie für das Verhalten statuiert, das ist das ewige Leben, andernteils durch ihre Quelle, was im eigentlichen Sinn nur die h. Schrift ist, als integer oraculorum divinorum codex, endlich durch den Charakter der Sittlichkeit selbst, resp. durch die vires, welche die sittliche Persönlichkeit dadurch besitzt, dass hier durch Christum ein totus animi habitus et universa vivendi ratio plane alia gegeben ist als da, wo nur die Regeln der natürlichen Moral befolgt werden. So ist also zwischen theologischer und philosophischer Moral ein discrimen longe maximum (26). — 2) Quae cura hominis in tota vita princeps et praecipua esse debeat. Antwort: die Erlangung der vita et beatitudo aeterna. 3) Qua ratione quis quove modo gratiae Dei et salutis per Christum partae particeps fiat. Hier die Lehre von Busse und Glauben, Ver-hältnis von Glaube und Liebe u. s. f., auch den criteria verae fidei zur Unterschei-

dung von der imaginaria (97 ff.). In der Besprechung des Verhältnisses von fides
directa, welche gleich quaerere und dann amplecti gratiam remissionis und von fides
reflexa, was gleich confidere peccata sibi esse remissa, beachte man (86) den Satz:
reflexam fidem confestim cum directa conjungi posse, sed tamen varias ob causas
nec semper nec necessario cum ea conjunctam esse. — 4) De felicitate et beatitudine
qua fideles in hac Jam vita potiuntur. Hier erscheinen mehr gewöhnliche, zum Teil
nur aus Zusammenreihung von Bibelstellen bestehende Auseinandersetzungen, doch
beachte die Unterscheidung der Grade der geistlichen Freiheit, besonders der τέλειοι
und νήπιοι, auch die Bestimmung des summum bonum = Deus, daher apex beatitu-
dinis = visio Dei u. a. — 5) Unde et qua ratione voluntatis divinae officiique sui
notitiam comparare sibi Christianus debeat. Die Frage, ob das mosaische Gesetz
noch dem Christen gelte, wird hier in der mehr gewöhnlichen Weise durch die
Unterscheidung von Ceremonial-, bürgerlichen und moralischen Geboten gelöst und
von letzteren gut gesagt, sie gelten auch den Christen, quia ratio earum in ipsa Dei
hominumque natura continetur. Bei der Untersuchung über das Naturgesetz kommt
Reuss wieder auf die Fundamentalfrage betreffend das Verhältnis des Vernunft-
gesetzes und des spezifisch christlich moralischen Gesetzes, widerlegt einerseits treffend Ch. Wolf und vollends Tindal, sofern sie, Jener indirekt, dieser direkt, eigentlich nur das Vernunftgesetz gelten lassen (202 f.), andererseits überwindet hier doch
auch Reuss ein gewisses äusserliches Nebeneinander nicht, wenn er (203) unterscheidet leges morales, quas per rationem quoque — und quas nonnisi ex revelatione
cognoscere licet; denn der (bekanntlich bei allen Orthodoxen) häufige Satz, dass auch
Jene Gesetze nur dann vollerkannt und giltig seien, wenn die ratio lumine divina,
sacra scriptura adjuta sei u. s. f., trifft doch nicht ins innerste Zentrum der Frage.
6) De dictamine rationis et conscientiae. Die allgemeine Regel für das Einzelnver-
halten ist omnia ad normam verbi divini serio exigere (233). Da nun aber nicht
für alles Einzelne direkte Weisung in der Schrift enthalten ist, so handelt es sich
um Vernunft- und Gewissensschlüsse. So gibt nun hier Reuss auf S. 240—286 eine
sehr eingehende, vortreffliche Lehre vom Gewissen. Die Streitfrage, ob das
Gewissen wesentlich den intellectus oder den sensus angeht, beantwortet er dahin,
dass er beides beJaht, genauer das Gewissen in drei oder, Je nachdem man zählt,
zwei Faktoren zerlegt, einerseits facultas judicandi de moralitate, andererseits scientia
legis et officii und sensus recti. Hienach entscheidet sich sehr leicht die Frage über
die conscientia erronea dahin, dass wohl diese notitia und sensus, nicht aber Jene
facultas irren kann. Immer aber gilt: contra dictamen conscientiae agere nunquam
licet, sive recta sive erronea sit. Vortrefflich ist der Passus über die cura conscientiae,
d. h. die Sorge dafür, dass unser Gewissensurteil mit dem des göttlichen Gesetzes
übereinstimme, auch wir es recht verstehen (275 ff.). Die wichtigste hiefür ist die
treue lebendige Durchforschung der h. Schrift, denn das sicherste ist immer, ex Justis

e verbo Dei petitis rationibus zu handeln. 7) De obedientia Deo et salvatori praestanda; besonders Glaube und Liebe. 8) De officiis et virtutibus primariis et funda-
mentalibus; Gottes-, Nächsten- und Selbstliebe; τὰ ἄνω φρονεῖν, κατὰ πνεῦμα ζῆν u. s. w.
9) De recto totius vitae pie agendae studio. Hier die eigentliche Pflichtenlehre; zu
beachten ist die Unterscheidung von duplex officiorum genus (497 ff.), einesteils
commune omnibus, andernteils Individualpflicht, aus singularis conditio entsprungen
u. dgl. Die Pflichtenkollision (499 ff.) definiert Reuss dahin, dass leges colli-
duntur atque ita inter se pugnant, ut una servari non possit, fasst sie also wesentlich obJektiv; er geht. übrigens nicht weiter auf die prinzipiellen Fragen ein, sondern
gibt hauptsächlich sehr gute praktische Regeln zur Entscheidung der Kollisionsfälle.
10) De profectu fidelium et incremento sanctimoniae. Man kann diesen Abschnitt
die Tugendlehre nennen. Namentlich werden hier auch die Tugendmittel besprochen, darunter wieder bezeichnender Weise besonders, mit vortrefflichen Regeln
(547 ff.), die Verwendung der h. Schrift. Sehr gut und für die heutigen Verhandlungen über diese Frage noch durchaus beachtenswert ist der Passus über die auf
Erden zu erreichende Vollkommenheit (565 ff.), die wesentlich als virilis aetas
gefasst wird. Köstlich endlich ist der Schlussabschnitt: de fidelitate. — Niemand
wird leugnen, dass in dieser Schrift eine wirkliche, ächt theologische, tiefgehende,
freilich nicht in allem ausgeführte Ethik vorliegt. Äusserst besonnene, in aller biblischen Entschiedenheit milde und ruhige, auch von Pfaff'schen pietistischen Übertreibungen freie, edle und feine Haltung zeichnet das Ganze und das Einzelne aus.

Sohn eines Schülers Bengels (vgl. Claus, württembergische Väter I S. 286 ff.),
will auch das Haupt der älteren Tübinger Schule, Gottlob Christian Storr,
geboren 1746, gestorben 1805, — vgl. Athenäum IV 1830, S. 41 ff. — ein
biblischer Theolog sein. Trägt doch schon seine viel benützte Dogmatik den
Titel: christ. doctrinae pars theoretica ex sacris litteris repetita. Leider hat Storr
für die Ethik nur ein paar kleinere, übrigens auch nur zum Teil in diese Wissenschaft
gehörenden Abhandlungen hinterlassen, deren Namen wir anzuführen uns beschränken
müssen: de spiritus sancti in mentibus nostris efficientia 1777; sodann: über die
Gnadenwirkungen 1779. Gut sagt Wagenmann a. O. S. 73, die christliche
Glaubens- und Sittenlehre sei bei Storr eine Zusammenfassung und Verknüpfung der
Resultate der Exegese, aber nur in der Art, dass sie atomistisch aus einzelnen Bibelstellen zusammengesetzte Mosaikarbeit sei, und so sei gerade eine Theologie, die
nur eine biblische sein wolle, wieder nichts weniger als eine biblische d. h. sie wisse
nichts von der Bibel als Organismus, daher auch nichts von genetischer Entfaltung
der biblischen Wahrheit, also (setzen wir hinzu) auch nichts von lebensvoller im Re-
produzieren produktiver Arbeit aus dem Bibelgeist im Bibelwort heraus. Dieser für
die Storr'sche Schule vollends bezeichnende Unterschied von Bengel und Reuss tritt
nun äusserst charakteristisch hervor in den ethischen Werken von Joh. Friedr. Flatt,

geboren 1759, gestorben 1821; vgl. Athenäum I 1829, S. 19 ff. Die Moral nimmt einen bedeutenden Raum in seinem Wirken ein, besonders sofern Ja die von ihm von 1796 an, dann 1803 ff. von Süskind herausgegebene theologische Zeitschrift die Moral schon in ihrem Titel »Magazin für christliche Dogmatik und Moral« an der Spitze trägt. In der Erwartung aber, viele und bedeutendere ethische Arbeiten hier zu finden, wird man sehr getäuscht. Nennenswert ist eigentlich nur in Band III: Flatt, Bemerkungen über die Aufgabe, das höchste Prinzip christlicher Sittenlehre zu bestimmen, und in Band XIII: Süskind, über die Grenzen der Pflicht, keine Unwahrheit zu sagen. Dagegen hat Flatt als eigene Schrift erscheinen lassen: Beiträge zur christlichen Dogmatik und Moral und zur Geschichte derselben, Tübingen 1792, doch ist eigentlich ethisch hier nur die zweite Abhandlung: in welchem Verhältnis steht die Hoffnung der künftigen Glückseligkeit, welche Jesu verheisst, zur Tugend? Merkwürdig ist, wie hier Kant'sche Gedanken von der Auflösung des Widerspruchs zwischen Tugend und Wohlsein mit halb oder ganz unkantischen, z. B. dass die Lust, die diese Hoffnung erweckt, ein positives Beförderungsmittel der Tugend sei, zusammenstehen. Das bedeutendste moralische Werk Flatts aber sind seine von Steudel aus dem Nachlass herausgegebenen Vorlesungen über christliche Moral, Tübingen, Fues 1823; vgl. Ch. F. Schmid, chr. Sittenlehre S. 113; Beck, Ethik I S. 40. Der Inhalt dieses 951 Seiten starken Werks ist folgender: die Einleitung bespricht den Begriff der christlichen theologischen Moral, wonach ihren Stoff die von Gott durch Christum und die Apostel uns mitgeteilten, unmittelbaren und mittelbaren moralischen Belehrungen, sowie die Verpflichtungs- und Beweggründe zu deren Befolgung bilden. Die letzteren werden aus der theoretischen christlichen Religionslehre (Dogmatik) genommen, und darin liegt eine wesentliche Eigentümlichkeit der christlichen Moral als solcher, denn das Christentum gibt durch eigentümliche Lehren eigentümliche, sehr kräftige Antriebe zu einem willigen Gehorsam gegen Gottes moralisches Gesetz (42). Ausser dem, was hierin für den Unterschied von christlicher (theologischer) und philosophischer Moral liegt, hebt Flatt (S. 56 ff., vgl. 889 f.) noch hervor einmal die verschiedene Erkenntnisquelle, was für die erstere die christliche Offenbarung d. h. die durch Christum bekannt gewordene Belehrung Gottes ist. Hienach ist das eigentümliche Prinzip der christlichen Moral dies: Befolge den durch Jesum uns bekannt gemachten Willen Gottes. Sodann was den Inhalt betrifft, so hat die christliche, neben jenen besonderen Beweggründen, auch »einige wenige eigentümliche positive Gebote, so die Pflicht gegen Christum selbst und die Anordnung gewisser heiliger Religionsgebräuche« (59). Man vergleiche diese Sätze mit den oben angeführten von Reuss, so wird wohl das, was schon mehrmals über den Unterschied der beiden Hauptlinien der Moraltheologie, die uns hier vorliegen, gesagt wurde, voll beleuchtet sein. Aber wohlgemerkt, auch Flatt setzt die heilige Schrift als die Quelle der christlichen Moral voraus, benützt sie in ganz orthodoxem Sinn und zeichnet sich durch gründliche, zum Teil feine exegetische Untersuchungen aus. Sein Moralsystem selbst aber zerfällt in zwei grosse Teile: die Lehre von der christlichen Tugend und die Lehre von der christlichen Besserung oder Asketik. Merkwürdig, dass erst der zweite, zudem viel kürzere Teil (S. 739 ff.) die Frage über die Entstehung der christlichen Tugend behandelt. Da ausserdem hier die Frage über den Fortgang der Tugend und die Tugend-(Besserungs-)mittel behandelt wird, so kann man sagen, die ganze Flatt'sche Ethik sei nur Tugendlehre. Was aber den näheren Inhalt des ersten Teils betrifft, so handelt dieser 1) von der christlichen Tugend überhaupt. Definiert wird dieselbe (69) als »diejenige herrschende Gesinnung, durch welche sich der Glaube an Jesum wirksam äussert« oder »ein solches herrschendes aufrichtiges, ernstliches, williges und anhaltend thätiges Bestreben, alle Gebote Gottes zu befolgen, bei welchem der Glaube an Jesum zu Grunde liegt«. Aus dem Einzelnen dieses Abschnitts sei hervorgehoben die Besprechung der Abweichungen vom Gesetz, welche auch bei »gebesserten Christen« (dies der gewöhnliche Ausdruck statt »Wiedergeborenen, Bekehrten«) vorkommen, gegenüber den Sünden Ungebesserter d. h. Solcher, bei denen Verdorbenheit noch herrschend ist (81 f.); dort findet nicht ἁμαρτίαν ποιεῖν im johanneischen Sinn d. h. vitiis deditum esse statt. Was bedeutet aber dies, dass der Glaube an Christum die Grundlage der christlichen Tugend ist? Hier tritt der Flatt'sche Standpunkt am klarsten heraus: im Glauben liegen (100) Vorstellungen und Überzeugungen, welche Bestimmungsgründe unseres Wollens und Handelns sein oder auf irgend welche Art, direkt oder indirekt, zur Festigkeit und Wirksamkeit eines pflichtmässigen Wollens beitragen sollen. Das sind besonders die Vorstellungen von Gott und seinen Geboten, von Christo, durch dessen Anschauung als der geschichtlichen Offenbarung Gottes der Glaube an Gott, besonders als der Liebe gegenüber Sündern aufs höchste belebt wird — man beachte Sätze, die ganz modern klingen, wie S. 131 »von der Gesinnung, die Jesus gegen die Menschen zeigt, auf Gottes Gesinnung gegen die Menschen zu schliessen, sind wir berechtigt« —, ferner die Vorstellung vom ewigen Leben, der Glaube an die Unsterblichkeit, den künftigen Lohn u. s. w. — 2) Von den pflichtmässigen Gesinnungen eines Christen und den damit zusammenhängenden Handlungsarten. In der allgemeinen Erörterung wird u. A. die Pflichtenkollision im ganzen treffend besprochen und als allgemeine Pflicht die aufgestellt: bemühe dich dein moralisches Gefühl zu schärfen (223). Immerhin macht einen eigenen Eindruck die Regel, dass man bei Kollision von eigenem und fremdem Vorteil den ersteren nur dann ganz bei Seite setzen soll, wenn der dem Andern verschaffte Vorteil nicht gar zu unbedeutend ist verglichen mit dem eigenen Nachteil

(225). Die einzelnen Pflichten sind a) die g e g e n G o t t. Interessant ist hier die relative Anerkennung, die Flatt der mystischen »reinen Liebe zu Gott« spendet, Jedoch mit dem Zusatz: »aber Liebe gegen Gott ist deswegen nicht eine solche Gesinnung, auf welche der Gedanke an das Verhältnis Gottes zu unserer Glückseligkeit keinen Einfluss hat« (271). Bei der Besprechung der unmittelbar religiösen Pflichten wird auch (364 ff.) die S o n n t a g s f r a g e behandelt und sehr gut, ächt lutherisch, etwa gesagt: die Verpflichtung des Christen zur Sonntagsfeier gründet sich nicht auf ein direkt göttliches Gebot, sondern auf eine kirchliche und bürgerliche Verordnung, der aber Christen sich gern unterwerfen, weil sie mit dem Geist des Christentums stimmt. — b) P f l i c h t e n g e g e n C h r i s t u m. Hier eine hübsche Beleuchtung der moralischen Konsequenzen der verschiedenen Anschauungen über Christum. c) P f l i c h t e n g e g e n a n d e r e M e n s c h e n. U. A. wird besprochen die Notwehr, Höflichkeitslüge u. s. w. Auch der Unterschied von Bruderliebe und Nächstenliebe kommt zum Recht. Besonders ausführlich werden die Pflichten des Ehe- und Hausstands entwickelt (551 ff.), und hiebei Wesen und Zweck der Ehe zu Grund gelegt. Dagegen vom S t a a t handelt Flatt (598 ff.) nur, um die Pflichten der Obrigkeit und Unterthanen in fast populärer Weise vorzuführen. Keine Rede von einer tieferen Untersuchung über Wesen und Aufgabe des Staats, Verhältnis zur Kirche u. s. f. d) P f l i c h t e n g e g e n u n s s e l b s t. Merkwürdig, dass unter diesem Titel auch erst eigentlich die Lehre von der Sünde (709 ff.) hereinkommt. — D e r z w e i t e T e i l enthält 1) d i e L e h r e v o n d e r c h r i s t l i c h e n B e s s e r u n g, μετάνοια, Bekehrung, Wiedergeburt = Übergang von Verdorbenheit zu moralisch guter Gemütsbeschaffenheit (740 ff.), wodurch eine neue Art zu wollen und zu handeln herrschend wird, die mit dem göttlichen Gesetz übereinstimmt, und dies ist eine den ganzen Menschen umfassende Veränderung, die ein neues geistliches Leben schafft. Man sieht, wie Flatt sich hier bemüht, über die blosse »moralische Besserung« hinaus zu tiefergehenden biblischen Anschauungen vom »neuen Menschen«, von der καινὴ κτίσις u. s. f. zu kommen. Aber dass ihm das doch nicht recht gelingt, tritt wohl am bezeichnendsten bei der, sonst viel feines enthaltenden Darstellung der »Verschiedenheit in der Sinnesänderung« hervor; er unterscheidet nämlich zwischen solchen, bei denen sie nur »ein Übergang von einer niedrigeren Art von Tugend zu einer höheren ist« und solchen, bei denen sie »Übergang von herrschender Verdorbenheit zur christlichen Tugend ist« (778). — 2) D i e c h r i s t l i c h e n B e s s e r u n g s m i t t e l: Betrachtung der h. Schrift, öffentlicher Gottesdienst u. s. w.; besonders zu beachten ist die Äusserung über das K o n v e n t i k e l - w e s e n S. 867 ff., Flatt hält die Konventikel für unter gewissen Einschränkungen, empfehlenswert, aber Teilnahme daran nicht für Pflicht an sich. — In einem A n - h a n g wird die Frage des Einen höchsten Prinzips besprochen und hier nun nach Beleuchtung der Kant'schen und anderer Ansichten der äusserst interessante Versuch gemacht, d i e I d e e d e s R e i c h e s G o t t e s (914) als dieses Prinzip hinzustellen.

Schade, dass die Sache nicht weiter durchgeführt ist, auch dieser Idee andere, wie die der Übereinstimmung mit dem durch Christum geoffenbarten Willen Gottes als koordiniert zur Seite gestellt werden. Gerade dies scheint uns für Flatt charakteristisch. Überall strebt er hin zu tieferen biblischen Anschauungen, aber immer wo er der Sache ganz nahe gekommen ist, bleibt er doch fast im blossen Moralismus hängen. Das ganze grosse Moralsystem Flatt's ist doch nur Tugend- und Pflichtenlehre; die ätiologische und teleologische Basierung des christlichen L e b e n s, des christlichen C h a r a k t e r s auf das real vorhandene, resp. einst voll verwirklicht werdende G u t des Himmelreichs ist kaum Je und Je angedeutet. Die Bibel, Ja Gott und Christus selbst sind doch nur wesentlich dazu da, moralische B e l e h r u n g zu geben, resp. die Erfüllung der Gebote und den Lohn hiefür zu ermöglichen. So sind doch in der Hauptsache die christlichen Moralvorschriften nur die durch das Christentum unterstützten allgemein ethischen Vernunftvorschriften. Nimmt man dazu, dass die Darstellung bei grosser Feinheit, viel Scharfsinn, äusserst eingehendem praktischen Blick doch nach gewissen Schablonen und immer neu wiederkehrenden Kategorieen mit oft fast haarspaltenden logischen Unterscheidungen ergeht, so wird deutlich sein, inwiefern wir das Urteil des A t h e n ä u m a. O. S. 23 billigen und inwiefern nicht: »seine Moral ein lebendiges Ganzes, das in streng logischer Verbindung die fruchtbarsten Erörterungen über Tugenden und Pflichten gibt.«

Es ist zu bedauern, dass der der Zeit nach zunächst auf Flatt folgende Moraltheologe F r i e d r. H e i n r. K e r n, welcher auch als Exeget sozusagen den vorherrschend ethischen Zug seines Wesens dadurch erwies, dass er dem J a k o b u s - b r i e f 1838 einen grösseren und heute noch geschätzten Kommentar widmete, uns nichts Bedeutenderes von ethischen Arbeiten hinterlassen hat. Aber zu beachten ist sein Osterprogramm 1828: commentationis de virtute christiana pars I; namentlich ist darin der Begriff der c h r i s t l i c h e n V o l l k o m m e n h e i t ausführlich besprochen und verdienen Sätze angeführt zu werden, wie der, dass wegen der Unmöglichkeit, absolute Vollkommenheit zu erreichen, die Tugend wesentlich gefasst werden müsse als ea mentis affectio, in qua gravissima c o n t e n t i o, ad perfectum virtutis exemplum subinde magis accedendi et laetiora in dies boni i n c r e m e n t a capiendi studium eminet. Dagegen kann die Bestimmung des fundamentum virtutis als persuasio de Deo sancto legislatore etc. nicht als genügend angesehen werden. — Hat man bei Kern den Eindruck, dass der neue theologisch-wissenschaftliche Hauch, der mit dem zweiten oder dritten Decennium unseres Jahrhunderts die Welt durchzieht, noch nicht ganz zum Durchbruch gekommen ist, so ist dies dagegen zweifellos der Fall bei dem Mann, der als Ethiker, obgleich nicht in demselben Mass, wie als neutestamentlicher Theologe, zu den Eröffnern einer neuen Ära der Wissenschaft gezählt werden darf, C h r i s t i a n F r i e d r i c h S c h m i d, geboren 1794, gestorben 1852; vgl. W e i z - s ä c k e r in der Realenc. 2. A. XIII S. 596 ff. Seine c h r i s t l i c h e S i t t e n l e h r e

wurde aus seinem Nachlass von seinem Schwiegersohn Heller 1861 herausgegeben;
vgl. über dieselbe Beck, Ethik I S. 68. Neben diesem Werk ist für die Ethik
auch zu beachten das Pfingstprogramm von Schmid 1826 de natura peccati.
Die 117, resp. 130 Seiten grosse Einleitung der Sittenlehre überzeugt den Leser
sofort, dass hier die modern-wissenschaftliche Luft weht, der stramm wissenschaftliche Geist herrscht, obgleich bei allem, was Schmid schreibt, eine gewisse
Breite, vielleicht darf man sogar hie und da sagen: Schwerfälligkeit die Ausführungen
weniger streng-wissenschaftlich erscheinen lässt, als sie in Wahrheit sind. Überall
nimmt hier Schmid Bezug auf Schleiermacher, Kant, auch Rothe. Wie ganz anders
als bei Flatt lautet die Bestimmung des Unterschieds von philosophischer und
theologischer Moral S. 9 ff.! Die zwei Hauptpunkte des Unterschieds sind:
die Quelle — bei letzterer das christlich-religiöse Bewusstsein und zwar in seiner
wesentlichen Begründung durch das obJektive Christentum als geschichtliche Offenbarung Gottes in Christo; sodann auch der Inhalt ist wesentlich verschieden,
das christlich Gute ist dasJenige sittliche Leben, das der Sünde entgegengesetzt
ein Leben aus und in Gott durch Christum ist. Seine Stellung zur Storrschen Schule,
wohl besonders Flatt deutet Schmid S. 30 und 61 dadurch an, dass der ältere
Supranaturalismus nur formal logisch autoritativ zur Bibel sich gestellt, also nur
entweder »formal-logische Darstellung des biblischen Stoffs« oder »philosophische
Erörterungen mit Hinzufügung einiger Bibelstellen« gegeben habe. Schmid hält
die Frage der Methode für die wichtigste und bestimmt seinen Unterschied von
Rationalismus und Supranaturalismus so: während der Rationalismus die Vernunft
in ihrer Geschiedenheit von der Offenbarung, der Supranaturalismus die Offenbarung in ihrer Geschiedenheit von der Vernunft zum Ausgangspunkt nahm, machen
wir den christlichen Geist zur nächsten Quelle für unsere Wissenschaft (61).
Diesen christlichen Geist aber fasst Schmid ausdrücklich als den des Subjekts
(also nicht an sich: den der Gemeinde) oder als »das Glaubensbewusstsein, in welchem
die christliche Lehre als Wahrheit in die Form des menschlichen Geistes eingegangen
ist« (28). Da wir hier nicht kritisieren, sondern bloss referieren, so können wir die
naheliegende Frage, ob mit dieser Bestimmung sozusagen etwas greifbar klares als
Prinzip gegeben ist, nicht weiter verfolgen; vgl. auch das oben über Pfaff gesagte.
Dagegen muss — namentlich um diesen Standpunkt im Verhältnis zu dem Beck's
zu würdigen — Schmid's Anschauung über die Stellung der h. Schrift als
Quelle der Ethik noch vorgeführt werden (vgl. S. 28 ff.). Sehr gut führt zwar
Schmid aus, dass die göttliche Wahrheit in der Bibel nicht die Form des Systems
habe, dass sie erst durch unsere Verarbeitung in wissenschaftliche Gestalt umgesetzt
werden müsse. Sehr gut schildert er die biblisch-exegetische Funktion der theologischen Systematik S. 51 ff., wonach es sich hauptsächlich darum handelt, die
biblischen Grundgedanken zu gewinnen und aus diesen die Lehrsätze abzuleiten; so

erhalte man nicht eine Zusammenstellung von biblischen Aussprüchen, sondern »man
hat wesenhaft und organisch zusammenhängende, genau bestimmte, unter sich har-
monierende Begriffe und ein Lehrganzes, das sich auf angemessene Weise gliedert,
ein lebendiges Ganzes christlich-theologischer Erkenntniss« (52). Und was man so
erreicht, ist die »wesentliche Identität mit der göttlichen Wahrheit der h. Schrift.«
Alles dies können wir unterschreiben, aber — was wir freilich hier nicht weiter verfolgen können, vgl. d. V e r f. Vortrag über Wesen und Aufgabe einer bibelgläubigen
Theologie, Stuttgart, Steinkopf 1889 — wir vermissen die ausdrückliche Erklärung,
dass Jener »christliche Geist« das, was er ist, nur w u r d e durch das Bibelwort und
nur b l e i b t s o w e i t das Bibelwort die Quelle und Norm seines ganzen Lebens, besonders auch seines wissenschaftlichen Denkens ist, namentlich so dass die »biblischen
Grundgedanken« wirklich als genuin-biblische, als das was sie nach der biblischen
Männer Meinen besagen und bedeuten, absolut nicht nach dem, was wir, seis auch
von unserem »christlichen Geist« aus, etwa von religiösem Wert in ihnen finden,
unbedingt zu gelten haben. Was dieser Mangel bedeutet, wird sofort an Einzelnem
in Schmid's Ausführungen seine Beleuchtung finden. Gehen wir nämlich zum Inhalt
der Moral selbst über, so eignet sich Schmid die E i n t e i l u n g in allgemeine und
spezielle Moral an. D e r e r s t e T e i l »das christlich Gute in seiner Allgemeinheit«
hat eine a n a l y t i s c h e und eine s y n t h e t i s c h e Abteilung. 1) Jene legt die
»E l e m e n t e d e s c h r i s t l i c h G u t e n d a r«, zuerst die subJektiven, den sittlichen
Trieb, das sittliche Gefühl, Intelligenz, Wille, Gewissen, dann die obJektiven, die
Offenbarung Gottes, die Einflüsse, mit denen Gott der Sünde gegenübertritt. Im
höchsten Grad beachtenswert ist heute noch die Ausführung über die sittlichen Elemente in der Menschennatur, wobei auch auf Kant u. s. w. gebührende Rücksicht
genommen ist. Bezeichnend aber ist, dass die sehr ausführliche und vortreffliche
Darlegung der »Lehre des Neuen Testament über die drei Hauptmomente der sittlichen Anlage« S. 163 ff. erst h i n t e n d r e i n der vorher gegebenen eigenen, aus
dem »christlichen Geist« geschöpften Darstellung der Sache nachfolgt. Allerdings
wird hierauf das Resultat: »die sittliche Persönlichkeit« so entwickelt, dass hier dann
auch die biblischen Aussprüche in die systematische Darstellung selbst verwoben
werden, und so kann in gewissem Sinn die Jener neutestamentlichen Untersuchung
vorausgehende eigene Darlegung der sittlichen Anlage als eine provisorische bezeichnet werden, allein das wird man nicht leugnen können, dass hier doch heraus-
tritt, wie Schmid's biblische Stellung keine ganz klar bestimmte und konsequent
durchgeführte ist, dass er faktisch doch Jener älteren, supranaturalistischen Methode
näher steht, als der der Bengel'schen Schule. 2) Die synthetische Abteilung behandelt »das c h r i s t l i c h G u t e s e l b s t«. Hier steht oben an die Lehre von der
W i e d e r g e b u r t. Wenn als der »Gehalt« des durch diese gesetzten neuen Lebens
»Busse und Glaube« dargestellt wird, so könnte dies so missverstanden werden, als

ob Schmid b l o s s die sog. poenitentia quotidiana anerkannte, also die Bekehrung und Wiedergeburt als e i n m a l i g e n Akt nicht zum Recht kommen liesse. Und man könnte in dieser Beziehung auf den Abschnitt S. 323 ff. verweisen, wo die Frage, ob der Akt der Wiedergeburt ein erkennbarer sein m ü s s e, verneint wird. Sieht man aber näher zu, so tritt bald hervor, dass Schmid nur teils der methodistischen Forderung des sichern Bewusstseins um den Zeitpunkt der Bekehrung entgegentreten, teils die Möglichkeit von Unklarheiten, Schwankungen, Trübungen des Bewusstseins bei trotzdem zweifellos vorhandener Widergeburt begründen will. Immerhin tritt gerade hier bei dem für Schmid so bezeichnenden edlen, milden, allseitig abwägenden Urteil ein gewisser Mangel des scharf bestimmten Entscheidens hervor. Die weiteren Ausführungen dieser Abteilung halten sich an die drei Formen des Guten: Pflicht, Tugend, Gut (Werk), behandeln somit a) d a s c h r i s t l i c h G u t e a l s v e r p f l i c h-t e n d e s G e s e t z. Hier wird unter anderem namentlich auch das Vorbild Christi besprochen, das (siehe dagegen P a l m e r) als »grundwesentlich für die christliche Ethik angesehen wird (355). In der Lehre von den A d i a p h o r a, dem Erlaubten (448 ff.) u. s. w. gehört Schmid zu den idealistischen Ethikern, welche Gleichgültiges und Erlaubtes leugnen: »es gibt in Wahrheit kein Erlaubnisgesetz« (451). Auch die P f l i c h t e n k o l l i s i o n leugnet er (420 f.), gibt aber Kollision der sittlichen Grund-sätze oder der Zweckbeziehungen der sittlichen Sphären u. s. f. zu. — b) D a s c h r i s t-l i c h G u t e a l s a u f g e n o m m e n i n d e n W i l l e n, a l s c h r i s t l i c h e T u g e n d. Dieselbe wird zuerst nach ihrem Wesen — hier ist auch, S. 514 f. der Begriff der christlichen V o l l k o m m e n h e i t, doch nicht ganz genügend, untersucht, vgl. auch S. 577. 615 — dann nach ihrem W e r d e n dargestellt. Zu beachten ist das über die Stufen der Heiligung gesagte (570 ff.). An den Schluss dieses Abschnitts tritt die A s k e t i k = Lehre von der Bewahrung, Reinigung und Stärkung des christlichen Lebens durch besondere, die sog. Tugendmittel (589 ff.). — c) D a s c h r i s t l i c h G u t e a l s W e r k. Hier die wichtige Entwicklung des christlichen Begriffs des h ö c h s t e n G u t s, als welches Schmid (622 ff.) das R e i c h G o t t e s fasst = die gött-liche Ordnung der Dinge, welche durch Christum verwirklicht wird als eine von innen nach aussen sich entfaltende, die durch Christum gestiftete Gemeinschaft der Geister, einst sich vollendend als die in Christo göttlich verklärte Welt, einerseits etwas seinem Wesen nach schlechthin Seiendes, Ideales und zeitlos Ewiges, anderer-seits etwas in zeitlicher Erscheinung Reales und sich successiv Entwickelndes, einer-seits primitiv auf die göttliche Ursächlichkeit zurückgeführt, andererseits in Beziehung gesetzt zur Thätigkeit der Menschen. Wenn man das Recht hätte, die Schmid'sche Bestimmung »schlechthin Seiendes, Ideales« u. s. w. im Sinn der hyperphysischen Realität und Substantialität der obern Welt zu verstehen, so wäre diese Definition von der Anschauung Becks (s. u.) nicht sehr weit entfernt. — D e r z w e i t e T e i l »d a s c h r i s t l i c h G u t e i n s e i n e r wesentlichen Besonderung« legt die drei wichtigsten, im Reich Gottes befassten Güter und Tugenden nach der Trias »Gottes-, Nächsten- und Selbstliebe« dar, also 1) die christliche Gemeinschaft mit Gott, Kindschaft Gottes. Besonders eingehend und schön ist S. 669 ff. die Lehre vom Gebet behandelt, wobei für moderne Verhandlungen namentlich die, zum Teil gegen Schleiermacher sich wendende Rechtfertigung des Bittgebets (679) zu beachten ist. 2) Die christliche Persönlichkeit oder das Ebenbild Christi in der Person des Christen. Die in dieser Beziehung zu fordernde Gesinnung ist achtungsvolle Selbstliebe als thätige Anerkennung des Werts der eigenen Person. Schön wird über Selbstmord, Verhältnis zum Besitz, Ehrliebe, Notlüge u. s. f. gesprochen. 3) Die christliche Gemeinschaft der Menschen unter einander, die christliche Brüdergemeinschaft. Unter den allgemeinen Erörterungen über Nächstenliebe u. dgl. wird die Notwehr etwas kurz (758) besprochen, das Duell durchaus als unchristlich und unsittlich verworfen (768). Die Einzelabschnitte sodann behandeln die Familie, den Staat, die Völkergemeinschaft, die Kirche. Aus der Lehre vom Staat sei angeführt, dass Schmid die Idee des »christlichen Staats« vertritt und folgendermassen definiert: »die Volksgemeinschaft als eine göttlich geordnete, die Gesamtheit der christlich-menschlichen Zwecke innerhalb eines Volks umfassende Vereinigung, welche — — so gestaltet wird, dass . . . . das menschliche Leben sich nach allen Seiten hin und insbesondere in betreff der höchsten geistigen Güter christlich entwickle und bilde« (791). Dazu vergleiche, wie Schmid S. 649 der pietistisch-asketischen Anschauung gegenüber das Prinzip vertritt, dass die Welt christlich beherrscht und verklärt werden müsse. Überhaupt ist es bezeichnend, dass Schmid den Pietismus, das Konventikelwesen nur unter dem Titel der (einseitig subjektiven) Gottesliebe, nicht unter dem der Bruderliebe, unter den es doch zuerst gehört, bespricht. Mit all dem stimmt, dass dann Schmid ausdrücklich (vgl. dagegen Beck) die wesentliche Trennung von Kirche und Staat verwirft, Ja er gibt sogar fast nach Art von Rothe zu, dass in der Idealität der Staat dasselbe wäre wie die Kirche (794). Auch hier tritt, wie überall, der edle, allen Extremen abholde, den Mittelweg wahrende, massvolle Konservatismus Schmids hervor, der aber durch die Scheu, biblisch prinzipielle Wahrheiten schroff zu vertreten, doch hie und da die Klarheit und Schärfe eines durchaus entschiedenen Standpunkts vermissen lässt, der aber andererseits immer durch die Ruhe, Besonnenheit, Feinheit der Darstellung, noch mehr durch die aus ihr hervorleuchtende, ächt christliche liebenswürdige Persönlichkeit des Darstellenden Jeden gewinnen muss. Welch grossen Fortschritt aber, material und formal betrachtet, seine Sittenlehre gegenüber Flatt darstellt, brauchen wir nicht erst hervorzuheben. Wäre noch von Bengel und Reuss her etwas mehr biblicistisches Mark und Salz in seine Theologie eingeflossen, so wäre unser Urteil, dass in ihm einer der allergediegensten Lehrer der Ethik vor uns steht, ein ganz uneingeschränktes.

Schmid am nächsten steht sein Amtsnachfolger Christian Dav. Friedr. Pal·

mer, geboren 1811, gestorben 1875, vgl. Weizsäcker, Jahrb. f. d. Theol. 1875 S. 353 ff.; Knapp, Realencykl. 2. A. IX S. 708 ff. Palmer hat auf dem Gebiet der Ethik und der nahe hieran grenzenden Gebiete mancherlei Abhandlungen veröffentlicht, von denen wir die »über die christliche Lehre vom höchsten Gut« u. s. w., Jahrb. f. d. Th. 1860, S. 436 ff., besonders aber den Aufsatz über das Vorbild Christi, Jahrb. f. d. Th. 1858 S. 661 ff. als heute noch sehr beachtenswert hervorheben möchten. Hienach hat das Vorbild Christi in der h. Schrift eine untergeordnete Stellung (vgl. dagegen oben Schmid). Doch führt Palmer in sehr schöner Weise aus, was die wichtigsten Momente in der Anschauung Christi als Vorbild seien, besonders dass im Vorbild das Sittliche zugleich als das Schöne erscheine; sodann dass Jesus Ja nicht als catalogus virtutum, sondern als charaktervolle Persönlichkeit diese Stellung habe. Im Jahr 1864 liess Palmer »die Moral des Christentums« erscheinen (Stuttgart, Liesching). Bei der Würdigung dieses schönen Werks ist nicht zu vergessen, dass Palmer ausdrücklich, »ohne den theologischen Charakter zu verleugnen« doch auch für »gebildete Nichttheologen« schreiben will, daher alles nur fachmännische, besonders das gelehrte Beiwerk von Citaten u. dgl. fehlt. In der Einleitung unterscheidet Palmer die theologische und philosophische Moral dahin, dass einmal von den zwei Faktoren, den Thatsachen des Bewusstseins einerseits, der h. Schrift und Kirchenlehre - andererseits für die eine dieser, für die andere Jener der massgebende ist; sodann dass die theologische Moral die religiöse, die philosophische die sittliche Seite des Handelns mehr betont. Dass damit nicht prinzipiell und in der Tiefe so, wie etwa bei Schmid und Reuss, der Unterschied gefasst ist, liegt auf der Hand. Namentlich wird auch eine nähere Ausführung darüber, ob und wie die h. Schrift die eigentliche Quelle der Moral ist, nicht gegeben. Dagegen wird — und das ist sicher eine Ergänzung des über Jenen Unterschied gesagten — sehr gut ausgeführt, dass Christus das Prinzip der Sittenlehre sei (33). Und machen wir von hier, sowie von der Art aus, wie dann Palmer in der Moral selbst verfährt, den Schluss auf Jene Frage nach der Quelle, so wird dieselbe zunächst am ehesten in einer der Schmid'schen Bestimmung nahekommenden Weise beantwortet werden können, etwa so, dass für Palmer das christliche Bewusstsein als die Erfahrung Christi — aber des in Bibel und Kirche bezeugten Christus — die Quelle der Darstellung der Ethik ist. Nun kommt aber noch ein anderer Punkt herein, der Palmer sozusagen mehr in die Schleiermacher'sche Linie stellt. In den Mittelpunkt der Ethik stellt er Christum, aber in dieser ethischen Christologie ist der erste Abschnitt (121 ff.): die Christenheit, erst der zweite: das Leben Christi u. s. f. Ausdrücklich verwahrt sich Palmer gegen diejenige Deutung dieser Anordnung, wonach etwa Christus nur »Geschöpf der Christenheit«, also Produkt, nicht Produzent des Christenheitslebens wäre, aber ebenso ausdrücklich sagt er (122): »wir folgen der Regel, dass man den Baum an den Früchten erkennen müsse«. Damit ist nun doch — ohne dass wir sagen können, wie weit Palmer dies selbst wollte, vgl. unten über das N. T. — das biblische Prinzip sowohl so, wie es die supranaturalistische, als so, wie es die Bengel'sche Schule meint, fast aufgegeben; und auch über Schmid ist insofern hinausgegangen, als für letzteren doch die h. Schrift mit ihren »Grundgedanken« weit mehr, als bei Palmer, das material massgebende ist. — Der Aufriss und Inhalt der Moral selbst ist nun bei Palmer folgender: der erste Teil behandelt das natürliche Leben und zwar 1) die sittliche Schöpfung im Menschen. Von besonderem Interesse ist hier die Lehre vom Gewissen, das (63) erklärt wird nicht für ein eigenes sittliches Vermögen, sondern für »eine Funktion, zu der die sittliche Anlage eingerichtet, die im Organismus derselben vorgesehen ist, aber nur für den Fall des wirklichen oder des erst beabsichtigten und nur erst in der Vorstellung geschehenen Sündigens«. So verbindet Palmer hier die empiristische und die aprioristische Fassung des Gewissens mit bedeutendem Vorwiegen der ersteren. Ähnliches könnte man von der Definition des Reiches Gottes sagen, sofern Palmer dasselbe teils als vor und ausser den Menschen vorhandene überweltliche Ordnung der Dinge, resp. Summe göttlicher Veranstaltungen zum Zweck der Seligkeit, teils als Gesamtprodukt des sittlichen Zusammenwirkens der Menschheit, somit als höchstes Gut im finalen Sinn fasst (74). Indem er aber auch für die letztere Seite auf die Gabe Gottes den Hauptnachdruck legt, tritt doch hier — und gewiss biblisch mit Recht — die subjektivistische und empiristische Anschauung hinter der objektiv-göttlichen zurück, und liegt hier eine bedeutende Annäherung an die Fassung der Bengel'schen Schule (s. u. Beck) vor. 2) Die Sünde. 3) Das Gesetz. In beiden Abschnitten ist nichts sonderliches hervorzuheben. — Der zweite Teil hat zum Thema: Christus. In der schon oben besprochenen Weise tritt 1) zuerst auf: die Christenheit. Gegenüber Übertreibungen nach rechts und links, betreffend die Sichtbarkeit der Wirkungen des Christentums im Völker- und Einzelleben führt Palmer sehr gut aus, dass das Wesentliche die Erfahrung der sündenvergebenden, entsündigenden Kraft Christi im Gewissen und Leben des Einzelnen sei. 2) Das Leben Christi. Christus ist nicht bloss Gesetzgeber und Vorbild, sondern Erlöser, Schöpfer eines neuen geistigen Lebens, durch seinen Tod hat er die Mitteilung seines Lebens an uns möglich gemacht. Unser Verhältnis zu Ihm muss ein persönliches sein und die dankbare Liebe zu Ihm ist die Quelle alles Guten. Dies einer der schönsten, gewinnendsten Abschnitte des Buchs (S. 174 ff.), worin namentlich auch gezeigt ist, dass die Ausschreitungen auf manchen Seiten, wonach »jene Liebe in einen widerlich tändelnden, kindischen oder verliebten Ton verfallen ist«, keineswegs die Berechtigung jenes Liebesprinzips aufheben. — 3) Der Geist Christi. Hier wird besonders hervorzuheben sein die Darstellung des Worts als des Mittels des Geistes (189 ff.). Die Bedeutung des Neuen Testaments wird folgendermassen geschildert: »auch für die neue geistige Schöpfung ist ein absoluter Anfang gesetzt in bestimmten Personen (den unmittelbaren Jüngern Jesu), die zu allen späteren sich wie geistliche Stammväter verhalten, von denen sich auf natürlich-menschliche Weise durch geistige Zeugung das von Gott empfangene Leben fortsetzt.« Die h. Schrift kann man Gottes Wort selbst nennen, aber doch nur so, dass sie als Schrift eben Gottes Wort enthält. Der Unterschied von der Bengel'schen Schule liegt hier klar vor. — Der dritte Teil behandelt das christliche Leben und zwar nicht sowohl als Pflichten-, denn als Tugendlehre, die Moral ist die Phänomenologie des Geistes Christi, sie »führt nicht den Korporalstock des kategorischen Imperativs« (201). Was das sog. Erlaubte betrifft, so gibt es ein solches, ein »dürfen«, aber nur im Gebiet des Geniessens d. h. des Gebrauchs der irdischen Güter, zu deren Begriff es gehört, der Freiheit zur Disposition gestellt zu sein. Die Pflichtenkollision betreffend, so kann nur die Regel gegeben werden, dass für die jeweilige Erkenntnis der wahren und einzigen Pflicht Weisheit gelernt, auch das, was zum Beruf des Individuums gehört, stets in den Vordergrund gestellt werde. Im einzelnen wird nun entwickelt 1) das christliche Leben in seinem Werden und Wachsen. In schöner Weise tritt bei der Lehre von der Bekehrung heraus, wie bei Palmer nüchterne, allem Extremen abholde Anschauung und doch warme, an Pietismus erinnernde christliche Erfahrung zusammen den Ausschlag gibt; so besonders, wo er sich über die Forderung, dass man den Zeitpunkt der Bekehrung wissen solle, äussert: »in der That muss Jeder, der jenen entscheidenden Entschluss gefasst hat, davon eine Erinnerung haben; wollte man aber damit nicht zufrieden sein, sondern auch schon die vorbereitenden Bewegungen im Herzen datiert wissen, so wäre das eine Forderung, wie wenn wir angeben sollten, an welchem Tage wir zum Selbstbewusstsein gekommen seien. Lasse man doch, was dem verborgenen Walten Gottes angehört, auch im Verborgenen und mache nicht aus dem, was in heiliger Herzensstille vorgeht, ein Material für die fromme Plauderstube oder für gelehrte Anatomie« (219). — Bei der Lehre vom geistlichen Wachstum wird die christliche Vollkommenheit definiert als christlicher Charakter, wobei die Sünde wohl noch nachwirkt, aber eine immer mehr verschwindende Macht ist (245 ff.). Die Thätigkeit des Christen für dieses Wachstum ist seine Selbsterziehung; hier also die Asketik (252 ff.). — 2) Das christliche Leben als ein Ganzes von Tugenden. a) Die christliche Freiheit. Das Nicht-pietistische an Palmer's Anschauung tritt hier besonders bei Besprechung der Freiheit von der »Welt« hervor; für Welt in dem biblisch verpönten Sinn, wonach der Christ sie meiden muss, erklärt Palmer »das was am Menschen noch sündig ist« (291). Unter dem Titel »Freiheit gegenüber Menschen« bringt Palmer eigentümlicher Weise auch ein Stück aus der christlichen Staatslehre — eine prinzipielle Lehre vom Staat selbst gehört nach ihm überhaupt nicht in die christliche Ethik — insofern herein, als die Freiheit der Völker zum Aufstand gegen fremde Unterdrücker besprochen und, weil dies sehr von Aufruhr zu unterscheiden sei, eventuell gebilligt wird (297). Auch auf die Frage, ob absolutistische Verfassung für ein sittlich gereiftes Volk möglich sei, kommt hier Palmer und verneint sie. Bei der Lehre von der »Freiheit gegenüber den Dingen« wird der Selbstmord, das Duell (»dieser Rest mittelalterlicher Barbarei« 305 ff.), Krieg, Notwehr u. s. w. besprochen. b) Die christliche Liebe, zuerst die Liebe zu Gott. Hier setzt sich Palmer wieder mit dem Pietismus insofern auseinander, als er findet, dass dessen Frömmigkeit »zwischen Welt und Reich Gottes, Welt und Christentum eine scharfe Grenzlinie, Ja einen breiten Graben ziehen will« (362). Auch bei der Menschenliebe erkennt zwar Palmer voll den Unterschied zwischen Nächsten- und Bruderliebe an, aber sagt auch, die Grenzlinie sei oft nicht möglich scharf zu ziehen. Der dritte Abschnitt: spezielle Liebe behandelt das Haus, die Freundschaft, die Kirche, die Vaterlandsliebe u. s. w. Aber so wenig, wie vom Staat wird eine prinzipielle genauere Untersuchung des Wesens der Kirche u. s. f. gegeben. — c) Die christliche Gerechtigkeit, d) die christliche Wahrhaftigkeit (auch Eid). An den Schluss tritt sozusagen ein Preis der christlichen Weisheit. — Ungemeine Reichhaltigkeit, Gewandtheit, Feinheit, erfahrungsmässige, oft ächt seelsorgerliche Weisheit in der Entscheidung praktisch-christlicher Lebensfragen zeichnet die Palmer'sche Ethik aus; aber biblisch- oder philosophisch-tiefgehende Fundamentierung ist nicht ihre Sache, kann es Ja auch schon wegen des nicht rein fachmännischen Charakters und Zweckes nicht sein. Der Standpunkt derselben aber ist ein entschieden positiv-christlicher, aber, wenn man so sagen darf, zugleich fast Herder-artig humaner; auch bei Schmid war von demJenigen Biblicismus, der mit pietistischer Stellung zur Welt verwandt ist, keine Rede, aber bei Schmid war doch das rein spezifische der christlichen Moral gegenüber der nicht christlichen noch schärfer betont als bei Palmer.

Welcher Unterschied nun vollends zwischen der Palmer'schen und der Beck'schen Ethik! Johann Tobias Beck, geboren 1804, gestorben 1878 — vgl. meinen Aufsatz in der Realenc. 2. A. XVII S. 693 ff. und die dort genau aufgeführte Litteratur, wozu seitdem besonders gekommen: Riggenbach's Biographie, Basel 1888 — hat eine Reihe von Aufsätzen und Schriften verfasst, die ganz oder teilweise in das Gebiet der Ethik gehören; von nicht ausschliesslich ethischen Arbeiten ist besonders auf seine »Gedanken aus und nach der Schrift«, »Briefe und Kernworte« u. A. zu verweisen. Die unmittelbar ethischen Schriften aber »Geburt des christl. Lebens« 1839, »Liebeslehre« u. s. f. (s. Realenc. a. O.) können als Vorarbeiten zu den von seinem Schwiegersohn Lindenmeyer herausgegebenen »Vorlesungen über christliche Ethik,« Güterslohe, Bertelmann 1882 und 83, 3 Bände, angesehen werden, und wir halten uns in unserer Besprechung wesentlich an dieses Werk. Nach der Einleitung ist die christliche Ethik »die wissenschaftliche Darstellung von der Verwirklichung der Gnade Christi d. h. seines göttlichen Lebensinhalts in der Form des

menschlichen Personenlebens« (84). Somit kommt dem Christentum, so gewiss es
die absolute Vollendung der allgemeinen sittlichen Begriffe und Gesetze ist, doch
durchaus ethische Eigentümlichkeit zu, sein Sittengesetz ist kein blosses
Gesetz, Ideal, Vorbild u. s. f., sondern belebende Kraft und zwar ein wesentlich neues Leben schaffend und dies für die Ewigkeit, das Himmelreich (91 f.
vgl. S. 134 ff. Das Himmelreich oder Reich Gottes aber (vgl. S. 78 ff.) ist
der »Organismus der überirdischen Lebenssubstanz«, der himmlischen Realitäten,
»welcher im Geiste sich mit seinen eigentümlichen Organen, Kräften, Gütern dem
irdischen Lebensorganismus einverleibt und sich so im gegenwärtigen Weltsystem
wirksam macht.« Über diese wichtige, mystisch-, ja zuletzt theosophisch-substantiale
Anschauung, auf welcher das ganze Beck'sche System ruht, vgl. meinen angeführten
Artikel. Nun so ist Christus selbst das lebendige Gesetz des Christenlebens; in ihm
ist das Moralische (das Sittliche als Sollen) verbunden mit dem Organischen
(das Sittliche als Sein). Ebendeswegen muss auch in der Anordnung der Ethik
in erster Linie treten (99 ff.) die objektive Basis, wie sie in Gott und Christo
gegeben ist, oder »die genetische Anlage der neuen Lebensentwickelung.« Als zweiter
Teil folgt »die pädagogische Entwickelung oder Ausbildung des neuen Lebens«,
als dritter »die ethische Erscheinung des christl. Lebens oder das christl. Tugend-
leben«. Endlich die Methode der Ethik, besonders ihre Stellung zur h. Schrift
betreffend verweist Beck S. 103 f. auf seine sonstigen Ausführungen; wir beschränken
uns auf die Bemerkung, dass es sich bei Beck, der die letzten Konsequenzen der
Bengel'schen Anschauung für die Wissenschaft zieht, um lebendige Reproduktion des
nach seiner Ansicht in der Schrift fertig, nach Inhalt und Form mustergiltig fertig
vorliegenden Wahrheitssystems aus einem einheitlichen Prinzip handelt, das Beck
glaubt rein nur aus der Schrift selbst zu gewinnen, bei dessen Fassung aber jedenfalls
seine spekulativen oder, wenn man will, theosophisch-mystischen Anschauungen mit-
wirken. Das Prinzip der Ethik nun — so führt der erste Teil in seinem ersten
Abschnitt aus — ist Christus mit seinem Geist und Wort, er ist die Substanz,
das Gesetz und die Grundform des Lebens; der Geist aber ist die Kraft desselben,
das dynamische Prinzip, das Wort die Grundordnung, das organische Prinzip. Im
Einzelnen beachte man hier besonders die Ausführung (127 f) wie seit Pfingsten der
h. Geist objektiv als heilig kosmische Lebensmacht da ist und das Gegengewicht
bildet gegen die kosmische Macht des die Welt beherrschenden Lügen- und Ver-
derbensgeistes. Auf die Darlegung der Prinzipien der neuen Lebensanlage folgt
die der »Grundordnung der neuen Lebensbildung,« sie ist Gnadenord-
nung, sowohl in ihrer ewigen Vorherbestimmtheit (hier die Prädestinationslehre) als in
ihrer zeitlichen Ausführung. Hierauf folgen »die Grundakte der neuen Lebensbildung«: Berufung, Rechtfertigung, Verklärung (= Heiligung). Ganz besonders zu
beachten ist hier einmal: die Lehre vom Glauben, als dessen »erstes und funda-

mentales Geschäft« S. 193 bezeichnet wird »die receptive Erkenntnisthätigkeit als sittlich intelligente Aneignung und Verarbeitung der göttlichen Wahrheit im Herzen,« »ein in der erkannten Wahrheit festbegründetes Bewusstsein und Wollen.« Wie in dieser Definition ganz bezeichnend für Beck das Gefühl neben Wissen und Wollen kaum eine Stelle hat, so tritt dies auch in seiner berühmten Lehre vom Gewissen hervor s. S. 203 ff., wozu freilich die »biblische Seelenlehre« Becks hinzunehmen ist. Obgleich Beck von »unmittelbarem Selbstbewusstsein« beim Gewissen redet, so doch nicht von Gefühl. Ferner ist sehr zu beachten die Entwickelung des Unterschieds der spezifisch christlichen von der Busse des natürlichen und des Gesetzesmenschen. Die Bekehrung ist nach S. 244 ein innerlicher, geistig vermittelter Grundakt des Subjekts, vermittelt und bedingt durch eine Zentralerkenntnis, wie sie der Berufung entspricht; sie ist eine prinzipielle Veränderung im Gesammtzustand des Menschen, zentral und total, eine καινὴ κτίσις herbeiführend. Dies ihre Wirkung, die Wiedergeburt — der καινὸς ἄνθρωπος, der πνευματικὸς u. s. f., also eine substantielle, Ja keine bloss moralische Veränderung (255). Wie hiemit Becks Rechtfertigungslehre zusammentrifft, können wir hier nicht weiter ausführen. Dagegen sei noch besonders aufmerksam gemacht auf den Abschnitt: Zeit und Kennzeichen der Bekehrung S. 274 ff.; als das wentlichste Kennzeichen wird angegeben »wie wir mit unserem Sinn zum Wort des Herrn stehen, ob seine Worte (ohne selbstische Auswahl) in uns haften und wir in seinen Worten haften« (279). An die Grundakte der neuen Lebensbildung reiht Beck den Abschnitt an »die sakramentale Gemeinschaft mit Christus«, worin seine ganze Sakramentslehre (auch über Kindertaufe S. 330 ff.) gegeben wird; es ist Ja überhaupt für die Beck'sche Ethik bezeichnend, dass vieles dogmatische (vgl. oben die Prädestinationslehre) in ihr seine Stelle hat. Der zweite Teil (und Band) »die pädagogische Entwickelung des neuen Lebens« bespricht zuerst das Verhältnis des Christen zum Gesetz: im Unterschied vom ὑπὸ νόμον, wo nur formale und ideale Willenseinigung mit dem Guten gegeben ist, wird durch die Wiedergeburt eine substantielle und dynamische Lebenseinigung mit demselben gesetzt; die Gesinnung der Liebe tritt an die Stelle der blossen Pflicht, das Mögen und Vermögen des Göttlichen an die Stelle eines blossen Wollen und Sollen (II 4. 5). Im Einzelnen wird nun dargethan 1) der Bildungsgang des christlichen Lebens, welcher in der Verähnlichung mit Christo, im Sterben und Leben mit Ihm besteht. 2) Die Bildungskräfte des christlichen Lebens: Glaube, Liebe, Hoffnung. 3) Das Bildungsgesetz des christlichen Lebens: die Wesensabhängigkeit von Christo muss auch Willensabhängigkeit werden, moralische Selbstunterwerfung unter Ihn im Gehorsam, namentlich in der Form der Liebe. So wird nun entwickelt a) die christliche Gottesliebe. Für dieJenigen, die Beck etwa als Mystiker im krankhaften Sinn dieses Wortes sich denken, sei besonders auf seine Auseinandersetzung mit den

»Überspannungen der mystischen Liebe Gottes rein um seiner selbst willen« S. 72 f. verwiesen.« Ganz besonders ausgezeichnet aber sind die Zusätze über consilia evangelica S. 113 ff. (hier auch über »Vollkommenheit« S. 121 ff.), Adiaphora S. 143 ff., das Erlaubte 153 ff. Pflichtenkollision 173 ff. Beck erkennt R e l a t i v i t ä t der Pflichten an, unterscheidet stets die spezifisch christliche und die allgemein menschliche Forderung, ebenso die objektive und die subjektive Seite, die höhere und niedere Entwickelungsstufe, die individuellen, sittlichen Verhältnisse u. s. w., und kann daher in den genannten Fragen, ohne dem strengen Ernst des christlichen Gesetzes etwas zu vergeben, doch den in denselben angedeuteten kasuistischen Anschauungen mehr zugeben, als der blosse idealistische Rigorismus thut. Als das Entscheidende aber stellt er die individuelle Treue im Bewahren und Üben dessen, was man schon hat, das Forschen in Gottes Wort und das hin, dass »man sich mit seinem Sinnen und Thun immer neu ins Licht der Wahrheit stellt, um auch Vergebung und Begabung neu zu erhalten. Dies sind die spezifischen arcana, mit welchen die evangelische Ethik vor die Lücken tritt, die kein System denken kann mit seinen dialektischen Deuteleien und Regulierungen und keine Kirche mit ihrer kasuistisch-beichtväterlichen Bevormundung (184). — b) D i e c h r i s t l i c h e S e l b s t s c h ä t z u n g; c) die christliche N ä c h s t e n l i e b e. Von selbst versteht sich, dass bei Beck von der Verwirrung, womit allgemeine Menschen- und Bruderliebe so oft zusammengeworfen wird, keine Rede ist; vgl. über ἀγαπᾶν und φιλεῖν, φιλαδελφία als dem engern christlichen Kreis geltend S. 261 ff. Zu bedauern ist, dass Beck auf die K o n v e n t i k e l f r a g e nicht näher eingeht; nur S. 427 ist sie in anderem Zusammenhang berührt. — 4) D e r B i l d u n g s o r g a n i s m u s d e s c h r i s t l i c h e n L e b e n s d. h. die Gemeinde (mit dem Zusatz: über sichtbare und unsichtbare Kirche, S. 324 ff.). Dies einer der wichtigsten Abschnitte, dem wohl an tief biblischer Untersuchung kein entsprechender in allen vorhandenen christlichen Sittenlehren gleichkommt. Beck unterscheidet drei Kreise: die christliche Weltkirche (den »Acker« Mth. 13) als den Vorhof, sodann als das Heilige die christliche Jüngerschaft oder die Glaubensschule; endlich das Allerheiligste, die christliche Reichsgemeinde. Auch hier können wir nur referieren; bloss angedeutet sei unser Bedenken gegenüber diesen, grossen Eindruck machenden Ausführungen Beck's durch die Frage, ob Beck nicht viel zu sehr die subjektive Seite, die die Kirche, resp. Gemeinde bildenden P e r s o n e n, statt die objektive Seite, Wort und Sakrament zum entscheidenden macht, sowie, ob es gerechtfertigt ist, die »Reichsgemeinde« nur n e b e n die »Weltkirche« und »Jüngerschule« zu stellen, d. h. die H a u p t f r a g e, ob nicht in d e n Kirchen eben d i e Kirche, die Gemeinde ihre, freilich inadäquate, historische Erscheinung findet, mehr oder weniger bei Seite zu stellen. Ebenso registrieren wir nur die Sätze S. 322, wo Beck in einer an Rothe erinnernden Weise chiliastisch eine künftige »priesterlich politische Herrschaft, eine göttliche Staatskirche oder göttlichen Kirchenstaat« erwartet. Über die Ausführungen betreffend »die Fortbildungsmittel des christlichen Gemeindelebens«, worin namentlich die Beleuchtung des Predigtamtes (438 ff.) zu beachten, müssen wir leider weggehen. Dagegen sei auf den glänzenden Abschnitt »Kirche und Staat« S. 378 ff., in welchem Beck, wie wir glauben, als ächtester Nachfolger Luthers in unserer Zeit auftritt und die scharf prinzipielle Unterscheidung mit praktischer relativer Verbindung beider vertritt, besonders aufmerksam gemacht; ebenso auf die gut lutherische Erörterung der Sonntagsfrage S. 428 ff. — Der dritte Teil (und Band) behandelt »die ethische Erscheinung des christlichen Lebens« und zwar 1) die sittliche Selbstbildung des Christen, Asketik. Wir nennen einzelne Titel: Wachsamkeit, Enthaltsamkeit (das Fasten relativ empfohlen, aber als frei geübt S. 28), Beten (sehr zu beachten S. 32 ff., besonders auch »über die objektive Gebetserhörung« S. 48 ff.) mit einem Zusatz »über Krankenheilungen durch Gebet und Zauberei S. 52 ff. Ferner: die Berufsthätigkeit. — 2) Die sittliche Persönlichkeit des Christen: a) die Weisheit — hier auch die Lehre von Eid und Gelübde S. 99 ff., auch Not- und Konvenienzlüge S. 94 ff.; erstere wird verworfen, letztere relativ zugelassen. b) Die Rechtlichkeit. Hier Becks Rechtfertigung der Todesstrafe S. 125 ff. c) Die Gütigkeit. — 3) Die christliche Gesellschaftsordnung a) Ehe- und Hausordnug. Eigentümlicher Weise bringt Beck nicht in diesem, sondern in einem früheren Abschnitt die Frage über Polygamie und Monogamie vor, die er S. 119 dahin entscheidet, dass Jene nicht gerade als unsittlich, wohl aber als dem höheren, dem christlichen Standpunkt nicht entsprechend bezeichnet werden dürfe. Bei der »Hausordnung« bespricht Beck auch »das Verhalten in Krankheiten und gegen Kranke« S. 188 ff., und gibt für ansteckende Krankheiten kasuistische Ratschläge. b) Die christliche Volksordnung. Eine solche gibts eigentlich nicht; denn das Christentum erwartet einen christlichen Staat erst im Millenium; es stellt aber die Grundsätze auf für das Verhalten der Gläubigen innerhalb der bestehenden staatlichen Gemeinwesen, für das Privatverhältnis der Christen zur staatlichen Gewalt. In diesem Sinn redet Beck S. 190 ff. von den Pflichten der Obrigkeit und Unterthanen.

Wir stehen nicht an, die Beck'sche Ethik für das reifste Erzeugnis der von uns vorgeführten Entwicklung der ethischen Arbeit bei Theologen unseres Landes zu erklären. Biblische Geistestiefe, reife Erfahrung, praktisches Eingehen auf Einzelnfragen und stetige prinzipielle Haltung, volle ernste christliche Entschiedenheit und milde Anerkennung des Vorchristlichen, endlich eine gegenüber früheren Beck'schen Arbeiten besonders wohlthende Einfachheit und Klarheit der Darstellung reichen sich hier die Hand. Freilich glauben wir, dass auch mit Beck die Bengel'sche Richtung der Theologie noch nicht den Abschluss ihrer Entwicklung gefunden hat. Aber, mag man nun in diese oder in eine andere Schule der Theologie sich zählen, das wird, hoffen wir, Jedermann anerkennen, dass für die christliche Ethik auch von Seite unserer hiesigen Theologen Beachtenswertes geleistet worden ist. Wie vieles könnte zur Vergleichung der Anschauungen, zur Beurteilung von Einzelnem u. s. w. noch gesagt werden. Handhaben hiezu haben wir wenigstens dadurch gegeben, dass wir möglichst bei Jedem der besprochenen Ethiker seine Anschauung über dieselben Grundfragen, z. B. über das Verhältnis von theologischer und philosophischer Moral, über die heilige Schrift als Quelle der Ethik u. s. f., sodann über dieselben Einzelnfragen, wie die Vollkommenheit, die Freiheit vom Gesetz, Pflichtenkollision, Bruderliebe u. s. w. vorgeführt haben. Wir wollten uns aber auf objektives Referat beschränken, dem, wie wir hoffen, die Pietät abgefühlt wird, die wir unsern Vorgängern zollen. Ehre ihrem Andenken!

Dem treuen Gott aber, der unser Land, unsere Kirche, unsere Theologie bis hieher gesegnet hat, empfehlen wir sie, vor allem aber den erhabenen Fürsten und sein Haus an, unter dessen hohem, erfolgreichen Schutze auch die Arbeiten der evangelischen Theologie im Segen vor sich gegangen sind und vor sich gehen.

DIE

KATHOLISCHE LANDESUNIVERSITÄT

IN

ELLWANGEN

UND IHRE VERLEGUNG NACH

TÜBINGEN

VON

Dr. F. X. FUNK

PROFESSOR DER KATHOLISCHEN THEOLOGIE

Es ist nur ein kleines Stück vaterländischer Geschichte, was auf Grund der Akten, die seitens des Kgl. Ministeriums des Kirchen- und Schulwesens, des Bischöflichen Ordinariates, der Landesuniversität und· des Katholischen Kirchenrates dem Verfasser gütigst zur Einsichtnahme überlassen wurden, auf den folgenden Blättern zur Darstellung kommt. Für den Freund des Vaterlandes ist aber auch das Kleine von Bedeutung, und hier darf es um so eher ein Interesse beanspruchen, als es sich um die Grundlegung neuer Verhältnisse handelt, um die ersten An-ordnungen für die Bildung des katholischen Klerus in einem fast drei Jahrhunderte ausschliesslich protestantischen Lande, zugleich um die Anfänge einer Lehranstalt, die neben ihren älteren Schwestern im weiteren Vaterland bald eine ehrenvolle Stelle einnehmen sollte. Die Anstalt bildet ein Glied in einem umfassenderen Organi-sationsplane. Sie tritt daher mit diesem in die Geschichte ein.

Schon bei dem ersten Erwerb von katholischen Landesteilen: der gefürsteten Propstei Ellwangen, der Reichsabtei Zwiefalten, der Reichsstädte Rottweil, Gmünd und Weil, der Frauenklöster Heiligkreuzthal, Rottenmünster und Margaretenhausen, des Ritterstifts Komburg und der Abtei Schönthal, welche mit den protestantischen Reichsstädten Heilbronn, Hall, Esslingen, Reutlingen, Aalen und Giengen und dem adeligen Damenstift Oberstenfeld gemäss dem Pariser Frieden vom 20. Mai 1802 und dem Reichsdeputationshauptschluss vom 25. Februar 1803 an Württemberg kamen, tauchte in dem Herzog oder vielmehr, da dem Lande mit der Vergrösserung zugleich ein höherer Rang zu teil wurde, Kurfürsten Friedrich der Gedanke auf, für seine katholischen Unterthanen eine eigene Kirchenverwaltung einzurichten. In dem Organisationsedikt vom 1. Januar 1803 ward zwar der Grundsatz ausgesprochen, dass es hinsichtlich der geistlichen Gerichtsbarkeit und kirchlichen Administration in-sofern bei der bisherigen Episkopaljurisdiktion bleibe, als die Fälle auf bloss geist-liche Gegenstände Bezug hätten, während in Ehedispensations- und anderen nicht bloss geistlichen Angelegenheiten die zuständigen Ordinariate mit dem ersten Senat der für die neuen Lande in Ellwangen errichteten Oberlandesregierung kommunizieren sollten, ohne dessen Kognition keine Verfügungen, Abstrafungen, Amtsentsetzungen statthaben dürften. Mit der Klausel: bis und dann in Absicht einer eigenen Landeshierarchie neue Vorkehrungen getroffen werden können, wird aber zugleich bereits eine Neuerung in Aussicht genommen.

Der Plan wurde um so eher festgehalten, als bald weitere katholische Gebiete anfielen. Der Pressburger Friede vom 26. Dezember 1805 brachte Württemberg mit der Königskrone namentlich die Grafschaft Hohenberg und die Donaustädte Ehingen, Munderkingen, Riedlingen, Mengen und Saulgau. Durch die rheinische Bundesakte vom 12. Juli 1806 und die ihr folgenden besonderen Staatsverträge mit Bayern und Baden gewann das Königreich die Herrschaft Wiesensteig, die Grafschaft Schelklingen, die Städte Biberach und Waldsee, die Abtei Wiblingen, die Deutschordenskommenden Kapfenburg und Altshausen. Unter die württembergische Hoheit kamen überdies durch Mediatisierung der bisherigen Herrn die oberschwäbischen Reichsstifter und zahlreiche Adelsherrschaften, unter denen in Oberschwaben und in Franken einzelne durch grösseren Umfang hervorragten.

Und welches die näheren Absichten der Regierung waren, zeigten die Verhandlungen, in die König Friedrich 1807 mit dem päpstlichen Nuntius Hannibal della Genga sich einliess. Es wurde vereinbart, zwei Bistümer mit je einem Domkapitel und Priesterseminar, das eine in Ellwangen, das andere in Rottweil, und eine theologische Lehranstalt mit fünf Lehrstühlen zu errichten. Der Vertrag kam indessen, wahrscheinlich infolge der Einsprache Napoleons, der seinerseits mit dem Plane eines Konkordates für das gesamte Deutschland sich trug, nicht zum Abschluss. Ebenso führte die Sendung des Geistlichen Rats J. B. von Keller nach Rom im nächsten Jahre zu keinem Ergebnis. Die Unterhandlungen gingen zwar nicht ungünstig von statten. Bevor aber eine Verständigung erzielt wurde, wurde Pius VII als Gefangener nach Frankreich geführt.

Als die Verhandlungen wieder aufgenommen wurden, hatte Württemberg einen weiteren Zuwachs an katholischem Gebiet erhalten. Durch den Wiener Frieden vom 14. Oktober 1809, den Vertrag von Compiègne vom 24. April 1810 und den Staatsvertrag mit Bayern vom 18. Mai 1810 wurden mit der Stadt Ulm namentlich die Ämter Tettnang, Buchhorn, Wangen, Ravensburg und Leutkirch, überhaupt die Grenzen gewonnen, die dem Königreich fortan geblieben sind. Unter diesen Umständen nahm der Organisationsplan eine umfassendere Gestalt an. Es sollte ein Erzbistum mit dem Sitz in Ellwangen und zwei Bistümer mit dem Sitz in Rottweil und Weingarten errichtet und das Ganze, wie dies auch schon früher in Aussicht genommen war, unmittelbar unter den apostolischen Stuhl gestellt werden. Unter den Kandidaten, welche für die Bischofsstühle ins Auge gefasst wurden, befand sich der Konstanzer Generalvikar Freiherr von Wessenberg.

Zur Durchführung des Planes war vor allem die Zustimmung der beiden Bischöfe erforderlich, deren Sprengel am weitesten in das Königreich hereinragten, Karl von Dalberg und Klemens Wenzeslaus von Sachsen. Der eine war Bischof von Konstanz und Worms; der andere, resignierter Kurfürst und Erzbischof von Trier, war Bischof von Augsburg und Propst von Ellwangen. Ihre Sprengel waren unter den in Betracht kommenden zudem die einzigen, deren Oberhirten noch lebten. Die Bistümer Würzburg und Speyer, zu denen gleichfalls württembergische Gebietsteile gehörten, waren seit 1808 und 1810 verwaist und wurden nur durch einen Kapitelsvikar verwaltet. Die Entscheidung lag bei Dalberg. Er hatte nicht bloss auf Teile der Diözesen Konstanz und Worms, sondern in seiner Eigenschaft als Erzbischof von Regensburg und Fürstprimas von Deutschland auch auf Metropolitanrechte zu verzichten, und die Verhandlung wurde durch den Geistlichen Rat von Keller 1811 mit ihm in Paris geführt, wo er damals verweilte. Er zeigte indessen geringe Neigung, auf den Antrag einzugehen. Wenigstens wollte er eine wirkliche und unbedingte Resignationsurkunde ohne Zustimmung des Papstes nicht ausstellen, und diese war unter den damaligen Umständen, wie er wohl wusste, nicht einzuholen. Aus dem gleichen Grund war die Erklärung des Bischofs von Augsburg bedeutungslos. Er wollte zu der Verzichtleistung »ganz bereit sein, sobald die Einwilligung von Seite des Oberhauptes der Kirche oder einer anderen kirchlichen hiezu bevollmächtigten Person erwirkt sein werde«.

So scheiterten zunächst alle Versuche, durch Verständigung mit den kirchlichen Oberen die religiösen Verhältnisse in Württemberg zu ordnen. Da aber in manchen Punkten eine Regelung doch als unmittelbar notwendig erschien, fand sich Friedrich veranlasst, einfach »als König, Souverän und Vater seiner Unterthanen«, wie er bereits dem Nuntius Hannibal della Genga beim Abbruch der Verhandlungen am 1. November 1807 eröffnen liess, die für das Wohl seiner katholischen Unterthanen notwendig und angemessen scheinenden Massregeln zu treffen. Als Organ diente ihm dabei der Katholische geistliche Rat, der zur Besorgung und Wahrung der Souveränitätsrechte schon durch das Organisationsmanifest vom 18. März 1806 ins Leben gerufen wurde, oder der Katholische Kirchenrat, wie die Behörde 1816 benannt wurde. Es galt hauptsächlich das Pfründewesen zu ordnen, einzelnes in Betreff des Gottesdienstes, der Festfeier u. dgl. zu regeln.

Zur weiteren Verfolgung des eigentlichen Organisationsplanes gab der Tod des Bischofs von Augsburg am 27. Juli 1812 Anlass. Da der letzte Versuch vornehmlich durch den Umstand vereitelt worden war, dass Klemens Wenzeslaus und Dalberg einen unbedingten Verzicht auf ihre württembergischen Diözesananteile verweigerten, beschloss Friedrich, die günstige Lage zu benützen, die seinem Plan durch den Todesfall erwuchs, und für die bisher zur Diözese Augsburg gehörigen Katholiken und den exemten Sprengel Ellwangen eine kirchliche Oberbehörde im Lande zu bestellen. Das Vorhaben schien um so eher durchführbar

zu sein, als bei den Verhandlungen mit dem apostolischen Stuhl bereits sich gezeigt hatte, dass Rom der Einrichtung einer Landeskirche nicht entgegen sei. Zum
kirchlichen Oberen oder Generalvikar ward der Weihbischof von Augsburg Franz
Karl Fürst von Hohenlohe, Bischof von Tempe i. p. i., ausersehen, und wenn
anfangs, da der apostolische Stuhl bei der fortdauernden Gefangenschaft des Papstes
immer noch unzugänglich war, die Beobachtung der kanonischen Form Schwierigkeit verursachte, so wurde der Anstand im wesentlichen gehoben, als der Fürstprimas von Dalberg am 15. Dezember 1812 »kraft seiner Sede pontificia impedita
eintretenden Metropolitangewalt die provisorische Trennung der königlich württembergischen Lande von der Augsburger Diözese genehmigte« und dem Bischof von
Tempe die kanonische Bevollmächtigung erteilte, »diesen abgesonderten Teil der
besagten Diözese tam in Pontificalibus quam in Pastoralibus et Jurisdictionalibus
bis zu der so lang und so sehnlich gewünschten Einrichtung der deutschen Diö-
zesanverfassung zu verwalten, wobei er Jedoch die Rechte des päpstlichen Stuhles
ausdrücklich vorbehalte.«

Mit der Einrichtung einer inländischen oberen Kirchenbehörde musste auch
für die Errichtung inländischer Anstalten für Bildung und Erziehung der Geistlichen
Sorge getragen werden. Und wie bereits in den bisherigen Verhandlungen den
Bistümern eine theologische Lehranstalt und Priesterseminarien zur Seite gehen,
so wurde mit dem Generalvikariat Ellwangen durch das Königliche Reskript vom
28. September 1812 thatsächlich zugleich eine katholische Landesuniversität in
derselben Stadt und ein Priesterseminar auf dem benachbarten Schönenberg gegründet. Die drei Institute stehen auch fortan in enger Verbindung. Das Generalvikariat war für die beiden anderen die kirchliche Oberbehörde. Die Universität
hatte den Kandidaten des geistlichen Standes die wissenschaftliche, das Priesterseminar die praktische Ausbildung zu geben. Unter diesen Umständen dürfte es
angezeigt sein, obwohl die folgenden Zeilen zunächst nur der theologischen Lehranstalt gewidmet sind, auch über die Einrichtung der beiden anderen Institute einige
Worte zu bemerken.

Das Generalvikariat umfasste ausser dem Vorstand vier Räte und einen
Sekretär. Der Vorstand erhielt in dem Errichtungsreskript den Auftrag, »bis zu
definitiver Organisation der katholischen Kirche im Königreiche die Geschäfte eines
Generalvikars und die bischöflichen Funktionen für den diesseitigen Anteil des durch
den Tod des Kurfürsten von Trier, Bischofs von Augsburg, erledigten Bistums
Augsburg und den exemten Sprengel in Ellwangen« zu übernehmen. Von den
Räten hatten zwei ihren Sitz in Ellwangen, die beiden anderen als Inhaber benach-
barter Pfarreien in der Umgegend. Da aber einer von diesen zugleich Professor
an der Universität war, so hielt auch er die meiste Zeit in Ellwangen sich auf.
Den Sitzungen hatten in der Regel nur die drei ersten Räte anzuwohnen, der vierte

wegen der grösseren Entfernung seines Sitzes nur bei wichtigeren Fällen. Minder bedeutende oder dringliche Gegenstände sollten auch nur unter Beiziehung der zwei in Ellwangen wohnhaften Räte erledigt werden können.

Das Priesterseminar war für vierzig Zöglinge eingerichtet. Die Aufnahme erfolgte nach dreijährigem theologischem Studium; der Aufenthalt in demselben dauerte ein Jahr; die Verpflegung geschah auf Staatskosten. Unterricht und Aufsicht wurden sechs Personen übertragen, einem Regens, einem Subregens und Ökonomen, vier Repetenten, von denen zwei als Hilfslehrer zugleich der Universität angehörten.

Was endlich die theologische Lehranstalt betrifft, so wurden sie mit allen Rechten und Befugnissen einer Universität ausgestattet, namentlich dem Rechte, akademische theologische Würden zu verleihen. Nach ihrer Bestimmung, zur Bildung der katholischen Theologen des Königreiches zu dienen, erhielt sie den Titel: Katholische Landesuniversität; nach dem Stifter hiess sie Friedrichsuniversität. Zum Universitätsgebäude wurde das auf der Westseite des Marktplatzes gelegene, von dem Fürsten Franz Georg von Schönborn 1748|49 neu aufgebaute grosse und schöne Kanzleigebäude bestimmt, das jetzige Landgericht.

Es wurden fünf Lehrstühle errichtet. Die Aufgaben, die denselben zufallen sollten, zeigte sofort das Kgl. Reskript über die Stiftung an, in dem den Professoren bereits bestimmte Disziplinen zugewiesen waren. Es wurden ernannt: der seitherige Professor an dem Lyceum in Rottweil Drey, geb. 1777 zu Killingen O. A. Ellwangen, für die Dogmatik in Verbindung mit Dogmengeschichte; der dem Generalvikar als Rat beigegebene Pfarrer Bestlin in Röhlingen, geb. 1768 in Ellwangen, für die theologische Moral, und gemeinschaftlich mit ersterem für Encyklopädie, Methodologie und Pastoraltheologie; der bisherige Professor Spegele in Rottweil, geboren 1761 zu Weissenhorn in Bayern und bis zur Aufhebung des Stifts Benediktiner in St. Georgen, für das Fach der orientalischen Sprachen und der Hermeneutik des Alten Testamentes; der Pfarrer Gratz in Unterthalheim, geb. 1769 zu Mittelberg im bayerischen Allgäu, für die griechische Sprache und die Hermeneutik des Neuen Testamentes, in Gemeinschaft mit Spegele zugleich für biblische Archäologie, Chronologie, Geographie und die anderen biblischen Hilfswissenschaften; der Pfarrer Wachter in Sulmingen, geb. 1764 zu Sigmaringen und früher Kapitular des Reichsstifts Salem, für Kirchengeschichte und Kirchenrecht. Die Philosophie fand an der Lehranstalt keine Vertretung, da der Unterricht in ihr bereits an dem mit dem Gymnasium verbundenen Lyceum empfangen wurde. Die Ernennung der Professoren erfolgte nach vorheriger Rücksprache mit dem Generalvikar durch den König.

Die nächste Aufsicht über die Anstalt führte der Rektor. Seine Ernennung fand jedes Jahr aus der Zahl der Professoren im Namen des Königs durch den Kultminister statt, und er war zugleich Dekan der Fakultät. Die Oberaufsicht wurde einer besonderen Kuratel übertragen, welche aus dem Jedesmaligen Präsidenten oder Direktor und den geistlichen Mitgliedern des Katholischen Kirchenrates bestand und ihrerseits dem Ministerium der geistlichen Angelegenheiten untergeordnet war. Der von den Professoren für die drei Jahre des Studienkurses zu entwerfende Lehrplan war dem Generalvikar mitzuteilen; der Jährliche Bericht des Rektors über den wissenschaftlichen und disziplinären Zustand der Anstalt und das Resultat der Prüfungen an die Kuratel und das Generalvikariat zu erstatten. Dem Generalvikar wurde ferner eine Aufsicht in der Weise zugestanden, dass ihm die Befugnis eingeräumt wurde, durch einen Abgeordneten in Gemeinschaft mit einem königlichen Kommissär die Universität visitieren zu lassen. In rein kirchlichen Angelegenheiten oder in Sachen des Dogmas sollte ihm die Entscheidung zustehen. Bei anderweitigen Gegenständen aber waren etwaige Verbesserungsvorschläge an das Ministerium und den König zu bringen.

Die akademische Studienzeit war auf drei Jahre festgesetzt, und an sie schloss sich noch ein Jahreskurs im Priesterseminar an. Zur Unterstützung ärmerer Studierender wurden von dem Gründer der Universität zwanzig Stipendien gestiftet, zehn zu 100, zehn zu 75 Gulden. In den beiden letzten Jahren (1815|17) wurde die ausgeworfene Summe übrigens in etwas mehr Portionen zerlegt. Der Unterricht war in der Hauptsache unentgeltlich. Nur den Repetenten wurde für die philologischen Vorlesungen, mit denen sie betraut waren, ein kleines Honorar bezahlt, drei Gulden dem einzelnen von Jedem Zuhörer für das Semester.

Zum ersten Rektor wurde am 30. September 1812 Professor Spegele ernannt. Derselbe erhielt den Auftrag, sich in möglichster Bälde an seinen neuen Bestimmungsort zu verfügen. Die Professoren trafen in Ellwangen teils Ende Oktober, teils Anfangs November ein.

Die erste Aufgabe war, einen Lehrplan und Disziplinargesetze zu entwerfen. Sie wurde sofort in Angriff genommen. Der Lehrplan wurde schon am 5. November beraten. Die Hauptabsicht bei seiner Abfassung ging dahin, innerhalb des dreijährigen Studienkurses den Kandidaten der Theologie eine möglichst vollständige Kenntnis der sämtlichen Disziplinen der theoretischen und praktischen Theologie zu geben, und zur Erreichung des Zieles wurden die Aufgaben den einzelnen Kursen so zugewiesen, dass der vorangehende dem folgenden Je als Vorbereitung dienen und in seiner Verbindung mit den übrigen ein vollständiges Ganze bilden sollte. Die Genehmigung der Kuratel erfolgte am 17.|19. Januar 1813. Der Studiengang gestaltete sich hienach folgendermassen.

Dem ersten Kurs wurde für das erste HalbJahr zugewiesen: 1) Encyklopädie und Methodologie in drei Stunden wöchentlich; 2) hebräisches Sprachstudium mit Erklärung biblischer Stellen in 3 St.; 3) allgemeine Einleitung ins A. T. in 3 St.; 4) griechisches Sprachstudium mit Erklärung biblischer Stellen in 4 St.; 5) biblische Chronologie und Geographie in 2 St.; 6) Kirchengeschichte in 4 St.; 7) theologische Litterärgeschichte in 1 St. Im zweiten Halbjahr wurden die unter Nro. 2, 4, 6, 7 aufgeführten Vorlesungen des ersten Semesters mit der gleichen Stundenzahl fortgesetzt. Dazu kamen als neue Fächer: 1) Prolegomena zur Dogmatik in 3 St.; 2) biblische Archäologie in 2 St.; 3) allgemeine Einleitung ins N. T. in 3 St. Ausserdem wurden durch die Repetenten Hirscher und Herbst in beiden Semestern Je zwei Stunden zur Nachhilfe in der griechischen und hebräischen Sprachkunde gegeben. — Dem zweiten Kurs wurden zugeteilt: 1) Dogmatik in 8 St.; 2) Hermeneutik und Exegese des A. T. in 2, im zweiten Halbjahr 3 St.; 3) Hermeneutik und Exegese des N. T. in 4, bezw. 2 St. Dazu kam im ersten Halbjahr Patrologie und Synodik in 3 St.; im zweiten kirchliche Statistik mit besonderer Rücksicht auf das Königreich Württemberg in 3 St. Die beiden Repetenten hatten in beiden Semestern in Je zwei Stunden lateinische Klassiker zu lesen. — Die Disziplinen des dritten Kurses waren in beiden Semestern: 1) Christliche Moral in 7 St.; 2) Exegese des A. T. in 2 St.; 3) Exegese und höhere Kritik des N. T. in 3 St.; 4) Kirchenrecht in 5 St.; 5) geschichtliche Entwickelung des Katholizismus in 2 St.; 6) Pastoraltheologie in 3 St.

Wie die Vorlesungen einzurichten waren, wurde im allgemeinen den Professoren überlassen. Für zwei aber wurden noch besondere Vorschriften gegeben. Mit dem Vortrag der Dogmatik sollte die Geschichte Jedes einzelnen Dogmas verbunden und im dritten Jahreskurs die vollständige Entwickelung und Ausbildung des Katholizismus vorgetragen werden, um einen allgemeinen Überblick der Dogmengeschichte in ihrem Zusammenhang zu geben. Die exegetischen Vorlesungen über das Neue Testament sollten so eingerichtet werden, dass in dem Zeitraum der drei Studienjahre wo nicht das ganze Neue Testament, doch die vorzüglichsten Teile desselben erklärt würden. Für den Fall, dass die Studierenden in der griechischen Sprache hinreichende Kenntnisse hatten, konnten von den dafür bestimmten vier Stunden des ersten Kurses zwei Stunden für die Vorlesung über die höhere Kritik des N. T. im dritten Kurs verwendet werden.

Die Vorlesungen wurden von den Professoren teils nach eigenen Heften gehalten, zum grösseren Teil wurden Lehrbücher zu Grunde gelegt. Die Wahl der letzteren war frei; doch sollte vor der Einführung an die Kuratel eine Anzeige erstattet werden. Gebraucht wurden: Jahn, Allgemeine Einleitung ins Alte Testament; Jahn, Archaeologia biblica in compendium redacta; Dannenmayr, Institutiones historiae ecclesiasticae; Klüpfel, Compendium theologiae dogmaticae; Wiest, Patrologia; Schenkl, Ethica christiana; Pehem, Jus ecclesiasticum publicum et privatum; Schenkl, Theologia pastoralis. Die Prolegomenen in die Dogmatik wurden nach Zimmer gelesen, wahrscheinlich nach Theologiae christianae theoreticae systema eo nexu et ordine delineatum, quo omnium optime tradi explanarique posse videtur 1787, oder nach

Veritas christianae religionis seu theologiae christianae 1789|90; die Schrift selbst ist im Lehrplan nicht angegeben.

Die Unterrichtssprache sollte, die Exegese des A. und N. T. ausgenommen, die lateinische sein. Dieselbe sollte namentlich in der Dogmatik, Moral, Kirchengeschichte und Hermeneutik angewendet werden. Indessen wurde, da die meisten der Studierenden in der Sprache zunächst zu wenig geübt waren, auf den Antrag der Professoren für den Anfang gestattet, die deutsche Sprache auch bei den genannten Fächern zur Erläuterung zu gebrauchen, während die Thesis mit dem Beweis lateinisch vorzutragen war.

Zur Erhaltung der Aufmerksamkeit der Zuhörer und um ihre Fortschritte kennen zu lernen, war das Vorgetragene teils in den Lektionen selbst, teils in besonderen Stunden examinatorisch zu wiederholen. Dem gleichen Zweck, noch mehr der Erwerbung von Gewandtheit in der Rede, dienten die Disputationen, deren es vom zweiten StudienJahr an ausser der feierlichen Schlussdisputation zwei Arten gab. Die eine, die Disputatio sabbatina, fand Jeden Samstag statt. Sie wurde durch einen Professor geleitet; zwei Studenten hatten zwei Stunden lang abwechslungsweise Je eine halbe Stunde zu defendieren, vier andere und wer es ausser ihnen etwa noch freiwillig thun wollte, zu opponieren. Die Übung geschah in lateinischer Sprache. Die andere Disputation, die Disputatio menstrua, wurde Je am Anfang des Monats veranstaltet, und wenn Jene auf einzelnen Kurs sich beschränkte, die weitere Teilnahme Jedenfalls eine freiwillige war, hatte bei dieser die ganze Universität zu erscheinen, Lehrer und Schüler. Die Aufgabe des Opponierens fiel hier den Professoren zu, nicht den Studenten.

Am Ende des SchulJahres wurde in Jedem Kurs aus sämtlichen Vorlesungsfächern eine schriftliche und mündliche Prüfung veranstaltet. Die mündliche Prüfung war öffentlich; es wohnten ihr nicht bloss die Professoren und Repetenten an, es waren auch die Honoratioren, besonders der Generalvikar und dessen Räte einzuladen. Vom zweiten SchulJahr an fand die Prüfung, Jedenfalls die mündliche und öffentliche, auch am Ende des ersten Semesters statt. Die Schlussfeier des SchulJahres wurde noch erhöht durch Abhaltung einer öffentlichen Disputation, in der einige der Kandidaten, welche das dreiJährige Studium der Theologie absolvierten, vor dem Abgang von der Universität unter dem Vorsitz eines Professors entweder theologische Lehrsätze oder eine vom Vorsitzenden verfasste Dissertation verteidigten.

Zur Belobung des Fleisses und zur Belohnung vorzüglicher Kenntnisse wurde den Studierenden Jedes Jahr eine Preisfrage gegeben und die beste Lösung mit einer goldenen Medaille belohnt, gleich derJenigen, welche für die Studierenden der Universität Tübingen bestimmt war, die weiteren hervorragenden Arbeiten durch eine Belobung ausgezeichnet. Die Aufgaben waren durch die Professoren abwechslungsweise zu stellen und zuvor der Kuratel zur Genehmigung vorzulegen. Die Zensur lag sämtlichen Professoren ob. Die Preisverteilung erfolgte am Geburtsfest des Stifters der Universität, am 6. November.

Was die Ferien anlangt, so waren die Nachmittage am Dienstag und Donnerstag im allgemeinen frei. Wenn Jedoch ein gebotener Feiertag in die Woche fiel, so vertrat dieser die Stelle eines der wöchentlichen Vakanztage. Die Jahresferien bestanden in den acht Tagen von Weihnachten bis NeuJahr, in den drei Wochen vom Palmsonntag bis zum zweiten Sonntag nach Ostern, und in dem Monat Oktober, bezw. in den 33 Tagen vom 29. September bis 1. November. Bei der Anordnung fiel der Umstand hauptsächlich ins Gewicht, dass die meisten der Professoren zugleich Pfarrer waren. Sie sollten in dieser Zeit ihre Pfarreien besuchen und ihre Einkünfte besorgen können.

Die Beratung über die Disziplin und die übrigen Einrichtungen der Universität folgte der über den Lehrplan unmittelbar nach. Die betreffende Verordnung datiert vom 1. Februar 1813. Der Inhalt derselben bietet nur ein teilweises Interesse. Die Vorschriften für Aufführung und sittliches Verhalten waren zu sehr durch die Natur der Sache bedingt, als dass sie von denen in bemerkenswerter Weise abweichen könnten, welche für andere ähnliche Anstalten gegeben sind. Bezüglich der Gerichtsbarkeit der Universität galten im allgemeinen die neuen organischen Gesetze für die Universität Tübingen vom 17. September 1811. Es ist daher nur einiges Wenige hervorzuheben.

Das StudienJahr begann mit der Immatrikulation. Vor derselben sollte kein Student zum Besuch der Vorlesungen zugelassen werden. Der Akt· wurde durch den Rektor im Beisein der Professoren vorgenommen, nachdem zunächst die die Studenten betreffenden Verordnungen in einem passenden Auszug vorgelesen worden waren. Durch die Immatrikulation wurde der Student Bürger der Universität und ihrem Gerichtsstand unterworfen. — Die Beaufsichtigung der Studierenden fiel dem Rektor zu. Um ihn aber in dieser Aufgabe zu unterstützen, übernahmen drei Professoren Je die besondere Beaufsichtigung eines Kurses. Dieselben führten ein Verzeichnis der ihrer Obhut unterstellten Studierenden, und alle Monate wurde ein Sittengericht abgehalten. — Die Vorlesungen sollten fleissig und pünktlich besucht werden, die Lehrer zur Kontrolle vor Beginn nötigenfalls die Namen der zum Besuch verbundenen Schüler ablesen. Wiederholte unbegründete Versäumnisse sollten dem Rektor angezeigt und nach dessen fruchtloser Ermahnung vor das Sittengericht gebracht, beharrlicher Unfleiss an die Kuratel berichtet werden, die gegen die Schuldigen nötigenfalls auf Entlassung erkennen sollte. — Ausser den Vorlesungen sollten entsprechende Privatstudien mit Eifer getrieben werden. Die Pflege der Musik wurde den Studierenden als ein vorzügliches Mittel zur Bildung des Geschmackes wie im Interesse ihrer beruflichen Ausbildung zum geistlichen Dienste besonders empfohlen.

In religiöser Beziehung wurde den Studierenden im Hinweis auf ihren künftigen Beruf ans Herz gelegt, täglich, besonders in der Frühe und am Abend, einige Zeit dem Gebet und dem Lesen guter religiöser und moralischer Schriften, haupt-sächlich des Neuen Testamentes zu widmen. An den Sonn- und Feiertagen hatten sie den vor- und nachmittägigen Gottesdienst zu besuchen, an den Werktagen einer Messe anzuwohnen, viermal im Jahre wenigstens die Sakramente zu empfangen. Der Gottesdienst war gemeinschaftlich mit den Schülern des Gymnasiums und Lyceums, und er wurde gewöhnlich von den Professoren dieser Anstalten abge-halten. Erst im letzten Jahr wurden besondere religiöse Vorträge für die Akade-miker angeordnet. Vorher hatten die Professoren der Universität nur an den hohen Festen zu predigen, der Rektor an diesen Tagen das Hochamt zu celebrieren. Der Pfarrer der Studierenden war der Rektor. Die Pastoration der Kranken ver-sahen die Professoren oder mit Genehmigung des Rektors auch Stadtgeistliche.

Die Vorlesungen sollten im ersten Jahr gegen Mitte November beginnen. Thatsächlich wurden sie, da die nötigen Vorbereitungen nicht so bald getroffen waren, erst am 18. Dezember eröffnet. Die feierliche Inauguration der Universität wurde auf das Namensfest des Königs, den 5. März 1813 anberaumt. Inzwischen erging an den Rektor der Befehl, ein diesen Akt ankündigendes Programm zu entwerfen, an Professor Gratz, eine bei der Feierlichkeit zu haltende Rede vorzu-bereiten. Drey verfasste das Notifikationsschreiben, das mit dem Programm an die Universitäten Tübingen, Freiburg, Heidelberg, Würzburg und Landshut abge-sandt werden sollte. Das Programm führt den Titel: Regiae, Catholicae Univer-sitatis Fridericianae, quae est Elvaci, Inaugurationem solennem die V mensis Martii huius anni MDCCCXIII celebrandam omnibus, quorum id scire interest, indicit Rector cum Professoribus reliquis, et de studio biblico a Catholicis numquam penitus neglecto quaedam disserit. Gleich den anderen einschlägigen Arbeiten war es der Oberbehörde vorzulegen, und nachdem es mit einigen wenigen Änderungen ge-nehmigt und gedruckt worden, erfolgte am 20. Febr. die Versendung. Die Uni-versität Tübingen wurde auch um Absendung einiger Deputierten ersucht. Die Notifikation wurde von den Universitäten mit Gratulationsschreiben erwidert, die indessen, das Tübinger ausgenommen, bei dem kurz gefassten Termin erst nach der Feier eintrafen.

In der Vorbereitung zur Inauguration nimmt auch die Promotion der Professoren eine Stelle ein. Nach Anordnung der Oberbehörde sollten dieselben bei der Feier in dem auf katholischen Universitäten gewöhnlichen Ornat eines Doktors der Theologie erscheinen. Um der Weisung entsprechen zu können, wurde ihnen gestattet, um Erlangung des Doktorgrades sich an eine auswärtige Hochschule zu wenden. Frei-burg wurde dabei mit Vorzug genannt, und so richteten die Professoren am 21. Dezember ein gemeinschaftliches Bittschreiben an diese Universität. Das Gesuch fand eine wohlwollende Aufnahme. Die theologische Fakultät beschloss am 14. Januar 1813 nicht bloss zu willfahren, sondern auch das Doktorat mit Nachlass der Taxen und unter besonderen Feierlichkeiten ·zu verleihen, und der akademische Senat stimmte bei. Der Dekan der Fakultät, der Exegete Dr. Hug, veröffentlichte dem-gemäss zur Ankündigung des Aktes ein Programm unter dem Titel: Das Hohe Lied in einer noch unversuchten Deutung. Die Feier fand in Anwesenheit fast der ganzen Universität am 25. Februar statt. Nachdem sie mit Musik eröffnet worden war, erhob sich der Geistliche Rat und Münsterpfarrer Dr. B. Boll, der mit vier seiner Geistlichen die Stelle der am persönlichen Erscheinen verhinderten Bewerber vertrat, um mit entsprechenden Worten die Doktorwürde zu erbitten. Der Dekan der Fakultät hielt, nachdem er zunächst auf die Ansprache erwidert hatte, eine Rede über den wahren Studentengeist, und daran schloss sich die Verleihung der Diplome. Dieselben wurden sofort und zwar durch einen Eilboten, wie es dieses gewünscht hatte, an das Ministerium der geistlichen Angelegenheiten nach Stuttgart geschickt. An die Professoren gelangten sie am 3. März durch die königliche Kommission, die von dort zur Inauguration der Universität nach Ellwangen abging.

Die Inaugurationsfeier begann mit einem Gottesdienst in der Stiftskirche. Die Predigt wurde von dem Stiftsdekan Geistl. Rat Wagner, das Hochamt von dem Generalvikar Fürsten von Hohenlohe gehalten. In dem festlich geschmückten Saal des Universitätsgebäudes hielt zuerst der Kultminister Freiherr von Jasmund eine Rede, in der er dem König den Dank für die Stiftung darbrachte, den Lehrern der Anstalt gegenüber der Erwartung und dem Vertrauen Ausdruck gab, sie werden durch treue Pflichterfüllung den erhabenen Absichten des Landesfürsten entsprechen, endlich auch mit angemessenen Worten an die Studierenden sich wandte. Daran schloss sich die Verlesung der Errichtungsurkunde durch den Generalsekretär des Kultministeriums, die Eidesleistung des Rektors und der Professoren. Dann folgte die Uebergabe der Stiftungsurkunde und des Stabes an den Rektor und unter Pauken- und Trompetenschall die Proklamation der Anstalt als Katholische Friedrichsuniversität. Hernach hielt der Rektor eine kurze Dankrede. Den Schluss machte die Festrede des Professors Dr. Gratz, endigend mit einem Hoch auf S. Majestät den König, den erhabenen Gründer der Universität. Am Abend folgte in dem Universitätssaal noch ein Konzert, eingeleitet durch einen von einem Studierenden verfassten und von ihm vorgetragenen Prolog.

Der 5. März 1813 bezeichnet für die neue Anstalt den Abschluss einer kleinen, aber wichtigen Periode. Die notwendigsten Einrichtungen waren nunmehr getroffen, die vielen Arbeiten erledigt, welche die Vorbereitung der Inauguration erheischte. Die Universität war jetzt in der Lage, mit grösserer Ruhe ihrer Aufgabe sich zu widmen, und während vor allem das Lehramt zu verwalten war, konnte zugleich für das Sorge getragen werden, was noch an der Ausstattung fehlte. Am dringlichsten war in dieser Beziehung die Beschaffung der erforderlichen wissenschaftlichen Hilfsmittel.

Die Begründung einer Bibliothek wurde sofort bei der Stiftung ins Auge gefasst. Doch sollte sie den Zwecken des Priesterseminars und der Universität zugleich dienen. Die Oberaufsicht wurde demgemäss den Vorständen der beiden Anstalten gemeinschaftlich übertragen, zum Bibliothekar aber der Regens ernannt. Eingerichtet wurde sie in einem Saal des Seminargebäudes, bei der Entfernung desselben von der Stadt indessen in einem Zimmer der Universität zugleich eine Handbibliothek für den täglichen Gebrauch der Lehrer und Schüler angelegt. Den Grundstock bildeten die in Ellwangen bereits vorhandenen Bibliotheken. Dazu kamen die für die Anstalt brauchbaren Doubletten aus der Staatsbibliothek in Stuttgart und Bücher aus verschiedenen Kloster- und Stiftsbibliotheken des Landes: aus den Bibliotheken der Franziskaner in Ehingen, der Augustiner in Weil d. St., des Kollegiatstiftes in Wiesensteig, des Stifts Komburg, der Augustiner in Rottweil, der Kapuziner in Wangen, des Klosters Wengen in Ulm, der Karmeliter und Kapuziner in Rottenburg, der Augustiner und Dominikaner in Gmünd. Andere Klosterbibliotheken, wie die in Heilbronn, Neckarsulm, Wiblingen, Biberach und Ravensburg, waren schon veräussert, als man sie für die Zwecke der Universität in Anspruch nehmen wollte. Die Kataloge jener Bibliotheken wurden, nachdem für Stuttgart und teilweise auch für Tübingen das Geeignete ausgeschieden worden, zur Auswahl alsbald nach Ellwangen geschickt. Die Bücher selbst trafen, wie es scheint, grösstenteils im Winter 1814|15 ein, und im Frühjahr 1815 konnte an die Kuratel berichtet werden, die Aufstellung sei fertig. Der Bibliothekraum konnte nicht alle eingelaufenen Bücher fassen; andere schienen als Doubletten oder wegen ihres schlechten Zustandes oder ihres minder wichtigen Inhaltes der Aufstellung nicht wert zu sein. Im ganzen wurden 2655 Bände, darunter 340 in 2° und 500 in 4°, zurückgelegt. Ein Teil davon ward der Handbibliothek der Universität zugewiesen, die übrigen durch die Kuratel einer entsprechenden Verwendung vorbehalten. Zu Neuanschaffungen wurde eine jährliche Summe von 600 Gulden ausgeworfen. Über die für ein Jahr zu erwerbenden Bücher hatten die Professoren der Universität und des Seminars gemeinschaftlich zu beraten und ihre Auswahl zur Prüfung und Genehmigung der Kuratel vorzulegen. Für den Fall, dass eine Gelegenheit zu günstigem Kauf rasch zu benützen war, musste wenigstens nachträglich eine Anzeige erstattet werden.

Der Lehrplan blieb im ganzen während des Bestandes der Anstalt der gleiche. Nur erfuhr er eine kleine Bereicherung. Als die Pädagogik und Didaktik an den Lyceen und Gymnasien in Wegfall kamen, wurden sie unter die Unterrichtsfächer der Universität aufgenommen und mittelst Dekret vom 8. Juni 1814 dem zweiten Kurs zugewiesen. Mit ihrem Vortrag ward zunächst Repetent Hirscher beauftragt. Einen regelmässigen Lehrgegenstand scheint aber das Fach, da Hirscher noch im

Herbst 1814 zum Professor am Gymnasium in Rottweil ernannt wurde, noch nicht gebildet zu haben. Man erfährt nur, dass es im Jahr 1815|16, weil damals der dritte Kurs ausfiel, durch Bestlin vorgetragen wurde. Im Winter des gleichen Jahres las der Arzt Dr. Schmid über Pastoralmedizin.

Wichtiger ist ein weiterer Punkt. Neben der Heranbildung von Seelsorgern wurde bald auch die Ausbildung von Lehrern, sowohl für die Universität als für die Gymnasien, ins Auge gefasst und zu diesem Behufe das Präparandeninstitut oder Institut der Lehramtskandidaten gegründet. Einige der begabteren jungen Geistlichen verblieben demgemäss nach der Ordination noch ein paar Jahre in dem Priesterseminar, um sich unter Leitung der Professoren der Universität und des Lyceums für jenen Beruf vorzubereiten. Die strebsameren der Kandidaten sollten nach der für das Institut 1816 entworfenen Instruktion der Regierung überdies zu einer weiteren Unterstützung für den Besuch auswärtiger Universitäten empfohlen werden.

Wie weit die Vorlesungen sich erstreckten oder in welchem Umfang die einzelnen Fächer thatsächlich vorgetragen wurden, darüber ist den Akten nichts zu entnehmen. Die Angaben in den Lektionsverzeichnissen sind ganz allgemein gehalten. Ein Schüler der Universität, B. Wörner in den 1866 von Gams herausgegebenen Aufzeichnungen über Möhler (S. 4), schreibt aber in späteren Jahren: »Tief wurden die theologischen Studien nicht getrieben. In der Dogmatik kam man nicht an alle Hauptlehren; in der Kirchengeschichte, die mehr Weltgeschichte war, kam man nie bis zur Reformation«. Die Angabe, ein willkommener Beitrag zur Kenntnis des Ellwanger Unterrichtes, mag für eine gewisse Zeit im ganzen richtig sein. Doch darf man fragen, ob sie für den ganzen Bestand der Universität begründet ist. Und noch weniger darf unbemerkt bleiben, dass der Autor kein völlig zuverlässiger Gewährsmann ist. Denn was im unmittelbaren Anschluss an jene Worte bemerkt wird: »Die Exegese war, wie die übrige Theologie, etwa Moral und Pastoral ausgenommen, ganz rationalistisch«, beruht sicherlich auf erheblicher Übertreibung. Es soll zwar nicht geleugnet werden, dass der Rationalismus in Ellwangen eine gewisse Vertretung hatte. Bei dem Umfang, in welchem er gegen Ende des vorigen Jahrhunderts nicht bloss das protestantische, sondern zum Teil auch das katholische Deutschland ergriff, kann die Erscheinung nicht befremden; man müsste sich eher über das Gegenteil verwundern. Wie aus einem Schreiben des Kultministers an den Generalvikar vom 6. April 1816 erhellt, drangen auch ungünstige Gerüchte nach Rom. Nach einem Schreiben Kellers an den Kardinalstaatssekretär vom Frühjahr 1817 war namentlich die sofort zu erwähnende Abhandlung Dreys über die Beichte ein Gegenstand der Anklage. Die Schrift erfuhr indessen keine Zensur, und wie dieser Umstand hier ins Gewicht fällt, so ergiebt eine Prüfung der übrigen Schriften der Universität, dass das angeführte unbedingte Verdikt dem Thatbestand nicht entspricht. Oder sollte in den Vorlesungen etwa ein ganz anderer Geist zu tage getreten sein als in den

Schriften? Wenn nicht aus anderen Gründen, wird schon in anbetracht der Öffentlichkeit der Vorlesungen daran nicht zu denken sein.

Nach den Statuten gingen von der Universität jährlich zwei Schriten aus. Das StudienJahr schloss mit einer öffentlichen Disputation, und als Grundage derselben wurde eine Schrift veröffentlicht, auf deren Titel wie der Verfasse so auch die Defendenten genannt waren. Zum Geburtsfest des Königs war ein Programm zu verfassen. Die Schriften, namentlich die Programme, sind nicht gros an Umfang, einige sind auch inhaltlich nicht bedeutend. Aber sie sind immerhin Zeugen einer nicht geringen geistigen Regsamkeit in Ellwangen, und in einer Gescichte der Universität ist ihnen um so mehr eine Stelle einzuräumen, je seltener si zum Teil geworden sind. Die Kenntnis der Programme verdanke ich nur der güzen Mitteilung von Privatbesitzern. In den Bibliotheken von Tübingen, Stuttgart nd Ellwangen suchte ich vergebens nach ihnen. Die Disputationsschriften sind olgende. Für das erste Jahr veröffentlichte Wachter Theses ex iure ecclesiastico a leges patrias adaptato una cum praeviis positionibus ex iure naturae et getium. In den folgenden Jahren erschienen Dissertationen. Gratz schrieb 1814: Jber Interpolationen in dem Briefe Paulus an die Römer und ihrer Veranlasung mehrerer Schwierigkeiten in diesem Briefe; 1817: Über die Grenzen der Freieit, die einem Katholiken in betreff der Erklärung der heiligen Schrift zusteht. Drey erfasste 1815 eine Dissertatio historico-theologica originem ac vicissitudines exomogeseos in ecclesia catholica ex documentis ecclesiasticis illustrans; Wachter 1816 ine Dissertatio historica de administratione bonorum ecclesiasticorum. Die Programme nthalten 1813 eine Abhandlung De nexu arctissimo qui virtutem inter et veri cognitinem intercedit von Bestlin, 1814 Observata quaedam ad illustrandam Justini Martris de regno millenario senteniam von Drey, 1815 eine Dissertation De statistica eclesiastica von Wachter. Das Programm v. J. 1816 war nirgends aufzufinden. Im 1817 wurde wohl keine Abhandlung mehr ausgegeben. Die Schriften des Jahres 813 und das Programm 1814 erschienen in Gmünd, die übrigen Arbeiten in Ellwangen, wohin Buchdrucker Ritter von dort 1814 als Universitätsbuchdrucker übersidelte.

Bei den genannten Feierlichkeiten war durch einen der Lehrer er Universität je auch eine Rede zu halten. Diese Vorträge entziehen sich indesen fast ganz unserer Kenntnis. Die Programme kündigen am Schluss nur die Abhaung an, ohne über den Inhalt etwas beizufügen. Ebenso wenig erfährt man über ie Reden am Ende des SchulJahres, eine einzige ausgenommen. Die Dissertation 1814 enthält am Schluss die Bemerkung: die Rede des Präses handelt de Critices sacrae pretio. Die Notiz bildet zugleich die einzige Quelle, durch die wir von einer lede bei jener Feierlichkeit erfahren.

Über die wissenschaftlichen Arbeiten der Studierenden fliessen d: Nachrichten äusserst spärlich. Nach dem Lehrplan sollte jedes Jahr eine Preisfrage gstellt werden, und die Anordnung wurde zweifellos befolgt. Aus den Akten war aber nur das für das erste Studienjahr gegebene Thema zu ermitteln: Untersuchung über die allmähliche Entwicklung der geistlichen Hierarchie in den ersten drei Jahrhunderten. Das Programm 1815 giebt mit dem Namen des Preisträgers, W. Wolf aus Weil d. St., noch die Frage für das Jahr 1814|15 an: Quomodo demonstratur a) institutionem ecclesiae id fines a Christo intentos esse necessariam, b) ipsumque revera instituisse ecclesiam

Noch dürftiger sind die Nachrichten über das sittliche Verhalten der Studierenden. Bei der strengen Aufsicht, die geführt wurde, ist indessen anzunehmen, dass dasselbe im allgemeinen ein befriedigendes war, Jedenfalls von der an anderen Universitäten der damligen Zeit üblichen Aufführung sich nicht ungünstig unterschied. Der bereits erwähnte Schüler entwirft freilich in dieser Beziehung ein sehr düsteres Bild. Aber sein Wort besteht hier so wenig als in dem oben berührten Punkte die Probe. Das demonstrative Wegbleiben der Studenten von einer Predigt des Lyceumspräfekten insbesondre erscheint nach dem Bericht des Rektoramtes in einem milderen Lichte.

Der Lehrkörper der Universität erlitt nur eine kleine Veränderung. Im Herbst 1814 schied Spegele wegen geschwächter Gesundheit aus, indem er sich auf die Pfarrei Ziegelbach zurückzog, die ihm am 26. Juli 1813 übertragen worden war. Seine Stelle erhielt Repetent Herbst, zuerst provisorisch, im Herbst 1815 definitiv; als Repetent aber trat Schönweiler ein.

Bei einer Ernennung zum Professor wurde Herbst zur Auflage gemacht, durch eine öffentliche Disputation sich das Doktorat zu erwerben. Die Promotion fand auf Grund der Dissertation Observationes quaedam de Pentateuchi quatuor librorum posteriorum auctore et editore commentatio critica am 27. März 1817 statt, und sie scheint die einzige zu sein, welche rite vorgenommen wurde. Honoris causa wurde dr Doktorgrad das Jahr zuvor den Geistlichen Räten B. v. Werkmeister und I. B v. Keller und dem Generalvikariatsrat v. Mets verliehen.

Der Gehalt der Professoren betrug anfangs 1000 Gulden, und er wurde ihnen in der Weise angewiesen, dass sie das Einkommen aus ihren bisherigen Stellen als Beitrag u dieser Summe behalten sollten. Im Herbst 1815 wurde die Besoldung auf 120c für die vier ältesten unter den Professoren näherhin auf 1100 Gulden und den Genuss freier Wohnung erhöht. Um letztere baten die Professoren bald nach ihrm Aufzug, da sie Schwierigkeiten hatten, ein passendes Unterkommen zu finden, ud andererseits mehrere herrschaftliche Gebäude leer standen. Das Gesuch wurde aer damals abschlägig beschieden, da sämtliche disponibeln herrschaftlichen Gebäude, mit Ausnahme des dem König selbst vorbehaltenen Kustoriegebäudes, zu Offizirswohnungen angewiesen waren. Der Rektor hatte eine Zulage von 100 Gulden und ein Schreibmaterialien-Aversum von 12 Gulden. Das Amt bekleidete im zweiten nd dritten Studienjahr Wachter, in den beiden folgenden Jahren Bestlin.

II. 3

Was endlich die Schülerzahl anlangt, so war sie nicht besonders gross, obwohl bei Errichtung der Universität den Kandidaten der katholischen Theologie in dem Königreich der Besuch auswärtiger Universitäten verboten wurde. Die Erscheinung hat ihren Hauptgrund in den Zeitverhältnissen. Die Kriegsperiode, in welche die Stiftung fällt, äusserte ihren Einfluss nicht bloss dadurch, dass sie der Neigung zum Studium Eintrag that, sondern auch dadurch, dass sie dieses selbst einigen aus der Zahl derjenigen unmöglich machte, welche sich ihm widmen wollten, indem den Militärdiensttüchtigen der Besuch der Universität nicht gestattet wurde. Dazu kommt, dass für die frühere Heranbildung von Kandidaten des geistlichen Standes noch nicht die entsprechende Fürsorge getroffen war. Die niederen Konvikte wurden erst 1824 errichtet. Im Anfang des ersten Jahres wurden 47 Personen zum Studium zugelassen, darunter drei Nichtwürttemberger. Bei der ersten Immatrikulation, welche am 8. März . 1813, drei Tage nach der Inauguration der Universität stattfand, waren es 48. Im zweiten Jahr belief sich die Zahl anfangs auf 35, darunter 13 Neuimmatrikulierte, später auf 39. In den folgenden Jahren war die Zahl noch geringer. Das Verzeichnis vom 8. Nov. 1815 giebt 22 Studierende an. Allem nach war die Frequenz auch in dem vorausgehenden und dem folgenden Jahr nicht wesentlich besser. Dabei traf es sich wiederholt, dass auf einen Kurs so wenige Schüler kamen, dass die Veranstaltung besonderer Vorlesungen für sie nicht angezeigt schien und der Kurs mit dem nächsten vereinigt wurde. So hatten die drei Studenten des zweiten Kurses im J. 1814|15 die Vorlesungen des dritten, im folgenden Jahr, als sie selbst den dritten Kurs bildeten, die Vorlesungen des zweiten Kurses zu besuchen. Die Aufnahmeverzeichnisse und Immatrikulationslisten haben sich leider nicht vollständig erhalten. Unter diesen Umständen musste, da Vollständigkeit nicht zu erreichen war, auf Beigabe eines Kataloges der Studierenden verzichtet werden. Dagegen seien hier noch kurz einige hervorragende Namen genannt. Im Jahr 1814|15 erscheint an der Universität Alexander Fürst von Hohenlohe, später Grosspropst von Grosswardein und Titularbischof von Sardika, bekannt wegen der Heilungen, die er durch kirchliche Benediktionen teils bewirkte, teils versuchte. Im Herbst 1815 traten in Ellwangen ein J. Lipp, später Bischof von Rottenburg, und J. A. Möhler, der berühmte Theologe. —

Die Stiftung der Universität war für die katholische Bevölkerung des Landes unstreitig eine grosse Wohlthat. Den Kandidaten des geistlichen Standes war durch sie die Möglichkeit geboten, in der Heimat sich für ihren künftigen Beruf auszubilden. Die katholische Theologie und mit ihr die katholische Wissenschaft überhaupt hatte durch sie eine neue Pflegstätte erhalten, und nach dieser Seite hin hatte die Stiftung eine Bedeutung, die sich über die Landesgrenzen hinaus erstreckte. Das Werk wurde daher allenthalben mit Dank und Freude aufgenommen. »Eine solche Einrichtung und Anstalt«, bemerkte der Weihbischof von Hohenlohe in seinem Schreiben an den Fürstprimas von Dalberg v. 27. Nov. 1812, allerdings mit Bezug auf die dreifache Stiftung des Königs, aber doch zunächst mit Bezug auf die Universität, »verdient nicht bloss den allgemeinen Dank des ganzen katholischen Anteils des Königreiches, sondern auch den allgemeinen Beifall«.

So unbedingte Anerkennung aber die Stiftung verdiente und erhielt, so war sie doch keineswegs vollkommen. Beschlossen und ausgeführt in dem grossen Kriegs-Jahr 1812 konnte sie den Charakter nicht verleugnen, den Schöpfungen solcher Zeit zu haben pflegen. Sie begriff in sich wohl das Notwendigste; aber sie bot noch nicht alles, was zur vollen wissenschaftlichen Ausbildung der Theologen erforderlich ist. Sie bot wahrscheinlich auch noch nicht alles, was der weite Blick und das edle Herz des erhabenen Stifters selbst geben wollte, in der harten Zeit aber nicht geben konnte. Es fehlte vor allem noch ein genügender Unterricht in der klassischen Litteratur des Altertums, in der Philosophie und Weltgeschichte, und wenn man zunächst bei dem Ersatz sich beruhigen konnte, den das Lyceum und die Beiziehung einiger Hilfslehrer bot, so konnte man damit doch auf die Dauer sich nicht zufrieden geben. Es fehlte noch ein Seminar oder Konvikt, in dem die Studierenden der Theologie in sicherer Weise für ihre künftige Lebensstellung vorbereitet wurden. Die Stiftung bedurfte also nach zwei Seiten hin einer Erweiterung und Ergänzung. Aber wie sollte sie ihrer Vollendung entgegengeführt werden? Es war ein doppeltes möglich. Die Friedrichsuniversität war entweder in der angegebenen Richtung weiter auszubauen, oder sie war mit der alten Landesuniversität zu vereinigen. Ersteres erforderte einen erheblichen Mehraufwand, und da es zudem fraglich war, ob mit der etwaigen Errichtung einer philosophischen Fakultät in Ellwangen dem Bedürfnis in Wahrheit Genüge gethan, ob nicht vielmehr wieder ein halbes Werk geschaffen werde, so entschloss sich die Regierung für die Betretung des zweiten Weges.

Bei der Entscheidung war auch die kirchliche Frage von Bedeutung. Der Stifter der katholischen Landesuniversität starb am 30. Oktober 1816, und mit ihm ging der umfassende kirchliche Organisationsplan zu Grabe, den wir oben kennen gelernt. König Wilhelm dachte wie über die Universitätsfrage so auch über diese Angelegenheit anders als sein höchstseliger Vater. Das Königreich sollte nicht in zwei oder drei Diözesen geteilt, sondern sämtliche Katholiken des Landes zu einem Sprengel verbunden werden, und der neue Plan machte es fraglich, ob Ellwangen als Sitz der kirchlichen Oberbehörde beizubehalten sei; denn die Stadt war bisher nur für einen Bruchtheil, nicht für das ganze Land als kirchlicher Mittelpunkt in Aussicht genommen worden. Unter den veränderten Verhältnissen schien vielmehr eine Verlegung der kirchlichen Oberbehörde mehr in das Innere des Landes angezeigt zu sein, und wenn dem auch entgegenstand, dass in Hinsicht auf Kirchen und die anderen erforderlichen Gebäude keine katholische Stadt im Königreich die Eigenschaften einer kirchlichen Metropole in dem Masse in sich vereinigte, wie Ellwangen, dass

auch in geographischer Hinsicht keine ein entschiedenes Übergewicht hatte, so vereinigte Rottenburg die fraglichen Bedingungen immerhin in einem Grade, dass der
Stadt der Vorzug gegeben werden konnte. Die Verlegung des Sitzes der kirchlichen Oberbehörde bedingte aber bei der engen Beziehung zwischen beiden Instituten auch eine Verlegung der theologischen Lehranstalt, da das Mitaufsichtsrecht,
das dem Generalvikariat eingeräumt wurde, nur bei einer gewissen Nähe zwischen
beiden in wirksamer Weise zur Ausübung gelangen konnte. Der Satz gilt freilich
auch umgekehrt. Die Universität musste das Generalvikariat und künftige Bistum
nach sich ziehen, und thatsächlich wurde dieser Gesichtspunkt in den Vordergrund
gestellt. Doch wirkte zweifellos die kirchliche Angelegenheit ihrerseits bestimmend
auf die Lösung der Universitätsfrage zurück.

So viel übrigens für die Verlegung sprach und so klar die Sache für die Staatsregierung sein mochte, so war das Vorhaben andererseits nicht ohne Bedenken.
Die Universität Tübingen hatte bisher einen grundsätzlich protestantischen Charakter,
und wenn ihr dieser nun auch sofort benommen wurde, durch die eingetretenen politischen Veränderungen im Grunde bereits gehoben war, so stand sie doch in den
Augen des grösseren Teiles des Volkes immer noch als eine protestantische Anstalt
da. Ähnlich verhält es sich mit der Stadt Tübingen. Von der katholischen Bevölkerung war daher keine allgemeine Billigung des Planes zu erwarten. Misstrauen
konnte um so eher Platz greifen, als die katholischen Landesteile noch nicht so lange
zu dem Königreich gehörten, um die alte Zeit vergessen und in die neue Ordnung
sich ganz gefunden zu haben.

Der Plan tritt gleich im Anfang der neuen Regierung zu tage. Am 20. Nov.
1816 erhielt die Kuratel von dem Ministerium des Kirchen- und Schulwesens, an
dessen Spitze damals Freiherr von Wangenheim stand, den Auftrag, »über den
dermaligen Zustand der katholischen Landesuniversität Ellwangen, deren Bedürfnisse
und Mittel, Bericht zu erstatten, zugleich über die Frage sich zu äussern, ob es zur
Vervollkommnung des katholisch-theologischen Studienwesens nicht zu wünschen, und
unter welchen Bestimmungen. es ausführbar wäre, mit Aufhebung der Universität
Ellwangen eine Fakultät für die katholische Theologie auf der Universität Tübingen
zu errichten und somit die Studienhilfsmittel dieser hohen Schule zugleich für die
Zwecke der katholischen Kirche zu benutzen«. Nach einer Marginalnote wurde der
Bericht am 16. Jan. 1817 vom Direktorium privatim erstattet. Das Schreiben liegt
zwar in den Akten nicht vor. Doch erfahren wir einiges über seinen Inhalt aus
dem Schreiben des Katholischen Kirchenrats an dasselbe Ministerium vom 14. Okt. 1817.
Freiherr von Schmitz-Grollenburg versäumte hienach nicht, die Schwierigkeiten hervorzuheben, welche sich der Sache entgegenstellten; auf die Rücksicht hinzuweisen,
welche bei der Vereinigung auf die katholische Kirchenverfassung und auf die durch
die Kirchenvorsteher beherrschte öffentliche Meinung zu nehmen sei; an die Ober-

aufsicht zu erinnern, die dem inländischen Generalvikariat über die katholische Lehranstalt in Ellwangen zugestanden wurde; zu bemerken, dass ein grosser Teil der
katholischen Unterthanen mit dem Plan unzufrieden sein und diese Stimmung in der
ersten Zeit eine nachteilige Einwirkung auf die Wahl des geistlichen Standes haben
könnte. Andererseits aber sah er den Plan als so vorteilhaft an, dass er in der
Hauptsache sich mit ihm einverstanden erklärte.

Die Kuratel hatte ihre Erklärung noch nicht abgegeben, als bereits Vorstellungen
erhoben wurden. Durch die Presse gelangte der Plan noch gegen Ende des Jahres 1816
in die Öffentlichkeit, und in Ellwangen wirkte die Nachricht wie ein Donnerschlag.
Bis vor kurzem eine fürstliche Residenz und Sitz eines reichen Stifts, und nach ihrer
ganzen Entwicklung auf den Besitz eines konsumierenden Publikums angewiesen, sah
sich die Stadt durch die Entziehung der drei Institute in ihrer ganzen Existenz be-
droht. Sie wandte sich daher bereits am 8. Januar 1817 mit einer Immediateingabe
an den König, und dabei wurde nicht unterlassen, auf einen besonderen Rechtstitel
hinzuweisen, den sie für den Besitz der Universität glaubte vorbringen zu können,
indem sie schon vor der neuen politischen Ordnung die Mittel zur Ausbildung für
den geistlichen Stand besessen habe. Durch den Fürstpropst Franz Ludwig war im
Jahr 1727 nicht nur das Studium der Philosophie eingeführt und damit das Gymnasium zu einem Lyceum erhoben, durch den Ellwanger Bürger F. X. Geiger war
1752 auch ein Lehrstuhl für Moraltheologie und kanonisches Recht gestiftet worden.
Die Einrichtung war, wie man sieht, in hohem Grade dürftig, so dass sie den wissenschaftlichen Anforderungen, welche die Zeit an die Kandidaten des geistlichen Standes
stellte, in keiner Weise genügte, und die Untersuchung, welche das Ministerium über
die Stiftung einleitete, keinen irgendwie bemerkenswerten Grund ergab, von dem
Vorhaben abzustehen.

Als mit Verkündigung des Entwurfs der Verfassung v. 3. März 1817 die Regierung selbst den Plan verriet, indem hier die katholische Landesuniversität nicht
ausdrücklich genannt, sondern nur von einer katholisch-theologischen Lehranstalt die
Rede war mit dem Beifügen, dass sie unter den besonderen Schutz der Verfassung
gestellt sei, vereinigte die Universität ihre Vorstellungen mit denen der Bürgerschaft
von Ellwangen. Unter Hinweis auf die wohlwollende und unermüdete Thätigkeit,
welche die Oberbehörde für die Erhaltung und Fortbildung der Universität in ihrem
bisherigen Bestande an den Tag gelegt, trug der akademische Senat mittelst Schreiben
vom 2. April der Kuratel die Bitte vor, sich zu verwenden, »dass das Werk ihrer
mehrjährigen Sorge nicht untergehe, nicht aus der Reihe der höher charakterisierten
Lehranstalten verstossen werde, sondern ungeschmälert zum Behufe der katholischen
Religion in ihrer Eigenheit bestehen bleibe und ihre Fortdauer durch die Verfassung
gesichert werde.« Die Ellwanger Bürgerschaft that ihrerseits, als sie erfuhr, dass
die Hoffnung, der sie sich in der letzten Zeit hingegeben, weil von Anstalten zur

Bewerkstelligung des Planes zunächst nichts wahrzunehmen war, eine verfrühte sei, einen zweiten Schritt. Es ging eine besondere Deputation nach Stuttgart ab, um dem König eine Schrift, datiert v. 20. Mai, zu überreichen, in der ebenso mit eindringlichen Worten die verderblichen Folgen, welche der Plan für Ellwangen haben sollte, als auch die Vorzüge hervorgehoben waren, welche die Stadt für den künftigen Bischofssitz darbieten würde. Als der vormalige Geistliche Rat J. B. von Keller, der infolge seiner Sendung nach Rom 1815|16, wo er die päpstliche Bestätigung der getroffenen kirchlichen Einrichtungen zu erwirken hatte, inzwischen zum Staatsrat ernannt, zum Bischof von Evara geweiht und dem Generalvikar mit dem Recht der Nachfolge als Provikar an die Seite gegeben worden war, einen Monat später zur Beratung über kirchliche Angelegenheiten nach Stuttgart berufen wurde, bat ihn die Bürgerschaft am 19. Juni um Überreichung eines dritten Bittgesuches, und als auch dieses den erwarteten Erfolg nicht hatte, erneuerte sie ihre Bemühungen am 1. August. Die Staatsregierung wurde, wie nahe liegt, durch all diese Vorstellungen nicht umgestimmt. Die Einsprache der Stadt Ellwangen kam um so weniger in Betracht, als sie in der Hauptsache auf einem blossen Sonderinteresse beruhte, dem in anderer Weise Rechnung getragen werden konnte. Der Beschluss war bereits gefasst. Die Verlegung der Universität war schon durch Kgl. Reskript v. 9. April angeordnet und der Kuratel zwei Tage später bekannt gemacht worden. Auch die weitere Bitte, welche die Stadt mit Rücksicht auf die bereits erhaltene Zusage der Errichtung eines Bischöflichen Kommissariates für den dortigen Landesteil am 20. August stellte, wenigstens das Priesterseminar zu belassen und dem kirchlichen Obern eine Wohnung zum zeitweiligen Aufenthalt in ihrer Mitte anzuweisen, konnte nicht erfüllt werden. Das Priesterseminar musste, wenn möglich, am Sitz der kirchlichen Oberbehörde sein.

Als der Bischof Staatsrat von Keller in Stuttgart sich einfand, erhielt er in Bälde den Auftrag, mit dem Direktor des Kirchenrates nach Tübingen und Rottenburg sich zu begeben, um an Ort und Stelle von der Ausführbarkeit des Planes sich zu überzeugen und insbesondere von den Gebäuden Einsicht zu nehmen, welche für den Zweck teils bereits bestimmt, teils noch auszumitteln waren. Sein Bericht v. 4. Juli fiel für die Sache im ganzen günstig aus. Über das Collegium illustre in Tübingen, das für das theologische Konvikt in Aussicht genommen war, äussert er sich insbesondere, es sei von so grossem Umfang, dass es für die Errichtung einer höheren Lehranstalt sowohl für den philosophischen zweijährigen als für den dreijährigen theologischen Lehrkurs sich vollkommen eignen dürfte. Was er vermisste, war hauptsächlich eine zur Einrichtung einer Kathedrale geeignete Kirche in Rottenburg, weshalb er bemerkte, es dürfte jetzt schon bei der von Sr. Kgl. Majestät huldreichst angeordneten Kommission für die Ausscheidung der zur Bistumsdotation erforderlichen Fonds sogleich auf Erbauung einer neuen Kathedralkirche besondere Rücksicht zu nehmen und eigene Bestimmungen hierüber festzusetzen sein.

Nachdem das Werk so weit vorgerückt war, wurde endlich das Generalvikariat von der Sache in Kenntnis gesetzt. Das Schreiben, das der Minister des Kirchen- und Schulwesens, Freiherr von Wangenheim, am 2. August zu diesem Behufe an den Fürsten von Hohenlohe richtete, dürfte verdienen, vollständig mitgeteilt zu werden. Es lautet:

Seine Königliche Majestät haben den gegenwärtigen Zustand der öffentlichen Lehranstalten im Königreich, welche für die Bildung der Kandidaten des katholischen geistlichen Standes bestimmt sind, einer sorgfältigen Prüfung unterworfen. Sie haben die bisher bestandenen Lyceen und Gymnasien zu Ellwangen und Rottweil für ihre Zwecke keineswegs genügend gefunden und daher diesen Lehranstalten eine gründliche und zusammenhängende Einrichtung dadurch gegeben, dass die Errichtung von untern und obern Gymnasien in jeder dieser Städte, die Aufstellung von vier Hauptlehrern an jenen und von fünf Lehrern an diesen, die Erhöhung der geringen Besoldungen der Lehrer, die Vermehrung der litterarischen Hilfsmittel für diese Institute und die Entwerfung eines bessern, alle Erfordernisse eines zweckgemässen Unterrichts umfassenden Planes angeordnet wurde. Diese Einrichtungen werden im Spätjahr dieses Jahres allgemein in Wirksamkeit treten.

S. K. M. konnten aber hiebei nicht stehen bleiben. Sie fühlten die Notwendigkeit, auch die höhere theologische Spezialschule, welche unter dem unpassenden Namen der katholischen Landesuniversität in Ellwangen bisher bestand, zu erweitern und zu verbessern.

So sehr die katholische Kirche des Königreichs des Höchstseligen Königs Majestät unvergesslichen Dank schuldig ist, dass Höchstderselbe selbst in den stürmischen Zeiten des Kriegs aus treuer Fürsorge für die katholischen Unterthanen jene Anstalt gründete, die Studierenden zum grössten Teil mit mässigen Stipendien unterstützte und für die theologischen Wissenschaften an sich eine hinreichende Anzahl von Lehrern aufstellte, so blieb es doch des jetzt regierenden Königs Majestät vorbehalten, einesteils die Kluft, zwischen der untern und jener höhern Lehranstalt, die zum grössten Nachteil der Studierenden bestand, auszufüllen, andernteils aber den seit dem Jahr 1803 durch die Verhängnisse über die katholische Kirche geschwächten Antrieb der katholischen Jugend zur Wahl des geistlichen Standes durch höhere umfassendere Unterstützung von neuem zu heben. In dieser letztern Beziehung erschien die Gesamterziehung der Studierenden der Theologie auf öffentliche Kosten in einem Konvikte unvermeidlich notwendig; in der erstern Beziehung aber konnte S. M. nicht zugeben, dass die höhere philologische und philosophische Vorbildung der Studierenden der Theologie ferner versäumt und somit eine absolut notwendige Bedingung eines theologischen Studiums und einer den Beruf des Seelsorgers fördernden tiefern intellektuellen Bildung unerfüllt bleibe.

Abgesehen davon, dass die Verbindung einer philosophischen Fakultät mit der theologischen in Ellwangen, wenn ihr der erforderliche Umfang gegeben worden wäre, einen Kostenaufwand erfordert haben würde, wozu der Staat bei den vielen noch unbefriedigten Bedürfnissen der katholischen Kirche selbst ebenso wenig die Mittel als die Verbindlichkeit hat, so würde nach der gegründetsten Überzeugung Sr. M. dadurch wieder nur etwas Unvollkommenes gegeben worden sein. Denn der Theolog bedarf für seine wissenschaftliche Bildung an sich und für seinen künftigen vielseitigen Beruf als Erzieher und Berater seiner Gemeinde in allen physischen und geistigen Bedürfnissen der Bekanntschaft mit andern Wissenschaften, und weder die Rechtskunde noch die Arznei-, Natur- und Staatswirtschaftskunde darf ihm ganz fern bleiben. So wäre also nichts übrig geblieben, als entweder eine zweite vollständige Landesuniversität (sei es in Ellwangen oder in einer andern Stadt) zu errichten, oder die katholische theologische Lehranstalt als katholische theologische Fakultät mit der schon bestehenden Landesuniversität zu vereinigen.

S. K. M. konnten, wenn Sie Ihrem wahren Berufe als Regent, der alle Bedürfnisse des Staats und der Kirchen und alle Verhältnisse zu berücksichtigen und Jede Last der Unterthanen zu mildern verpflichtet ist, folgen wollten, keinen Augenblick Bedenken tragen, das einfachste, am sichersten zum Ziele führende und mit der geringsten neuen Last verbundene Mittel zu wählen, und Höchstdieselben haben daher die Verlegung der katholisch theologischen Lehranstalt nach Tübingen und ihre Vereinigung als katholisch-theologische Fakultät mit der dortigen Landesuniversität unter der Bestimmung der Gleichheit der Rechte und Vorteile nach dem Beispiele, das andere Staaten gegeben haben, unabänderlich beschlossen und befohlen, dass dieser Beschluss noch in diesem Jahre zur Ausführung gebracht werde.

Zu diesem Ende wird ein Konvikt in Tübingen errichtet, in welchem alle Studierende der katholischen Theologie Je auf die fünf Jahreskurse der höhern Philologie, Philosophie und Theologie aufgenommen und dort unentgeltlich verpflegt werden.

Für dieses Konvikt haben S. K. M. das Gebäude des Collegium illustre in Tübingen in seiner ganzen grossen Ausdehnung mit Nebengebäuden und Gärten überlassen. Es wird in einem der Nebengebäude eine für die Alumnen des Konviktes und die katholischen Parochianen der Stadt gemeinschaftliche Kirche eingerichtet und somit bei der schlechten Beschaffenheit der den Katholiken mit den Protestanten gemeinschaftlich bisher eingeräumten Kirche einem Bedürfnisse der katholischen Kirche abgeholfen werden.

Das Collegium fasst allen erforderlichen Raum zur Aufnahme von etwa 200 Alumnen, sowie eines Vorstehers des Konviktes, der nötigen Anzahl von Repetenten und einiger Präparanden, welche nun von dem Priesterseminar getrennt werden können. S. K. M. werden besondere Fonds für diese Institute anweisen, mit deren Ausscheidung die bereits niedergesetzte Kommission sich zu beschäftigen hat. Das Nähere über das Lokal und die Einrichtungen wird des Herrn Bischofs von Tempe, Generalvikars Fürsten von Hohenlohe Fürstliche Gnaden, von dem Herrn Bischof von Evara, Staatsrat von Keller, welcher Augenschein davon genommen hat, mitgeteilt werden.

Der Unterzeichnete hält sich überzeugt, dass Ihre Fürstlichen Gnaden diese Anordnung des Königs nicht nur dem wahren Besten der Studierenden der Theologie angemessen finden, sondern auch darin mit ihm übereinstimmen werden, dass dadurch auch nicht auf die entfernteste Weise irgend einem Teile der katholischen Kirchenverfassung zu nahe getreten werde. Denn die katholischen Theologen erhalten in Tübingen wie in Ellwangen ihre eigenen Lehrer in der theologischen Wissenschaft, und diese gleiche Rechte mit den protestantischen. Es findet keine Vermischung der katholischen mit den protestantischen Zöglingen statt; die Erziehungsinstitute sind in Jeder Hinsicht abgesondert, und S. K. M. würden in keinem Augenblicke angestanden haben, im umgekehrten Falle eine protestantische theologische Fakultät unter gleichen Bestimmungen mit einer katholischen Universität, wenn eine solche da gewesen wäre, zu vereinigen.

Das Konvikt erhält ebenso seine katholischen Vorsteher und eine den Bedürfnissen der katholischen Kirche und ihren Grundsätzen und Geboten entsprechende Disziplinarordnung und Verfassung.

Auch sprechen die Beispiele von Heidelberg und Breslau für das Zweckmässige und Unschädliche einer solchen Vereinigung der theologischen Fakultät an derselben Universität.

Diese Einrichtung würde Jedoch S. K. M. für sehr unvollkommen halten, wenn die theologische katholische Fakultät durch ihre Verlegung nach Tübingen von dem Sitze der kirchlichen Oberbehörde zu weit entfernt und der letztern die gebührende Mitaufsicht entzogen würde.

Gewohnt, alle gerechten Ansprüche der katholischen Kirche zu erfüllen, hat es daher der König für notwendig gefunden, dass der Sitz des künftigen Landesbischofs und Generalvikars nebst dem Priesterseminar in die Nähe von Tübingen verlegt werde. S. K. M. haben hiezu die Stadt Rottenburg am Neckar bestimmt. Denn es kann Allerhöchst Ihnen neben der Rücksicht auf die Erleichterung des Bischofs über die Aufsicht der theologischen Fakultät in Tübingen keineswegs gleichgültig sein, dass der Sitz des Bischofs von dem grössten Teile des katholischen Württembergs so weit entfernt bleibe, als es die Stadt Ellwangen ist. Die Ausdehnung des Generalvikariatsprengels auf alle katholischen Landesteile und die bestimmte schon durch die Verfügungen des heiligen Vaters anerkannte Absicht des Königs, dass nur Ein Landesbistum errichtet werden soll, macht diese Verlegung notwendig, wenn gleich dadurch der bischöfliche Sitz einem Teile des katholischen Württembergs weiter enträckt wird, als es bei Ellwangen der Fall war. Der grösste Teil aber gewinnt dadurch oder kann wenigstens nichts verlieren.

Auch diese Verlegung wollen S. K. M. noch in diesem Jahre ausgeführt wissen. Das Karmeliterkloster in Rottenburg bietet die bequemste Gelegenheit dar, nicht nur Ihrer Fürstlichen Gnaden als Generalvikar eine grosse, Jede Forderung der Anständigkeit befriedigende Wohnung anzuweisen, sondern auch das Priesterseminar mit seinem Vorsteher und den Repetenten und übrigem Personal aufzunehmen, überdies noch die Vikariatskanzlei unterzubringen und in der einzubauenden Klosterkirche Wohnungen für den Kanzleidirektor und einen Teil des übrigen Kanzleipersonals, sowie für drei Chorvikarien und für die Musikschule einzurichten. Die Stadt Rottenburg hat überdies ein grosses Gebäude zu Wohnungen überlassen, und die übrigen öffentlichen Gebäude und mehrere zum Kauf angebotene Privathäuser bieten den schönsten Raum zu bequemen Wohnungen für das Domkapitel dar, sowie es auch für Jetzt an·der Gelegenheit zu angemessenen Mietwohnungen nicht fehlt. Auch die Stadtkirche in Rottenburg wird die zu einer Domkirche erforderlichen Einrichtungen erhalten.

Das Einzige, was bei dieser notwendigen, auf das Wohl der katholischen Kirche berechneten neuen Einrichtung dem Herzen Sr. K. M. wehe gethan hat, ist der Verlust, den durch dieselbe die gute Stadt Ellwangen für den Augenblick leidet; allein es ist Pflicht, das besondere Interesse dem allgemeinen unterzuordnen, und es wird kein Mittel unangewendet bleiben, dieser Stadt in der nächsten Zukunft durch andere Einrichtungen, die hier noch nicht näher bezeichnet werden dürfen, eine reichliche Entschädigung zufliessen zu lassen.

Der Unterzeichnete hat nun die Ehre, Ihre Fürstliche Gnaden von dieser Anordnung in Kenntnis zu setzen, und zweifelt nicht, dass das Hochwürdige Generalvikariat die grossen Vorteile, welche dadurch der katholischen Kirche des Königreichs auf eine ihre eigentümliche Verfassung schützende Weise zugehen, mit dem Sr. K. M. gebührenden Danke erkennen und sich beeifern wird, den höchsten Absichten des Königs überall entgegenzugehen.

Der Generalvikar, der damals in Augsburg weilte, konnte nicht so rasch und so völlig mit dem Plane sich befreunden als der Provikar, obwohl dieser dem Schreiben des Ministers am 4. August noch ein eigenes beifügte, um die Sache zu empfehlen. Es kostete den Abgesandten des Vikariats Mühe, ihn zur Anerkennung zu bestimmen. Wie er in dem Schreiben an den Provikar bemerkte, wurde er durch die vor aller vorläufigen Rücksprache mit der kirchlichen Oberbehörde unabänderlich beschlossene Versetzung nicht wenig überrascht, und es sei einzig nur die ganz vorteilhafte Darstellung der Angelegenheit seitens des Ministeriums und seitens des Adressaten, was ihn bewege, dem ohnehin bereits festen Beschluss nicht entgegenzutreten. Dabei unterliess er nicht, noch einige Wünsche zu äussern. Bezüglich der Universität bemerkte er insbesondere, dass bei der philosophischen Fakultät auch auf katholische Lehrer möchte Rücksicht genommen werden, und dieser Wunsch muss bei ihm um so begreiflicher erscheinen, wenn man erwägt, dass der akademische Senat von Tübingen im Frühjahr 1818 die verwandte Bitte stellte, die Fächer der biblischen Philologie, der theoretischen und praktischen Philosophie, der Universalgeschichte und des Kirchenrechts möchten fortan von Lehrern beider Kirchen vorgetragen werden. Doch gab er immerhin seine Zustimmung und zwar in dem Schreiben an das Ministerium v. 15. August nicht bloss mit dem angeführten negativen Wort, sondern mit dem gewünschten positiven Ausdruck.

Nach dieser Erklärung nahm die Angelegenheit einen raschen Fortgang. Der Direktor des Kirchenrats wurde mit Abfassung von »organischen Bestimmungen für die mit der Landesuniversität Tübingen zu vereinigende katholisch-theologische Fakultät und das höhere katholische Konvikt daselbst« beauftragt. Der Entwurf war am 5. Oktober vollendet, und da die Anordnung schon auf nächste Martini in Wirksamkeit treten sollte, wurde er sofort den beteiligten Behörden zur Äusserung mitgeteilt. Einige Schwierigkeiten verursachte die Frage, welcher Oberbehörde das Konvikt zu unterstellen sei. Der Entwurf beantragte den Katholischen Kirchenrat. Das Ministerium war der Ansicht, dass die Oberstudiendirektion als die gemeinschaftliche Zentralstelle für Studienangelegenheiten die Hauptbehörde für das Konvikt wie für das evangelische Seminar sein, in besonderen Fällen jedoch mit dem Kath. Kirchenrat in Kommunikation treten sollte, und als diese Anordnung mit Rücksicht auf den im wesentlichen protestantischen Charakter der Behörde als unausführbar abgelehnt wurde, brachte es die Errichtung einer aus Katholiken bestehenden Abteilung in dem Kollegium für die Behandlung der Angelegenheiten der Katholiken in Vorschlag. Indessen war die Oberstudiendirektion mit dieser Umgestaltung selbst nicht einverstanden, und so drang der Antrag des Entwurfs durch. Die Bestimmungen erhielten am 22. Jan. 1818 die allerhöchste Genehmigung, und unter dem gleichen Datum erschienen sie im Druck. Auf den Inhalt ist nicht weiter einzugehen, da die Hauptpunkte bereits in dem Schreiben des Ministeriums an den Generalvikar enthalten sind. Nur das Eine sei bemerkt, dass für das theologische Studium der für die Universität Ellwangen festgestellte Lehrplan im wesentlichen zunächst beibehalten wurde und dass das vorausgehende Studium der Philosophie zwei Jahre umfasste.

Der Umzug fand im Herbst 1817 statt. Von den Lehrern siedelten indessen nur drei nach Tübingen über: Gratz, Drey und Herbst. Bestlin und Wachter zogen sich auf ihre Pfarreien zurück. Der eine wurde durch den Dekan Eyth oder vielmehr, da dieser die neue Stelle gar nicht antrat, durch den Professor Hirscher von Rottweil ersetzt, der bereits am 22. Nov. zum Professor der Moral- und Pastoraltheologie ernannt wurde. Den Lehrauftrag des andern erhielt Dr. von Dresch, welcher als Professor der Geschichte der Universität seit 1810 angehörte. Die Kirchengeschichte wurde indessen, wenn je begonnen, von ihm höchstens einige Monate beibehalten, da sie im Verzeichnis der Vorlesungen für den Sommer 1818

fehlt und im folgenden Jahr bereits durch Herbst vorgetragen wurde. Die Kgl.
Verordnung, die Verlegung betreffend, datiert vom 25. Oktober, erschien am 30. Okt.
im Staats- und Regierungsblatt. Dasselbe Blatt brachte die Namen der 60 Studierenden,
welche für das erste Jahr in das Konvikt aufgenommen wurden, zu denen aber in
Bälde noch sieben weitere Kandidaten kamen. Die Eröffnung des Konvikts, zu dessen
erstem Direktor der Pfarrer und Schulinspektor Sperl in Unterschnaitheim ernannt
wurde, fand am 11. November statt. Das Jahr war das dritte Centenarium des
Auftretens Luthers. Der Einzug der Katholiken in Tübingen fiel somit in die Zeit,
wo man, wie es in der von W. Binder herausgegebenen Biographie des Bischofs
von Keller (1848 S. 23) heisst, die Glocken zum Reformationsfest läutete. Das Zusammentreffen, meint derselbe unbekannte Autor, sei sehr ominös gewesen. Heutzutage wird in demselben sicherlich kein Unbefangener etwas Besonderes finden.
Auch die Einziehenden selbst scheinen nicht so düster geurteilt zu haben, und wenn
sie Je mit bangen Ahnungen ankamen, so wurde ihre Furcht bald gehoben. Sie
erfreuten sich allenthalben einer freundlichen und wohlwollenden Aufnahme. Die
Staatsregierung hatte in dieser Beziehung Vorkehrungen getroffen, und ihre Anordnungen blieben nicht wirkungslos.

Wie nicht zu leugnen ist, hafteten dem Werke zunächst noch manche Unvoll-
kommenheiten und Mängel an. Es wurde zu einseitig durch die Staatsregierung
unternommen, als dass die wesentlich an der Sache beteiligte Kirche sofort auch die
erforderliche Berücksichtigung gefunden hätte, und es war der Zeit vorbehalten, in
dieser Beziehung ein entsprechenderes Verhältnis herzustellen. Man braucht aber
über Jene Mängel nicht die Augen zu verschliessen oder sie zu gering anzuschlagen,
um gleichwohl zu dem Endurteil zu gelangen, dass die Anordnung im ganzen eine
wohlthätige war. Die Pflege der katholischen Wissenschaft hat unter dem Einfluss
des regeren geistigen Lebens und auf Grund der reicheren litterarischen Hilfsmittel,
die eine vollständige Universität darbietet, sicher gewonnen. Ähnlich verhält es sich
mit dem Unterricht und dem Lernen. So gewiss es hier in erster Linie auf den
persönlichen Eifer der Lehrer und Schüler ankommt, so ist doch auch die äussere
Anregung nicht zu unterschätzen, und dass diese auf einer Universität stärker ist
als auf einer Spezialschule, bedarf keines Beweises. Die einzelnen Fakultäten stehen
sich zwar getrennt, aber nicht abgeschlossen gegenüber. Sie sind zugleich Glieder
eines grösseren Ganzen, und der Gegensatz, der zwischen ihnen herrscht, belebt
den Wetteifer. Die Erziehung endlich litt Jedenfalls nicht not. Das Konvikt hält
seine Zöglinge allerdings nicht in so strenger Abgeschlossenheit von der Welt, wie
ein kirchliches Seminar, und kann dies der Natur der Sache nach nicht thun. Aber
seine Ordnung bietet für Religion und Sittlichkeit ausreichenden Schutz, und der beschränkte Spielraum, welcher der Freiheit gewährt wird, ist selbst geeignet, günstig
auf die Charakterbildung einzuwirken.

Wenn freilich wahr wäre, was in der angeführten Biographie berichtet wird, dass der Minister von Wangenheim bei der Verlegung der Lehranstalt die Absicht verfolgte, »die konfessionellen Ecken abzuschleifen und ein religiös-politisches Amalgama einzuleiten«, so möchte das ausgesprochene Urteil vielleicht beanstandet werden. Dem Wort wird in der That nicht selten ein grosses Gewicht beigelegt; bisweilen wird es sogar für den einzigen und vollen Ausdruck der Absicht der Regierung ausgegeben. Allein entschieden mit Unrecht. Man braucht nicht zu betonen, dass sich das Wort jeder Kontrolle entzieht. Man kann zugeben, dass es bei irgend einer Gelegenheit gesprochen wurde. In diesem Fall drängt sich aber von selbst die Frage auf, ob es auch ernstlich gemeint war, und wenn die Frage je bejaht werden sollte, wird man sich immerhin zu hüten haben, der Äusserung eine grössere Bedeutung beizumessen. Denn noch mehr als auf den Minister kam es in der Angelegenheit auf den König an, und dessen Wille, die Konfessionen in ihrer Integrität zu erhalten, steht ausser Frage. Für die endgültige Würdigung eines Werkes handelt es sich zudem mehr um seine eigene Bewährung als um die Absichten der Personen, die es ausführten, und hier steht uns doch wohl eine hinlängliche Erfahrung zu Gebot, um mit genügender Sicherheit ein Urteil abgeben zu können. Haben inzwischen auch nicht alle Wünsche der Katholiken Berücksichtigung gefunden, so hat sich die Gesamtlage doch so gestaltet, dass über die Verlegung kein Bedauern und zu einer etwaigen Wiederherstellung der früheren Verhältnisse kein Verlangen mehr besteht. Es ist nicht mehr die Aufgabe der Abhandlung, auf diese weitere Entwickelung näher einzugehen. Nur ein Punkt sei noch kurz hervorgehoben.

Als die Verlegung beschlossen wurde, wurde für den katholischen Gottesdienst ein Nebengebäude des Collegium illustre oder des Konvikts eingerichtet. Die Anordnung mochte zunächst befriedigen. · Sie fand ihre Rechtfertigung in der Kürze der Zeit, in der das Werk auszuführen war, und in dem mageren Stand der öffentlichen Finanzen, der in allen Dingen grösste Sparsamkeit gebot. Für die katholische Gemeinde in Tübingen begründete sie auch einen gewissen Fortschritt. Bisher auf den Mitgebrauch der zweiten evangelischen Kirche angewiesen, erhielt sie nunmehr ein eigenes Gotteshaus. Auf die Dauer war die Einrichtung gleichwohl nicht. Die Kirche erwies sich bei dem Wachstum der Gemeinde nicht nur allmählich zu klein, sie war auch in Gestalt und Ausstattung zu dürftig, um den Ansprüchen zu genügen, die an das Gotteshaus an dem Sitz der Landesuniversität und namentlich an ein Gotteshaus zu stellen waren, auf dessen Besuch die Kandidaten der Theologie und die künftigen Geistlichen des Landes angewiesen waren. Unter solchen Umständen wurde das Bedürfnis eines Neubaues mit den Jahren stets lebhafter empfunden, und durch die Gnade Seiner Majestät des Königs Karl wurde dem Notstand endlich abgeholfen. In den Jahren 1875|78 wurde ein Neubau ausgeführt. Im Herbst 1878 wurde das alte und unscheinbare Kirchlein mit dem jetzigen stattlichen Gotteshaus vertauscht, und der Gottesdienst kann seitdem mit der einer Universitätsstadt entsprechenden Würde gefeiert werden.

Infolge dieses Hulderweises nimmt neben den Namen des erhabenen Vaters und Grossvaters auch der Name Seiner Majestät des Königs Karl in der Geschichte der katholisch-theologischen Lehranstalt des Königreiches eine hervorragende Stelle ein.

Die Katholiken des Landes, und vor allem die katholisch-theologische Fakultät an der Landesuniversität, sind Seiner Majestät für die Gnade zu innigstem Danke verpflichtet. Sie säumen nicht, ihrer Dankespflicht auch in der Schrift Ausdruck zu geben, welche die katholisch-theologische Fakultät zur Feier des Freudentages, an welchem in der segensreichen, alle seine Unterthanen mit gleicher Liebe und mit gleicher väterlicher Fürsorge umfassenden Regierung Seiner Majestät ein Vierteljahrhundert zum Abschluss kommt, in tiefster Ehrfurcht am Fuss des Thrones niederlegt.

DER

FELONIE-PROZESS

GEGEN

HERZOG ULRICH von WÜRTTEMBERG.

VON

Dr. H. von SEEGER

ORDENTLICHEM ÖFFENTLICHEM PROFESSOR DER RECHTE

Als gegen das Ende des Jahres 1546 die süddeutschen Genossen der schmalkaldischen Einigung nach der Auflösung des Bundesheeres vor Giengen der Heeresmacht Karls des Fünften fast wehrlos gegenüberstanden, schrieb König Ferdinand, der Württemberg aus eigener vierzehnjähriger Beherrschung des Landes kannte, an seinen kaiserlichen Bruder: Euer Majestät weiss, von welcher Wichtigkeit Württemberg für Deutschland und dass es gleichsam das Herz Deutschlands ist, ohne welches die Gegner bei weitem nicht so lange hätten ausdauern können ... Für die Zukunft gibt es kein tauglicheres Mittel, um ganz Deutschlands versichert zu sein und alles Uebrige in Frieden und Ruhe zu erhalten als durch jenes Land. Ich kann nicht unterlassen, Euch zu erinnern, hierauf gut acht zu haben, nicht zweifelnd, dass Euer Majestät solches gethan zu haben nicht bereuen wird [1]. Nachdem der Kaiser dieser Vorstellungen unerachtet den Herzog Ulrich durch den Heilbronner Vertrag vom Januar 1547 begnadigt, aber im Laufe desselben Jahres den Widerstand Kursachsens niedergeworfen und den Landgrafen Philipp von Hessen in seine Gewalt gebracht hatte, wandte der König sich von neuem an das Reichsoberhaupt, jetzt als höchsten Richter, mit dem Anspruch, das Herzogtum Württemberg als verfallenes Lehen einziehen zu dürfen. Hieraus erwuchs ein Rechtsstreit, welcher, beiderseits mit allen Waffen der neuen Rechtswissenschaft geführt, in den schleppenden Formen des damaligen reichskammergerichtlichen Civilprozesses von den Anwälten des Beklagten so lange hingezogen wurde, bis der Uebergang der Regierung auf Herzog Christoph, namentlich aber die Erstarkung der protestantischen Partei und das erfolgreiche Auftreten des Kurfürsten Moriz von Sachsen gegen den Kaiser einen allgemeinen Umschwung der Verhältnisse herbeiführte. Der gerichtliche Kampf um Sein oder Nichtsein des Herzogtums und seines Herrscherhauses endigte mit dem Verzichte des Klägers auf den erhobenen Anspruch. War hienach der schliessliche Erfolg durch

---

[1]. Briefe König Ferdinands vom 18. und 29. Dezember 1546, bei Bucholtz, Geschichte der Regierung Ferdinands des Ersten, Band V. Seite 546 f.

äussere politische und persönliche Verhältnisse bedingt, so hat doch dazu, dass diese wirksam werden konnten, das geschickte, massvolle und besonnene Verfahren der Rechtsgelehrten, welche die württembergischen Herzoge berieten und vertraten, wesentlich mit beigetragen. Und den kaiserlichen Räten, welche die Prozessverhandlungen leiteten, muss die Anerkennung gezollt werden, dass sie den Anwälten des Beklagten vollen und ganzen Spielraum zur Ausübung ihrer prozessualen Befugnisse liessen, wenn sie auch mehr als einmal die von ihnen erbetenen geräumigen Fristen auf ein bescheideneres Mass einschränkten. Indem beide so ihre Berufspflicht erfüllten, haben sie durch ihre Einwirkung auf das Schicksal des Prozesses sich um ganz Deutschland, nicht nur um Württemberg ein Verdienst erworben, das in die Blätter der Geschichte eingetragen zu werden verdient.

Die herzoglichen Anwälte heben gegenüber dem stürmischen Drängen der Gegner auf Beschleunigung des Verfahrens wiederholt hervor, dass ein Prozess von solcher Wichtigkeit noch niemals im deutschen Reiche geführt worden sei. Und in Wahrheit war es seit der Ächtung Heinrichs des Löwen und Ottos von Wittelsbach das erste Mal, dass gegen einen der bedeutenderen Reichsstände im Wege Rechtens eine Beschuldigung erhoben wurde, die darauf ging, ihn seines Fürstentums zu entsetzen und sein Land als selbständiges Staatswesen zu vernichten. Wäre der Kläger mit seinem Anspruche durchgedrungen, so wäre Württemberg einfach ein Teil Vorderösterreichs geworden; die Reformation wäre, wenn auch nicht sofort, doch in der Folgezeit ebenso wie in den österreichischen Erblanden unterdrückt worden und die evangelische Kirche Deutschlands hätte so das einzige grössere Gebiet verloren, an welchem sie in den südlichen Landschaften des Reiches einen festen Halt hatte; von habsburgischen Landvögten regiert, hätte das schwäbische Volk sich niemals zu dem politischen und geistigen Leben entwickeln können, das den Stolz unserer Väter ausmachte und immerhin ohne Selbstüberhebung als eine bedeutsame, eigenartige Erscheinung im Ganzen des deutschen Staatswesens und Volkstums gerühmt werden darf.

Von dem Damoklesschwerte der politischen Vernichtung befreit, konnte Herzog Christoph in der Ausgestaltung der Staats- und Kirchenverfassung seines Landes, in hingebender Teilnahme an den allgemeinen Angelegenheiten des Reiches und der evangelischen Kirche die Wirksamkeit entfalten, durch welche er den Ausspruch König Ferdinands über die Wichtigkeit seines Landes für Deutschland wahrhaft, wenn gleich in anderem Sinne zur Erfüllung brachte.

II.

In der rechtlichen Begründung der Klage, welche Herzog Ulrich am 13. Januar 1548 zugestellt erhielt, lassen als einzelne Bestandteile die drei Behauptungen sich unterscheiden:

das Herzogtum Württemberg sei ein österreichisches Afterlehen, dem Herzog von König Ferdinand als Erzherzog von Österreich verliehen;

der Beklagte habe durch die ihm zur Last gelegten Handlungen sich nicht nur eines Majestätsverbrechens (Hochverrates) gegen den deutschen Kaiser schuldig gemacht, sondern auch gegen den Kläger selbst eine Verletzung der dem Lehensmann obliegenden Treuepflicht, eine Felonie begangen;

durch diese Verschuldung sei das Afterlehen von dem Beklagten verwirkt worden, und das Herzogtum müsse daher an den Kläger als unmittelbaren Lehensherrn Ulrichs heimfallen.

Der zweite dieser Sätze kann nicht wohl ohne näheres Eingehen auf den verwickelten Thatbestand des Falles erörtert werden. Es mag daher angemessen sein, in dem Folgenden (III., IV.) zunächst die erste und dritte Behauptung in das Auge zu fassen.

III.

Die von König Ferdinand in Anspruch genommene Lehensherrschaft über Württemberg war auf den Kadauer Vertrag gegründet, kraft dessen das von Herzog Ulrich durch die Schlacht bei Lauffen wieder gewonnene Land ein Afterlehen des Hauses Österreich sein sollte und als solches gegen Ableistung des Lehenseides dem Herzog verliehen worden war. In Wirklichkeit bestand dieses Lehensverhältnis nicht zu Recht. Denn das ganze Hauptland, »die wirtembergisch Landschaft zu Schwaben gelegen«, war durch Reichsgesetz, den Herzogsbrief vom 21. Juli 1495, für ein Reichslehen erklärt worden, das die Herzoge vom Reich unmittelbar zu Lehen trugen — woran die hochbedeutsame Folge geknüpft war, dass Württemberg bei Aussterben des herzoglichen Mannsstammes an das Reich heimfallen, aber nicht wieder zu Lehen verliehen werden sollte. Das hierdurch begründete Rechtsverhältnis konnte nicht ohne Zustimmung des Kaisers und Reichstages, durch einseitige Übereinkunft des jeweiligen Landesfürsten mit einem Dritten abgeändert werden.

Zu dem Kadauer Vertrage war aber nicht einmal die Zustimmung der vier Kurfürsten, welche bei seinem Abschluss nicht mitgewirkt hatten, geschweige die des Reichstages eingeholt worden; noch am 17. Mai 1552 konnte Herzog Christoph in einem an sämtliche Kurfürsten erlassenen gleichlautenden Schreiben erklären, dass jener Vertrag in seine Wirkung in dem nicht habe kommen können, das (? Dess ?) von ihnen die Bewilligung »in was Frist« nicht erlangt worden sei, und dass er, der Herzog, in das Afterlehen zu bewilligen nicht wisse, wie ihm dann auch solches für sich selbst einzugehen »zu hohem Verwiss bei gemeinen Ständen »des heil. Reichs kommen möchte« [2]). Der Kaiser hatte in einer Urkunde aus

2. Sattler, Geschichte des Herzogtums Württemberg unter der Regierung der Herzogen, Band IV. Beilage 16, Seite 44 f.

Madrid vom 12. Februar 1535 zwar ausgesprochen, dass er von seinem Bruder gemäss der in dem kadauischen Vertrage von dem letzteren übernommenen Verpflichtung mit allem Fleiss ersucht worden sei, eben diesen Vertrag und den in demselben erwähnten Vertrag des Kurfürsten Johann Friedrich von Sachsen mit Jülich und Cleve zu bestätigen, aber in dem verfügenden Teile dieser Urkunde nur diesem sächsischen Vertrage mit Jülich und Cleve, nicht dem Inhalte des kadauischen Vertrages selbst die wirkliche Bestätigung erteilt [3]. Die Annahme F. D. Häberlins, neueste teutsche Reichsgeschichte, Band IV. Seite XLII., XLIII. dass in dieser Urkunde der kadauische Vertrag von dem Kaiser bestätigt und dies nur dem Herzog Ulrich nicht mitgeteilt worden sei, beruht auf einem augenscheinlichen Irrtum. Im Jahr 1537 beklagte der Kurfürst von Sachsen sich bei dem Vizekanzler des Reiches, Held, darüber dass der Kaiser den Wiener Vertrag vom 21. August 1535, welcher den kadauischen erklärte und ergänzte, bis dahin nicht bestätigt habe [4], und noch 1543 liess Karl durch Naves württembergischen Abgesandten erklären, weder er noch seine Räte haben den kadauischen Vertrag jemals gesehen [5].

Nun war zwar die Errichtung des Afterlehens in dem kadauischen Vertrag in die Form gekleidet, dass, nachdem König Ferdinand von dem Kaiser (1530) mit dem Fürstentum Württemberg belehnt worden, dasselbe hinfür des Hauses Österreich Afterlehen sein und Herzog Ulrich es von dem König als regierendem Erzherzog zu Österreich zu Lehen empfangen solle. Allein jene Belehnung Ferdinands durch den Kaiser war, obwohl mit grosser Feierlichkeit vollzogen [6], eine rein widerrechtliche Handlung gewesen. Sie konnte sich nur darauf stützen, dass der schwäbische Bund, nachdem er Ulrich aus seinem Lande vertrieben, es durch Vertrag vom 6. Februar 1520 gegen alles Recht an Karl V. als Erzherzog von Österreich abgetreten hatte, von welchem es mit den deutschen Erblanden des habsburgischen Hauses 1521 Ferdinand, seinem jüngeren Bruder, überlassen worden war. Bei jener Abtretnng war nicht nur darauf, dass Ulrich von der damals ohne gerichtliches Verfahren über ihn verhängten Acht entbunden werden konnte, keine Rücksicht genommen, sondern auch sein Sohn Christoph und sein Bruder Georg in ihrem Rechte der Anwartschaft, das Land und Reich in den ihnen durch den Herzogsbrief gewährleisteten Rechten aufs gröblichste verletzt [7] — Land und Reich auch abgesehen von der unberechtigten Ausschliessung jener Prinzen deshalb, weil bei Nichtvorhandensein eines zur Regierungsnachfolge fähigen Agnaten, also folgerichtig auch bei Übergehung der vorhandenen Anwärter Württemberg hätte als unmittelbares Reichsland

---

3. Lünig, codex Germaniae diplomaticus, Band I. Seite 615, 616, und hieraus Joh. Friedr. Eisenbach Geschichte und Thaten Ulrichs, Seite 357 f.; Chr. F. Stälin, württembergische Geschichte, Teil IV., Seite 379, Anmerk. 3.

4. Seckendorf, commentarius de Lutheranismo, lib. III. sect. 16 § 53, Chr. F. Stälin a. a. O. Seite 381, Anmerk. 4.

5. Sattler, a. a. O. Band III. Seite 209.

6. S. die Schilderung bei G. L. Böhmer, principia iuris feudalis Seite 402 ff.

7. Stälin, a. a. O. Seite 198 ff.

unter die persönliche Herrschaft des Kaisers als solchen, in seiner Abwesenheit einer aus der Landschaft berufenen Regentschaft gestellt werden sollen. Ausdrücklich verboten war durch jenes Reichsgesetz die Wiederverleihung des Landes an einen nicht kraft Geblütsrechtes zur Regierungsnachfolge Berufenen. — Gleichgültig war für die Geltung dieser grundgesetzlichen Bestimmungen, ob der Kaiser und seine Räte sie kannten oder ob sie, wie Karl V. noch in der oben angeführten Erklärung von 1543 mit behauptete, die erectio Ducatus, d. h. den Inhalt des Herzogsbriefes niemals gesehen hatten [8]. Dass der schwäbische Bund, der Kaiser und der Erzherzog sich nicht auf ein Recht der Eroberung berufen konnten, verstand sich von selbst. Denn für die Verhältnisse innerhalb des Reiches waren dessen staatsrechtliche Ordnungen massgebend und hierdurch die Anwendung jenes nur völkerrechtlichen Gesichtspunktes ausgeschlossen. Durch die Wegnahme des Landes hatte der Bund sogar einem ausdrücklichen Friedensgebot entgegen gehandelt, welches Pfalzgraf Ludwig als Reichsverweser für Rheinland, Schwaben und die Länder fränkischen Rechtes zu wiederholten Malen, am 15. Februar, 2. und 6. April 1519 unter Androhung schwerer Geldstrafe an beide Teile erlassen hatte [9]. Überdies hatte der Herzog zur Zeit des Kadauer Vertrages, wie in dem Texte desselben ausdrücklich erwähnt ist, sein Land so vollständig zurück erobert, dass König Ferdinand sogar eine Ausdehnung seiner kriegerischen Unternehmungen auf die österreichischen Stammlande befürchten musste.

Hiernach konnte das Afterlehen nicht in der Form begründet werden, in welcher dies durch die Worte jenes Vertrages ausgedrückt war. Vielmehr erscheinen diese Worte als eine blosse Verschleierung des zu Grunde liegenden Gedankens, dass Ulrich sein wiedergewonnenes Land, welches er in der ursprünglichen Eigenschaft eines unmittelbaren Reichlehens besass, dem König als Erzherzog von Österreich zu Lehen auftrug [10]. Dies konnte aber nach dem obigen nur mit Bestätigung durch ein den Herzogsbrief abänderndes Reichsgesetz gültig geschehen und hätte schon nach gemeinem Lehenrechte, da es das Rechtsverhältnis zwischen dem bisherigen Vasallen und Lehensherrn änderte, Zustimmung des letzteren, bei Württemberg als Reichslehen Einwilligung des Kaisers erfordert [11].

IV.

Die Eigenschaft des Herzogtums als Reichslehen hatte Bedeutung auch für die oben II. a. E. bezeichnete Rechtsfrage. Nach langobardischem Lehenrechte, wel-

---

8. Sattler Band III. Seite 209.

9. Harpprecht, des Kammergerichts Staatsarchiv, Bd. IV. Seite 142 ff., 144 ff.; Sattler a. a. O. Bd. II. Beilage 5, Seite 7 ff

10. Vergl. Ficker, vom Heerschild, Seite 123 f., Stälin a. a. O. Seite 374, Anmerk. 1.

11. G. L. Böhmer, principia iuris feudalis § 290, Nr. 2.

ches im allgemeinen als kaiserliches Recht bei den Reichsgerichten recipiert war, hatte wirkliche Felonie des Lehensmannes, d. h. solche, welche gegen den Herrn selbst gerichtet war, die Folge, dass das von dem Schuldigen verwirkte Lehen an den verletzten Herrn auch dann heimfiel, wenn der erstere Söhne oder andere an sich zur Nachfolge fähige und berechtigte Nachkommen hatte. II. F. 26 § 18, II. F. 24 § 11, II. F. 31. Die Anwendbarkeit dieses Satzes auf Lehen des deutschen Reiches wurde durch die späteren Wahlkapitulationen — seit der des Kaisers Karl VI. — ausdrücklich ausgeschlossen und konnte schon zuvor mit Aussicht auf Erfolg bestritten werden, da vielfach, auch von Reichsständen, behauptet wurde dass eben die Bestimmungen des langobardischen Rechtes über Felonie und insbesondere über jene Folge derselben für die Nachkommen des Schuldigen bei Reichslehen nicht gelten [12]. Nach dem Lehenrechtsbuch des Schwabenspiegels Art. 85 d. sollte, falls ein Mann durch eine Missethat Eigen und Lehen verwirkt hatte, das Lehen seinem Sohne, wenn er einen solchen habe, verliehen werden — denn kein Kind solle die Schuld des Vaters, woran es nicht teilhabe, entgelten, da dies wider Gott wäre —, und derselbe Satz ist mit gleicher Begründung für verbotene Veräusserung des Lehens in dem Kaiserrecht III. 32 ausgesprochen. Diese Bestimmungen, welche gegenüber dem Inhalte der ä l t e r e n sächsischen Rechtsbücher eine noch grössere Milderung als gegenüber dem langobardischen Recht enthalten [13], erscheinen als Erzeugnis einer fortgeschrittenen Rechtsansicht, und es liegt kein hinreichender Grund vor, die Stelle des Schwabenspiegels mit Eichhorn, deutsches Privatrecht § 241 Anmerk. r durch Ausschliessung der wahren Felonie einschränkend zu erklären. Hatte aber schon im späteren Mittelalter jene mildere Auffassung selbst für gemeine Lehen bestanden, so konnte sie um so gewisser in Bezug auf die Reichslehen, zu welchen die Fürstentümer gehörten, bei den hier vorliegenden eigentümlichen Verhältnissen auch gegen das langobardische Lehenrecht festgehalten werden. Unterstützt wird diese Annahme durch das Landfriedensgesetz von 1495 § 3 a. E., indem es den Landfriedensbruch überhaupt, also ohne Unterschied, ob er gegen den Lehensherrn oder einen Andern begangen wird, Verlust des Lehens nur für den Schuldigen selbst auf seine Lebenszeit bewirken lässt. Der Landfriede von 1548 nimmt zwar, indem er diesen Satz im allgemeinen wiederholt, hiervon den gegen den Lehensherrn begangenen Friedensbruch insofern aus, als es hinsichtlich dieser Handlung bestimmt, es solle derhalben, was hierin das Lehenrecht vermöge u n d g e b r ä u c h l i c h s e i, gehalten werden; allein gerade die letztere Ausdrucksweise lässt bezweifeln, ob diese Verweisung ausschliesslich die Anwendung des langobar-

---

12. Vergl. E. Chr. Westphal, praes. Nettelbladt, diss. de effectu feloniae vasalli quoad successores feudales legitimos innocentes, 1757, §§ XXXVI—XLI, XLIV; G. M. Ludolf, tract. de introductione iuris primogeniturae, 1703, § XVI, nr. 48—63; Jac. Car. Spener, examen Langobardicae doctrinae de felonia ad status imperii communiter adplicatae, 1718; L. B. de Zech, de proscriptione statuum imperii R. G. ad illustrat. art. XX. capit. Carolinae, 1735; L. G. Böhmer a. a. O. §§ 497—500.
13. S. Homeyer, Sachsenspiegel II. 2, Seite 511 f.

dischen Lehenrechtes bedeuten soll. Noch im folgenden Jahrhundert, 1623, als es sich um die Übertragung der Kurfürstenwürde von der Pfalz auf Bayern handelte, erhoben Sachsen und Brandenburg entschiedenen Widerspruch dagegen dass den unschuldigen Kindern und Agnaten des Pfalzgrafen Friedrich ihr Recht entzogen werden sollte [14], und die sächsischen Gesandten machten namentlich geltend, dass nach der Ächtung des Kurfürsten Johann Friedrich dessen Würde (1548) an Moriz als nächsten Agnaten gekommen sei und der Bruder des ersteren, Johann Ernst, nicht hätte ausgeschlossen werden können, wenn er nicht mit in die Acht erklärt gewesen wäre [15].

V.

Die einzelnen Beschuldigungen, worauf der Kläger seinen Anspruch gründete, betrafen:

die Teilnahme des Herzogs an dem schmalkaldischen Bund überhaupt;

sein Verhalten bei der Vorbereitung des Krieges von 1546, einzelne Handlungen im Verlauf desselben und insbesondere die Wegnahme der Ehrenberger Klause nebst der dortigen Burg;

die innere Verwaltung des Landes: angebliche Bedrückungen und Misshandlungen der Unterthanen zuwider dem kaiserlichen und Reichs-Recht, alten Gewohnheiten, dem Tübinger Vertrag und anderen Übereinkünften;

Begünstigung vieler Personen, welche sich der Empörung wider Kaiser und König schuldig gemacht hätten, nach Beendigung des Krieges.

VI.

Die Behauptung, dass Ulrich durch seine Teilnahme an »dem Verein christlicher Stände«, wie die schmalkaldischen Genossen ihr Bündnis nannten, der ihm durch den Kadauer Vertrag auferlegten Verpflichtung zur Treue entgegen gehandelt habe, stand nicht einmal der Schein einer Begründung zur Seite. Allerdings hatte der Herzog in diesem Vertrage versprochen,

dass er Ferdinand als römischen König erkennen, ehren und halten und sich wie andere des Reiches Stände in Solchem gehorsamlich erzeigen und wider die königliche Majestät mit Niemand verbinden solle und wolle [16],

---

14. Pufendorff, de rebus Suecicis lib. I. §§ 40. 41.
15. Londorpius, acta publica Band II., Seite 702.
16. Reyscher, Sammlung der württembergischen Gesetze, Staatsgrundgesetze Band II, S. 79.

III.

und in dem Lehenseid, welchen er am 9. August 1535 in der Wiener Burg abgelegt hatte, persönlich geloben müssen,

er wolle und solle hinfüro dem König als Erzherzog von Österreich und nach seinem Tode allen seinen Erben und Nachkommen, regierenden Erzherzogen zu Österreich getreu und hold sein, Ehre, Nutzen und Frommen fördern, Schaden warnen und alles das thun, was einem getreuen Afterlehensmann des Königs als Erzherzogs von Österreich vermöge des kadauischen Vertrages zu thun gebühre [17].

Aber eine Verletzung dieser Zusage hätte in Ulrichs Beitritt zu dem schmalkaldischen Bunde keineswegs, wie in der Klage behauptet wurde [18], deshalb gelegen weil in dem Bündnisvertrage nicht eine Ausnahme oder ein Vorbehalt zu Gunsten des Kaisers und des Königs Ferdinand gemacht sei.

Der Lehenseid war eben nicht in der zuvor von Österreich beantragten Fassung geleistet worden, welche die eher verfänglichen Worte enthalten hätte:

»wider all Menschen, ausserhalb Kais. MaJ. selbs Person. Auch soll und will
»ich nimmermehr wissentlich in den Räten sein, da ichts gehandelt oder fürge-
»nommen würde wider Eure Person oder Eure Erben, Erzherzogen zu Öster-
»reich, Ehre, Würde oder Stand, noch darein verwilligen noch gehalten in
»keinen Weg«. [19] . . .

Sodann enthielt der schmalkaldische Bündnisvertrag den ausdrücklichen Vorbehalt (Art. 5):

»Es soll auch dieser unser Christlicher Verstand, der Keyserlichen MaJestät,
»unserm allergnädigsten Herrn, oder keinem Standt des Heiligen Römischen
»Reichs, oder sonst jemands zuwider, sondern allein zu Erhaltung Christlicher
»Warheit und Friedens im Heiligen Reich Teutscher Nation, und zu Ent-
»schüttung unbilliches Gewalts, für uns und unsere Unterthane und Verwandte,
»allein in Gegenwehr und Rettungsweise fürgenommen, da unser Jeder . . . .
»Recht geben und nehmen mag, und nicht anders gemeynt werden« [20].

War hierdurch die Notwehr gegen Kaiser und König nicht ausgeschlossen, so entsprach dies nur einem allgemeinen Rechtsgrundsatz, an welchem der kadauische Vertrag nichts geändert hatte.

17. Bucholtz, Band IV, Seite 259, Anmerk.

18. Akten des württembergischen Staatsarchives Kö. Rechtfertigung Lad. A. 1 B. Blatt VIII. b., IX. »Insuper me-»moratus Dux Vdalricus vigore transactionis Cadensis obligatus et adstrictus fuit nullam ligam aut confoederationem cum quoque »contra Nos inire, qum »(sic)« potius se in posterum erga Nos obedientem exhibere et gerere, Ac neque se neque suos contra »Dilectionem et Ma.tem vestram Nos et Ordines Sacri Imperij ad violenta facta seu invasiones incitari aut permoveri debere. »Sed praemissis omnibus non attentis dictus Vdalricus Dux adhuc proxime elapso anno millesimo quingentesimo quadrage-»simo sexto fuit in liga et conspiratione Smalkaldica, vigore cuius se suis complicibus in eadem coniuratione comprehensis »ita addixit, vt neque Dilectionem et M.tem vestram, neque nos ipsos ratione praedictae subfeudationis immediatum eius Do-»minum exceperit aut reseruauerit.«

19. Heyd, Herzog Ulrich von Württemberg, Band III, vollendet und herausgegeben von Pfaff, Seite 26, Anm. 66.

20. Dumont, corps diplomatique IV. 2 Seite 78; vergl. Hortleder, Handlungen und Ausschreiben, Buch VIII, Kap. VIII, Seite 1326.

VII.

Den wichtigsten und für den Beklagten gefährlichsten Punkt der Beschuldigungen bildete die Beteiligung desselben an dem Kriege von 1546.

. . . . eodem illo, sagt die Klagschrift, quadragesimo sexto anno inobedientem et infidelem eius animum non solum frequentibus sinistris consiliis et machinationibus suis, verum etiam armis et violentis actionibus et expeditionibus bellicis contra Dilectionem et Ma.^{tem} vestram, Nos, et reliquos Dilectionis et Ma.^{tis} vestrae Sacrique Imperii obedientes et fideles Principes ac Status aperte declaravit[21].

In Bezug auf die Mitwirkung Ulrichs bei den Massregeln, welche den König vorbereiteten, wird ausgeführt:

Consiliarios suos nec non milites tam equites quam pedites contra Dilectionem et M.^{tem} vestram, ac contra Nos verum et immediatum eius Dominum designauit et expediuit. Ac Consiliarij quidem eius ad aliorum Smalkaldensis Ligae confoederatorum Consiliarios Vlmam ablegati de dicto anno quadragesimo sexto, Mense vero Iunio, una cum alijs ibidem congregatis aliorum Smalkaldensium legatis et Consiliarijs Literas quasdam ad diuersas communitates Comitatus nostri Tirolensis scribi fecerunt, quibus subditos nostros hortati sunt, vt gentibus et Militibus per huiusmodi Comitatum nostrum Tirolensem ad Dilectionem et M.^{tem} vestram proficisci volentibus transitum prohiberent et occluderent. Et si ad eam rem ipsi subditi nostri non satis virium haberent, obtulerunt eis suorum Dominorum et eis adhaerentium sufficientia subsidia et auxilia quemadmodum haec omnia ex vno eiusmodi literarum exemplo hisce adiecto . . . . Dilectio et M.^{tas} vestra liquido cognoscet ipsiusque Ducis Vdalrici Consiliarios et Commissarios, precipuos sceleratissimi huius et seditiosi Consilii et facinoris authores et promotores fuisse intelliget. Dvx autem Vdalricus quemadmodum seditiosum illud facinus per suos de mente et voluntate sua profectum et machinatum ratum et gratum habuit, ita quoque tum ante motam illam contra Dilectionem et M.^{tem} vestram Smalkaldensium complicum expeditionem bellicam, tum etiam ipso bello durante aliquot nostros, et ser^{mae} Domus nostrae Austriae subditos et vasallos ad seruitia sua induxit, eisque persuasit, vt perfida secum contra Dil.^{nem} et M.^{tem} vestram ac Nos, liberosque et provintias nostras arma sumerent[22].

Die Thatsachen, auf welche diese Beschuldigungen sich bezogen, waren im einzelnen folgende.

Zu dem Kriegsrate, welcher in Ulm, dem Hauptwaffenplatz für das oberdeutsche Heer des schmalkaldischen Bundes, am 28. Juni 1546 zusammentrat, hatte Herzog

---

21. Angeführte Akten Blatt IX.
22. Angeführte Akten Blatt IX, IX b.

Ulrich zwei seiner hervorragendsten Beamten, die Obervögte Wilhelm von Massenbach und Balthasar von Gültlingen abgeordnet; der erstere und vier reichsstädtische Bevollmächtigte bildeten den Ausschuss und waren die eigentlichen Kriegsräte [23]. Von dem württembergischen Heere, welches 10 000 Mann Fussgänger und 600 Reiter stark bei Göppingen zusammengezogen war [24], liess der Herzog mehrere Fähnlein Fussvolk, etwa 2000—2400 Mann, zu der in Ulm versammelten Streitmacht des Bundes stossen; auch Reiter dahin zu senden weigerte er sich, da er von dem Feldhauptmann Sebastian Schertlin von Burtenbach rücksichtslose Verwendung und Hinopferung dieser damals noch besonders wertvollen und kostbaren Waffe befürchtete [25].

Die in Ulm versammelten Kriegsräte liessen an verschiedene Stadtgemeinden von Tirol, ebenso an die der evangelischen Lehre sich zuneigenden Graubündener [26] Ersuchungsschreiben ergehen, worin sie baten, den spanischen und italienischen Kriegsvölkern, welche durch die Alpenländer nach Deutschland ziehen und zu dem kaiserlichen Heer stossen sollten, den Durchmarsch zu wehren. Eines der Schreiben ist der Klagschrift als Beilage B in lateinischer Sprache — ohne Zweifel Übersetzung — beigefügt. Es richtet sich an die Ehrsamen und Weisen, Bürgermeister, Rat und Gericht in »Zicola« — vielleicht Chizzola an der Etsch, südlich von Roveredo, bei der alten Klausenfeste Serravalle; sein Text stimmt wörtlich mit demjenigen überein, welches dem Gutachten der Juristenfakultät zu Bologna für Herzog Ulrich (s. unten) als eines der Belegstücke, lit. D, Blatt 134—136 angeschlossen ist. Der wesentliche Inhalt beider Schreiben ist: an die Gewaltgeber der versammelten Räte und Gesandten sei glaubwürdige Nachricht gelangt, dass, wie auch sie selbst dessen sichere und unzweifelhafte Kenntnis haben, eine grosse Kriegsrüstung und ein starkes Truppenaufgebot aus fremden Nationen in Italien und Spanien vor Augen sei, dass diese Kriegsvölker binnen kurzem sich in Marsch setzen und ihren Weg durch die Grafschaft Tirol und das Etschland (provincia Athesina) nehmen werden — mit der unzweifelhaften Absicht, wie es der Papst mit seinen Anhängern beschlossen habe, das heilige römische Reich und das deutsche Volk, gegen welches der Papst selbst höchlich erbittert sei, in das grösste Verderben zu bringen und so viel als möglich auszurauben und zu verstören, damit der Papst auf diese Weise an den Deutschen, nachdem diese in früheren Kriegen Rom belagert und eingenommen haben, mit unmenschlicher und tyrannischer Leidenschaft Rache üben könne. Da nun die Ausführung dieses Vorhabens nicht bloss den Ersuchenden, sondern auch den Adressaten und ihren Genossen unwiderbringliche Schädigung und Zerrüttung brächte, würden

23. Heyd-Pfaff, Ulrich Herzog zu Württemberg, Band III, Seite 353. Ueber von Massenbach und von Gültlingen s. auch fürstlich württembergisch Dienerbuch, herausgegeben von E. E. von Georgii-Georgenau, Seite 169, 401, 432; 7, 612.

24. Heyd-Pfaff a. a. O. Seite 360 f.; Stälin a. a. O. Seite 436.

25. Heyd-Pfaff, Seite 372 f.; Stälin Seite 438 Anmerk. 1.

26. Häberlin, neueste teutsche Reichsgeschichte, Band I, Seite 12; Heyd-Pfaff, Seite 371.

die verbündeten Fürsten und Städte nichts lieber sehen, als dass Jenen fremden Kriegsvölkern der Durchzug verschlossen würde. Sie stellen daher in Freundschaft die Bitte, dass der Durchmarsch nicht gestattet, sondern vollständig verwehrt werde, und erbieten sich, falls die Ersuchten hierfür zu schwach oder nicht hinreichend gerüstet seien, auf ihr, ihrer Nachbarn und Genossen Verlangen ihnen die erforderlichen Hilfstruppen und Unterstützungen, wozu sie vollkommen in den Stand gesetzt seien, auf eigene Kosten zu gewähren und sie nicht zu verlassen. Der Schluss lautet: In quo vos pro nostra singulari erga vos confidentia [fiducia] ita voluntarios exhibebitis, sicuti eorum, qui Germanicae nationi incorporati, atque nostrae linguae et sanguinis estis, summa necessitas exposcit, id quod erga vos tanquam singulares amicos et Dominos [charissimos] promereri propensi sumus, et super his petimus a vobis responsum in scriptis per postam aut aliter. Datum Mercurii ultima Mensis Iunii [27]. Nostri gratiosi Principis et Domini Ducis Vdalrici [Ulrici] a Wirtenberg [Wirtemberg] etc. ac omnium honestarum liberarum et Imperii Civitatum Christianae intelligentiae in superioribus provintiis, Consiliarii Nuncii et Oratores ad praesens Vlmae congregati.

In Wirklichkeit erwartete Karl V., der damals mit geringer Streitmacht, einigen hundert Mann zu Fuss und einigen hundert Reitern, in Regensburg stand, neben zwei deutschen in Füssen und Nesselwang zusammengebrachten Heerhaufen als wichtigsten Teil seiner Heereskraft die teils aus den Niederlanden, teils aus Italien heranziehenden »fremden Völker«. Der Papst hatte ihm kraft des zur Bekriegung der deutschen Protestanten geschlossenen Bundes neben einer stattlichen Geldhilfe zwölftausend Mann zu Fuss und fünfhundert Reiter zu stellen; am 10. Juli wurde das päpstliche Hilfsheer bei Bologna gemustert, am 16. setzte es sich in Bewegung, am 26. zog es an Trient vorüber [28]. Gleichzeitig erschienen die Mannschaften der Herzoge von Florenz und Ferrara in den Alpen, und schon zuvor hatten neapolitanische Truppen, von Apulien nach Triest übergefahren, den deutschen Boden betreten. In dem Heere, welches der Kaiser am 12. August bei Landshut um sich vereinigte, bildeten Ausländer, welche aus Italien, nur zum kleineren Teil aus Ungarn gekommen waren, mehr als die Hälfte des Fussvolkes (10 000 Italiener und 8000 Spanier unter 34 000 Mann). Solche Verwendung fremder Truppen in Deutschland war entschieden verfassungswidrig, und wenn deutsche Reichsstände begehrten, sie an dem Einmarsch in Deutschland, nötigenfalls mit Gewalt, zu verhindern, war dies eine durchaus berechtigte Handlung staatlicher Notwehr. In der 1520 bestätigten und beschworenen Wahlkapitulation von 1519 hatte der Kaiser ausdrücklich zugesagt, keinerlei fremdes Kriegsvolk ohne Vorwissen, Rat und Bewilligung der Reichsstände, zum wenigsten der sechs Kurfürsten ins Reich zu führen, ausser wenn er selbst von des Reichs

---

27. In der Abschrift, welche der dem Herzog Ulrich zugestellten Klage beigefügt ist, lautet das Datum unrichtig ultima mensis Iulii.

28. A. v. Druffel, des Viglius van Zwichem Tagebuch des schmalkaldischen Donaukrieges, München 1877, Seite 34, Anm. 10.

wegen oder das heilige Reich angegriffen oder bekriegt würden (Art. 11); und Jede
der Wahlkapitulation zuwiderlaufende Handlung war in Art. 33 derselben ausdrücklich für »kraftlos, tot und ab« erklärt. Dass aber gegen eine solche offenbar widerrechtliche Massregel auch dem Kaiser selbst gegenüber Notwehr gestattet sei, entsprach nicht nur dem Grundsatze des deutschen Rechtes, sondern auch der wissenschaftlichen Lehre, wie sie im Anschluss an die alt-römischen Gesetze im Mittelalter
ausgebildet worden war und in der Folgezeit festgehalten wurde, obwohl die Träger
dieser Wissenschaft, die italienischen Juristen, nicht von der verfassungsmässig beschränkten Gewalt des deutschen Reichsoberhauptes, sondern von der Machtstellung
des römischen Imperators ausgingen [29]. Schon die Anwesenheit der fremden Söldner
im Reiche bedrohte, auch abgesehen von dem politischen Zweck ihrer Heranziehung,
bei dem unter ihnen herrschenden gänzlichen Mangel an Mannszucht Land und Volk
mit den schlimmsten Gefahren. Ihr nachheriges Verhalten in Freundesland, sodann
in Gebieten und Orten, welche sich dem Kaiser durch förmliche Kapitulation unterworfen hatten, zeigt, wie begründet der ihnen vorausgehende schlimme Ruf und
die Besorgnisse der friedlichen Bevölkerung waren [30]. Die S. 12 u. erwähnte Vor-
hersagung erfüllten sie sofort bei dem Marsch durch Tirol [31]; am 12. September
hatten Unterthanen des Bischofs von Eichstädt bei den kaiserlichen Räten über Beschädigungen durch italienische Reiter zu klagen [32]; als Neuburg an der Donau sich
dem Kaiser ohne Kampf ergeben hatte, wurde zu seiner grossen Unzufriedenheit
das kurpfälzische Schloss, dessen Fahrnis er dem Herzog von Alba geschenkt hatte,
so ausgeplündert, dass »nicht ein Nagel an der Wand blieb« [33]. Nachdem Karl V.
die Unterwerfung Ulrichs von Württemberg angenommen und ihn wiederholt seiner
Gnade versichert hatte, musste das Land des Herzogs von seiten der spanischen
Besatzungen noch Jahre lang die schlimmsten Bedrückungen erleiden [34]. Der Rat
der Reichsstadt Heilbronn, welcher durch kaiserlichen Begnadigungsbrief schon im
Dezember 1546 Sicherung vor aller Beschwerung durch das Heer zugesagt worden
war, hatte noch 1548 in einem an den Kaiser gerichteten Schreiben über die ärgsten
Gewaltthätigkeiten der gleichwohl in die Stadt gelegten Spanier — Misshandlungen
von Kranken und Greisen, Notzucht an Frauen und Jungfrauen, Raub, Tötungen
— Klage zu führen [35]. — Übrigens behauptete Herzog Ulrich, dass die Schreiben
an die Tiroler ohne sein Wissen und seinen Befehl ergangen seien. Eine gegen

---

29. Jul. Clarus § homicidium vers. Praeterea etiam, Farinacius, praxis et theorica criminalis qu. 25 nr. 34.

30. S. die freilich abenteuerlich übertreibende Schilderung dieser Angst bei Sepulveda, de rebus gestis Caroli V.,
liber XXII, cap. 13, wozu Ranke, deutsche Geschichte im Zeitalter der Reformation, Band IV, Seite 212, Anmerk. 1 verglichen
werden muss.

31. Ladurner im Archiv für Geschichte . . . . . Tirols I. Seite 220 ff.

32. Viglius van Zwichem in der angeführten Ausgabe von Druffel, Seite 93.

33. Viglius van Zwichem a. a. O. Seite 95, von Druffel daselbst Seite 117 f.

34. Sattler, Band III, Seite 265, 271.

35. Jäger, Geschichte der Stadt Heilbronn, Band II, Seite 117 f. — Aehnliche Klagen aus Kursachsen enthält die Schrift
»vom schmalkaldischen Krieg« in Strobels Beiträgen zur Litteratur besonders des sechzehnten Jahrhunderts, Band I, Seite 227.

König Ferdinand gerichtete Absicht konnte er mit Grund schon deshalb bestreiten, weil die Kriegsräte der Verbündeten sogar noch später, nach der Einnahme der Ehrenberger Klause, bezweifelten, ob er sich für seinen Bruder, den Kaiser, erklären werde.

Über die angebliche Verleitung österreichischer Lehensleute zum Treubruch s. unten.

VIII.

Über Beteiligung des Beklagten an den kriegerischen Unternehmungen selbst wird in der Klagschrift vorgetragen:

Dux Vdalricus per Gentes et Milites suos, et aliorum dictae Smalkaldicae ligae conspirationis complicum auxiliares copias, nulla prorsus Nobis facta belli denunciatione et absque omni legitima causa Arcem nostram Erenberg una cum fortaticio clusa nuncupato, Decima Die Mensis Iulii eodem quadragesimo sexto anno hostiliter de improviso aggressus est, inuasit et occupauit. Item eandem Arcem et clusam nostram communi Smalkaldici foederis Statuum nomine praesidiis impositis communitam tamdiu retinuit, donec Nos collectis viribus non sine grauissimis sumptibus et impensis dictam Arcem et Clusam obsessam, Diuino beneficio, vi recuperari fecimus. Praeterea sub idem fere tempus et per consequentes Menses dicti quadragesimi sexti anni praefatus Dux Vdalricus obedientes subditos et vasallos nostros, nec non alios sub tuitione et protectione nostra existentes, et in Marchionatu nostro Burgaw ac praefectura nostra Sueuica, aliisque adiacentibus et conterminis Comitatibus et Dominiis nostris habitantes tam Ecclesiasticos quam Seculares multis grauaminibus afficere, magnas quoque ab eis pecuniarum summas extorquere iuuit. Deinde idem Dux Vdalricus ä dicto Mense Iunio memorati nuper praeteriti anni quadragesimi sexti vsque ad illud tempus quo apud oppidum Giengen exercitus Smalkaldicae ligae in turpem fugam conuersus terga dedit, vna cum coniuratis et confoederatis eius Statibus contra Dilectionis et Ma.^{tis} vestrae Imperatoriam personam varia inobedientiae et rebellionis opera exercuit, et ad gerendum contra Dil.^{nem} et M.^{tem} vestram coniuratum illud et sedicios um bellum milites tam pedites quam equites conscripsit, eosque contra Dilectionis et M.^{tis} vestrae propriam personam militatum, omniaque hostilia tentatum ablegauit, aliaque quae potuit maxima, et pro continuando huiusmodi bello oportunissima auxilia contulit, praesertim autem ex saepedicto Ducatu nostro Wirtembergae vim panis aliarumque rerum ad victum necessariarum comeatum in magna abundantia suppeditando [36].

Hierin sind im einzelnen folgende Beschuldigungen enthalten:

1) der Beklagte habe sich an der Wegnahme und Besetzthaltung der Ehren-

---

36. Angeführte Akten Blatt IX., X.

berger Klause und Feste beteiligt (»Dux Vdalricus per Gentes . . . . . . vi recuperari fecimus«).

2) Er habe zu dem Donau-Feldzug des Jahres 1546 Kriegsleute zu Fuss und
zu Ross gesandt, welche gegen die Person des Kaisers selbst in Jeder Weise feindlich handeln sollten (»Deinde idem Dux . . . . . . omniaque hostilia tentatum ab-
legavit«).

3) Er habe in diesem Feldzuge das Heer, welches den Kaiser bekämpfte, in
Jeder Weise, namentlich durch Zufuhr von Mundvorrat und Wein aus Württemberg,
unterstützt (»aliaque quae potuit . . . . . . suppeditando«).

4) Er habe Unterthanen, Lehensleuten und Schutzbefohlenen des Klägers, namentlich in der Markgrafschaft Burgau und in der schwäbischen Landvogtei, vielfache Be-
schwerden zufügen lassen und dazu mitgewirkt, ihnen grosse Geldbeträge abzupressen
(»Praeterea sub idem . . . . . . extorquere iuuit«).

IX.

Die Thatsachen, welche den unter VIII. genannten Beschuldigungen zu Grunde
liegen, gehören der allgemeinen Geschichte an und sind in unseren Tagen mehrfach
Gegenstand eingehender Untersuchungen geworden, welche sich zum Teil auf neu
entdeckte oder doch erst Jetzt veröffentlichte Quellen stützen. Über den ersten,
in der Klage allein spezieller behandelten Punkt, die Unternehmung des schmalkaldischen Führers Schertlin von Burtenbach gegen Tirol, besitzen wir Schertlins
eigene Mitteilungen in seinen Briefen an die Stadt Augsburg, herausgegeben von
Herberger, 1852, und in der von ihm selbst verfassten Beschreibung seines Lebens
und seiner Thaten, welche in neuem, urkundlich treuem Abdruck von Schönhuth
1858 veröffentlicht worden ist, sodann den Bericht eines nicht genannten Juristischen
und diplomatischen Geschäftsmannes, welcher seinem Hauptquartier zugeteilt war,
wahrscheinlich des Dr Nicolaus Maier, damals augsburgischen Stadtanwaltes oder
Syndikus, in Menckens scriptores rerum Germanicarum Band III. Seite 1362 ff. (»historia
»belli Smalcaldici . . . ., Schmalkaldische Kriege Anno 1546 zwischen Kayser Carlen
»dem Fünfften, vnnd denn Protestierenden Teutschen Fürsten der Augsburgischen
»Confession, über der Religion erhaben, und angesponnen . . . .«) [37]. Gleichzeitige
Nachrichten aus dem Lager der Gegenpartei geben das Werk des kaiserlichen
Kammerherrn und Grosskomthurs Don Luis de Avila, commentario de la Guerra

---

37. Voigt, die Geschichtschreibung über den schmalkaldischen Krieg, in den Abhandlungen der philologisch-historischen
Klasse der königlich sächsischen Gesellschaft der Wissenschaften Band VI. Nr. 6, 1874, Seite 172 ff. [738 ff.]. Die Ein-
wendungen, welche Lorenz, Beiträge zur Kritik der Geschichtschreibung über den schmalkaldischen Krieg, 1876, Seite 16 ff.
gegen die von Voigt vermutete Urheberschaft Maiers erhoben hat, mochten für eine akademische Disputation passen, reichen
aber zu ernstlicher Widerlegung nicht aus.

de Alemaña hecho de Carlo V . . . . . . [38], und das Tagebuch des später unter
den kaiserlichen Kommissarien für Ulrichs Prozess erscheinenden Viglius van Zwichem,
1877 mit reichhaltigen Anmerkungen von A. von Druffel herausgegeben. Hierzu
kommen die Mitteilungen aus dem württembergischen Staatsarchive von Sattler, Geschichte des Herzogtums Württemberg unter der Regierung der Herzogen Teil III.
und IV., von Heyd und Pfaff, Ulrich, Herzog zu Württemberg, Band III., aus dem
bayrischen von Druffel in den angeführten Zusätzen zu Viglius, und aus dem k. k.
österreichischen Statthalterei-Archive zu Innsbruck von Ladurner in der Zeitschrift
Archiv für Geschichte und Altertumskunde Tirols, I. Jahrgang, 1864, Seite 145 ff.

Während die schmalkaldischen Bundesgenossen ursprünglich den Angriff des
Kaisers hatten abwarten wollen, bestimmte ihre in Ulm versammelten Kriegsräte die
Errichtung kaiserlicher Werbeplätze in Füssen und Nesselwang zu dem entgegengesetzten Beschluss, die dortigen Ansammlungen von Landsknechten durch einen
Angriff zu sprengen. Herzog Ulrich hatte sich anfangs gegen diesen, von Schertlin
und seinem Oberstlieutenant Marcell Dietrich von Schankewitz vorgeschlagenen Plan
ausgesprochen — unter anderem deshalb, weil ein solcher thätlicher und eilender
Angriff der Bundesverfassung nicht gemäss sei; doch hatte er auf wiederholten Bericht seiner Räte in die »Trennung der Musterplätze« unter der Bedingung einge-
willigt, dass sie ohne besondere Gefahr und merklichen Nachteil ausgeführt werden
könnte [39]. Am 8. Juli 1546 rückten Schertlin und Schankewitz vor Füssen, wo Jene
neu angeworbenen kaiserlichen Haufen sich inzwischen vereinigt hatten. Ihre Befehlshaber, Hildebrand von Madrucci und Johann Jakob von Medicis, Markgraf von
Marignano, sollten zunächst formell aufgefordert werden, von dem gegen die schmalkaldischen Bundesgenossen gerichteten Vorhaben abzustehen und ihre Truppen auf-
zulösen, widrigenfalls Schertlin gemäss seinem Auftrag und seiner militärischen Pflicht
gegen sie handeln müsse [40]. Als er aber am folgenden Morgen um drei Uhr mit
seiner Reiterei zum rekognoszieren vorging, waren die Kaiserlichen bereits über den
Lech »gegen Bayern und Schongau hin« abgezogen [41]. Sie dorthin zu verfolgen,
wurde ihm von seiner Obrigkeit, dem Rate zu Augsburg, verboten, da der heimlich
mit dem Kaiser verbündete Herzog Wilhelm von Bayern für Jenen Fall gedroht
hatte, seine vorgespiegelte Neutralität aufzugeben, den Schmalkaldischen »aus einem
»Freund ein Unfreund zu werden« [42]. Die Stadt Füssen ergab sich an Schertlin und
erbot sich ihm zur Huldigung; diese wurde aber von den Kriegsräten zu Ulm nicht

---

38. Dieses Buch liegt mir zwar nicht im spanischen Original, aber in den unmittelbar nach ihm erschienenen Übersetzungen, der umschreibenden lateinischen, der italienischen und der privilegierten französischen von Matthieu Vaulchier vor.
Vergl. Voigt a. a. O. Seite 27 ff. [593 ff.]. Im Folgenden ist es nach der französischen Übersetzung angeführt.

39. Heyd-Pfaff Seite 367—373, Chr. F. Stälin Seite 437; Kugler, Ulrich Herzog zu Württemberg Seite 121 unten, 122 oben.

40. Text der Aufforderung bei Herberger Seite 83 Anmerk.*) Schertlin schickte sie nach dem Abzuge der Feinde in
die Stadt, d. h. an die Gemeindebehörde.

41. Herberger Seite 86, Leben des . . . . Schertlin Seite 36.

42. Herberger Seite 86, 87, Leben des . . . . Schertlin Seite 36.

III.

angenommen, damit dem Rechte des Augsburger Bischofs, dessen Unterthanen die Bürger waren, nicht zu nahe getreten würde [43]. Schertlin entschloss sich nun zu der Ausführung einer anderen, weiter aussehenden Unternehmung, welche schon in seinen früheren Verhandlungen mit den Kriegsräten zur Sprache gekommen, aber von diesen und namentlich von dem württembergischen Herzog nicht genehmigt worden war [44]: zum Einmarsch in Tirol, das zu den Ländern König Ferdinands gehörte, und zunächst zu der Wegnahme der Ehrenberger Klause mit Burg. Sein Plan war hierbei, der oben erwähnten Aufforderung an die Tiroler zur Abwehr der fremden Kriegsvölker Nachdruck zu geben, sein eigenes Heer durch Zuzug aus Tirol und der Schweiz zu verstärken, mit den Graubündenern bei Finstermünz in Verbindung zu treten, den Spaniern und Italienern die Pässe im südlichen Tirol, namentlich die des mittleren Etschthales, die oben erwähnte Serravalle und die Veroneser Klause, zu sperren und, wie er in seiner Lebensbeschreibung beifügt, das in Trient versammelte Concilium »heimzusuchen« [45]. Der Anfang war günstig. Auf Schertlins Befehl nahm Schankewitz am 10. Juli die Ehrenberger Klause und Burg ohne Gegenwehr durch raschen Angriff »mit Schiessen und Achsten«, wobei der Besatzung freier Abzug mit den Waffen gewährt wurde; und ohne Widerstand zu finden setzte er folgenden Tages seinen Marsch auf Nassereit bis Lermoos fort, wohin ihm der Oberbefehlshaber am 12. Juli mit dem ganzen Heere folgen wollte [46]. Aber an eben diesem Tage wurde Schertlin durch gleichzeitig eintreffende Befehle des Augsburger Rates, welcher infolge beunruhigender Gerüchte einen Angriff auf die eigene Stadt fürchtete, und der Kriegsräte zu Ulm genötigt, das ganze Unternehmen auf Tirol aufzugeben [47]. Nur die Zurücklassung einer Besatzung in der Feste Ehrenberg wurde ihm gestattet [48].

Da Jener Befehl von den Kriegsräten sofort auf die Nachricht von Schertlins Absicht des Einfalles in Tirol erteilt wurde, unterliegt es keinem Zweifel, dass der Angriff auf dieses österreichische Gebiet nicht nur nicht ihre stillschweigende Billigung hatte, sondern ihnen geradhin unerwünscht war. Sie wollten nicht nur die Streitkräfte in den Donaugegenden vereinigt halten, sondern scheuten sich auch noch, gegen König Ferdinand die Gewaltthätigkeiten zu beginnen [49].

---

43. Herberger Seite 84, 86; 96 f., besonders Anmerkung *).
44. Heyd-Pfaff Seite 368 f., 371.
45. Herberger Seite 88 f., 92—95, 98 f., 104 Nr 19 a. E., Leben des . . . . Schertlin Seite 36 f., Avila, französ. Übers., Blatt 14 b., 15, 16, Anonymus bei Mencken Seite 1398 - 1407.
46. Herberger Seite 91, 95, Leben des . . . . Schertlin Seite 36 f., Ladurner Seite 186 f., 198 ff.
47. Herberger Seite 96 ff., 101. ff., Leben des . . . . Schertlin Seite 37, Ladurner Seite 201— 203
48. Herberger Seite 97 Anmerkung *); vergl. Seite 107 ff.
49. Herberger Seite 97 in der Anmerkung *), Anonymus bei Mencken Seite 1403. Den zweiten Grund mit Lorenz Seite 39 ff. für eine Erfindung des Anonymus zu erklären, liegt kein hinreichender Anlass vor. In solchen Lagen, wie der damaligen der Verbündeten, sind Hin- und Herschwanken zwischen entgegengesetzten Auffassungen und Entschlüssen, Selbsttäuschung durch grundlose und trügerische Hoffnungen, daher Mangel an Thatkraft und an Folgerichtigkeit des Handelns Erscheinungen, für welche die Kriegsgeschichte Beispiele genug darbietet. Man denke an Perseus (Livius XLII. 43) und an die preussische Politik von 1806 (Clausewitz, in den kriegsgeschichtlichen Einzelschriften, herausgegeben vom grossen Generalstabe, Heft 10, 1888, Seite 474 ff.). — S. auch Chr. F. Stälin Seite 439 zu Anmerk. 3.

In dem Heere Schertlins befand sich das oben erwähnte württembergische Fussvolk — nach der Behauptung der königlichen Positionalartikel Nr. 24—27 die Haupt-
leute Bawendistel (Baudistel) von Stuttgart, H. von Kuppingen, Melchior von Tier-
berg, Endres Frosch von S. Annenberg mit ihren Fähnlein [50]. Dass aber gerade
diese Truppen an dem Zuge gegen Ehrenberg teilgenommen hätten, wurde von
dem Kläger selbst nicht speziell behauptet.

Herzog Ulrich konnte für das letztere Unternehmen um so weniger verantwort-
lich gemacht werden als er es in den oben erwähnten Schreiben vom 25. und
26. Juni ausdrücklich missbilligt hatte. In dem Rechtsstreite versäumten die württembergischen Anwälte nicht, für ihren Herrn geltend zu machen, dass die Wegnahme Ehrenbergs eine eigenmächtige, gegen seinen Willen geschehene Handlung
gewesen sei, sowie, dass er sofort auf die Benachrichtigung von derselben und von
dem Plane des weiteren Vorrückens in Tirol diesen Entschluss missbilligt und mittels
eines an die Räte in Ulm gerichteten Schreibens das Aufgeben seiner Ausführung
gefordert und bewirkt habe [51].

Mit allem Grunde wurde von Seite des Beklagten die Anwendbarkeit der Bestimmungen über Felonie auf jene Handlung bestritten. Allerdings ist in dem langobardischen Lehenrechtsbuch Angriff auf eine Burg des Lehensherrn als Grund für
Verwirkung des Lehens bezeichnet — aber keineswegs allgemein, sondern nur unter
der Bedingung, dass der Lehensherr oder die Herrin sich zu der Zeit des Angriffes
in jener Burg befindet und dies dem Angreifer bekannt ist:

§ 1 F. I. 5 » . . . . Similiter si dominum assalierit, vel castrum domini,
»sciens dominum vel dominam ibi esse«.

§ 5 F. II. 24. »Porro si dominum assalierit, vel vicum in quo est, per vim
»aggressus fuerit . . . . beneficium amittat.«

Nun hatte zwar schon die Glosse »Sciens« zu der ersteren Stelle die erweiternde
Auslegung aufgestellt,

die Strafe müsse auch dann eintreten wenn der Herr und die Herrin sich nicht
in der Burg befunden hatten,

und gemäss der Unsitte des späteren Mittelalters, den Vorgängern und namentlich
der hoch angesehenen Glosse urteils- und gedankenlos nachzuschreiben, war diese
Meinung wirklich, wie die Fakultät Bologna in ihrem consilium, Blatt 54 b, anerkannte, bei den italienischen Lehenrechtslehrern die herrschende geworden.

Aber mit Recht wurde dagegen von der Fakultät eben daselbst eingewendet:
es wäre, zumal bei der Anwendung einer Strafbestimmung, wie die Glosse selbst
in einem ähnlichen Falle sage, hart, von den Worten des Gesetzes abzuweichen,
d. h. genauer: es sei unstatthaft, bei der Beurteilung der Strafbarkeit ein wesent-

---

50. S. die oben Seite 10 Anmerk. 18 genannten Akten Blatt CLXVIII.
51. Angeführte Akten Blatt CXXV., CXXVI.

liches Merkmal des gesetzlichen Thatbestandes unberücksichtigt zu lassen. Davon aber, dass die Glosse, wie man es zeitweise im Mittelalter gethan hatte, über das Gesetz zu stellen sei (»malo pro me potius glossatorem quam legem«), konnte in der Mitte des sechszehnten Jahrhunderts und zumal in Deutschland nicht die Rede sein[52].

Hiernach war die Festhaltung der Burg Ehrenberg, nachdem die Verbündeten sie, wenn gleich gegen den Willen der obersten Leitung, einmal in ihre Gewalt gebracht hatten, um so gewisser keine Handlung, welche unter den Begriff der Felonie zu stellen gewesen wäre. Übrigens konnten die Verbündeten sich für diese Behauptung der gewonnenen festen Stellung auf die Notlage berufen, in welche sie und das evangelische Deutschland überhaupt durch das Anrücken der spanischen und italienischen Truppen versetzt waren; eben über dieses hatte Schertlin durch eine umfangreiche königliche Postsendung, welche bei Füssen am 10. Juli abgefangen worden war, genaue und sichere Kunde erhalten[53]. In einem Schreiben an König Ferdinand und seine tirolische Landesregierung erklärten der oberste Feldhauptmann und die Kriegsräte des Bundes noch am 21. Juli 1546: die Verhinderung der italienischen und spanischen Soldaten an dem Einmarsch in Deutschland durch die Grafschaft Tirol sei der einzige Grund für die geschehene Wegnahme der Ehrenberger Klause und das Verbleiben der Besatzung in derselben; die Verbündeten erbieten sich, wenn die Adressaten den italienischen und spanischen Soldaten den Durchzug durch die Grafschaft Tirol wehren wollen (wie sie hierzu nach dem gemeinen Rechte des Vaterlandes Deutschland verpflichtet seien) ihnen die Ehrenberger Klause sofort einzuräumen und ohne jeden Streit zurückzugeben, auch zur Verhinderung des genannten fremden Volkes an dem Durchzug jede Hilfe, Unterstützung und Verteidigung zu gewähren: »Nobis . . . . . . vtile atque necessarium uisum fuit, uiam ali- »quam inuenire, qua infesto Italico, et Hispanico militi accessus per Comitatum Ty- »rolensem impediri, atque praecludi posset. Vnde etiam impulsi sumus pro Clusa »Erenbergensi occupanda cogitare, eamque, ut factum est, custodire, ne per eam »externo militi transitus pateret; Idque nulla alia de causa factum esse, deum, ip- »samque ueritatem testamur. Quia uero intelligimus istud vos, et uestram gratiam »et fauorem grauiter ferre, et fortasse vos uelle dictam Clusam obsidere, et vi re- »cuperare, non potuimus, nec debuimus intermittere, quin vobis uere totam rem »exponeremus, nostramque iustam et fundatam excusationem offerremus, Amice hu- »militer, et diligentissime vos rogantes, et requirentes, ut ex causis expositis vos »huic rei non immiscere, sed plane abstinere velitis. Tunc nos uicissim offerimus »(quod si uos dicto Italico et Hispanico militi transitum per Comitatum Tyrolensem »sufficienter impedire, et prohibere uelitis, sicuti iure hoc communi patriae Germa- »niae debetis) quam primum nos dicta Clusa Erenbergensi cessuros, eamque uobis

---

52. Vergl. mein Festprogramm über die strafrechtlichen consilia Tubingensia bis 1600 (1877) Seite 16 f., 82, 99 Anmerk. 16.
53. Herberger Seite 88 f.

»sine omni controuersia restituturos, vobisque ad prohibendum transitum dicto externo
»militi adiumenta, subsidia, nostramque defensionem allaturos fideliter. Id quod vobis,
»et vestrae gratiae nostris charissimis amicis, gratiosis dominis cum oblatione ami-
»cissimae, ac promtissimae voluntatis, ac servitiorum nostrorum indicare omnino de-
»buimus, Petentes simul hoc nuncio clarum uestrum, et petitioni nostrae obsequens
»responsum nobis, idque festinanter per literas mitti« [54]. Nach diesem Schreiben,
das Ladurner in seinen Nachrichten über die Verhandlungen zwischen der Regierung
zu Innsbruck und den Verbündeten nur mittelbar, durch den Bericht über die Antwort Seite 218 f. erwähnt, erscheint die Nachricht des Anonymus bei Mencken
Seite 1397 f., dass Schertlin schon sofort nach der Besetzung der Klause in einem
an König Ferdinand gerichteten Schreiben sich über den Grund und Zweck dieser
Handlung in demselben Sinn erklärt und Zurückgabe der Feste nach Erfüllung des
Zweckes zugesagt habe, keineswegs, wie Ladurner Seite 200 Anmerkung *) meint,
als eine bare Lüge; ob etwa diesem erst später aufgezeichneten Bericht eine Ver-
wechslung zu Grunde liegt, wird sich bei dem Mangel vollständigerer Mitteilungen
aus dem innsbruckischen Archive kaum mit Sicherheit beurteilen lassen.

Der Besitz Ehrenbergs hatte für Erreichung des genannten Zweckes Jedenfalls
die Bedeutung, dass den aus dem Süden heranziehenden fremden Truppen die nächste,
als alter Haupthandelsweg ersten Ranges Jedenfalls in leidlichem Stande gehaltene
Strasse aus Italien nach Augsburg und, da ein Durchzug durch die Schweiz nicht in
Frage kam, überhaupt nach den Gebieten der süd- und mitteldeutschen Bundesglieder verschlossen war [55]. Allerdings konnten sie, wie Herzog Ulrich schon am
25. und 26. Juni geschrieben hatte [56] und der Erfolg zeigte, auf anderen Wegen
nach Deutschland kommen. Aber immerhin ist es im Kriege wichtig genug, die
nächsten Verbindungslinien zu beherrschen [57]. Die Rechtfertigung einer Handlung
durch Notstand wie durch Notwehr ist nicht dadurch bedingt, dass das Mittel, welches zur Abwendung der Gefahr angewendet wurde, dazu genügte, diesen Erfolg zu

---

54. Eine Abschrift oder lateinische Übersetzung dieses Schreibens ist als Beilage E. dem oben angeführten consilium der Juristenfakukät in Bologna beigefügt.

55. Vergl. Avila, französische Übersetzung S. 15. »Lautre chemin est plus hault enuers Suysse par vne vallee, a lentree de laquelle est ung chasteau assez fort qui ferme l'issue d'icelle ville, qu'est lautre entree de Bauiere. Apres y a la ville de Fiessen appartenant au cardinal d' Augspurg située sur la riuiere de Lique, puis lõ treuue Khẽp ville imperiale des premieres Lutherienes & suỹmẽt Mẽminghẽ aussi Imperiale & Lutheriène, & toutes deux de la ligue d' Augspurg. Ceste fut la cause de leur premiere entreprise, car il leur sembla estre cõuenable de prẽdre & garder ce passage q̃ leur estoit le plus prochain«. Vergl. auch Blatt 18 b (in Bezug auf die Umwege, welche die dem Kaiser zuziehenden Truppen machen mussten) »toutes ces choses requeroient espace de temps pour se ioindre«. Nachdem die Schmalkaldischen die Stellung bei Ehrenberg wieder verloren hatten, übte die Besorgnis eines Einfalles von dieser Seite eine verhängnisvoll lähmende Wirkung auf ihre militärischen Entschlüsse; s. Heyd-Pfaff Seite 420.

56. Heyd-Pfaff Seite 371 Anmerk. 8. — Die Hauptmasse zog deshalb, weil Ehrenberg von den Gegnern besetzt war, das Innthal herab über Kufstein. Avila, in der oben angeführten französischen Übersetzung Seite 15, 20 f., Ladurner Seite 220 ff.

57. Auch Schaumburg, der dem Kaiser einen bei Riedlingen gesammelten Heerhaufen zuführte, musste den für ihn sehr weiten Umweg über (Innsbruck und) Kufstein machen. Avila Bl. 18 b., Ladurner Seite 232 f.

sichern. Übrigens hätte die von Schertlin beabsichtigte Besetzung Tirols zur Erreichung des Zweckes unter der Voraussetzung hingereicht, dass die Verhandlung, welche die Schmalkaldischen mit der seegewaltigen Republik Venedig eingeleitet hatten, gelungen und Schertlins Hoffnung, den Herzog von Ferrara gewinnen zu können, begründet gewesen wäre [58].

X.

Unverhältnismässig knapp gehalten waren die Behauptungen der Klagschrift über die militärische Teilnahme Herzog Ulrichs an dem Donau-Feldzuge, der bei weitem den Schwerpunkt in den kriegerischen Ereignissen bildete. In den Positionalartikeln, welche nach damaligem Civilprozessrechte dazu bestimmt waren, die thatsächlichen Behauptungen in scharfer und bestimmter Fassung vorzutragen, ist in dieser Hinsicht nur gesagt:

Herzog Ulrich habe von dem oben genannten Monate Juni an und die nachfolgende Zeit, bis sein und seiner mitverwandten Bundesgenossen Kriegsvolk vor der kaiserlichen Majestät ihren flüchtigen Abzug bei Giengen genommen, gegen seiner kaiserlichen Majestät eigene kaiserliche Person und seiner königlichen Majestät geliebten Sohn, Herrn Maximilian Erzherzog zu Österreich (den nachmaligen Kaiser Maximilian II.) sein Kriegsvolk zu Fuss und Ross unterhalten (Artikel 39);

dieses sein Kriegsvolk habe gegen des Kaisers eigene kaiserliche Person, sowie gegen den hochgedachten Erzherzog mit und neben anderem Kriegsvolke seiner schmalkaldischen Bundesgenossen allerlei feindliche Handlungen und Thaten gehandelt (Artikel 40);

Herzog Ulrich habe zu Unterhaltung und Vollführung seiner und seiner Bundesgenossen Kriegshandlung seines höchsten Vermögens geholfen, nicht allein mit Schickung und Unterhaltung Kriegsvolkes in guter Anzahl, sondern auch mit anderer »Fürstreckung« (Artikel 41) [59].

Ergänzt ist hiermit das thatsächliche Vorbringen der Klagschrift durch die Behauptung, dass die feindlichen Handlungen auch gegen Erzherzog Maximilians Person gerichtet gewesen seien. Dies hatte für den Felonieprozess die Bedeutung, dass dem Beklagten, augenscheinlich im Hinblick auf § 5 F. II. 24, unter Berufung auf

---

58. Maurenbrecher, Karl V. und die deutschen Protestanten Seite 124, Heyd-Pfaff Seite 363, Ladurner Seite 226. Schertlin schrieb nach der Einnahme Ehrenbergs an die Bürgermeister zu Augsburg: »Es ist hoch von noten den Venetianern zu »schryben, wie stark wir in rüstung seien vud den angriff gethan, damit sie den pas gegenteilen nit gestatten. Item dem »herr Bernardin zu schryben das er auch sollichs des hertzogen von Ferrar potschafft zuschryb des seinem Herrn bericht »zu thun, dann der hertzog ist dem pabst feind und hat dem kayser hilff abgeschlagen. Vnd nit zu unterlassen, was man »des in Italien verhinderung furdern kann«. Zettel bei dem Berichte vom 10. Jul. 1546, bei Herberger Seite 90. — Hatte vielleicht Schertlin seine Hoffnung auf die Herzogin Renata von Ferrara, Tochter König Ludwigs XII. von Frankreich und »Erbin des väterlichen Papsthasses« — Stälin Seite 431 — oder auf den ebendaselbst erwähnten Heiratsplan gebaut? In Wirklichkeit stellte der Herzog von Ferrara hundert Reiter zum Heere des Kaisers (Avila Blatt 22).

59. Angeführte Akten Blatt CLXIX. b., CLXX.

die angebliche Personen-Einheit des Vaters und Sohnes und den römisch-rechtlichen Begriff der mittelbaren Injurie (l. 1 §§ 3, 8. D. de iniur., XLVII. 10) ein persön-licher Angriff auf den Kläger schuld gegeben wurde. Diese Auffassung war selbst-verständlich unbegründet und wurde in dem consilium der Juristenfakultät in Bologna Blatt 76—80 ausführlich widerlegt. Dass der Angriff gegen die Person des Klägers selbst gerichtet gewesen sei, konnte nicht behauptet werden, da König Ferdinand vor dem ersten Zusammenstosse der Heere das kaiserliche Hauptquartier verlassen und sich nach Prag begeben hatte, um den später mit Herzog Moriz ausgeführten Einfall in das Kurfürstentum Sachsen vorzubereiten [60].

In Wirklichkeit hatten anfangs, bis zu dem Eintreffen des Landgrafen von Hessen und des Kurfürsten von Sachsen die württembergischen Truppen, welche Ulrich mit äusserster Anspannung seiner Kräfte aufgebracht hatte, den grösseren Teil des an der Donau stehenden schmalkaldischen Heeres gebildet. Der Befehlshaber des württembergischen Fussvolkes, Hans von Heideck, hatte den Feldzug dadurch er-öffnet, dass er am 20. Juli mit eigener und reichsstädtischer Mannschaft Günzburg, die Hauptstadt der österreichischen Markgrafschaft Burgau, und am 23. desselben Monats in Gemeinschaft mit Schertlin Dillingen, die Hauptstadt des Augsburger Bischofs, und die Reichsstadt Donauwörth besetzte. Bei der Beschiessung des kaiser-lichen Lagers vor Ingolstadt am 31. August, dem traurigen Seitenstücke zu der Kanonade von Valmy, standen die Württemberger auf dem rechten Flügel; hier traf der Angriff allerdings unmittelbar mit die Person des Kaisers, also mutmasslich auch die des Erzherzogs Maximilian, da Karl sich mit seinem Gefolge im dichten Kugelregen bewegte [61]. Es ist auffallend, dass die Wegnahme von Günzburg in der Begründung der Klage nicht ausdrücklich angeführt ist, da sie doch bei Zugrunde-legung der oben, IX. Seite 19 Z. 26 ff. erwähnten Rechtsansicht ebenso wie die angebliche Beteiligung Ulrichs an der Eroberung der Ehrenberger Klause unter den Begriff der Felonie zu bringen gewesen wäre.

Eine unwahre und zwecklose Verunglimpfung des Überwundenen war die Be-zeichnung des Abzuges von Giengen als einer schimpflichen Flucht. Sie verrät den Hochmut und die rücksichtslose Leidenschaftlichkeit, mit welchen die königlichen An-wälte in dem Rechtsstreite von Anfang an auftraten.

Vielleicht noch wichtiger als die von Ulrich gestellte Mannschaft, zu welcher in den Herbstmonaten ein zahlreiches, wenn auch militärisch nicht sonderlich wertvolles Aufgebot der Landmiliz aus den Städten und Dörfern hinzukam [62], waren für die Kriegführung der schmalkaldischen Verbündeten die in der Klagschrift besonders hervorgehobenen Leistungen des Herzogs für die Kriegskasse und den Mundvorrat.

60. Avila Blatt 19 b., 20, Viglius van Zwichem Seite 27.
61. Avila Blatt 31—33.
62. Heyd-Pfaff Seite 409 ff., Stälin Seite 446.

Seine Geldbeiträge und Vorschüsse, sowie die der oberdeutschen Reichsstädte waren es, welche die Zusammenhaltung des ganz überwiegend aus Söldnern bestehenden Heeres ermöglichten [63]. Hinsichtlich der Zufuhren von Lebensmitteln erwähnt Avila schon bei der Einnahme von Donauwörth ` am Anfange des Feldzuges die Wichtigkeit der dort gewonnenen Stellung: »Chartell« (Schertlin) . . . . »estoit au diet »Thonnewert fort commodemmêt et à propos pour les choses . . . . ., aussi auait »la Dunoue, par ou luy venoiêt victuailles de Vlme et de Vvirtemberg« (Blatt 18), und in der alten lateinischen Übersetzung des Flamländers van Male ist dies weiter so ausgesponnen: » . . . . non ignarus quantis ibi commoditatibus uteretur, quas »ad annonâ caeteraque necessaria conuehenda praeberêt Danubius et Lycus . . . . »Illum . . . . pingues Vlmensium campi excipiunt. Qua de causa, re frumentaria »quoque expeditiore et cibariorum vberiore copia Schertelus abundabat, quòd Vlmen- »sium finibus proximi sunt Virtembergenses, quorum agri, cultus et copiae, cum »quauis Germaniae regione de laude bonitatis et praestantia facile queant contendere« (Blatt 12 b). Diese Vorräte vermochte die württembergische Regierung nur durch grosse Zumutungen an die Leistungsfähigkeit des Landes zu schaffen, dessen wirtschaftliche Blüte von Jeher bei mässigem natürlichem Reichtum des Bodens überwiegend auf dem Fleiss und der Genügsamkeit des Volkes beruhte, und Ulrich selbst widmete, so lange der Krieg dauerte, den hierauf gerichteten Massregeln seine eifrige, unausgesetzte Sorge. Besonders erwähnt werden die Zufuhren an württembergischem Wein, der bekanntlich im sechszehnten Jahrhundert selbst an den Tafeln der Grossen sehr geschätzt war [64]; beständig waren hierfür allein dreissig bis vierzig Wagen unterwegs [65], und es lässt sich leicht denken, was ihre Ladungen dann und wann zu der Aufrichtung der in dem ergebnislosen Hin- und Hermarschieren und Scharmützeln ermattenden Stimmung beigetragen haben mögen [66]. Als dem Heere nach der Räumung der Donaulinie die Zufuhren aus Ulm und Augsburg abgeschnitten waren, befahl der Herzog sofort am 18. Oktober, es solle so schnell als möglich eine bedeutende Menge Brod gebacken und Jeder Weinwagen künftig mit fünfthalb Eimern beladen werden [67].

Die Beschuldigung der Teilnahme an Bedrückung von Unterthanen, Lehensleuten und Schutzbefohlenen des Königs Ferdinand (oben Seite 16 Nr. 4) hielten die Anwälte des Beklagten entgegen: nachdem die verbündeten Stände darauf bedacht gewesen seien, auf einige der Geistlichkeit und des Adels eine Schatzung zu legen und diese Absicht dem Herzog mit der Aufforderung, zur Ausführung derselben einen

---

63. Heyd-Pfaff Seite 390 f., 434 ff., Stälin Seite 446.
64. S. z. B. Heyd-Pfaff Seite 493 Anmerk. 56, Pfaff, Geschichte des Fürstenhauses und Landes Württemberg III. 1 Seite 143, Kugler, Christoph Herzog zu Württemberg I. Seite 397. Vergl. Jedoch auch Heyd-Pfaff Seite 389 Anmerk. 60.
65. Heyd-Pfaff Seite 390, Stälin Seite 434 Anmerk. 2.
66. Heyd-Pfaff Seite 390; vergl. Avila Blatt 34.
67. Heyd-Pfaff Seite 412.

oder einige abzuordnen, mitgeteilt worden sei, habe er solches Vorhaben als un-
ziemlich und unerspriesslich erachtet und das Ersuchen um seine Beteiligung an dessen
Verwirklichung abgelehnt; sollte Jemand geistlichen oder weltlichen Standes gewalt-
sam oder ohne Recht an seinem Vermögen in dieser Weise geschädigt worden sein,
so müsste es ohne, Ja gegen des Herzogs Willen und Meinung geschehen sein und
würden die Beschädigten wohl wissen, »sich gegen denen, die solche Beschädigung
»ihnen sollen zugefügt haben, ihrer Notdurft nach zu erholen«. Übrigens gäbe diese
Beschuldigung, auch wenn sie zuträfe, keinen Grund für Entziehung des Lehens ab.
Denn nach offenkundigem Lehenrechte werde ein solches durch die einem (andern)
Vasallen des Herrn zugefügten Verletzungen nicht verwirkt, da die Zugehörigkeit
dieses Vasallen zu dem Herrn mit Jenem Lehen nichts gemein habe; dies folge schon
daraus, dass ein Vasall, wenn er den Bruder seines Lehensherrn verletze, Ja sogar
töte, ungeachtet der engen persönlichen Verbindung zwischen diesen beiden Personen
des Lehens nicht verlustig werde, wenn Jene Handlung nicht in der Absicht geschehen sei, dem Herrn selbst eine Verletzung oder Rechtskränkung zuzufügen [68].

XI.

Die oben Seite 11, 15 erwähnte Beschuldigung,
    dass der Beklagte mehrere Unterthanen und Lehensleute des Hauses Österreich
in seine Dienste genommen und dazu verleitet habe, gegen den Kaiser und König,
sowie gegen die Kinder und Lande des letzteren die Waffen zu tragen,
ist in den Positionalartikeln der königlichen Anwälte näher dahin ausgeführt:
    Herzog Ulrich habe vor und in der Jüngsten Kriegs-Empörung, welche von ihm
und seinen Bundesgenossen begangen worden, etliche Lehensleute des Königs und
des Hauses Österreich für seinen Dienst angeworben (Artikel 6), dieselben angehalten
und vermocht, ihm im Jahre 1546 Zuzug und Hilfe zu leisten (Art. 7). Diese Lehensleute, Landsassen und Unterthanen seien unter anderen gewesen: Jost Niclas Graf
zu Zollern, Konrad Graf zu Tübingen, Christoph Graf zu Lupfen, Hans Christoph
Freiherr zu Falkenstein, der Ritter Völker von Knöringen, Sebastian von Ehingen,
Hans Caspar von Klingenberg, Pankraz von Stöffeln, Hans Ecklin, Hauptmann von
Ratolfzell. Nachdem sie teils in Person zugezogen wären, teils an ihrer Statt andere
geschickt hätten, habe der Herzog die bei ihm Erschienenen mit ihren Reitern und
Pferden dazu abgefertigt und geschickt, seinen schmalkaldischen Bundesgenossen gegen
den Kaiser und die ihm beistehenden Anhänger Hilfe und Beistand zu leisten; unter

---

68. Angeführte Akten Blatt CXXVIII.
III.

den letzteren aber seien König Ferdinand und sein Sohn Maximilian nebst den Unterthanen des Königs nicht die geringsten gewesen. Artikel 8—19 [69].

Hierauf erwiderten die Anwälte des Beklagten: die genannten Diener seien von dem Herzog lange vor dem Krieg angenommen und bestellt, einige· von ihnen Erbdiener gewesen und mit des Königs Vorwissen und Bewilligung Diener [des Herzogs] geworden; ihre Bestallung und ihr Zuzug sei nicht dem König zuwider geschehen; der Herzog habe »den Begehrenden mit gutem Willen gestattet, dass sie in ihrer »Bestallung die königliche Majestät und das Haus Österreich ihnen vorbehalten und ausgenommen haben.« Als zu Anfang des Krieges der Herzog diese seine Diener in das Feld zu ziehen erfordert habe, sei solches nicht wider den König und das Haus Österreich, sondern frei öffentlich laut ihrer Bestallungen auf den »Anzug« des Kaisers geschehen und hiervon der König gar nicht berührt worden; keiner von ihnen sei dazu befehligt, persuadiert oder induciert worden, wider den König, seine Kinder oder Land und Leute desselben zu dienen [70]. Das letztere ist in der Erwiderung auf die Positionalartikel näher so gefasst: der Herzog habe diese Hilfe gegen den Kaiser als oberstes Haupt und einzigen Kriegsherrn und sonst niemanden principaliter zuwider geschickt; er habe nicht gewusst noch wissen können, wer der höchste oder geringste Helfer des Kaisers gewesen sei [71]). — Darüber ob die Genannten Diener, Lehensleute, Landsassen oder Unterthanen des Königs und wie sie mit ihm »verwandt« seien, wurde eine Antwort in der ersten Erwiderung auf die Positionalartikel verweigert, weil dies eine für den Beklagten fremde Thatsache (fremder Geschicht) sei; nachdem den Anwälten des Beklagten durch Bescheid der kaiserlichen Kommissarien vom 26. Mai 1548 eine spezielle Erklärung über den Artikel 6 auferlegt worden war, bestritten sie den Inhalt desselben in der vorgeschriebenen Form » . . . glauben wir nit war« [72].

Die im württembergischen Staatsarchive befindlichen Verzeichnisse nennen unter den Lehensleuten und reisigen Dienern, welche der Herzog zu dem Feldzug aufbot, Völker von Knöringen mit sieben, Hans Christoph von Falkenstein mit sechs, Bastian (Sebastian) von Ehingen mit zwölf Pferden. Pankraz von Stöffeln, welcher vier Pferde zu stellen hatte, und Sebastian von Ehigen waren württembergische Obervögte: der erstere in Tuttlingen, der letztere in Nagold. Hans Ecklin wurde zum Locotenenten (Oberstlieutenant) des Hans von Heideck, welcher das Fussvolk befehligte, ernannt, nachdem der ursprünglich für diese Stelle bestimmte Christoph von Lupfen sie ausgeschlagen hatte; Sebastian von Ehingen wurde Locotenent des Grafen Christoph von Henneberg, welcher der Oberst der Reiterei war. Unter den Pro·

---

69. Angeführte Akten Blatt CLXVI. b, CLXVII.
70. Angeführte Akten Blatt CXXIV., CCXVIII.
71. Angeführte Akten Blatt CCXVIII. b.
72. Angeführte Akten Blatt CCXVIII., CCLIV., CCLXVIII.

visionern, welche Ulrich annahm, erscheinen Jos (Jost) Niclas von Zollern mit sieben, Konrad von Tübingen mit vier Pferden [73].

Für die Behauptung des Beklagten, dass er Jedenfalls bei dem Ausbruche des Krieges nicht beabsichtigt habe, gegen König Ferdinand feindlich zu handeln und insbesondere die genannten Befehlshaber, Ritter und Knechte gegen ihn zu verwenden, spricht immerhin die Thatsache, dass die Verbündeten bis an die äusserste Grenze der Möglichkeit an der Hoffnung festhielten, der König, dessen tirolische Regierung sie noch nach der Wegnahme der Ehrenberger Klause seiner wohl geneigten Gesinnung, Verwandtnus und Verstenntnus, hatte versichern lassen [74], werde nicht militärisch als ihr Gegner auftreten [75].

XII.

Die Frage, ob irgend eine der für die Kriegführung notwendigen Massregeln eine Verschuldung des Herzogs begründete, musste von vorne herein verneint werden, wenn das ganze Unternehmen der schmalkaldischen Bundesgenossen gegen den Kaiser als notgedrungene Verteidigung, sei es ihrer religiösen Rechte oder der deutschen Verfassung anzuerkennen war. Das Urteil hierüber hängt von der Entscheidung der Vorfrage ab, welchen Zweck der Kaiser bei den von ihm beabsichtigten und von langer Hand vorbereiteten Gewalthandlungen hatte. Hierüber aber kann nach den Ergebnissen der Geschichtsforschung kein Zweifel sein. Karl V. wollte die Wiederherstellung der kirchlichen Einheit erzwingen, zugleich aber »mit Unterdrückung der deutschen Wahlfreiheit einen habsburgischen, Spanien und Deutschland umschlingenden Erbfolgeplan einführen« [76]. Als Mittel hierzu diente ihm die schon an sich verfassungswidrige Verwendung des spanischen und italienischen Kriegsvolkes. Der Widerstand gegen die letztere Massregel und gegen die gewaltsame Ausführung des Planes überhaupt war ebenso gewiss rechtmässig als die unumwundene Geltendmachung dieses Verteidigungsgrundes vor dem Gerichte des Kaisers selbst gefährlich und wirkungslos gewesen wäre.

Um so mehr Gewicht wurde daher von den Anwälten des Beklagten schon in ihrer ersten Einredeschrift und später immer wieder auf die Begnadigung gelegt, welche ihm der Kaiser durch den Heilbronner Vertrag erteilt hatte. Diese Übereinkunft, welche ihrem sachlichen Inhalte nach ein Separatfriede und von Karl V.

73. Heyd-Pfaff Seite 356—360.
74. Herberger Seite 97 f., Ladurner Seite 198 f.
75. Vergl. oben Seite 18, 20 f. Was Lorenz, Beiträge zur Kritik der Geschichtschreibung über den schmalkaldischen Krieg Seite 40 Abs. 4 gegen die Annahme Jener Hoffnung geltend macht, beweist höchstens ein Schwanken zwischen dieser und entgegengesetzten Befürchtungen.
76. Worte des massvoll urteilenden Chr. F. Stälin Seite 430; vergl. Seite 432, 316. S. Ranke, deutsche Geschichte im Zeitalter der Reformation IV. S. 230, 253 ff., Maurenbrecher, Karl V. und die deutschen Protestanten S. 56 ff., 106 ff.

nur mit Rücksicht auf die teils noch nicht überwundenen teils neu entstandenen Gefahren der allgemeinen politischen Lage genehmigt worden war [77], erscheint allerdings in ihrer Form als eine Handlung der Gnade, welche dem Herzog gegen eine Reihe drückender Zusagen gewährt wird. Unter der Bedingung, dass die letzteren erfüllt werden, erklärt der Kaiser ihm alles das, worin er kaiserliche Majestät beleidigt habe, zu verzeihen und nachzulassen (Art. XIV Absatz 2) [78].

Hiermit war freilich nur die Strafbarkeit des behaupteten Majestätsverbrechens gegen den Kaiser selbst bestimmt ausgeschlossen, und in demselben Artikel war unmittelbar zuvor gesagt: der Kaiser behalte dem König Ferdinand und dem Haus Österreich ihre Gerechtigkeit, so sie zum Herzogtum Württemberg haben, vor. Unsere Geschichtschreiber sind nun noch jetzt der Ansicht, dass dieser Vorbehalt eben den Anspruch Ferdinands auf Einziehung Württembergs als verwirkten Afterlehens bedeute. Dieser Auslegung widerspricht aber, wie schon die Juristenfakultät in Bologna in ihrem consilium für Ulrich von 1549 ausführlich dargelegt hat, der gesamte sonstige Inhalt des Vertrages, namentlich eine Reihe der dem Herzog auferlegten Verbindlichkeiten, da sie sein Verbleiben als Landesherr notwendig voraussetzen. Auch stimmt dazu, dass in dem Vertrage die erneute Austreibung Ulrichs wegen des Geschehenen vorbehalten sein sollte, nicht der Aufruf, welchen der Kaiser sofort am 18. Januar 1547 in Ausführung des Vertrages an alle württembergischen Beamten und Unterthanen ergehen liess; denn in diesem Erlass ist ausdrücklich gesagt nicht bloss dass er den Herzog wieder zu Gnaden aufgenommen sondern auch, dass er ihn bei Land und Leuten zu lassen versprochen habe und hieran die Aufforderung geknüpft, ihn als rechten Herrn und Landesfürsten anzuerkennen und zu halten, ihm neu zu huldigen, in allen billigen Dingen zu gehorchen und alle Pflichten treuer Unterthanen zu erfüllen [79]. Immerhin lassen die Worte des Vorbehaltes, so zweideutig und verfänglich sie auch sind, die Auslegung zu, dass sie nur die Anerkennung der österreichischen Afterlehensherrschaft gemäss dem in dem folgenden Satz noch besonders genannten kadauischen Vertrage, sodann etwa das Ehrenrecht, den Titel Herzog von Württemberg zu führen, worauf König Ferdinand Wert gelegt haben mag [80], und dergleichen bezeichnen sollten (die Ersatzansprüche wegen der dem König verursachten Kriegsschäden und -Kosten sind schon in Artikel XII vorbehalten) [81]. Jene Anerkennung hatte für den König und das österreichische Haus, wie in

---

77. Diese Gefahren sind in Karls Brief an seinen Bruder Ferdinand aus Heilbronn vom 9. Januar 1547, Bucholtz Urkundenband Seite 403 ff., sehr vollständig dargelegt. Vorangegangen war der dringende Hilferuf Ferdinands aus Prag vom 29. Dezember 1546 für den sächsischen Herzog Moriz, welcher von dem durch ihn verratenen Kurfürsten Johann Friedrich auf's Äusserste bedrängt war (Bucholtz daselbst Seite 400 ff.). Die päpstlichen Hilfstruppen hatte der Kaiser damals nicht mehr zur Verfügung.

78. Hortleder Seite 525.

79. Fr. C. Moser, Beiträge zum Staats- und Völkerrecht I. S. 295 ff.

80. Stälin Seite 495 unten.

81. Hortleder Seite 524.

dem angeführten consilium bemerkt ist, namentlich deshalb Wert, weil mit ihrer Aufnahme in die Übereinkunft der Kaiser die bis dahin noch nicht ausgesprochene Genehmigung des kadauischen Vertrages erteilte. So ist es immerhin wahrscheinlich, dass der Verfasser der Heilbronner Übereinkunft [82], Granvella der Vater, welcher gleich seinem Sohn und Naves von Ulrich bedeutende Geldgeschenke erhalten hatte [83], und der Kaiser selbst von dem Vorwurfe der Hinterlist und Tücke freizusprechen sind, welche ihnen bei der entgegengesetzten Deutung des Vorbehaltes zur Last gelegt werden müssten, dass dieser in seiner unbestimmten Fassung nicht dem württembergischen Herzog eine Falle stellen, sondern das Drängen König Ferdinands (s. oben S. 3) beschwichtigen sollte. Freimütig sagen schon die Juristen von Bologna in dem angeführten consilium Blatt 47 ff.: bei jener Auslegung wäre der Herzog schwer hintergangen, und es sei nicht wahrscheinlich, dass der Kaiser dies beabsichtigt habe, da fürstliche Verfügungen immer von Arglist und Täuschung frei sein sollen (Nov. 81 cap. 2 in f., cap. 3 F. II. 52) und es niemals vorgekommen sei, dass kaiserliche Gnade Jemanden habe täuschen wollen.

Jedenfalls hatte der Kaiser nach der damaligen Rechtslehre die Macht, nicht bloss die Strafe des Majestätsverbrechens, sondern alle Strafen irgend welcher Art, mithin auch die der Felonie als solcher nachzulassen [84]. Theoretisch war das letztere freilich sehr anfechtbar, da die Verwirkung des Lehens an den Herrn eher nach Analogie der römischen Privatstrafen als gleich einer öffentlichen Kriminalstrafe zu beurteilen gewesen wäre. Allein bei der Unklarheit, welche in jenem Zeitalter noch über das Verhältnis der öffentlichen Strafen einerseits, der germanischen Bussen und der Privatstrafen auf der anderen Seite herrschte [85], ist es begreiflich, dass in Bezug auf Begnadigung die scharfe Scheidung zwischen der öffentlichen Strafe und jener Folge der Felonie nicht gemacht wurde. Nahmen ja doch die Juristen ganz einstimmig an, der Fürst könne um des Friedens willen auch von Genugthuungs- und Ersatzansprüchen der einzelnen ohne deren Zustimmung im Gnadenwege befreien (pro bono pacis etiam remittere iniurias et damna singularium personarum) [86].

Die dritte und vierte der oben Seite 9, Nr. V, erwähnten Beschuldigungen mögen, da sie augenscheinlich nur Nebenpunkte betrafen und auf die schliessliche Entscheidung des Prozesses höchstens gegen Ulrich, nicht aber gegen seinen Nachfolger einen nachteiligen Einfluss hätten ausüben können, hier übergangen werden. Doch mag erwähnt werden, dass die Klagen über Missbräuche in der Strafrechtspflege dem Herzog Christoph, so wenig auch dieser gerechte, milde und reichstreue Herrscher

82. Viglius van Zwichem Seite 213 bis 216, besonders Seite 216 oben, v. Druffel Seite 243 f. Anmerk. 83.

83. Heyd-Pfaff Seite 458, 465.

84. Paulus Grilandus tractatus de relaxatione carceratorum im tractatus tractatuum X. Blatt 9 ff., Jul. Clarus § fin. qu. 59.

85. S. z. B. den Rechtsfall bei Jarcke, Handbuch des gemeinen deutschen Strafrechts I. Seite 32 f. Anmerk 7, aber auch noch Sichardt, consilium criminale 6 — besprochen in meiner Schrift über die strafrechtlichen consilia Tubingensia Seite 39 ff.

86. Jul. Clarus a. a. O. § Adde quod.

einer besonderen Mahnung bedurfte, ohne Zweifel den äusseren Anlass dazu gaben, sofort in seiner Bestätigung des Tübinger Vertrages die Übereinstimmung seines Inhaltes mit der peinlichen Gerichtsordnung Karls V. auf eine fast auffällige Weise hervorzuheben, die Beobachtung dieses Reichsgesetzes den Gerichten einzuschärfen und eine geordnete, gesetzmässige, der Wissenschaft entsprechende Handhabung des Strafamtes durch die Vorschriften über die Beteiligung der Juristenfakultät an der Rechtsprechung zu sichern [87].

XIII.

Der allgemeine Verlauf des Prozesses gegen Herzog Ulrich und namentlich die neben den Rechtstagen und Prozessschriften hergehenden Vergleichsversuche sind in ihren Umrissen mehrfach vom allgemein geschichtlichen Standpunkte geschildert worden. Für den Juristen bildet dieser Rechtsstreit das belehrende Beispiel eines mit höchster Gründlichkeit geführten Civilprozesses in den Formen, wie sie teils durch die italienische Doktrin und Praxis teils durch die älteren Kammergerichtsordnungen — vor 1555 — ausgebildet worden waren. Bedeutsam war für die Form und namentlich für den langsamen Gang des Verfahrens der Umstand dass es noch in die Zeit vor der Ausbildung der Eventualmaxime fiel.

Der Prozess wurde nicht vor dem Kammergerichte, sondern vor Kommissarien des Kaisers, später vor dem neu gegründeten deutschen Hofrate geführt. Dies entsprach dem Art. XII. des Heilbronner Vertrags (s. oben), und der Regimentsordnung von 1521 § 7, wonach Prozesse über die vom Reiche zu Lehen rührenden Fürstentümer, Grafschaften u. s. w., näher über die Aberkennung solcher oder eines Teiles von ihnen, dem richterlichen Erkenntnis des Kaisers selbst vorbehalten waren (Ludolff corpus iuris cameralis Seite 56). Übrigens war auch in der Thätigkeit des Kammergerichtes seit 1544 ein Stillstand eingetreten. Die Formen des Verfahrens waren die zivilprozessualen, da es sich nicht um kriminelle Bestrafung handelte.

Der lateinisch abgefassten Klageschrift waren als Beweisstücke lateinische Übersetzungen der Urkunde vom 9. August 1535 über Ulrichs Investitur mit Württemberg als Afterlehen nach dem Kadauer Vertrag, nebst der Formel des von Ulrich geleisteten Lehenseides, und des oben Seite 12 erwähnten Schreibens an eine tirolische Gemeindebehörde beigefügt. Der Kaiser lud in einem eigenhändig unterzeichneten Erlass den Beklagten vor, nach 27 Tagen, wovon neun als erste, neun als zweite und die letzten neun als dritte, peremtorische Frist gelten sollten, beziehungsweise an dem darauf folgenden nächsten Gerichtstage zu Augsburg oder, falls der Kaiser sich an einem andern Orte befinden sollte, dort in Person oder durch einen gehörig Bevoll-

---

87. Reyscher, Sammlung der württembergischen Gesetze, Staatsgrundgesetze II. Seite 91, 119, meine angeführte Schrift Seite 36 f.

mächtigten zu erscheinen, widrigenfalls seines Ungehorsams ungeachtet soweit es rechtlich statthaft sei in der Sache weiter verfahren werden würde (»nos in dicto »negocio nihilominus quantum de iure poterimus procedemus, contumacia dilectionis »tuae non obstante)«. Diese Ladung, in welche der Text der Klage mit den Bei-lagen eingefügt war, wurde dem Herzog durch einen kaiserlichen Herold am 13. Ja-nuar 1548 zugestellt. S. die oben Seite 10 Anmerk. 18 genannten Akten Blatt VII.—XVI.

Als Kommissarien zur Verhandlung der Sache berief der Kaiser unter dem Vor-sitze des Kurfürsten und Erzbischofs Adolf von Köln, welcher 1547 durch kaiserliche Bevollmächtigte an die Stelle seines der Reformation zugethanen Vorgängers Her-mann von Wied gesetzt worden war, den Staatsrat Antoine Perrenot Granvella den Sohn, damals Bischof von Arras, die Doktoren der Rechte und kaiserlichen Räte Joannes Marquard, Viglius van Zwichem, Vorsitzenden des hohen Rates zu Brüssel, Joannes Colynus, Georg Sigismund Seld, Simon Revardus, »praefectus Balniatus Damont«, und die kaiserlichen Räte Has von Lauffen und Gerard von Voltwick (Akten Blatt I.). Diese Männer haben, so treu ergeben sie der kaiserlichen Politik waren oder gewesen sein mögen, durch ihr Verhalten in dem Prozess das von Mauren-brecher Seite 198 angedeutete Urteil über ihre Personen nicht gerechtfertigt; s. oben Seite 4.

Vor ihnen erschienen zur ersten Verhandlung am 9. Februar 1548 Bevollmäch-tigte beider Parteien. Die des Klägers hielten ihre Vorträge lateinisch, die des Beklagten in deutscher Sprache, deren Anwendung überhaupt sie unter Berufung auf den Gebrauch am Reichskammergericht und den anderen Gerichten forderten. (Diesem Verlangen fügten sich in der Folge die königlichen Anwälte; doch bemerkten sie hierbei, die Geschäfte des Reiches und sonderlich hoher Standespersonen seien von Alters her in lateinischer Sprache verrichtet worden, Herzog Ulrich habe dieselbe gelernt und sei mit vielen gelehrten und dieser Sprache kundigen Personen versehen, wie auch das Land Württemberg mit seiner ansehnlichen Universität der gelehrten und allerhand Fakultäten und freier Künste versehen gewesen und noch sei; Akten Blatt LXVII. f.). Die herzoglichen Anwälte übergaben eine an den Kaiser gerichtete Bittschrift mit dem Gesuche, dieselbe, da er nicht persönlich zugegen sei, an ihn gelangen zu lassen und seine Entschliessung abzuwarten. Die Anwälte des Klägers bemängelten die Vollmacht der Gegenanwälte, beschuldigten den Herzog des Unge-horsams und verlangten dass ein der Androhung in der Ladung entsprechendes pro-clama erlassen und sodann die von ihnen namens des Königs zu stellenden Anträge gehört werden sollten. Die Kommissarien beschlossen Berichterstattung an den Kaiser und luden die Parteien zur Anhörung seiner Entschliessung auf den 16. Februar vor. Akten Blatt II.—V.

Diese Entschliessung bestand in der Aufforderung an die Parteien zur nochmaligen Vornahme eines Vergleichsversuches [88], für welchen der Kaiser seine Vermittelung anbot, und in der Anberaumung eines neuen, dritten Rechtstages mit der Aufforderung an die württembergischen Anwälte, zu demselben mit gehöriger, also ergänzter Vollmacht zu erscheinen. Blatt XXVII. f. Die Vergleichsverhandlung, welche der Vorsitzende der kaiserlichen Kommission selbst leitete, blieb ergebnislos, da der Kläger es ablehnte sich auf einen Vergleich einzulassen. Blatt XXIX., XXX. Der dritte Rechtstag fand am 23. Februar statt und schloss mit dem Bescheide, dass die neue Vollmacht der herzoglichen Anwälte als ungenügend nicht angenommen und ihnen zur Einbringung einer genugsamen Vollmacht eine Frist von acht Tagen erteilt, aber ein mit der ausserordentlichen Wichtigkeit der Sache begründetes schriftliches und mündliches Gesuch um eine weitere Frist zur Beantwortung der Klage abgeschlagen wurde. Blatt XXXVI.—XXXVIII., XXIX., XXXI. An dem folgenden, vierten Gerichtstag, 1. März, übergaben die Anwälte des Beklagten eine neue Vollmacht, zugleich aber eine Einredeschrift, in welcher sie geltend machten, dass die Klage als in lateinischer Sprache abgefasst, nicht formgerecht, sodann, dass in Folge der Heilbronner Übereinkunft der Rechtsanspruch des Klägers getilgt sei. Die erstere Einrede war grundlos, da in der Wahlkapitulation Karls V. Artikel 14 neben der Anwendung der deutschen ausdrücklich der Gebrauch der lateinischen Sprache in Reichsgeschäften zugelassen war; die zweite Einrede, exceptio rei transactae oder finitae, war nach damaligem Prozessrecht an sich dazu geeignet, als sogenannte exceptio litis ingressum impediens den Beklagten von der Notwendigkeit der Einlassung auf die Klage, Litiskontestation im Sinne des deutschen Prozesses, zu befreien [89]. Eine mündliche Verhandlung schloss sich an. Akten Blatt XXXIX.—LVII. Auf Antrag der württembergischen Anwälte verfügten die Kommissarien mittels Bescheides vom 8. März, dass hinfür beide Parteien DasJenige, was sie »ausserhalb gemeiner Handlungen und Beschluss, die sie vor generalia vorbringen«, einzuführen gedächten, schriftlich vortragen sollten; zugleich wurde der klägerischen Partei schriftliche Beantwortung der württembergischen Exceptionen aufgegeben. Blatt LIX. Hierauf wurde am sechsten Rechtstag, 10. März, von den Anwälten des Klägers eine Replikschrift, an dem folgenden, 22. März, von den Vertretern des Beklagten eine Duplikschrift eingereicht. Blatt LXI.—CXVII. Auf Bericht der Kommissarien wurden durch interlokutorisches Urteil des Kaisers die Anwälte des Beklagten für schuldig erkannt, unerachtet der von ihnen vorgewendeten Einrede auf die eingebrachte Klage zu antworten und die Kriegsbefestigung vorzunehmen, ihnen Jedoch vorbehalten nach geschehener Kriegsbefestigung alle und Jegliche rechtmässige Ex-

88. Über frühere Versuche Ulrichs, eine gütliche Beilegung der Sache oder doch Entscheidung durch Schiedsrichter herbeizuführen, s. Sattler III. Seite 253, 265, Heyd-Pfaff Seite 495 f. Das Urteil Heyds (oder vielmehr Pfaffs?) Seite 496 über die damalige Gesinnung des Kaisers kann ich nicht als begründet erachten.

89. Cap. 1, 2 in 6to de L. C., II. 3, K. G. O. von 1508 Titel 4 § 1, Wetzell, System des Zivilprozesses, 3. Auflage, Seite 960 ff.

ception vorzutragen. Blatt CXIX. Auf die am achten Rechtstag, 13. April, erfolgte Verkündigung dieses Urteiles erbaten sich die herzoglichen Anwälte zunächst eine geräumige Frist, um an ihren Gewaltgeber zu berichten »und auf den angesetzten geraumen Termin ferner fürzugehen wie sich der Notdurft nach gebühre.« Nachdem aber die Gegner die Gewährung einer solchen Frist verweigert und die kaiserlichen Kommissarien das Gesuch unter Androhung des Ungehorsamsverfahrens abgeschlagen hatten, übergaben die Anwälte des Beklagten eine vorsorglich abgefasste »Litiskontestation cum annexa exceptione peremtoria atque petitione«, worin sie neben spezieller Beantwortung der einzelnen Klagepunkte dem Vorbringen des Klägers allgemeinen Widerspruch entgegensetzten, die auf den Heilbronner Vertrag gegründete Einrede der transactio nun »in vim peremtoriae« wiederholten und am Schluss im Wege der Widerklage geltend machten, dass der König als Erzherzog zu Österreich durch seine ehrenrührige und unerfindliche Beschuldigung und Klage gegen den Herzog nach § 24 F. II. 26, F. II. 47 und II. 6 die Gerechtigkeit welche er zu dem Fürstentum Württemberg und dem Herzog als Afterlehensmann gehabt, verwirkt und verlören habe. Blatt XCIX.—CXXXIX. Hierauf übergaben die Anwälte des Klägers am folgenden Rechtstage, 14. April, Positionalartikel [90], Blatt CXLI.—CLXXVIII., auf welche die des Beklagten am 4. Mai eine kurze Gegenerklärung und am 17. desselben Monates eine ausführliche Responsion schriftlich abgaben. Blatt CLXXXI.—CCXLVIII. Die kaiserlichen Kommissarien entschieden mittels Dekretes vom 27. Mai, dass die Responsionen auf Artikel 1—5, 7—17, 18 u. s. w. (die Mehrzahl derselben) pro puris angenommen seien, erkannten aber gleichzeitig, dass die württembergischen Anwälte auf die anderen »unterschiedlich wie sich gebühre, vermöge des Reiches Ord»nung, durch das Wort glaub oder nit glaub antworten sollen« [91]. Blatt CCLIV. Dieser Auflage genügten die Anwälte des Beklagten mit der geforderten Vollständigkeit durch eine schriftliche Erklärung, »andere Responsion«, vom 2. Juni, Blatt CCLXVIII., CCLXIX., und an demselben Tag übergaben sie Defensionalartikel, Blatt CCLXXII. Die Anwälte des Klägers beantworteten die letzteren in einer am 4. Juni eingereichten Schrift, Blatt CCXCIX.—CCCXII., worauf die württembergischen Anwälte am 11. und 13. Juni erwiderten. Blatt CCCXXIII.—CCCXXV., CCCXXXVIII.—CCCXL. In der mündlichen Verhandlung vom 13. Juni, dem 20. Rechtstage, wurden die Parteien durch Bescheid der Kommissarien zu den von ihnen angebotenen Eiden dandorum et respondendorum articulorum zugelassen und diese Eide von beiden Teilen abgelegt [92]. Blatt CCCXXVII. Am 22. Rechtstage, 25. Juni, erging, da das Reichsprozessrecht ein Beweisinterlocut nicht kannte, der Bescheid, dass die Parteien beiderseits zu »angebotener Beweisung« zugelassen seien. Blatt CCCLIV. Hierauf folgte

---

90. Wetzell a. a. O. Seite 630, 945 ff., 970.
91. Wetzell Seite 947. Vergl. oben Seite 26.
92. Wetzell Seite 315.
III.

ein sehr umständliches Beweisverfahren. Die Vernehmungen der Zeugen zogen sich so lange hin dass Bischof Philipp von Speier, welcher an Stelle des Erzbischofs von Köln zum Vorsitzenden der Gerichtskommission ernannt worden war, die Eröffnung ihrer Aussagen erst auf den 16. Januar 1550 anberaumen konnte; in Wirklichkeit erfolgte die Eröffnung im April dieses Jahres. Im Sommer desselben wurde der ganze Prozess dem deutschen Hofrat überwiesen, welchen der Kaiser unter dem ständigen Vorsitze des Kurfürsten von Mainz anordnete. Ein Versuch der württembergischen Anwälte, durch Anstellung einer Spolienklage wegen Wegnahme der Burg Sponeck im Breisgau einen nochmaligen Aufschub zu bewirken, blieb erfolglos [93]. Am 6. November starb Herzog Ulrich, und sein Nachfolger Christoph liess sofort durch eigene Abgesandte eine Verwahrung dagegen einlegen dass das Verfahren fortgesetzt und er hierdurch in seinem weder mit Gewalt noch heimlich, sondern in gutem Glauben erlangten Besitze des Fürstentums gestört werde — wobei er sich jedoch ausdrücklich erbot, falls Jemand hohen oder niederen Standes sich durch seine Regierung, Innehabung oder Possession des Fürstentums billig beschwert erachte und dem Herzog »derhalb Zuspruch nicht erlassen wollte«, gegen ihn vor dem Kaiser oder einem anderen ordentlichen Gerichte zu Recht zu stehen [94]. König Ferdinand, welcher bis dahin Jeden Vergleichs- und Vermittlungsversuch schroff abgewiesen hatte, liess sich nun doch im folgenden Jahre zu gütlichen Verhandlungen herbei, und obwohl diese zunächst an der Grösse seiner Ansprüche scheiterten, führten sie doch schliesslich unter der Einwirkung der veränderten allgemeinen politischen Lage zu dem Passauer Vertrage vom $\frac{\text{6. August } 1552}{\text{6. Juni } 1553}$, durch welchen der Herzog, freilich gegen Anerkennung der österreichischen Afterlehensherrschaft und Entrichtung eines bedeutenden Geldbetrages in dem ungeschmälerten Besitze des Landes bestätigt wurde [95].

Die lange Dauer des Prozesses hatte den württembergischen Fürsten ermöglicht, Gutachten über denselben von mehreren Juristischen Fakultäten und einzelnen angesehenen Rechtsgelehrten einzuholen. Der geistige Leiter der Verteidigung war von Anfang an der Tübinger Professor Johannes Sichardt gewesen — seit Ulrich Zasius bei weitem der hervorragendste deutsche Jurist des ganzen Jahrhunderts. Sichardt erstattete den Herzogen Ulrich und Christoph eine Reihe von Gutachten: am 31. März, 22. Mai und 2. Oktober 1548, am 28. November 1549, 5. Oktober, 30. November (s. u.) und 1. Dezember 1550 [96]; mutmasslich von seiner Hand rühren manche der

---

93. Sattler III. Seite 278, 287, Heyd-Pfaff Seite 504 f.

94. Konzept im württembergischen Staatsarchiv (Überschrift auf dem Umschlag: Protestation in d. Rechtfertigung).

95. Die Geschichte der Vergleichsverhandlungen ist mehrfach ausführlich dargestellt; neuestens von Chr. F. Stälin Seite 495 ff., 529 ff., Kugler, Christoph Herzog zu Württemberg I. Seite 138 ff., 225 ff. S. auch A. E. Adam, das Unteilbarkeitsgesetz im württembergischen Fürstenhause, Stuttgart 1883, Seite 38.

96. Mandry, Johannes Sichardt Seite 13 nebst Anmerk. 32—35.

zahlreichen Randbemerkungen auf den Konzepten der von den herzoglichen Anwälten eingereichten Prozessschriften, namentlich Hinweisungen auf Gesetzesstellen und mittelalterliche Schriftsteller enthaltend. Neben Sichardt erscheint als treuer und offenherziger Berater der Herzoge, namentlich Christophs, welcher schon als Prinz dem ihn so nahe berührenden Rechtsstreite selbstverständlich seine volle Aufmerksamkeit widmete, der edle Basler Humanist und Rechtsgelehrte Bonifacius Amerbach. Weitere Gutachten erstatteten für die Herzoge der oben S. 16 genannte Doktor Nikolaus Maier, sodann Ambrosius Volland, Marianus Sozinus der Jüngere, damals Professor des Civilrechtes in Bologna, Andreas Alciatus in Pavia, der berühmte Neubegründer wissenschaftlicher Rechtslehre, und dessen Schüler Franciscus Zoanettus, Professor in Ingolstadt und Rat des Herzogs Wilhelm von Bayern, die Juristenfakultäten zu Bologna, Bourges, Orleans, Poitiers, Basel und Tübingen. Die letztere Fakultät vollendete ein ihr noch von Ulrich aufgetragenes umfassendes Gutachten über den ganzen Stoff des im Herbst 1550 spruchreif gewordenen Prozesses nach dem Tode des Herzogs, am 14. Dezember dieses Jahres, nachdem sie inzwischen zwei kürzere von Sichardt verfasste gutächtliche Äusserungen am 5. Oktober und 30. November an ihre Landesherren vorausgesandt hatte [97].

So war es der Rechtswissenschaft, deren Kraft in jenem Zeitraum namentlich in Deutschland wesentlich auf dem Gebiete der praktischen Arbeiten lag [98], vergönnt, auch in dieser Streitsache die Gerechtigkeit zu fördern und hiermit dazu beizutragen, dass der geistigen und staatlichen Entwicklung Deutschlands ein wichtiges Glied in seiner Selbständigkeit erhalten blieb.

---

97. Die Gutachten der Fakultäten zu Bourges, Bologna, Basel und Tübingen, sodann die von Socinus, Alciatus, Zoanettus, Amerbach und Sichardt befinden sich auf dem königlichen Staatsarchiv zu Stuttgart — mehrere derselben mit anderen Konsilien zusammen in einem Pergament-Band »Herzog Christophs Interesse Büschel 15.« Dieser Band, dessen Mitteilung, wie die der anderen Archivalien, ich der gütigen Bemühung des Herrn Archivrates Dr Paul Stälin verdanke, enthält insbesondere das früher vermisste consilium der Tübinger Fakultät vom 14. Dezember 1550 (vergl. meine Schrift über die strafrechtlichen consilia Tubingensia Seite 74 f.).

98. Vergl. Stintzing, Ulrich Zasius Seite 80—99, Geschichte der deutschen Rechtswissenschaft I. Seite 60 ff., 168 f., 522 ff, meine angeführte Schrift Seite 1—3, 28 ff.

KLASSIZISMUS UND ROMANTIK

IN

SCHWABEN

ZU ANFANG UNSERES JAHRHUNDERTS

VON

DR HERMANN FISCHER

PROFESSOR DER GERMANISCHEN PHILOLOGIE

Es gibt in der Geschichte des menschlichen Geistes Richtungen und Gegen-sätze, die auf ein ganz bestimmt umschriebenes Gebiet der Kultur beschränkt sind, und andere, die eine Bedeutung für das gesamte geistige Leben einer Zeit haben. Die Romantik und ihr Kampf mit der Weltanschauung des achtzehnten Jahrhunderts gehört zu der letzteren Gattung, wenn etwa diejenige Periode unserer Litteratur, die man als »Sturm und Drang« charakterisiert, der ersteren Klasse an-heimfallen mag — obwohl eine bedeutende litterarische Bewegung kaum ohne allen Hintergrund allgemeinerer Art sein kann. Wir haben über die ältere, die mehr kritisch-philosophische Periode der Romantik das Meisterwerk Hayms; jene Phase, welche durch die älteren Werke der Schlegel, Schellings und Schleiermachers, durch Novalis und die Anfänge Tiecks bezeichnet ist, muss in Hinsicht auf die Wichtigkeit für die gesamte Geistesgeschichte ganz zweifellos die bedeutendere genannt werden, denn sie stellt so deutlich wie keine andere Epoche unserer Litteratur den dialek-tischen Prozess dar, durch welchen eine litterarische Richtung, in diesem Falle das klassizistische Schönheitsideal Goethes und Schillers, fast unvermerkt in kurzer Zeit sich in ihr Gegenteil verkehrt. Aber die Frucht dieses Prozesses stellt sich vielleicht in der zweiten Periode der Romantik, welche unserem Jahrhundert angehört, noch klarer vor Augen; die allgemeine geistige Bedeutung der Arnim und Brentano ist ja gewiss eine geringere; aber in der Geschichte der deutschen Dichtung speziell haben sie wohl einen grösseren, jedenfalls einen greifbareren Einfluss geübt als ihre grösseren Vorgänger. Man darf — abgesehen von dem, was nachher auszuführen sein wird — nur an Heine erinnern, der in der Topik und in der Ausdrucksweise seiner Dichtung, wenigstens der älteren Periode derselben, ganz unzweifelhaften Zu-sammenhang mit der Romantik, namentlich mit Brentano, zeigt.

Diese spätere Phase der Romantik, die ihren Hauptsitz nach der Mitte unseres ersten Jahrzehnts in Heidelberg gefunden hat, wo Arnim, Brentano, Görres und Creuzer zusammenwirkten, ist durch des Knaben Wunderhorn und die Einsiedler-zeitung als ihre beiden Hauptprodukte gekennzeichnet; sie ist es, an die sich der mehrere Jahre dauernde Federkrieg zwischen Romantikern und »Plattisten« geknüpft hat, — ein Krieg der dadurch nur um so heftiger wurde, dass auch die klassizistische Poesie und die rationalistische Weltanschauung in Voss und Paulus ihre Hauptkämpfer an dem nemlichen Orte hatten. Es ist einseitig, wie Pfaff in seiner sonst höchst verdienstlichen Einleitung zu dem Neudruck der Einsiedlerzeitung thut, in den Romantikern nur die Vertreter des poetischen Fortschritts zu sehen, als ob der Streitpunkt lediglich ein ästhetischer gewesen wäre; der Kernpunkt der Sache lag unendlich viel tiefer, und der Verlauf hat denen Recht gegeben, welche in der Romantik, wenigstens bei ihren Hauptvertretern, nicht bloss eine ästhetische Lehre, sondern eine sehr ausgesprochene theologische, politische und allgemein wissenschaftliche Richtung sahen. Die Aufsätze von B. Stark und Bartsch, Pfaffs vorhin angeführte Arbeit, sowie ein Abschnitt in Weltis schöner Geschichte des Sonetts haben über diese Periode der Romantik und ihre Kämpfe Licht verbreitet. Die folgenden Zeilen wollen die Zeit des Aufkommens der Romantik und ihre Auseinandersetzung mit der älteren, klassizistischen Richtung speziell in Württemberg schildern; ein kleines Kapitel in der Geschichte unserer deutschen Litteratur, aber kein ganz unwichtiges, denn Uhland und Kerner stehen zu demselben in der engsten Beziehung.

Das alte Württemberg war in so manchen Dingen von der umgebenden Welt abgeschieden und baute sich aus so eigenartigen Elementen auf, dass es nicht zu verwundern ist, wenn die litterarischen Revolutionen des vorigen Jahrhunderts nicht schnellen Eingang gefunden haben und wenn sich die litterarischen Verhältnisse etwas anders zeigten als auswärts. Der Schwerpunkt der Kultur lag hier zu Lande nicht in der schönen Litteratur, und ein sehr ausgeprägter konservativer Zug liess manche Richtungen der Litteratur nur schwer aufkommen. Wenn daher Württemberg in der Litteratur des achtzehnten Jahrhunderts keine Führerrolle gespielt hat, so ist es auf der andern Seite durch mehrere Umstände, einmal eben durch Jene Langsamkeit der Aufnahme litterarischer Neuerungen, andererseits durch den zu misstrauischer Kritik nur zu leicht geneigten Charakter des Volkes, vor den Extravaganzen, welche die Litteraturgeschichte da und dort zu verzeichnen hat, bewahrt geblieben. Eine sehr bedeutende Rolle spielte wie noch Jetzt die Theologie, in welche wie anderswo der Rationalismus eindrang, der so eigentlich das bestimmende Element in der Kultur des achtzehnten Jahrhunderts ausmacht. Die Eigentümlichkeit der politischen Verhältnisse war ein weiteres Moment; wie sich in diesem Lande, das noch eine ständische Verfassung und ein sehr lebhaftes Gefühl für dieselbe hatte, die patriotischen, freiheitlichen und kosmopolitischen Strömungen in eigentümlicher Weise gekreuzt haben, das hat Adolf Wohlwill aufs beste dargestellt. Eine mit dem traditionellen Bildungswesen in direkten Gegensatz tretende Erscheinung war in den letzten Jahrzehnten der Versuch einer nicht auf formalistischer, sondern realistischer Bildung beruhenden, das gesamte Erziehungswesen von der Mittelschule durch die technischen und künstlerischen Lehranstalten bis zur Universität umfassenden Bildungsanstalt in der Karlsschule. Es ist schwer zu sagen, was diese Anstalt ohne ihre seltsame Verquickung mit militärischen Zwecken und ihren streng absolutistischen Charakter geleistet haben würde; für die schöne Litteratur konnte sie keine Bedeutung haben, denn so gute Köpfe sie auch aus den Reihen humanistischer Bildungsvertreter unter ihren Lehrern haben mochte, ihre ganze Tendenz war, wie es schon der militärische Charakter mit sich brachte, auf das Technische, Praktische, Naturwissenschaftliche gerichtet.

Ein wirklich grosses Genie konnte gleichwohl durch solche Fesseln zwar beengt, aber nicht gebunden werden. In Schiller hat sich ein solches Bahn gebrochen und alle Hindernisse niedergeworfen, aber ihn freilich auch für alle Zeit dem heimatlichen Boden entzogen, und es wäre schwer, bei ihm viel von spezifisch landsmannschaftlichem Charakter finden zu wollen. In Schubart hatte Schwaben den einzigen Dichter von höherer Bedeutung, der ihm treu blieb; denn Wieland ist Ja schon frühe nach Thüringen gegangen. Schubart vereinigt mehrere poetische Richtungen in sich, die man sonst getrennt findet. Er ist vor allem der bedeutendste Jünger, welchen Klopstock in Schwaben gehabt hat, während der populäre Charakter anderer Gedichte viel mehr an den neun Jahre Jüngeren Bürger erinnert. Ausser Schubart kann man nur die beiden durch Freundschaft und durch frühen Tod mit einander verbundenen Gottlob Hartmann und Thill als Klopstockianer im engeren Sinne ansehen, denn sie haben vor allem die patriotische Seite der Klopstockischen Lyrik, freilich mit den nemlichen bardischen Verirrungen wie der Meister selbst, gepflegt, während die patriotische Dichtung sonst, abgerechnet die Gedichte Johann Ludwig Hubers, keine grosse Rolle spielte. Ein verspäteter Anhänger der Klopstockischen Poesie, die sich bei ihm mit Herderischen Ideen verquickt, ist der bekannte Germanist Friedrich David Gräter (1768—1830). Die Dichtung des Göttinger Bundes ragt durch ein Mitglied, den Siegwartsdichter Johann Martin Miller, nach Schwaben herein; die Periode des Originalgenies ist nur wenig vertreten, allerdings in einer ganz hervorragenden und eigentümlichen Weise durch Schiller; aber unter der Schar poetisch gesinnter Freunde, die er in seiner Anthologie um sich gesammelt hat, ist er nicht nur der einzige von hervorragender Begabung, sondern auch der einzige, der eine bestimmte litterarische Richtung vertritt.

Schon Klopstocks Poesie hat, wenn man vom Inhalt absieht, einen entschieden antikisierenden Charakter. Auch die Poesie späterer Zeit hat an diesem Grundzug Anteil; bis auf Goethe und Schiller herab ist er Jedenfalls ein Hauptelement in unserer Dichtung, so verschieden sich dasselbe auch in den einzelnen Fällen gestalten und mit wie verschiedenen andern Elementen es gepaart sein möge. Nehmen wir dazu noch als weitere Ingredienzien die weltmännische Bildung, den leichten Ton der Darstellung, die halb ernste halb witzige Manier didaktischer Behandlung, wie sie aus

Wielands Werken stammen, so haben wir die Formen, Stoffe und Farben beisammen, welche der litterarischen Produktion Württembergs um die Grenze des achtzehnten und des neunzehnten Jahrhunderts ihren Charakter verleihen.

Schiller war nicht umsonst in Schwaben geboren und noch dazu mit mehreren der tonangebenden Litteraten und Künstler, wie Conz, Haug, Dannecker, Zumsteeg, befreundet. Man hatte keinen geringen landsmannschaftlichen Stolz auf ihn. Sein Lob wird allenthalben gesungen, und in der That steht er der aufklärerischen, didaktischen Richtung seiner schwäbischen Freunde nicht allzuferne. Man muss da seine späteste Zeit ausnehmen, in welcher sich seine poetische Theorie — glücklicherweise, mit Ausnahme der Braut von Messina, nicht die Praxis — durch die Aufstellung des reinen Schönheitsbegriffes bedenklich dem Punkte nähert, von welchem die romantische Negation des Inhalts ausgegangen ist; diese späteste Zeit Schillers kann für uns nicht mehr in Betracht kommen. Sehen wir aber davon ab, so muss er zwar schon als Dichter mannigfach über den Rahmen einer rein verstandesmässigen, rationalistischen Weltanschauung hinausgreifen; aber sein Grundwesen wurzelt doch eben in dieser Anschauungsweise. Wir dürfen ihn Ja nur einen Augenblick mit Goethe vergleichen, um zu sehen, wie er als der Mann des diskursiven Denkens, des logischen Scharfsinns und des moralischen Pathos von dem intuitiven, nicht selten dem mystischen zuneigenden Wesen Goethes unendlich verschieden ist; auch Schillers positive Ideen enthalten, wenn man sich durch die enthusiastische Form des Vortrags nicht darüber täuschen lässt, ebenso in der früheren Zeit, wo er von leibnizisch-popularphilosophischen Darstellungen beherrscht war, wie in seiner späteren, Kantischen Periode, wesentliche Elemente der rationalistischen Spekulation seiner Zeit — man muss sich nur entwöhnen, den Begriff des Rationalismus immer nur nach seinen Schwächen zu verstehen.

Wollen wir Jedoch das eigentliche Bildungsideal unserer Landsleute zu Anfang dieses Jahrhunderts finden, so müssen wir noch über Schiller zurückgreifen — von Goethe darf man ohnehin absehen, denn er wurde in diesen Kreisen selten verstanden, öfters auch bekämpft. Es ist auf der einen Seite Wieland, auf der andern der Klassizismus, namentlich in der Art, wie er bei Johann Heinrich Voss ausgebildet ist; Jener gibt mehr das stoffliche, dieser mehr das formelle Element her. Ganz kann man sich dem Einflusse der Formschönheit Goethes und Schillers nicht entziehen; aber derselbe spielt eine untergeordnete Rolle. Stoffe, Formen und Töne sind in der Hauptsache vorgoethisch. Oden und pathetische Gelegenheitsgedichte, ernste oder heitere Fabeln, bald streng pragmatische bald orientalisch phantastische Erzählungen in Prosa oder Versen, Bänkelsängerballaden in Bürgers Stil, Idyllen und parodische Heldengedichte, Epigramme und Anakreonteen beherrschen die Produktion; der Ton schwankt vom Rhetorischen in das Sentimentale und in das Scherzhafte hin und her, nur die Leidenschaft und ihr sinnlich-unmittelbarer Ausdruck bleibt zumeist ferne. Es ist durchaus eine Litteratur der Bildung und die Dichter gefallen sich gerade in der Hervorhebung dieses Elementes; kenntnisreich ohne Pedanterie, ein Weltmann von Gemüt und Charakter zu sein, ist ein Hauptideal ihrer Schriften, Vertiefung und individuelle Ausgestaltung wird kaum begehrt. Ein lehrreicher Inhalt, religiöser und politischer Freisinn in gemässigter Form, welcher die Begriffe der rationalistischen Theologie und die geheiligten Staatseinrichtungen unangetastet lässt, ein selbstbewusster, aber nicht geheuchelter Biedermannston, philanthropisches Wohlwollen neben feinem oder auch, zumal wenn es gegen die Jesuiten geht, derbem Spotte charakterisieren die Wahl der Stoffe und den Geist ihrer Behandlung. Wenn man sich bei den politischen Erörterungen, die von manchen Schriftstellern mit Vorliebe gewählt werden, daran erinnern muss, dass es die Zeiten der Revolution und Napoleons waren, in welchen gerade in Württemberg durch den Widerstreit zwischen der alten Verfassung und den Zeitideen und Zeitmächten bedeutende politische Diskussionen hervorgerufen wurden, so muss man, wenn daneben die Kunst eine grosse Rolle spielt, nicht bloss an die allgemeine Beliebtheit kunsttheoretischer Unterhaltung in Jener Zeit denken, sondern auch daran, dass Württemberg, voran die Hauptstadt des Landes, um den Anfang unseres Jahrhunderts eine Anzahl von höchst gewichtigen Namen in der Kunstwelt aufzuweisen hatte; es genügt, Dannecker als den ersten unter den Bildhauern zu nennen, an den sich der zu wenig gekannte Scheffauer anschliessen mag; von Malern fallen Hetsch, Wächter und Schick in Jene Zeit, und es stimmt mit der Gesamtrichtung der Poesie überein, wenn sie alle, bald in reinerer Form, bald durch das Medium der französischen Schule Davids hindurch, eine klassizistische Kunstrichtung zeigen, in der sie freilich um einiges mehr Vollendung verraten, als ihre poetischen Landsleute in der ihrigen. Das Theater war gut gehalten; der berühmte Esslair gehörte mehrmals zu seinen Mitgliedern; und wie die Musikpflege überhaupt auf keiner schlechten Höhe stand, so hatte man in Zumsteeg einen mit Recht geschätzten Komponisten. Es begreift sich, warum die Kunstnovelle einen verhältnismässig breiten Raum einnimmt, nicht nur zu Anfang des Jahrhunderts, sondern auch noch bei Hauff, bei Mörike, in den Werken Bührlens, also bis in die vierziger Jahre, da dieses Interesse vom politischen und sozialen abgelöst wurde.

Die hier geschilderten Elemente dürfen wir freilich nicht erwarten bei allen Schriftstellern in der nemlichen Mischung zu finden. Die geringste Rolle spielen wohl in dem Kampfe zwischen alter und neuer Poesie diejenigen, welche am meisten die klassische Formschönheit vertreten, die eben des formalen Charakters ihrer Poesie wegen weniger grobstoffliches in ihren Werken haben, die auch am meisten von allen durch die Werke Goethes beeinflusst sind; die beiden Lyriker oder, wie man sie auch nennen könnte, die beiden Philologen unter den schwäbischen Dichtern, Karl Philipp C o n z (1762—1827) und Christian Ludwig N e u f f e r (1769—1839); man kann an sie noch Rudolf M a g e n a u (1767—1846) anreihen; den mit den beiden letztgenannten durch innigste Freundschaft verbundenen Hölderlin, den grössten Jünger der Antike, den Deutschland überhaupt gesehen hat, darf man hier kaum nennen; denn wie er seine Heimat schon frühe verlassen hat, so steht er in seiner grossartigen Einseitigkeit kaum mehr in einer geistigen Verbindung mit derselben. Die andern sind, wie sehr sie auch an Bedeutung hinter ihm zurückstehen, gleichfalls ohne die Kenntnis der Alten gar nicht zu denken; neben der allgemeinen Formgebung ist dafür charakteristisch namentlich der breite Raum, den die Übersetzungen aus dem griechischen bei Conz, die Idyllen in Vossens Art, aber ohne seine Originalität wie ohne seine Härten, bei Neuffer einnehmen. In dem Streit mit den Romantikern stehen sie neben draussen; wenn Conz gelegentlich einmal ein Wörtchen gegen die Ausschreitungen der Romantik hat fallen lassen, so hat er auf der andern das von den Klassizisten verdammte Sonett nicht verschmäht, ja sich sogar an Kerners Almanach 1811 beteiligt. Am meisten gefeiert als Lyriker war aber Friedrich Matthison (1761—1831). Er war gar kein Schwabe, ist aber 1812 in Stuttgart, wo er schon öfters gewesen war, ansässig geworden, war ein intimer Freund des nachher zu nennenden Friedrich Haug und als Lyriker der gefeierte Heros der ganzen Coterie. Sein gedruckter Nachlass gibt sehr deutlich das grosse Ansehen zu erkennen, das die durch Schillers freundliches Urteil bestärkten Freunde ihm als dem grössten Lyriker zu Teil werden liessen und das zu seiner wirklichen Bedeutung in keinem Verhältnis stand.

Im ganzen tritt aber die Lyrik zurück. Schliesslich hat freilich Jeder einmal lyrische Gedichte gemacht; aber während die Lyrik seit Uhland und den Seinigen die eigentliche Domäne der Schwaben geworden und trotz manchen Exkursen auf andere Gebiete geblieben ist, war zuvor das Verhältnis ein völlig anderes. Das Drama ist, wenn wir den einen Schiller ausnehmen, nie im Vordergrunde der poetischen Thätigkeit Schwabens gestanden; erst von Uhland an wird es bei uns etwas mehr gepflegt. Ganz im Mittelpunkte des Geschmackes standen vielmehr die erzählende Dichtung und das Epigramm im engern und weitern Sinne. Der Grundcharakter, in dem diese beiden an sich nicht eben verwandten Gattungen hier zusammentreffen, ist Didaxis und Satire: moralisierende Poesie im weiteren Sinne, sofern die moralische Wahrheit auch mit Lachen gesagt werden kann und besonders gerne auch so gesagt wird.

Es sind hier zunächst ein paar Autoren zu nennen, welche, im grossen Zusammenhange der Litteraturgeschichte gar nicht genannt, für Württemberg nicht ohne Interesse sind. Noch vor die Schwelle der Zeit, die uns angeht, fällt Friedrich Bernritter (geb. 1754, gest. als Finanzbeamter in Stuttgart 1803). Er ist fast durchaus Satiriker; zuerst trat er mit einer bänkelsängerischen Parodie von Millers Siegwart auf und hat dieser noch mehrere satirisch-humoristische Einzelheiten folgen lassen. Am bekanntesten sind seine 1786 erschienenen »Wirtembergischen Briefe«.

Sie sind nicht nur stofflich höchst schätzenswert als ein wenn auch vergrösserndes Spiegelbild mancher Missbräuche der alten Zeit, sondern auch litterarisch als eine Nachbildung ähnlicher Leistungen Rabeners, welche übrigens dem Vorbild an drastischem Witz mindestens gleichgekommen ist. Das zweite Bändchen, das 1799 erschien, ist weit mehr im Tone ernsthafter politischer und sozialer Diskussion gehalten, wozu die Zeit Anlass gab, deshalb aber auch litterarisch viel unbedeutender. Auch der 1760 geborene, 1828 als Pfarrer in Echterdingen gestorbene Viktor Matthäus B ü h r e r kann hieher gezogen werden; neben Idyllen und Gedichten in schwäbischer Mundart ist sein burleskes studentisches Heldengedicht »Die NeuJahrsnacht« (1784) am bekanntesten geworden; an sich eine bedeutungslose Nachahmung des durch Zachariä aufgebrachten Tones, aber in hexametrischer Form, ist es selbst wieder das Vorbild mancher späteren burschikosen Batrachomyomachien geworden. Ferner darf der Dichter zahlreicher Gelegenheitsgedichte, der einstige Professor der Karlsschule, spätere Theaterdichter Johann Friedrich S c h l o t t e r b e c k (1765—1840) erwähnt werden, von welchem wir ausserdem namentlich Fabeln, überhaupt Gedichte in humoristisch-satirischer Manier besitzen.

Nach seinen ersten Anfängen dürfen wir auch noch den wackeren Friedrich Ludwig B ü h r l e n hier aufführen. Er war 1777 in Ulm geboren und ist 1850 als Rechnungsbeamter in Stuttgart gestorben. Ehe er zum Studium der Jurisprudenz übergieng, hatte er Theologie studiert. Vielseitigkeit der Bildung und der Interessen spricht in seinen Schriften sehr angenehm an. Namentlich war Bührlen Kunstliebhaber und Kunstsammler; mehrere seiner späteren Werke, die auch sachlichen Wert durch autobiographische oder andere der nächsten Umgebung entnommene Züge haben, sind sehr deutlich aus solchen Liebhabereien erwachsen. Wenn in Griesingers Universallexicon, gewiss nach Bührlens eigenen Angaben, gesagt ist: »Goethe verstand er erst spät, dann aber wirkte der Einfluss des grossen Dichters überwältigend auf ihn; grosse Neigung fühlte er von früh an zu Jean Paul«, so hat diese letztere wenigstens stilistisch keine besondere Wirkung hinterlassen, denn Bührlen schreibt sehr glatt und ohne Affektation, ganz im Stil eines gebildeten Weltmannes von Geist und Gemüt; der erste Satz aber ist sehr charakteristisch. Die ganze Zeit hat Goethe erst spät, manche damals und noch später gar nicht verstanden. Der Einfluss Goethe's zeigt sich in Bührlens späteren Werken sehr deutlich; am deutlichsten wohl in dem Fragment eines Faust, das er seinem letzten Roman »Die Primadonna« (1844) einverleibt hat und in dem er allerdings in Versen nicht minder stark goethisiert, als Mörikes Maler Nolten in Prosa. Übrigens fallen nur die allerfrühesten Schriften Bührlens, vor allem seine an feinen Gedanken reichen »Lebens-Ansichten« (1814) noch in die Zeit, die uns hier beschäftigt.

Die zwei fruchtbarsten Schriftsteller und die eigentlichen Vorkämpfer des Klassizismus gegen die Romantik sind Haug und Weisser, welche, fast auf den Tag gleich alt, wie durch persönliche Freundschaft verbunden, so auch in ihrer litterarischen Thätigkeit einander, mitunter bis zum Verwechseln, ähnlich sind. Friedrich Christoph W e i s s e r war 1761 in Stuttgart geboren; er lebte als Finanzbeamter in seiner Vaterstadt, wo er 1834 starb. In seinem langen Leben fand er Zeit zu höchst ausgedehnter litterarischer Thätigkeit. Er begann mit Romanzen in Bürgers Bänkelsängerton, reihte daran Satiren, Aphorismen, orientalische Märchen in der Art Wielands, Erzählungen, Lustspiele, vor allem aber Epigramme. In der epigrammatischen Poesie hat er am meisten Verdienst durch die epigrammatische Anthologie, die er als Gegenstück zu Matthissons lyrischer Anthologie in Gemeinschaft mit Haug herausgab. Weisser ist eine durchaus auf prosaische Verständigkeit, moralische Lehrhaftigkeit und scharfen Witz gerichtete Natur; von Gemütstiefe und Ideenschwung, wie von Humor im eigentlichen Sinne darf man nichts bei ihm suchen; moralisierende Betrachtungen müssen die ersten, barocke Paradoxa den letzten ersetzen. So null ist Weisser immerhin nicht, wie seine romantischen Gegner ihn zu machen liebten; aber er hatte freilich nicht das Recht, sich zum souveränen Geschmacksrichter, wie er that, aufzuwerfen. — Sein Genosse Johann Christoph Friedrich H a u g ist ein weit weniger einseitiger Schriftsteller. Er war als Sohn des bekannten Balthasar Haug, des verdienten Förderers der Litteratur Schwabens, 1761 in Niederstotzingen geboren, genoss als Karlsschüler den Umgang Schillers — obwohl ihre Intimität bei weitem nicht so gross war, als man gelegentlich liest —, wurde Sekretär in herzoglichen Diensten und 1816 Bibliothekar an der öffentlichen Bibliothek; er starb 1829. Auch Haug hat sich in mehreren Gattungen der spielenden Poesie versucht, in Fabeln, Räthseln, Erzählungen, Anakreonteen, Singspielen; vor allem aber ist er im Epigramm gross, dessen witzigster Vertreter seit Kästner er genannt werden darf. Es ist freilich in der Hauptsache nur der Witz und zwar namentlich der mehr äusserlich gehaltene, vor allem die Hyperbel, was er mit Glück kultiviert hat; aber hier ist er auch unübertrefflich, von einer ganz unglaublichen Erfindungsgabe, die ihm in keinem Augenblicke versagt. So sehr, wie Weisser, ist er nicht auf diese eine Geschmacksrichtung eingeschränkt. Schiller, in geringerem Mass wohl auch Goethe, haben mit auf ihn eingewirkt, ohne allerdings seine Poesie im Mittelpunkte zu treffen. Er hat sich mit ernster Lyrik an Schillers Musenalmanach beteiligt und wenigstens das Handwerkszeug dabei gut zu handhaben gewusst. Auch war er um die Wiederbelebung altdeutscher Studien nicht ohne Verdienst; namentlich hat er Gedichte der Minnesänger in ziemlicher Anzahl übertragen und ist darin mit seinen romantischen Gegnern zusammengetroffen. Nehmen wir alles zusammen, so gravitiert freilich auch Haug ganz entschieden nach der vorgoethischen Litteratur hin; man braucht nur zu erwähnen, dass er im Jahr 1792 sich vom Fürsten von Fürstenberg zum Pfalzgrafen ernennen liess! — Die Berufsart der beiden Satiriker ist wohl nicht ohne Zusammenhang mit ihrer litterarischen Richtung. Die gerne gezeigte Menschenkenntnis und Weltbildung, die Neigung zu Spässen und harmlosen Sticheleien, die Gelegenheitsdichterei, der didaktisch-moralisierende Gehalt, die Vorliebe für leichte Formen, alles stimmt zusammen, um die poetische Praxis dieser Männer als eine Art von Freistundenübung, von Erholungsthätigkeit solcher erscheinen zu lassen, deren eigentliche Lebensaufgabe in der monotonen Kanzleiarbeit besteht; auch die grosse Rolle, welche die Geselligkeit und ihr Anspruch auf gelegentliche Ausschmückung durch poetische Ornamente bei ihnen spielt, kann nicht Wunder nehmen.

Die Produktion dieser Männer fand ihren Mittelpunkt, als Cotta im Jahr 1807 sein »Morgenblatt« gründete; Haug und.Weisser waren in besonders hervorragender Weise an demselben beteiligt, ausserdem als alter Freund Johann Wilhelm Peter - sen (1758—1815), der sich aber damals schon längst von der schönen Litteratur entfernt und der Geschichte zugewandt hatte, aus deren verschiedensten Gebieten er eine Menge von Notizen, Anekdoten und Kuriositäten beisteuerte. Um so mehr that sich in Litteratur und Kritik Georg Reinbeck (1766—1849) als einer der Hauptmitarbeiter hervor. Er war, wie Matthisson, den er an Eitelkeit und preciösem Wesen noch übertraf, kein Schwabe, ist aber mit dem Leben Stuttgarts, wo er seit 1808 erst als Redakteur am Morgenblatt, von 1811 an als Professor am obern Gymnasium wirkte, eng verwachsen; er hat sich namentlich in Romanen, Reisebeschreibungen und ästhetischen Werken versucht.

Das Morgenblatt sollte, was man wohl im Auge behalten muss, kein litterarisches Blatt sein, sondern die verschiedensten Interessen der Bildung in gleicher Weise vertreten, was es denn auch, mit wechselndem Geschick, aber immer mit derselben Vielseitigkeit, 59 Jahre lang redlich gethan hat. Gerade in den ersten Jahrgängen ist das litterarische Element nicht das massgebende, sondern nur eines von mehreren. Diesen Standpunkt der Weltbildung verrät schon der von den Romantikern zur Genüge bespöttelte Titel »Morgenblatt für gebildete Stände«, der später mit dem andern »für gebildete Leser« vertauscht wurde. Soweit sich das Blatt mit schöner Litteratur befasste, war es während seiner ersten Jahre ein Sammelplatz für die Anhänger des Alten, für die Gegner der Romantik, die zu der Zeit seiner Entstehung schon in heftigem Kampfe mit Jenen lag. Ein Hauptgegenstand dieses Kampfes war die unschuldige Form des Sonetts, um welche sich, wie bei Welti nachzulesen ist, ein mehrjähriger höchst erbitterter Krieg entsponnen hat. Das »Klinggedicht«, überhaupt die Neigung der Romantiker zum Spielen mit der poetischen Form, gibt die Zielscheibe für manchen gut oder schlecht gezielten Schuss ab. Diese Formtändeleien sind aber, obwohl sie der Kritik den Punkt zum Eingreifen bieten müssen, nur ein Teil und nicht eben der wichtigste von dem, was man an den Romantikern tadelt. Die Altertümelei, die Neigung zur Mystik und zum Katholizismus, welche gerade in der Pioduktion der besonders bekämpften Brentano und Görres so deutlich hervortreten, bilden die ernstere Kehrseite der Sache, und diese war, wie gar manche Artikel zeigen können, den im Morgenblatt auftretenden Gegnern sehr wohl bekannt. Die Polemik beginnt gleich im ersten Jahrgang 1807. Haug äussert sich schon in der vierten Nummer gegen den Zwang der Sonettform, welche späterhin J. H. v. Collin verteidigt; Weisser polemisiert des öfteren gegen die altdeutsche Manier, gegen des Knaben Wunderhorn, gegen die Anbetung Jakob Böhmes, gegen die katholisierende Mystik, er rezensiert Seckendorffs Musenalmanach abfällig und lässt sich bei Gelegenheit einer Übersicht über neue Taschenbücher vernehmen: »Doch bei den Poeten aus der neuesten Schule überhaupt ist das Lächerlichste immer das Natürlichste.« Aber noch zu Anfang des Jahrgangs 1808 darf Wilhelm Schlegel neben der altdeutschen und spanischen Mode auch die orakelhafte Holprigkeit Vossischer Verse parodieren. Im Jahr 1808 erschien die Einsiedlerzeitung. Sie gab den Gegnern neuen Stoff, und dieser Jahrgang des Morgenblattes ist nun ganz voll von Invektiven aller Art gegen die Romantiker, an denen sich gar verschiedene Einsender beteiligen. Voss richtet sein polterndes Sonett an Goethe gegen »die Unform alter Trubaduren«. Von unsern Bekannten tritt Haug in den Vordergrund, neben ihm Reinbeck, Martens und Michaelis, zwei sonst wenig bekannte Schriftsteller; Weisser verschwindet ganz. Mit dem Aufhören der kurzlebigen Einsiedlerzeitung, die zum Schaden noch den Spott über ihre geringe Abonnentenzahl und ihr schnelles Ende haben musste, verliert die Polemik ihren festen Zielpunkt. Die Jahrgänge 1809 bis 1813 bringen noch manches Polemische, besonders von Haug, neben ihm wieder von Weisser, von Alois Schreiber, von J. K. Höck und andern. Aber im Jahr 1813 erscheinen schon Gedichte des Erzromantikers Justinus Kerner im Morgenblatt; im September 1814 gar ein ernsthaftes Sonett von Weisser »Versöhnung mit dem Leben«, welches Uhland zu seiner köstlichen »Bekehrung zum Sonett« veranlasst hat. Nachdem schliesslich zu Ende 1815 Rückert die Redaktion des poetischen Teils des Morgenblattes übernommen hatte, musste die alte Tendenz des Blattes vollends begraben sein.

Haugs und Weissers litterarische und ästhetische Polemik war nicht auf die Teilnahme am Morgenblatt beschränkt. Schon vor dessen Erscheinen lässt sich dieselbe in ihren früher erschienenen Werken nachweisen, und sie hat auch nicht ganz aufgehört, als der Streit im Morgenblatt zu Ende war. Haug ist von Anfang an der Gemässigtere. Wenn er auch dann und wann derb zuschlägt, so wird er doch nicht leicht gallig, er behält den guten Humor immer. Von Überschätzung der älteren Litteratur ist er nicht freizusprechen, und wenn er noch 1827 in seinen Gedichten eines mitteilt, worin Miller zu den »geweihtesten Hochpriestern des Vaterlands« gezählt wird, so steckt da neben der persönlichen Zuneigung gewiss auch einige litterarische Parteinahme. Aber Haug begnügt sich, wenn er aggressiv wird, gern mit allgemeinerer Verspottung der Reimklingler; in die sachliche Polemik gegen die positiven Ideen der Romantiker hat er sich kaum eingelassen. Er war überhaupt durch seine persönliche Liebenswürdigkeit bekannt und geschätzt und hatte die Gabe, die Dinge nicht allzuschwer zu nehmen. Weit galliger und unversöhnlicher ist Weisser. Er greift die Sache nicht bloss litterarisch an; er wendet sich auch sehr entschieden gegen die tiefer liegenden allgemeinen Kulturideen der Romantiker, vor allem gegen ihren Neukatholizismus. Damit stellt er sich direkt neben Voss, mit dem man ihn im übrigen freilich nicht vergleichen darf, und fühlt sich als der Wächter mühsam errungener Güter, welche eine in ihrem Genuss erwachsene Jugend von Neologen verächtlich wegwerfen möchte. Diese Seite seiner Polemik muss demjenigen, der die da und dort sehr deutlich zu Tage getretenen Konsequenzen der Romantik bedenkt, als eine verdienstliche erscheinen. Ganz und gar einseitig ist freilich die litterarische Kritik Weissers; mag sie gegen die unleidlichen Wunderlichkeiten der Romantik noch so berechtigt sein, mag man der ironischen Bemerkung, dass »die schöne Melusine, die heilige Genovefa, der Kaiser Octavianus dem Publikum über den Agathon und die Musarion, und wie die langweiligen Produkte gemeiner Köpfe ferner heissen, die Augen geöffnet hätten«, und der oft wiederholten Bespöttelung der spanisch-altdeutschen »Karfunkelpoesie« seinen Beifall nicht versagen, mag man die Forderung, dass in diesen Exzentrizitäten doch auch Fermente neuer Poesie hätten erkannt werden sollen, zurückweisen, weil sie eine Unbilligkeit gegenüber dem im alten Geschmack aufgewachsenen ist: die positiven Ideale Weissers sind jedenfalls auch für seine Zeit schon veraltet. Wer Goethe so gar nicht verstehen konnte, wer gegen des Knaben Wunderhorn auf die Lieder von Voss und Hölty zurückgreifen wollte, wer im Jahre 1808 den Satz drucken lassen konnte: »Hätten wir lauter Schriftsteller wie Wieland, Möser, Thümmel, Klinger, Engel, Gotter und einige wenige andere, das Ausland würde aufhören zu läugnen, dass auch die Deutschen eine Litteratur besitzen« : der war allerdings nicht zum Geschmacksrichter vor andern berufen.

Ganz anders als die Männer, die im Anfang des Jahrhunderts schon in dem Alter standen, das keine wesentliche Änderung seiner Ansichten mehr vorzunehmen liebt, verhielt sich die poetische Jugend Schwabens zu den litterarischen Strömungen und Streitigkeiten. Sie hielt es mit der neuen Schule, und auch die, welche durch ihre ganze Geistesart der älteren Schule näher hätten stehen müssen, wurden wenigstens für einige Zeit Parteigänger der Romantik. Es ist der Kreis junger Dichter und Freunde der Dichtung, der sich um Uhland und Justinus Kerner scharte. Sie waren noch Studenten, als sie in ihrem engeren Kreise für die Romantik zu wirken begannen. Die Kenntnis dieses Kreises und seiner gemeinsamen Bestrebungen verdankt man vor allem dem an Aufschlüssen intimerer Art sehr reichen Buche Karl Mayers über Uhland. Unter den Mitgliedern dieses Bundes sind nur Uhland, Kerner und Mayer Gegenstand der allgemeinen deutschen Litteraturgeschichte, ausser ihnen werden noch einige andere wie Heinrich Köstlin, Kölle, Tafel, Tritschler, der unglückliche Schoder, Uhlands Vetter Ernst Uhland genannt. Diese Freunde, die sich zum Teil schon, wie Uhland und Kerner, öffentlich hatten vernehmen lassen, vereinigten sich 1807 zu einem nur handschriftlich zu gegenseitiger Erbauung verfassten »Sonntagsblatt« als Gegenstück zu dem damals eben aufgetauchten Morgenblatt. Die romantische Tendenz dieses Blattes, das neben dem Text auch Zeichnungen (wie nachher die Einsiedlerzeitung) und musikalische Kompositionen enthielt, ist deutlich ausgesprochen, tritt aber in den von Mayer mitgeteilten Proben nur ziemlich zahm hervor. Am meisten im Ton der romantischen Polemik ist ein Dialog von Ernst Uhland, in dem Weisser mit Uz, Ramler und Hagedorn zusammen auf dem Blocksberg erscheint; ferner eine von Ludwig Uhland und Kerner gemeinsam verfasste Parodie Matthissons. Zwei prosaische Beiträge Uhlands über das Romantische und über die Nibelungen enthalten keinerlei Polemik; der erstere fasst den Begriff des Romantischen ganz in dem schon lange zuvor landläufigen Sinne.

Der Kreis der Freunde, die zumeist schon in höhern Semestern standen, trennte sich bald. Von neuen Zuzüglern wären etwa August Hartmann und Friedrich von Harpprecht zu nennen, welche durch gemeinsames Schicksal verbunden sind, indem sie schon nach wenigen Jahren im russischen Feldzug umkamen. Es war Uhlands erste selbständige Publikation, als er im Jahre 1813 eine Anzahl von Gedichten Harpprechts mit einem Lebensabriss herausgab. Es ist aber in denselben nichts, was in deutlichem Zusammenhang mit der Romantik stünde. Etwas ähnliches kann von dem bedeutendsten dichterischen Freunde gesagt werden, den Uhland nach Kerners und Mayers Abgang von der Hochschule gewann, von Gustav Schwab. Zwar hat er sich an den ersten Veröffentlichungen seiner romantischen Freunde lebhaft beteiligt, in Kerners erstem Almanach stehen bereits mehrere Gedichte des damals neunzehnjährigen; er hat sich romantischer Stoffe und Formen öfters bedient; aber doch kann man ihn eigentlich kaum den Romantikern zurechnen, dafür spielt das Moment der Bildung bei ihm eine zu grosse Rolle. Er hatte eine vorzügliche Schulung genossen und hat selbst wider Samen der Bildung nach allen Seiten verstreut. So ruht die Bedeutung seiner Poesie nicht bloss in dem Reinpoetischen, das bei den Romantikern und bei Uhland die Herrschaft führt, sondern auch im Stofflichen; Uhland ist allerdings der, der am meisten auf ihn gewirkt hat — man darf ja nur die schöne Zueignung seiner Gedichte an Uhland lesen —, aber keineswegs der einzige. Etwas anders verhält sichs mit Karl Mayer, dem ältesten und innigsten Freund Uhlands. Er ist als Dichter eine ganz eigentümliche Erscheinung, die man kaum mit einer andern direkt vergleichen kann; unter seinen Zeitgenossen mag nur Uhland in einigen seiner kurzen Naturlieder mitunter an ihn gemahnen. Er ist in der Beschränkung gross; seine meist in epigrammatischer Kürze gehaltenen Naturgedichte zeugen von der allerfeinsten Beobachtung, von einer fast mystischen Versenkung und doch wider von einem klaren und frischen Sinne der Auffassung und Darstellung. Aber zu einer Schule gehört er ganz und gar nicht; man kann von ihm wie von Schwab sagen: sie sind ohne die Romantik nicht s o denkbar, wie sie sind, aber es geht nicht an, sie ihn in den Rahmen dieser Schule einzupassen.

Die Freunde fanden längere Zeit keinen eigenen Sammelpunkt. Zwar ist ge-legentlich davon die Rede, dass das Sonntagsblatt auch gedruckt werden könnte, aber es wurde nichts daraus. Man schrieb in mehrere auswärtige Taschenbücher, namentlich in das ganz der Romantik gewidmete von Leo von Seckendorff, dann in die Einsiedlerzeitung, welche Uhland durch ihre »Liebe zur alten Zeit« anzog und ihm am meisten Ähnlichkeit mit dem Sonntagsblatte zu haben schien. Wenn im ersten Jahrgang des Morgenblatts sieben Gedichte Uhlands abgedruckt waren, so ist das durch Haug ohne Wissen des Dichters geschehen, welcher dagegen ausdrücklich sich verwahrt hat.

Justinus Kerner war es, der zuerst und für sich allein mit einem grossen ro-mantischen Manifest ins Feld rückte. Es waren die »Reiseschatten«, welche 1811 erschienen. Wie Kerner selbst in seinem Bilderbuch erzählt, hat er eine Anzahl von Originalen aus seiner Vaterstadt Ludwigsburg darin kopiert; ausserdem hat er man-che andere persönliche Eindrücke darein verwoben: die Lieder in der Historie von Andreas und Anna sind dieselben, die Kerner schon 1807 bis 1809 an seine Braut gerichtet hatte, die Schilderung des Theaters in einer Scheuer (zweite Schatten-reihe, 7. Vorstellung) entspricht völlig derjenigen, die Kerner 1809 brieflich von einem Hamburger Marionettentheater gegeben hatte, und manche andere Reminis-zenzen sind wir wohl nur nicht mehr im stande auf ihre Quelle zurückzuleiten. Die ganze Idee eines »chinesischen Schattenspiels«, wie man damals die Bilder der Zau-berlaterne nannte, ist nicht bloss echt romantisch, sondern entspricht ganz Kerners eigenen Neigungen, der uns in seinem Bilderbuch von seinen Darstellungen mit der Zauberlaterne zu erzählen weiss. Überhaupt möchte ich die Reiseschatten für die genialste und für die individuellste Äusserung von Kerners Talent ansehen. Es ist hier geradezu alles beisammen, was ihn als Menschen und als Dichter charakte-risiert: die spielende Laune, welche vom kindlichen, ja kindischen schnell zu wirklich erhabener Schönheit überspringt, das warme, menschenfreundliche Gemüt neben einer unwiderstehlichen Lust zu Spässen auf Kosten anderer und seiner selbst, die sich überschlagende Lustigkeit neben stiller Trauer und schwarzer Melancholie, die für den Nervösen charakteristische Neigung zu halb prophetischen halb abenteuerlichen Träumen. So war ja der Mann nach seinen Briefen, so muss er nach allen Schilde-rungen der Zeitgenossen im persönlichen Umgang gewesen sein. Auch die Neigung zu der »Nachtseite der menschlichen Natur« ist schon völlig ausgesprochen und auch diese Dinge werden, wie später der Somnambülismus in Weinsberg, mit einem eigentümlichem Gemisch von gläubigem Ernst und spielendem Humor behandelt. Ebenso ist aber das Werk ein durch und durch romantisches; Ja man sollte es weit mehr, als üblich ist, in die vorderste Reihe der romantischen Tendenzschriften stellen. Schon das bisher gesagte könnte genügen, um diesen Charakter des Buches zu erweisen. Es kommt aber noch der ganze schriftstellerische Charakter, Stil, Anordnung und Auffassungsweise hinzu. Wohl kein einziges der Elemente, vielleicht mit Ausnahme des spanischen, fehlt, aus denen die romantische Poesie der Tieck, Brentano, Arnim sich zusammensetzt: die Neigung zum kindlichen, volksmässigen, das Schwelgen in Tönen und Farben, die Natur- und Landschaftsbilder, das stille, tiefsinnige Mädchen, der Postwagen, die altdeutschen Volksbücher und Volkslieder, die halb ernsten, halb komischen Pseudodramen in Tiecks Manier, die Opposition gegen die moralisierende Vernunft und die klassifizierende Wissenschaft, die Verherrlichung des beschaulichen Mönchs gegenüber dem rationalistischen protestantischen Pfarrer.

Dazu kommt noch direkte litterarische Polemik gegen die »Plattisten«. Es ist längst bekannt, dass der wahnsinnige Poet Holder niemand anders als Hölderlin, der Poet und Antiquar Haselhuhn Conz ist (vielleicht wollte hier Kerner durch den Namen wie durch die Benennung »Antiquar«, die natürlich den Philologen bezeichnen soll, die Aufmerksamkeit ablenken, denn es gab in Tübingen einen Antiquar Haselmaier); der Popanz ist Cotta, der weisse Mann natürlich Weisser; die Herberge »zum grünen Rezensenten« und das litterarische Journal »der schmeckende Wurm« sind allgemeiner gehaltene Invektiven auf das Morgenblatt und seine allzeit rüstigen Kritiker und Kritikaster. Natürlich sind diese Beziehungen auch sofort verstanden worden; Kerner, der sich nicht als Verfasser genannt hatte, wurde in einer Kritik sehr herb darüber getadelt, dass er an dem dicken Conz und dem armen Hölderlin seinen »Kärrnerwitz« ausgelassen hätte, und der brave Schreiner Zimmer, bei dem Hölderlin wohnte, war über die Profanierung des Unglücks, das Jedem heilig sein sollte, mit Recht erbost. Die andern konnten sich Ja ihrer Haut wehren, und Weisser speziell hat nur Prügel zurückbekommen, die er selbst ausgeteilt hatte. Ausser diesen persönlichen Beziehungen ist noch mehrfach ganz deutliche sachliche Polemik wahrzunehmen: so die Gegenüberstellung des echt romantischen »Totengräbers von Feldberg« gegen den Geschmack des »gebildeten« Publikums, das die Sonnenjungfrau von Schönaich verlangt (II, 6 ff.); die akademische Untersuchung gegen den poetischen Studenten Kullikeia, bei dem man »Auszüge aus den Werken Jakob Böhms, Novalis und anderer wahnwitziger Skribler«, sowie elf deutsche Volksbücher entdeckt (IX, 3); die zum Teil einer Kritik des Seckendorffischen Musenalmanachs von Weisser entnommene Verhöhnung des Volksliedes (XI, 4), in welcher dem Volksliederton ganz köstlich der Balladenton Bürgers entgegengesetzt wird.

So sehr sich die Reiseschatten in allen Punkten als ein aus der innersten Natur Kerners hervorgegangenes Werk zeigen, das gar kein anderer so zu machen im

stande gewesen wäre, so ist doch Jedenfalls manches aus den gemeinsamen Vorstellungen und Unterhaltungen der Freunde entsprungen. Von der allgemeinen
Stimmung gegen die Morgenblättler versteht sich das von selbst; ich glaube aber
auch für die Figur des Felix, die überall wieder auftaucht, einen Beleg in dem von
Mayer (Uhland I, 119 ff.) veröffentlichten »zweiten Nachtblatt« Uhlands finden zu
dürfen, wo auch ein Trommler Felix, eine ganz ähnliche Figur, vorkommt; dieses
humoristische Stück ist vom Februar 1809 und »J. Kärrner« unterzeichnet. Da
Kerner schon 1809 begonnen hatte, für die Reiseschatten zu arbeiten, so muss es
zweifelhaft bleiben, von wem diese Figur herstammt. Die Freunde haben dann
auch das fertige Werk mit Jubel aufgenommen; nur Uhland hat, soviel ich sehe,
sich nicht darüber geäussert. Waren ihm vielleicht eben Jene persönlichen Invektiven
zuwider?

Es scheint, dass die Reiseschatten nebst andern Arbeiten der Freunde ursprüng-
lich für einen Almanach, den sie miteinander herausgeben wollten, bestimmt waren.
Ein solcher ist dann noch im nemlichen Jahre 1811 zu stand gekommen, nachdem
Uhland auf der Rückreise von Paris ihn im Wildbad mit Kerner besprochen hatte.
Es ist der »poetische Almanach für das Jahr 1812, besorgt von Justinus Kerner«.
Neben Kerner und Uhland traten darin die schwäbischen Freunde Kölle, Köstlin,
Karl und Aug. Mayer, Schwab und Weckherlin auf, neben ihnen Varnhagen und
seine Schwester Rosa Maria, Amalie Schoppe, Helmina von Chézy, Graf Löben,
Fouqué, Chamisso; aber auch Hebel und, zum Zeichen, wie wenig missstimmt er
war, Conz waren beteiligt. Im ganzen ist aber der Almanach ein echt romantisches
Gewächs; freilich waren die gröbsten Extravaganzen der Romantik nicht darin zu
finden, und so hat derselbe eine gute Aufnahme gefunden, auch Haug lobte ihn —
Weisser polterte einiges in seiner Art.

Ein Jahr später traten die Freunde zu einem zweiten Almanach zusammen. Er
erschien, von Kerner, Fouqué, Uhland »und andern« herausgegeben, als »Deutscher
Dichterwald« für das Jahr 1813. Die Mitarbeiter waren so ziemlich dieselben; es
kamen Assing, Eichendorff, ein Graf Soden, der wunderlich-geistreiche Thorbecke
hinzu. Während im ersten Almanach die Polemik gar nicht vertreten gewesen war,
erschienen im Dichterwald vier polemische Gedichte Kerners und Uhlands. Dieselben waren »Spindelmann, der Rezensent« unterzeichnet, womit wiederum niemand
anders als Weisser gemeint ist. Die beiden Gedichte Kerners (»Kritik der Gegend«
und »Rezension von A. W. Schlegels Gedichten«) sind sehr allgemein gehalten und
treffen nur ganz im allgemeinen die Philisterei; direktere litterarische Polemik üben
die beiden Gedichte Uhlands, die in der Sammlung der Gedichte mit dem Titel
»Der Rezensent« abgedruckte Glosse »Schönste, du hast mir befohlen«, welche gegen
den Vossischen Klassizismus gerichtet ist, und das »Frühlingslied des Rezensenten«,
wo wenigstens am Schluss mit der Hindeutung auf Kleistens Frühling als das pas-

sendste Mittel zur Erweckung von Lenzempfindungen die Klassizisten einen leichten
Hieb erhalten. Ausserdem stand von Uhland das »Mährchen« in dem Dichterwald,
das in der Form der Allegorie die Wiedererstehung der deutschen Dichtung aus
den Fesseln der Stubenpoesie preist; auch hier wieder ein Stich auf den Spindelmann, der vor den »romantischen Menschenfressern« warnt.

Der Dichterwald war die letzte Unternehmung, zu der die schwäbischen Romantiker geschlossen ausrückten. Der Kampf gegen die Klassizisten war zu der
Zeit, als sie in denselben zogen, anderwärts wenigstens in der Hauptsache schon
verhallt; vom Jahr 1813 an stand auch das Morgenblatt ihnen offen, und von nun
finden wir die Gedichte unserer Freunde bald in diesem bald in jenem der zahlreichen Journale und Taschenbücher veröffentlicht. Kerner hat die litterarische Polemik nicht weiter fortgesetzt; Uhland hat im Jahr 1814 noch zwei weitere Gedichte
solcher Art nachfolgen lassen, die Glosse »Der Romantiker und der Rezensent«,
welche wieder im allgemeinen auf die Klassizisten geht, und das allerköstlichste, die
»Bekehrung zum Sonett«, welche direkt gegen Weisser gerichtet ist und deren Anlass ich schon erwähnt habe.

Es ist aber selbstverständlich, dass die Dichter, welche mit den Waffen ihres
Witzes für die Sache der Romantik gefochten haben, sich dieser Sache auch durch
positive Leistungen verpflichtet haben werden.

Bei Kerner ist es ohne weiteres klar, dass er von vorne herein als echter Romantiker auftritt, und für den, der seine spätere Zeit nur einigermassen kennt, kann
auch kein Zweifel sein, dass er es sein Lebenlang geblieben ist. Zwar ist bei ihm,
wie ohnehin bei Uhland, gleich zu bemerken, dass er in seiner Lyrik an den
Schnörkeln anderer Romantiker keinen Anteil zeigt; dafür hat er zu viel Natur.
Aber noch in seinen späteren Gedichten kann man den allgemeinen Charakter der
Emfindungs- und Ausdrucksweise kaum anders als romantisch nennen. Noch weit
mehr muss das von den wenigen grösseren Dichtungen gelten, die er ausser den
Reiseschatten noch geschaffen hat. Es ist einmal das liebliche Kindermärchen »Gol-
dener«, das schon im Dichterwald erschien; es wurde dann in die 1816 veröffentlichte Märchendichtung »Die Heimatlosen« aufgenommen. Diese stellt die Romantik
nach der positiven Seite ebenso charakteristisch dar, wie die Reiseschatten sie vorzugsweise nach der spielenden und satirischen darstellen; namentlich die mineralogische
Mystik erinnert sehr an Verwandtes in der romantischen Wissenschaft und Poesie;
als Vorbild hat wohl am meisten der Heinrich von Ofterdingen gedient, leider ist
Novalis trotz mancher einzelnen Schönheiten bei weitem nicht erreicht. Die Reiseschatten hat Kerner 1834 in seinen »Dichtungen« wieder abdrucken lassen, mit un-
bedeutenden Änderungen im einzelnen und mit zwei Zusätzen, von denen einer (II, 8)
gegen die Feinde seiner Geisterseherei polemisiert, der andere (XII, 4) eine
Vision seiner späteren Wohnorte von Wildbad bis Weinsberg enthält; Beweis genug,

dass ihm das Werk nicht historisch geworden war. Erst 1835 erschien die geist-reiche Posse »Der Bärenhäuter im Salzbade«, welche die Geisterseherei Kerners und ihre Feinde zum Gegenstande witzig-phantastischer Behandlung machte. Endlich das schon 1809 mit Uhland zusammen gedichtete Singspiel »Der Bär«, welches erst nach dem Tode beider Dichter 1863 in Ludwig Seegers Taschenbuch vollständig erschie-nen ist; hier ist, wie der abspringende Humor und die gutmütige Satire, so nament-lich das spanische Kolorit bezeichnend und dieses Werk steht wohl der Art Tiecks von allen am nächsten. Dass vollends der Mensch Kerner, der mit Vorliebe den düstern Geheimnissen der Menschennatur nachgieng, der als gläubiger Protestant Fastenpredigten für den Fürsten von Hohenlohe schrieb, in dessen Haus am Fuss der Weibertreu »alle Geister wandelten«, ein richtiger Romantiker geblieben ist, bedarf wohl keines Beweises.

Mit Uhland steht es doch wesentlich anders. Seiner Naturanlage nach hat er lediglich nichts romantisches in sich. Wenn man den Mann, der über die Welt-rätsel nie viel gegrübelt, wenigstens nirgends davon geredet hat, irgendwo unter-bringen will, so dürfte man ihn viel eher einen Rationalisten, aber nur im besten Sinne des Wortes, nennen. Die echt bürgerliche Nüchternheit und Rechtlichkeit seines Wesens, das gemässigt-republikanische Element, das' sehr stark in ihm ist, die strenge Wissenschaftlichkeit, in deren Erzeugnisse sich nirgends auch nur die leiseste Regung von Ironie oder Polemik einmischt, das unerschütterliche Beharren eines durch und durch festen Charakters, das alles ist doch gewiss dem romantischen We-sen direkt entgegengesetzt. Als Dichter steht dann Uhland allerdings in unbe-zweifelbarer Abhängigkeit von der Romantik. Es muss aber sofort die Einschrän-kung gemacht werden: nur in Beziehung auf Form, litterarischen Charakter und ästhetisches Ideal. Im Inhalt seiner Gedichte lässt sich nur die Stoffwahl als eine romantische bezeichnen, insofern namentlich die Beschäftigung mit mittelalterlicher Sage und Geschichte oder mit spanischen Stoffen zwar nicht ausschliessliche Domäne der Romantiker, aber doch von ihnen mit besonderem Nachdruck betont war. Von einer romantischen Tendenz kann, ausser dem rein litterarischen Gebiet, dem die vorhin erwähnten Streitgedichte angehören, nirgends die Rede sein; denn man darf doch z. B. in Gedichten wie »der Waller« keinerlei Katholizismus wittern, sondern nur die Fähig-keit des wahren Dichters, auch aus fremden Kulturwelten poetische Nahrung zu ziehen.

Seit wir durch Hollands rühmliche Bemühungen die Entstehungszeit von Uhlands Gedichten zumeist auf den Tag genau kennen, wissen wir auch, wie weit seine Be-ziehung zu der Romantik reicht. Er beginnt mit ernster Lyrik und Balladendichtung im Stil Fouqués und ähnlicher Dichter, nimmt in manchem seiner Jugendgedichte an der schwermütigen Schäfer- und Nonnenromantik Anteil, weiss den altertümlichen Volkston, wie ihn des Knaben Wunderhorn wieder angeschlagen hatte, meisterhaft zu treffen; ihn als einen Dichter von feinstem musikalischem Gefühl ziehen auch die romanischen Masse, welche die Romantiker erneuert haben, stark an, er dichtet spanische Romanzen im Nationalmass, versenkt sich in die Schätze der altgermanischen Sage und noch mehr der altfranzösischen Poesie, von der er auch einige Proben in der einheimischen Form übersetzt; aber ebenso lässt er sich auch eine Zeit lang auf das Spielen und Tändeln Tiecks und seiner Genossen ein, nicht nur in seinen Gedichten, sondern noch mehr in den dramatischen Entwürfen und Fragmenten, welche Adelbert Keller herausgegeben hat; Ja er gibt in den zwei Gesängen seines Fortunats eines der glänzendsten Beispiele der burlesken romantischen Epopöe, das ihm kein anderer so gewandt und formvollendet nachgemacht hat. Diese Beteiligung an den verschiedenartigsten Seiten romantischer Poesie hat bei ihm bis zum Jahr 1816 gewährt. Die politische Thätigkeit, zunächst nur schriftstellerisch in den »Vaterländischen Gedichten«, dann durch persönliche Teilnahme an den ständischen Verhandlungen ausgeübt, und die Ausarbeitung der zwei vollendeten Dramen (Ernst von Schwaben 1816|1817, Ludwig der Baier 1818) schneidet Jene romantische Dichtung ab und beendigt überhaupt im wesentlichen die erste und weitaus reichste Periode von Uhlands poetischer Produktion.

Schon in diese erste Periode fallen viele Gedichte, die wenig oder gar keine Abhängigkeit von der Romantik zeigen; und noch mehr ist das in den wenigeren Gedichten der späteren Zeit der Fall, unter welchen aber mehrere der allerbedeutendsten Leistungen Uhlands sind. Wenn auch seine echt romantischen Gedichte an den Verzerrungen dieser Geschmacksrichtung keinen Anteil haben, so zeigt sich darin nicht allein der grössere Künstler, den ein angeborenes sicheres Stilgefühl leitet, sondern auch der ruhige, charaktervolle Mann, der bei aller Entschiedenheit seiner Meinungen doch nie einem Extrem verfällt. So darf man wohl von Uhland sagen, dass die Wirkungen der Romantik bei ihm sich nirgends verkennen lassen, dass seine Dichtungsweise ohne diese Kunstrichtung nicht dieselbe gewesen wäre, aber dass er weit über die Einseitigkeiten der Romantik hinausgegriffen und eine Poesie erzeugt hat, die, obwohl hauptsächlich aus Jener genährt, zu einem edeln Gewächs von eigener Art herangewachsen ist.

Von Anfang an hatten auch die Zeitgenossen die Empfindung, dass Uhland bei aller Zugehörigkeit zur Romantik doch unabhängiger als andere dastehe. So konnte Weisser, als er von Kerners erstem Almanach und Uhlands Beteiligung hörte, sagen, um Uhland sei es schade; und so hat er auch andererseits den Heissspornen der Romantik nicht genug gethan, welche gerne in Vergessenheit gebracht hätten, dass eine Sprache und Poesie nicht zu einer drei Jahrhunderte älteren Form einfach zurückkehren kann; wenigstens soll Brentano 1808 oder 1809 geäussert haben, Uhlands Gedichte hätten noch zu viel von der alten, d. h. vorromantischen Poesie an sich. So konnte er auch von den gemässigteren Klassizisten gewürdigt werden, wie denn Haug mit ihm zeitlebens auf dem besten Fuss gestanden ist.

Wenn wir von Justinus Kerner absehen, so ist die Romantik in ihrer ganz spe-zifischen Erscheinungsweise mit der zweiten Hälfte der zehner Jahre in Schwaben zu Ende. Sie wirkt von da an nur noch als ein Ingrediens der Poesie neben andern fort; wenigstens sind spezifisch romantische Produkte, wie wir sie z. B. in den geist-reichen, zu wenig bekannten Jugendversuchen Moriz Rapps vor uns haben, zu keiner Wirkung mehr gelangt. Die Frage, ob klassisch, ob romantisch, musste in dem Masse verstummen, in welchem einerseits diese Bewegungen historisch geworden waren und andererseits Goethe als der Dichter, welcher in sich nicht nur das höchste Gesamtmass dichterischer Begabung in deutschen Landen, sondern auch die höchste und edelste Synthese von klassischer und romantischer Poesie und Denkweise dar-stellt, zu immer breiterer Wirkung auf seine Zeit und sein Volk gelangt war — und das musste mit der Zeit notwendig der Fall sein; denn von den Dichtern, die um oder nach 1800 geboren waren, konnte kaum einer mehr unter dem bestimmenden Einflusse vorgoethischer Jugendeindrücke stehen. Wenn alle folgenden Dichter, mochten sie es wissen und wollen oder nicht, unter dem direkteren oder indirekteren Einflusse Goethes standen, so musste das, ohne die Physiognomie der Litteratur in ganz wesent-lichen Dingen zu verändern, ihr wenigstens in den Händen der Höherbegabten eine grössere Reife der stilistischen Ausbildung, eine gewisse Sättigung der Farben und Formen verleihen, hinter der die alten Schulgegensätze verschwanden oder doch zurücktraten.

Immerhin hat der aufmerksame Beschauer auch in der folgenden Zeit noch Ge-legenheit, ein Überwiegen dieser oder jener Richtung und Manier wahrzunehmen. Beschränken wir uns auf einige wenige schwäbische Dichter, auf die bekanntesten der Zeit nach Uhland, wobei wir aber über die Grenze nicht heruntergehen dürfen, wo die stofflichen Einwirkungen des Jungen Deutschlands und später der politischen Poesie beginnen, also nicht über die Mitte der dreissiger Jahre herunter.

Wilhelm Hauff ist schon oben erwähnt worden. Ihn, der das Glück hat nur als Jüngling unter der Nachwelt zu wandeln, den Verfasser der Märchen und des Lichtenstein, wird man wohl auf den ersten Blick für die Romantik in Anspruch nehmen wollen. Nichts ist falscher als das, sobald man Romantik im litterarhisto-rischen Sinne nimmt und nicht im Sinne des landläufigen Alltagsgebrauches. Das Märchen als solches ist keineswegs eine Prärogative der Romantiker; vor allem das orientalische Märchen ist, wie oben gesagt, durch Wieland mit Liebe gepflegt worden und Weisser hat eine Anzahl von Erzählungen dieser Gattung verfasst. Der Lichten-stein ist nichts weniger als romantisch erzählt; er ist weit mehr in der Weise der Vorromantiker gehalten, und man darf nur etwa Arnims Kronenwächter vergleichen, um das zu erkennen. In allen andern Werken Hauffs ist der moralisierende und oft genug auch der satirische Zug, wenn auch beide verdeckt durch die persönliche Liebenswürdigkeit des Dichters, und das Hervorkehren der weltmännischen Bildung so stark und ausgesprochen, dass ich nicht anstehe, ihn wenigstens der Hauptsache nach eher als einen Spätling der vorromantischen Weise zu bezeichnen.

Die drei Dichter, die man gewöhnlich als die Vertreter einer zweiten schwäbischen Dichtergeneration zusammen nennt, Waiblinger, Ludwig Bauer und Mörike, verhalten sich ziemlich verschieden. Vor allem ist W a i b l i n g e r ein ganz entschiedener Gegner der Romantik, wie seine Satire »Drei Tage in der Unterwelt« zeigt, und neigt in seiner ganzen Art dem Klassizismus und zwar in Hölderlins Art und Weise, zu, ohne diesen übrigens entfernt zu erreichen. B a u e r und M ö r i k e haben aus dem Taumelkelch der Romantik sehr tiefe Züge gethan; es ist allerdings nicht eben dieselbe Form der Romantik, wie etwa bei Tieck oder Brentano, das mittelalterliche, katholisierende Element fehlt ganz. Aber man wird doch nicht umhin können, die Jugendlichen Phantasmagorien von Orplid als romantisch im engeren Sinn zu ·bezeichnen, und auch die Art, wie diese Dinge bei beiden Dichtern Gestalt gewonnen haben, erinnert unmittelbar an Tiecksche und ähnliche undramatische Dramen; vielleicht kann man sagen, mit einem Zusatz von Goethe. In seinen Gedichten und seinem Alexander zeigt Bauer keine besonders ausgesprochene Individualität; im Ganzen erinnert er noch am meisten an Gustav Schwab. Mörike freilich hat nach seinen Jugendgedichten, welche ziemlich stark romantisch gefärbt sind, eine reichere Entwicklung durchgemacht, von der man, ohne dieses ganz individuelle Genie in das Prokrustesbett der Schulbegriffe zu spannen, nur so viel wird sagen können: Romantik und Klassizismus treten hier bald gesondert, bald in der höheren Einheit verbunden auf, zu der sie nur ein gottbegnadeter Dichter verbinden konnte.

Von Uhlands und Kerners Auftreten an hat sich das Verhältnis, in dem Schwaben zum übrigen Deutschland stand, wesentlich anders gestaltet. Zuvor in enge Schranken gebannt, von den Produktionen anderer Gegenden abhängig, hat unsere Heimat seither auf dem Gebiete der Lyrik eine Art von Führerschaft übernommen. Die litterarische Produktion Schwabens hat nach den verschiedensten Richtungen hin einen lebhaften Aufschwung genommen, und wenn Balthasar Haug noch in den sechziger und siebziger Jahren des vorigen Jahrhunderts ängstlich bemüht war, der schönen Litteratur in seiner Heimat zu grösserer Blüte zu verhelfen, so · ist, durch eine der gefühlsmässigen Lyrik vorteilhafte Geschmacksrichtung, wie die romantische, und durch zwei so bedeutende Lyriker wie Uhland und Kerner gefördert, die lyrische Dichtung in Schwaben in die erste Linie getreten und hat wiederum nach aussen hin mannigfach mustergebend und fruchtbringend gewirkt.

DIE VERTRÄGE

DES

KÖNIGREICHS WÜRTTEMBERG

ÜBER

INTERNATIONALE RECHTSHILFE

VON

F. VON MARTITZ

DR. JUR. DR. OEC. POLIT. ORDENTLICHEM PROFESSOR DES STAATSRECHTS

Im Jahre 1840, zur nämlichen Zeit, als R. von Mohl es öffentlich beklagte, dass eine vollständige Sammlung der vom Königreich Württemberg abgeschlossenen Staatsverträge noch immer fehle[1], erschien in den Württembergischen Jahrbüchern[2] ein von dem damaligen Archivassessor Oechsle ausgearbeitetes »Verzeichnis der von Württemberg mit auswärtigen Regierungen abgeschlossenen Verträge, Übereinkünfte etc.« Die sorgfältige und vollständige Zusammenstellung, welche freilich nur die Titel und Daten gedruckter wie ungedruckter Urkunden mit Nachweisen der Fundorte bringt, also in ähnlicher Weise wie die Sammlung des Freiherrn von Aretin für Bayern angelegt ist, umfasst den Zeitraum vom Jahre 1800 an, einem nicht ganz zweckmässig gewählten Ausgangspunkt, bis 1840. Das historisch geordnete Verzeichnis weist die beträchtliche Anzahl von 340 Nummern auf. Die Zahl der Regierungen, mit welchen Württemberg hienach während dieser Periode Verträge abgeschlossen hat, berechnet sich auf 80.

Selbst wenn man nun diejenigen Dokumente dieses Registers ausser Betracht lässt, denen der Charakter eines völkerrechtlichen Vertrages nicht füglich zuerkannt werden kann, bringt dasselbe doch zu anschaulicher Darstellung, wie der Umfang des Württembergischen Vertragsrechts schon während der Epoche, welche mit der Neubegründung der Europäischen Rechtsordnung von 1815 anhebt, ein ansehnlicher gewesen ist. Wollte man aber das Verzeichnis über das Jahr 1840 hinaus fortführen, so würde sich ergeben, wie dieser Umfang äusserlich und innerlich ein stetiges Wachstum aufweist. Die Zahl der von Württemberg in der Zeit von 1840—1870 mit deutschen und ausserdeutschen Mächten geschlossenen Staatsverträge, Unionen und Übereinkünfte, Abkommen, Deklarationsaustausche und Kartele, welche teils auf dem Gesetzgebungs- oder Verordnungswege die Eigenschaft des Landesrechts erlangten, teils im Verfügungswege den Behörden zur Nach-

---

1. R. v. Mohl, Das Staatsrecht des Königreichs Württemberg 2. A. II 694.
2. Württembergische Jahrbücher, herausgegeben vom statistisch-topographischen Büreau, Jahrgang 1840. Auch besonders abgedruckt; von R. v. Mohl in seiner Geschichte und Litteratur der Staatswissenschaften I 459 besprochen.

achtung und Richtschnur mitgeteilt wurden, teils durch historische Forschung allgemein bekannt geworden sind; welche teils im Regierungsblatt verkündet, teils in den Normalienbüchern und Ministerialblättern sich in Bezug genommen finden, teils wissenschaftlichen Werken entnommen werden, ist fast unübersehbar. Erst die Aufrichtung des Deutschen Reichs hat hierin eine Änderung gebracht. Einmal ist durch Verfassung und Gesetzgebung des Reichs die Vertragsschliessung der deutschen Einzelstaaten unter sich zu einem grossen Teil entbehrlich geworden, und an die Stelle der bunten Mannigfaltigkeit des deutschen Vertragsrechts ist deutsches Reichsrecht getreten. Sodann aber hat das Reich sich die Regelung der Beziehungen mit dem Auslande in umfassendem Masse angelegen sein lassen, und damit ist wie für alle seine Glieder, so auch für Württemberg Spielraum und Antrieb zu internationaler Vertragsschliessung gering geworden. Nur freilich, insoweit die Reichsgewalt sich nicht ausschliessliche Gesetzgebungskompetenzen beigelegt hat, oder insoweit sie von ihrer Zuständigkeit Gesetze zu geben und internationale Verträge zu schliessen nicht Gebrauch macht, gebührt den Einzelstaaten nach wie vor die Befugnis, unter sich und mit dem Auslande sich auf Vertragsfuss zu setzen; und für alle verbündeten Regierungen sind noch heutzutage zahlreiche partikulare Staatsverträge obligatorischen Charakters in täglicher Anwendung, welche in die Zeit vor der Reichsgründung fallen, ja mehrfach in alte Vergangenheit zurückreichen. Allerdings aber steht die Geltendmachung der hieraus sich ergebenden Rechte und Verbindlichkeiten nunmehr unter Schutz und Kontrolle des Reichs. Und soweit jene Verträge der Sphäre der Reichsgesetzgebung verfallen, übt das Reich die Befugnis, ihnen im Gesetzgebungswege die landesrechtliche Wirksamkeit zu nehmen; liegt ihm aber auch zugleich die schwerwiegende Verpflichtung ob, für solch einseitiges Vorgehen die völkerrechtliche Verantwortlichkeit dem Auslande gegenüber zu tragen.

Mit alledem stellt, wie für jeden deutschen Einzelstaat, so auch für Württemberg das geltende Vertragsrecht ein kompliziertes Material dar. Es zerlegt sich in die drei, staatsrechtlich von verschiedenen Gesichtspunkten beherrschten Partieen der Reichsverträge, der Landesverträge mit dem Auslande, der Landesverträge mit deutschen Staaten. Für kein anderes Verhältnis aber macht sich die Eigentümlichkeit dieses Rechtszustandes, der in der Verfassung fremder Bundesreiche nur geringe Analogieen findet, so bemerkbar wie für die Rechtspflege; für ein Gebiet, dessen internationale Seite zu regeln seit langer Zeit ein Hauptanliegen der zum völkerrechtlichen Verbande gehörigen Mächte ist, dessen theoretische Förderung gegenwärtig ein Hauptthema in der gemeinsamen Rechtswissenschaft aller zivilisierten Nationen darstellt. Den vornehmsten Inhalt moderner Jurisdiktionsverträge bildet die Gewährung gegenseitiger Rechtshilfe. Und für jeden Staat pflegen in dem Iuventarium seiner Verträge die Rechtshilfeverträge einen hervorragenden Teil einzunehmen.

Den Begriff Rechtshilfe, die Übersetzung des Ausdrucks »Subsidium Juris«, einer

Terminologie des älteren Requisitionsverkehrs deutscher Gerichte, hat die deutsche Wissenschaft auf den amtlichen internationalen Verkehr in der Absicht zur Anwendung gebracht, um damit die Gesamtheit derjenigen Massregeln, Rechtsvorschriften, Einrichtungen eines Landes zu bezeichnen, welche die Vornahme gewisser richterlicher oder polizeilicher Akte im Dienste und zur Unterstützung fremdherrlicher Rechtspflege bezwecken. Solche können durch Gesetz oder Verordnung gemeingiltig festgestellt sein, wie sich denn dergleichen Normen in Jedem Staate finden[3]. Oder sie mögen als vertragsmässige zum Gegenstand besonderer völkerrechtlicher Verbindlichkeit erhoben werden. Nach den verschiedenen Teilen, in welche moderne Rechtspflege sich gliedert, bezieht die internationale Rechtshilfe sich auf streitige und auf nicht streitige Gerichtsbarkeit, auf Zivil- und Militärjustiz. Und man mag spezialisierend die Rechtshilfe in bürgerlichen Streitsachen und in Konkurssachen von der strafrechtlichen, verwaltungsrechtlichen sondern. Von allen diesen Materien ist es die Rechtshilfe in Strafsachen, welche bis Jetzt in bedauerlicher, wiewol erklärlicher Einseitigkeit fast das ausschliessliche Objekt vertragsmässiger Regelung des Rechtshilfeverkehrs bildet; die beliebte Bezeichnung der darauf sich beziehenden Übereinkünfte als »Auslieferungsverträge« deckt freilich nur einen Teil ihres allmählich immer reicher werdenden Inhalts. Dagegen sind nicht als Rechtshilfeverträge zu betrachten die Abmachungen über Zurückbringung entlaufener Militärdeserteure oder Seeleute. Desgleichen gehören nicht zu ihnen die Verträge über die Verpflichtung in gewissen Fällen ein Strafverfahren einleiten oder nicht einleiten zu wollen; über Grenzpolizei und Nacheile; über die Zulassung zum Armenrechte; über die Übernahme heimatloser Personen. Allerdings weisen solche Verabredungen mannigfache Zusammenhänge mit der gerichtlichen Rechtshilfe auf. Immerhin sind sie in Zweck und Ziel von den Jurisdiktionsverträgen verschieden und haben eine besondere Struktur.

Nun hat zwar das deutsche Reich eine Reihe von Staatsverträgen mit fremden Mächten über Gewährung gegenseitiger Rechtshilfe zu stande gebracht oder wenigstens Verhandlungen darüber eingeleitet. Auch hat es durch seine Gesetze die älteren Jurisdiktionsverträge deutscher Staaten, insoweit als diese sich auf die streitige Gerichtsbarkeit beziehen, beseitigt. Allein Jenseits dieser seiner diplomatischen oder gesetzgeberischen Aktion befinden sich noch immer nicht wenige, unter sich vielfach divergierende Partikularverträge über Rechtshilfe in anerkannter Geltung. Und für Jeden Einzelstaat, wie für das Reich selbst, ist dieses Nebeneinanderbestehen und

---

3. Für Württemberg kommen vornehmlich in Betracht: Das Generalreskript vom 26. Oktober 1806; s. darüber meine Schrift über internationale Rechtshilfe in Strafsachen I (1888) 221 N. 16; das IV. Edikt, über die Gerichtsverfassung vom 31. Dezember 1818 § 207; die kgl. Verordnungen vom 21. Dezember 1819, Rbl. 939, § 5, vom 9. September 1836, s. unten V Nr. 1, und vom 18. Januar 1854, s. unten V Nr. 2; die Ministerialverordnungen vom 12. Januar 1854, Rbl. 5, und vom 22. Oktober 1846, Rbl. 487; das Strafgesetzbuch vom 1. März 1839 A. 4. 6. — Nächstdem: Das Exekutionsgesetz vom 15. April 1825, Rbl. 279, A. 7; dazu die Ministerialverordnungen vom 22. Dezember 1855, Rbl. 307, § 6 und vom 22. Juli 1864, Rbl. 116; die einschlagenden Bestimmungen der Zivilprozessordnung vom 3. April 1868.

Ineinandergreifen von Reichsrecht und Landesrecht eine Quel'e praktischer und theoretischer Schwierigkeiten.

Sonach darf es als ein der Mühe wertes Unternehmen erscheinen, wenn auf den folgenden Blättern der Versuch gewagt wird, mit Absicht auf Vollständigkeit, die vom Königreich Württemberg seit 1815 eingegangenen Rechtshilfeverträge zu übersichtlicher Darstellung zu bringen. Das scheinbar trockene Thema bietet mannigfachen Reiz. Nicht allein handelt es sich um die historische Erforschung eines wichtigen Teiles Württembergischer Rechtsquellen; und das Interesse daran erstreckt sich bei der eigentümlichen Natur dieser Quellen über die Landesgrenzen hinaus. Vielmehr ist auch die Frage, ob und inwieweit ein vor Reichszeiten aufgerichteter Vertrag noch heute wirksam sei, eine nicht selten auftauchende, praktisch erhebliche, für deren Lösung allgemeine staats- und völkerrechtliche Gesichtspunkte in Betracht kommen. — Die nachstehende Untersuchung lässt erkennen, wie der Württembergische Staat zu seinem Teile an der Ausbildung unseres positiven internationalen Rechts mit Eifer und Erfolg mitgearbeitet hat. Und sie lässt die erfreuliche Vereinfachung des Rechtszustandes zu Tage treten, die auch in dieser Angelegenheit das Reich gebracht. Sie lässt aber auch zugleich den Wunsch lebendig werden, dass an manche vielversprechenden Ansätze, die das Württembergische Vertragsrecht älterer Zeit genommen, nunmehr von Reichswegen in grösserem Masstabe angeknüpft werden möge [4].

I. Spezielle Übereinkünfte, durch welche die Erledigung gerichtlicher Requisitionen verschiedener Art zugesagt, sowie gewisse Hilfeleistungen bei der Rechtspflege verabredet wurden, hat der Württembergische Staat alsbald nach Aufrichtung des deutschen Bundes von 1815, in grosser Zahl, insbesondere planmässig mit den Nachbarländern abgeschlossen. Es gehören hieher

1. Die auf Beförderung von Insinuationen in Zivil- und Kriminalsachen, namentlich von Ladungen und Eröffnungen bezüglichen Übereinkünfte mit den beiden Grossherzogtümern Baden und Hessen, inhaltlich für Württemberg verkündet durch Verordnung des Justizministeriums vom 12. September 1818, Rbl. 518. Sie sind mit Einführung des Reichsgesetzes über Gewährung der Rechtshilfe vom 21. Juni 1869, also mit dem 1. Januar 1871, hinfällig geworden. Dies wurde Baden gegenüber vertragsmässig konstatiert, Ministerialverordnung vom 9. November 1872, Rbl. 394.

2. Die Übereinkunft mit dem Grossherzogtum Baden von 1824, wonach die Abstrafung der gegen das Verbot der Salzeinfuhr handelnden Personen und deren

---

4. Archivalische oder diplomatische Materialien sind für die folgende Darstellung nicht herangezogen worden. Auch sonst sind bloss solche Verträge in Rücksicht genommen, denen die Publikation im Regierungsblatt, abgekürzt: Rbl., die Qualität gemeinverbindlichen Rechts beigelegt hat. Doch ist zugleich auf die Vertragssammlungen fremder Staaten Bezug genommen worden, zumal auf den zur Aufnahme aller wichtigeren Staatsverträge der zivilisierten Welt bestimmten grossen Recueil Martens, abgekürzt R. resp. N(ouveau) R. resp. N. R. G(énéral). Die Reihenfolge der zur Sprache gebrachten Dokumente ist die historische. Nur sind Additionalverträge zu den Hauptverträgen gestellt worden, auf die sie sich beziehen.

etwaige Auslieferung pflichtmässig sein sollte. Verkündet durch Ministerialverordnung vom 13. Oktober 1824, Rbl. 794, ist sie bereits mit dem Zollkartel vom 11. Mai 1833 weggefallen.

3. Die auf kostenfreie Vollziehung gerichtlicher Requisitionen in Zivil- und Konkurssachen bezüglichen Abmachungen mit einer Reihe deutscher Staaten, nämlich mit den Königreichen Preussen und Bayern, dem Grossherzogtum Hessen, den Fürstentümern Sachsen-Meiningen und Schwarzburg-Rudolstadt. Sie wurden verkündet durch Ministerialverordnungen vom 15. 17. 20. März 1828, Rbl. 133. 134. 146. 144, und vom 29. Januar 1835, Rbl. 53; Martens N. R. XI 600. Das Reichsgesetz über Gewährung der Rechtshilfe vom 21. Juni 1869 hat sie sämtlich aufgehoben, wiewol eine Konstatierung dieser Aufhebung nur Bayern gegenüber erfolgte, Ministerialverordnung vom 11. Februar 1873, Rbl. 32.

4. Die Verträge über Kostenvergütung bei strafrechtlichen Requisitionen, insbesondere bezüglich der Verpflegungsgebühren, des Transports, der Bewachung auszuliefernder Personen. Eingegangen wurden solche zunächst mit den beiden hohenzollerschen Fürstentümern, mit Bayern, Nassau, dem Grossherzogtum Hessen, sämtlich durch Verordnung des Justizministeriums vom 15. Februar 1824, Rbl. 102, bekannt gemacht; Martens N. R. VI 409. Dann wurden analoge, unter sich gleichlautende Konventionen zu Frankfurt a. M. am 3. Dezember 1827 abgeschlossen mit dem Grossherzogtum Sachsen, mit den Herzogtümern Sachsen-Altenburg und Meiningen, mit dem Herzogtum Braunschweig; nächstdem mit dem Königreich Sachsen am 5. 31. Januar 1828; sämtlich dem Inhalte nach verkündet durch Ministerialverordnungen vom 15. 17. März 1828, 22. November 1828, Rbl. 144. 145. 861; Martens N. R. VII 593. 594. 518. 766; neu eingeschärft durch Ministerialverordnung vom 22. Oktober 1846, Rbl. 487. Auch sie haben allesamt als durch das Reichsgesetz über Gewährung der Rechtshilfe beseitigt zu gelten, was Bayern gegenüber konstatiert wurde, Ministerialverordnung vom 11. Februar 1873, Rbl. 32.

5. Ausführlicher gehalten als die letztgenannten Konventionen ist die entsprechende Übereinkunft mit der Schweizerischen Eidgenossenschaft. Zu Stande gekommen durch Auswechselung übereinstimmender Erklärungen von Seiten des Württembergischen Ministers der auswärtigen Angelegenheiten, Grafen von Beroldingen, und von Schultheiss und täglicher Rat der Stadt und Republik Luzern als eidgenössischer Vorort, im Namen der sämtlichen Stände der Eidgenossenschaft, zu Stuttgart vom 1. Februar 1826, zu Luzern vom 12. Dezember 1825, verkündet durch Ministerialverordnung vom 15. Februar 1826, Rbl. 79; Martens N. R. VI 892, bezieht sie sich einmal auf die Kostenvergütung für Verbrecherauslieferungen, im Falle dass solche »auf spezielles Ansuchen des einen kontrahierenden Teiles von dem andern zugestanden und bewilligt« würden, wobei die für Unterhalt und Transport der Gefangenen zu liquidierenden Sätze tarifmässig festgestellt sind. Sodann regelt sie in

analoger Weise das Kostenwesen bei Vernehmungen von Zeugen oder Angeschuldigten auf Grund rogatorischer Kommissionen. Diese Übereinkunft hat bis zur Aufrichtung des grossen deutschen Auslieferungsvertrags mit der Schweiz vom 24. Januar 1874, der sie aufhob, die einzige vertragsmässige Grundlage für den strafrechtlichen Rechtshilfeverkehr Württembergs und der Eidgenossenschaft gebildet.

6. Eine zu gleicher Zeit mit den schweizerischen Nachbarn unterhandelte Konvention über Konkursrecht ist wie der vorerwähnte Vertrag durch Deklarationsaustausch, zu Stuttgart am 13. Mai 1826, zu Luzern am 12. Dezember 1825 abgeschlossen und mittels Ministerialverordnung vom 13. Mai 1826, Rbl. 250, verkündet worden; Martens N. R. X 1021. Die Zustimmung wurde in Vollmacht der Ständeversammlung durch den ständischen Ausschuss erteilt, Verhandlungen der Kammer der Abgeordneten 1826, I Beilageheft 41. Zusammen mit den einschlagenden Bestimmungen der unter Nr. II, III, IV aufgeführten Jurisdiktionsverträge bilden ihre Dispositionen über Gleichstellung der beiderseitigen Landesangehörigen in Konkursfällen, Universalität des Gantgerichtsstandes, Anziehungskraft des Konkurses in Beziehung auf das im Auslande befindliche Vermögen des Cridars einen wichtigen Präzedenzfall für vertragsmässige Regelung einer überaus schwierigen Frage des internationalen Prozessrechts, vgl. Lammasch in v. Holtzendorffs Handbuch des Völkerrechts III (1887) 444. Der schweizerische Vorort hatte nur im Namen von 19 Ständen der Eidgenossenschaft stipuliert. Da die 3 Kantone Neuenburg, Schwyz, Glarus nicht beigetreten waren, so wurde ihnen seitens der württembergischen Regierung nur reziprozitätsweise Gleichheit in Konkurssachen zugestanden, Kgl. Verordnung vom 13. Mai 1826; Snell, Handbuch des schweizerischen Staatsrechts I (1837) 481. Erst im Jahre 1859 accedierte dann der Kanton Glarus, Ministerialverordnung vom 9. 23. Dezember 1859, Rbl. 1860, 3. Gewisse Retorsionsmassregeln, durch welche die Vertragsvollziehung eine partielle Einstellung erhielt, sind verfügt worden durch die beiden Ministerialverordnungen vom 9. 23. Dezember 1859, Rbl. 1860, 3; und vom 29. Dezember 1864, Rbl. 1865, 2. Die Frage, ob die deutsche Konkursordnung vom 10. Februar 1877 vermöge ihrer §§ 207. 208 den württembergisch-schweizerischen Vertrag habe hinfällig werden lassen, wird von ihren Kommentatoren unter Berufung auf die Motive einstimmig, ausdrücklich oder implizite verneint, vgl. Stieglitz (1879) 38. 702; v. Sarwey 2. A. (1882) 28. 270; v. Wilmowski 3. A. (1885) 56. 471; Petersen und Kleinfeller 2. A. (1888) 27. Ich kann diese Ansicht nicht für zutreffend halten. Zuzugeben ist, dass eine völkerrechtlich wirksame Aufhebung des Vertrags allerdings nicht stattgefunden hat. Andererseits aber ist auch eine Anordnung des Reichskanzlers im Sinne von § 207 behufs Fortgeltung des Vertrags nicht ergangen. Mithin greifen die allgemeinen verfassungsrechtlichen Regeln Platz. Nach Rvf. A. 2 bricht Reichsrecht das Landesrecht, auch das vertragsmässig begründete Landesrecht, und dieses auch in dem Falle, wenn solches aus der Zeit vor

der Reichsgründung herrührt, vgl. Pröbst in Hirths Annalen 1882, 252: Laband, Staatsrecht des deutschen Reiches 2. A. I 668. Demgemäss steht die Sache so, dass der Vertrag für Württemberg unvollziehbar geworden. Es ist Unmöglichkeit der Erfüllung eingetreten. Die an sich beifallswürdige These Gaupp's, Zivilprozessordnung 2. A. 12: »durch die Akte der Reichsgesetzgebung konnten die Einzelstaaten von ihren vertragsmässigen internationalen Verpflichtungen nicht entbunden werden«, ist m. E. ein legislatorisches Prinzip, aber kein Rechtssatz; s. o. S. 4.

7. Die Verträge über Bestrafung der Forstfrevel in den Grenzwaldungen. Solche hat Württemberg mit allen angrenzenden deutschen Staaten geschlossen; zuerst mit dem Grossherzogtum Baden im Jahre 1823, Ministerialverordnung vom 10. Dezember 1823, Rbl. 932; Martens N. R. VI 3. Eine ergänzende Vereinbarung erfolgte 1837, Ministerialverordnung vom 4. Juli 1837, Rbl. 297. Ganz übereinstimmend wurde die Angelegenheit mit dem Grossherzogtum Hessen geordnet, worüber die Ministerialverordnung vom 20. April 1824, Rbl. 240 erging; Martens N. R. VI 437. Einen abweichenden Wortlaut trägt die Vereinbarung mit Bayern von 1826, inhaltlich verkündet durch Ministerialverordnung vom 10. Oktober 1826, Rbl. 453, Martens N. R. VI 1050. Diese Übereinkünfte, welche Pflicht und Recht der Behörden, die Untersuchung gegen die eigenen Landesangehörigen einzuleiten, die Amtsbefugnisse der verfolgenden Beamten, die gegenseitige Hilfeleistung bei den Entdeckungen sicherstellten, haben sämtlich bis zum Jahre 1879 bestanden. Mit dem Zeitpunkt, da die Reichsjustizgesetze ins Leben traten, sind sie hinfällig geworden. Ein spezielles Einverständnis der vertragenden Teile über diese Abrogation wurde für Baden und Hessen durch Ministerialverordnung vom 18. Mai 1880, Rbl. 135. 136; und für Bayern durch solche vom 15. Juli 1880, Rbl. 189, verkündet. Nur die anderweitigen, nicht weiter hieher gehörigen Vereinbarungen über Handhabung der Polizei in den Grenzbezirken hat man bei Kräften gelassen und durch eine allgemeine an die Beamten der Staatsanwaltschaft gerichtete Weisung des Justizministeriums vom 15. Juli 1880, Rbl. 190, ergänzt. Uber die Regelung der Materie im Verhältnis zu den hohenzollerschen Landen wird unten zu IV Nr. 1 berichtet.

8. Eine Vereinbarung mit Preussen, abgeschlossen zu Stuttgart am 9. November 1837, zu Berlin am 23. September 1837, worüber die Ministerialverordnung vom 24. November 1838, Rbl. 624, vgl. II. Ergänzungsband (1852) 32 N. erging, stipulierte die kostenfreie Rechtshilfe behufs Beitreibung der gerichtlich festgesetzten Rechtsanwaltsgebühren in Prozesssachen. Sie wurde auf die hohenzollerschen Lande ausgedehnt gemäss Ministerialverordnung vom 29. September 1860, Rbl. 75, und ist durch das Reichsgesetz über Gewährung der Rechtshilfe vom 21. Juni 1869, sowie durch die Gebührenordnung für Rechtsanwälte vom 7. Juli 1879 erledigt.

II. Der Staatsvertrag mit dem Königreich Bayern über die Feststellung der gegenseitigen Gerichtsverhältnisse (sog. Jurisdiktionsvertrag) ist eine überaus berühmt gewordene Urkunde. Er wurde abgeschlossen zu München durch den württembergischen Legationsrat Bilfinger und den bayrischen Ministerialrat von Belli am 7. Mai 1821. Der Ratifikationsaustausch erfolgte ebendort am 1. August 1821. Publiziert wurde der Vertrag in Württemberg durch Verordnung des Ministers der auswärtigen Angelegenheiten v. Wintzingerode am 31. August 1821, Rbl. 647, in Bayern durch Ministerialverordnung vom 23. September 1821; doch hat sich die Publikation nicht auf die Rheinpfalz bezogen, Rbl. II. Ergänzungsband (1852) 4; Martens N. R. V 2, 289. Die württembergische Ständeversammlung reklamierte ihn zur Zustimmung, welche in ihrem Auftrage, wegen des § 13, vom ständischen Ausschuss erteilt wurde, Verhandlungen der Kammer der Abgeordneten 1823; I. Beilageheft 44. Die Konvention hat nicht allein dem württembergischen Staat zum Muster für seine Jurisdiktionsverträge mit den andern Nachbarländern, nämlich mit dem Grossherzogtum Baden und den beiden hohenzollerschen Fürstentümern gedient; vielmehr ist sie auch die Grundlage gewesen, auf welcher alsbald zahlreiche andere deutsche Staaten ihre gegenseitigen Rechtshilfebeziehungen im wesentlichen übereinstimmend geordnet haben. Sie leitete jene Bewegung ein, welche späterhin im § 50 der Grundrechte des deutschen Volks und dem behufs dessen Ausführung der Frankfurter Nationalversammlung am 22. Februar 1849 vorgelegten »Entwurf eines Reichsgesetzes über die Vollstreckung der Urteile deutscher Gerichte in sämtlichen Einzelstaaten Deutschlands« zum Ausdruck kam; welche dann zu dem Bundesbeschlusse vom 12. März 1857 und dem zur Erledigung desselben von der Nürnberger Handelsrechtskommission ausgearbeiteten Gesetzentwurf über die in den deutschen Bundesstaaten in bürgerlichen Rechtsstreitigkeiten zu gewährende Rechtshilfe führte; welche endlich durch A. 4 Nr. 11 der Reichsverfassung, durch das Reichsgesetz über Gewährung der Rechtshilfe, schliesslich durch das Gerichtsverfassungsgesetz zum Ziele gekommen ist. Nicht ohne Grund wurde die Konvention von Krug, dem Verfasser des Werks: Internationalrecht der Deutschen (1851), als »Ahnherr« der deutschen Rechtshilfeverträge bezeichnet. Ja mehr als das, hat man in dem württembergischbayrischen Jurisdiktionsvertrage überhaupt den ersten Versuch der Neuzeit zu sehen, das Gesamtgebiet der internationalen Rechtshilfe durch völkerrechtliche Vereinbarung umfassend und übersichtlich zu regeln.

Der Vertrag ist in München redigiert worden. Urheber des sorgfältig erwogenen Entwurfs war kein Geringerer als Anselm Feuerbach, welcher denselben bereits im Jahre 1811, als er noch Mitglied des bayrischen Justizministeriums und als solcher die Seele der damaligen bayrischen Gesetzgebung war, verfasst hatte — allerdings, wie er angibt, nach der Grundlage eines bereits vorgelegten Projektes; ihn auch sofort in seinem 1812 ausgegebenen Werke »Themis oder Beiträge zur Gesetzgebung« als Typus für Abschliessung analoger Verträge zwischen solchen deutschen Nachbarstaaten, die den Code Napoleon und seinen berüchtigten A. 14 nicht rezipiert hätten, empfehlend veröffentlichte und mit Erläuterungen versah. Der damals zurückgelegte Entwurf wurde dann, als es abermals zu Vertragsunterhandlungen mit Württemberg kam, wieder aufgenommen und im wesentlichen beibehalten. Nur in wenigen Punkten erhielt er Modifikationen. Ein Blick auf die 27 §§ enthaltende Urkunde zeigt die Vielseitigkeit ihres Inhalts. Einmal sichern die vertragenden Teile sich gegenseitige Rechtshilfe in Zivilsachen nach Massgabe speziell verabredeter Normen über die anzuerkennenden Gerichtsstände zu, § 1—9, 14—21. Sodann regeln sie das Konkursverfahren in dem oben zu I nr. 6 angegebenen Sinne, § 10—13. Nächstdem verabreden sie eine auf Verbrechen und Vergehen überhaupt, also auch auf politische Delikte sich beziehende, wiewohl lediglich auf Unterthanen⁵ der ersuchenden Regierung gestellte Auslieferungspflicht, § 23—25, welche interessanter Weise durch eine Annahmepflicht ergänzt wird, § 26. Auch regulieren sie die Pflicht, Staatsangehörige zur Zeugnisabgabe in Zivil- und Strafsachen an das auswärtige Prozessgericht zu sistieren, § 27. In § 22 finden sich sogar zwei fundamentale Regeln des internationalen Privatrechts vertragsmässig festgestellt, wofür der Feuerbachische Entwurf und danach auch die späteren deutschen Jurisdiktionsverträge eine nicht ganz zureichende Überschrift »Von der nicht streitigen Gerichtsbarkeit« gewählt haben. — Der bayrische Jurisdiktionsvertrag von 1821 hat eine Reihe von Nachträgen erhalten.

1. Seine erste Ergänzung fand er in der Übereinkunft betreffend die Bevormundung derjenigen Minderjährigen, welche in beiden Staaten Vermögen besitzen, geschlossen zu München durch den württembergischen Gesandten Freiherrn von Schmitz und den bayrischen Minister des Auswärtigen Grafen von Rechberg am 8. März 1825. Sie wurde in Württemberg verkündet durch Verordnung des Ministeriums der auswärtigen Angelegenheiten vom 31. Dezember 1825, Rbl. 1826, 26; Martens N. R. VI 711. Ein Nachtrag zu dieser Übereinkunft, sich auf Familienfideikommisse beziehend wurde 1851 verabredet, Ministerialverordnung vom 1. Juli 1851, Rbl. 182. Beide Abkommen stehen noch gegenwärtig in Geltung. Eine Spezialfrage, die Volljährigkeitstermine betreffend, regelte im Einverständnis mit der bayrischen Regierung der Ministerialerlass vom 4. Juli 1836, Rbl. I Ergänzungsband (1838) 292.

2. Eine weitere Ergänzung erfolgte durch den »Nachtragsvertrag« vom 22. Dezember 1845, geschlossen zu Stuttgart durch den württembergischen Minister der auswärtigen Angelegenheiten Grafen von Beroldingen und den bayrischen Gesandten Freiherrn von Malzen. Der Ratifikationsaustausch fand erst nach langen Jahren am 24. Juli 1855 statt, nachdem die Urkunde inzwischen den württembergischen Ständen zur Kenntnisnahme und wegen § 24 und 27 zur Zustimmung vorgelegt worden war.

---

5. S. hierüber meine N. 3 angeführte Schrift 376 n. 68. 389 n. 98.

Verkündet wurde der Vertrag durch Ministerialverordnung vom 10. August 1855, Rbl. 188. Er enthält in A. 2 die wichtige Abrede, auch in Beziehung auf polizeilich abzurügende Gesetzesübertretungen die Auslieferungs- und Sistierungspflicht Platz greifen zu lassen, soweit es sich nicht um blosse Vergehungen gegen Finanz- und Abgabengesetze, sowie um Forstfrevel, s. o. I nr. 7, handele.

3. Das Nachtragsübereinkommen von 1857, in Württemberg durch Ministerialverordnung vom 14. August 1857, Rbl. 85, verkündet, ausschliesslich auf strafrechtliche Rechtshilfe bezüglich, brachte eine bedeutungsvolle Legalinterpretation des bayrischen Jurisdiktionsvertrags. Durch dessen Artikel III bekannte nämlich Württemberg sich zu der bereits im badischen Vertrag von 1855, s. u. III. Nr. 2. zum Ausdruck gekommenen Anschauung, wonach bei strafrechtlichen Untersuchungen des Auslandes die Rechtshilfepflicht dann zu zessieren habe, wenn solche sich gegen einen hiesigen Unterthan, dessen man Jenseits nicht habhaft geworden sei, richteten [6].

4. Ein späteres Nachtragsübereinkommen von 1864, durch Ministerialverordnung vom 28. Juli 1864, Rbl. 134, verkündet, betrifft gleichfalls lediglich die strafrechtliche Rechtshilfe. Es handelt von dem Falle, dass der Jenseits der Grenze in Untersuchungshaft gekommene, Jedoch gegen Sicherheitsleistung in Freiheit gesetzte und vor Erledigung der Sache in die Heimat zurückgekehrte Inländer hierorts wegen derselben Handlung zur Verantwortung gezogen wird. Die Frage hat in dem preussisch-sächsischen Jurisdiktionsvertrage vom 30. November 1869 und den ihm folgenden durch A. 35 eine abweichende Regelung erhalten [7].

5. Endlich ist das Übereinkommen von 1868, in Württemberg verkündet durch Ministerialverordnung vom 30. November 1868, Rbl. 581, gleichfalls strafrechtlichen Inhalts. Die Rechtshilfepflicht des Jurisdiktionsvertrags wird ausgedehnt auf Insinuation von richterlichen Strafverfügungen in Übertretungssachen (im Sinne des damaligen bayrischen Strafrechts), aber nur von solchen, die gegen Angehörige des ersuchenden Landes gerichtet sind [8].

Alle die genannten Übereinkünfte waren mit der Einführung des Reichsgesetzes über Gewährung der Rechtshilfe vom 21. Juni 1869, welches in Bayern am 1. Juli 1871 ins Leben trat, nur insoweit hinfällig geworden, als sie mit diesem Gesetze in Widerspruch standen. Doch hat darüber hinausgehend eine spezielle Verständigung beider Regierungen, für Württemberg verkündet durch Ministerialverordnung vom 11. Februar 1873, Rbl. 32, die Verträge im ganzen als abrogiert erklärt, mit Ausnahme der auf das Vormundschaftsrecht bezüglichen Abreden von 1825 und 1851, o. Nr. 1. Zugleich freilich ist durch diese Verständigung in § 6. 7 die reichsgesetz-

---

6. Zur Geschichte und Kritik dieses Satzes s. meine N. 3 citierte Schrift 263. Die dort 264 n. 117 gegebene Zusammenstellung ist hienach zu ergänzen.

7. Die Frage wird berührt von Lammasch in seinem Werke: Auslieferungspflicht und Asylrecht (1887) 423.

8. Davon handelt Lammasch a. a. O 837.

liche Rechtshilfepflicht nach den Normen von 1869 auch auf nicht darunter gehörige Fälle ausgedehnt worden; einmal nämlich auf den Fall, dass die Strafsache zur Kompetenz der Polizeibehörden gehöre; nächstdem für Zuwiderhandlungen gegen Steuer- und Abgabengesetze, auch für die sonst zur Zuständigkeit der Finanzbehörden gehörigen Strafsachen; endlich für die nichtstreitige Rechtspflege überhaupt. Von diesen drei Fällen ist nur der erste durch die Reichsjustizgesetze erledigt worden. Für die beiden anderen gilt die Verständigung von 1873 weiter fort.

III. Der Jurisdiktionsvertrag mit dem Grossherzogtum Baden. Er wurde aufgerichtet zu Stuttgart am 9. November 1825 und für Württemberg durch Kgl. Verordnung vom 3. Januar 1826 verkündet, Rbl. 11; Martens N. R. VI 854. Die Zustimmung der Ständeversammlung wurde Namens derselben vom ständischen Ausschuss erteilt, Verhandlungen der Kammer der Abgeordneten, 1826 I Beilageheft 39. Er ist nichts anders als eine mit Zusätzen und einigen Modifikationen versehene Redaktion des bayrischen Jurisdiktionsvertrags von 1821, nebst der diesen ergänzenden Übereinkunft betreffend das Vormundschaftsrecht, o. II Nr. 1; wozu dann noch in A. 33 eine den unter I Nr. 4 erwähnten Übereinkünften entsprechende Stipulation über Kostenersatz bei strafrechtlichen Requisitionen und in A. 36—39 eine Reihe transitorischer Artikel gestellt worden sind. Wie sein Vorbild, der bayrische, so hat auch der badische Jurisdiktionsvertrag im Laufe der Zeit mehrere Nachträge erhalten.

1. Durch Übereinkunft vom 9. Mai 1834, inhaltlich verkündet durch Ministerialverordnung vom 20. Mai 1834, Rbl. 389, wurde die wechselseitige Zulassung der Rechtsanwälte zur Ausübung der Advokatur sichergestellt; weggefallen mit der Rechtsanwaltsordnung vom 1. Juli 1878.

2. Eine Übereinkunft von 1855, inhaltlich verkündet durch Ministerialverordnung vom 4. April 1855, Rbl. 95, bezog sich lediglich auf strafrechtliche Rechtshilfe. Einmal nämlich wurde der o. zu II Nr. 3 besprochene Satz Baden gegenüber konventionell gemacht. Sodann wurden zwei Sätze des Bundesbeschlusses von 1854, s. u. V Nr. 2, rekapituliert und vertragsmässig bestätigt.

3. Der Zusatzvertrag von 1865, durch Austausch von Ministerialerklärungen geschlossen, in Württemberg durch Kgl. Verordnung vom 21. August 1865, Rbl. 363, nach eingeholter ständischer Zustimmung verkündet, war veranlasst worden durch ein nicht unwichtiges gesetzgeberisches Anliegen jener Zeit, die Neuordnung der Gewährleistung bei Veräusserungen von gewissen Haustieren. In der Schweiz wurde nämlich über diese Angelegenheit das Konkordat vom 22. April 1858 geschlossen, dem alsbald die Gesetze süddeutscher Staaten (Grossherzogtum Hessen mittelst Gesetzes vom 15. Juli 1858; Bayern vom 26. März 1859; Baden vom 23. April 1859; Württemberg vom 26. Dezember 1861; Preussen für Hohenzollern vom 5. Juni 1863) folgten. Die Bestrebungen der württembergischen Regierung, auf der Grundlage des Gesetzes von 1861 die Zuständigkeit des forum contractus und

forum rei sitae vertragsmässig entsprechend auszudehnen, haben nur Baden und den hohenzollerschen Fürstentümern, s. unter IV Nr. 2, gegenüber Erfolg gehabt.

Alle diese Übereinkünfte waren mit dem Zeitpunkt, da das Reichsgesetz über Gewährung der Rechtshilfe von 1869 in beiden Ländern zur Wirksamkeit gelangte, also mit dem 1. Januar 1871, insoweit aufgehoben, als sie mit demselben in Widerspruch standen. Doch hat, ebenso wie es mit Bayern geschah, ein »Einverständnis« beider Regierungen von 1872, welches in Württemberg durch Ministerialverordnung vom 9. November 1872, Rbl. 394, verkündet wurde; und späterhin ein abermaliges, durch Einführung der Reichsjustizgesetze veranlasstes Abkommen von 1880, Ministerialverordnung vom 18. Mai 1880, Rbl. 135, die genannten Verträge in complexu abrogiert. In Kraft verblieben sind nur, wie Bayern gegenüber, die das Vormundschaftsrecht regelnden Dispositionen des Jurisdiktionsvertrags von 1825, A. 23—29; übrigens auch in A. 22 die beiden gelegentlich des bayrischen Vertrags von 1821 erwähnten Regeln des internationalen Privatrechts. Eine Neuerung indess brachte das Einverständnis von 1872, bestätigt durch dasjenige von 1880, indem es die Rechtshilfepflicht des Reichsgesetzes von 1869 auch auf Steuerforderungssachen erstreckt hat. Doch war diese Neuerung nur formeller Art, vgl. badisches Regierungsblatt 1855, 291.

IV. Die Staatsverträge mit den beiden hohenzollerschen Fürstentümern. Ein Jurisdiktionsvertrag mit dem Fürstentum Hohenzollern-Sigmaringen wurde geschlossen zu Stuttgart den 31. März, zu Sigmaringen den 10. April 1827 und inhaltlich für Württemberg verkündet durch Kgl. Verordnung vom 28. April 1827, Rbl. 151; Martens N. R. VII 178. Er rekapituliert die Bestimmungen der badischen Übereinkunft von 1825, s. o. III, mit Abänderung einiger Punkte, für welche gewissen nachträglichen ständischen Bedenken Rechnung getragen wurde. Völlig identisch mit dem Sigmaringer ist der Jurisdiktionsvertrag mit dem Fürstentum Hohenzollern-Hechingen, aufgerichtet zu Stuttgart den 2. April, zu Hechingen den 12. April 1827, in Württemberg mittelst blosser Verweisung auf jenen verkündet durch Kgl. Verordnung vom 23. Juni 1827, Rbl. 245; Martens N. R. VII 270. Die interessante Frage, ob durch Vereinigung beider Fürstentümer mit der preussischen Monarchie die hohenzollerschen Jurisdiktionsverträge hinfällig geworden, wäre nach völkerrechtlichen Grundsätzen wohl zu bejahen gewesen. Doch hat ein Einverständnis mit der Krone Preussen deren Fortbestand ausdrücklich festgestellt, worüber die Ministerialverordnungen vom 17. August 1857, Rbl. 87 und vom 6. April 1858, Rbl. 72 ergingen. Wie die Jurisdiktionsverträge Württembergs mit den anderen Nachbarstaaten, so haben auch die hohenzollerschen mehrere Ergänzungen erhalten.

1. Eine, übrigens nur mit dem Sigmaringer Fürstentum im Jahre 1838 abgeschlossene Übereinkunft, inhaltlich verkündet durch Kgl. Verordnung vom 27. Februar 1838, Rbl. 151, dehnte die strafrechtlichen Festsetzungen des Jurisdiktions-

vertrags von 1827 auch auf Disziplinar-, Polizei- und Finanzvergehen aus und regelte gleichzeitig das Verfahren gegen Forstfrevel auf Grundlage der mit Baden und Hessen geschlossenen Übereinkünfte, deren o. unter I Nr. 7 Erwähnung geschah. Doch hat späterhin eine mit der Krone Preussen vereinbarte Festsetzung vom 27. September und 14. Dezember 1864, inhaltlich verkündet durch Kgl. Verordnung vom 17. Januar 1865, Rbl. 5, jene Übereinkunft von 1838 beseitigt und an deren Stelle neue übereinstimmende Massregeln zur Verhütung und Bestrafung der Forst-, Jagd-, Feld- und Fischereifrevel in den beiderseitigen Grenzgebieten treten lassen.

2. Ein zweiter Zusatzvertrag mit der preussischen Regierung für die hohenzollerschen Lande, in Württemberg durch Kgl. Verordnung vom 21. August 1865, Rbl. 365, verkündet, betrifft die Gewährleistung bei Rechtsgeschäften über Haustiere und stimmt überein mit dem badischen Zusatzvertrage von 1865, s. o. III Nr. 3.

Eine vertragsmässige Abrogation dieser Vereinbarungen hat lediglich in Bezug auf die Übereinkunft von 1864, s. o. Nr. 1, also nur in Sachen der Grenzdelikte stattgefunden. Es wurde nämlich im Jahre 1881, ähnlich wie den anderen Grenzstaaten gegenüber, s. o. I Nr. 7, nach Erlass der Reichsjustizgesetze durch Austausch württembergisch-preussischer Ministerialerklärungen, bekannt gemacht durch Ministerialverordnung vom 1. Oktober 1881, Rbl. 441, festgestellt, dass jene Übereinkunft als ausser Wirksamkeit getreten zu gelten habe. Nur wurde auch in diesem Falle durch übereinstimmende Weisungen der beiderseitigen Ministerien, in Württemberg durch Verfügung vom 20. März 1882, Rbl. 95, das Zusammenwirken der Staatsanwaltschaft mit den jenseitigen Sicherheitsbeamten sichergestellt. Im übrigen gelten allgemeinen Regeln gemäss die Verträge insoweit fort, als ihnen nicht durch die Reichsgesetzgebung derogiert worden. Dies ist nun aber in umfassendem Masse geschehen. Heutzutage stehen nur noch die Artikel 22—29 der ursprünglichen hohenzollerschen Jurisdiktionsverträge von 1827 in Kraft, welche von der Rechshilfe bei Akten der freiwilligen Gerichtsbarkeit, zumal von der Vormundschaftspflege handeln.

V. Die Bundesbeschlüsse über die von den deutschen Staaten gegenseitig zu gewährende Rechtshilfe. Solche sind nur für den Bereich der strafrechtlichen Rechtshilfe und zwar lediglich in Betreff der Verbrecherauslieferung gefasst worden. Das Projekt, auch die zivilprozessuale Rechtshilfe von Bundeswegen durch übereinstimmende Gesetzgebung oder gar durch allgemeine Übereinkunft der Bundesstaaten zu ordnen, ist unerledigt geblieben. Allerdings nun wohnte jenen Bundesbeschlüssen nicht der juristische Charakter der Staatsverträge bei. Immerhin sind sie um ihres Inhalts willen hier aufzuführen. Denn einmal legten sie den Gliedern des »Bundesvereins« Gegenseitigkeitspflichten auf, welche in ihrer allgemeinen Struktur dem Inhalt unserer internationalen Auslieferungsverträge entsprechen, im einzelnen freilich das Mass der sonst innerhalb der Staatenwelt üblichen Gewährungen erheblich übersteigen. Sodann aber sind die Beschlüsse im Laufe der Zeit zum Objekt besonderer vertragsmässiger Verhältnisse gemacht worden und demzufolge auch Jenseits des Bundesgebiets zur völkerrechtlichen Wirksamkeit gelangt. Endlich aber ist ihnen eine die Zeit des Bundes überdauernde Rechtskraft zu Teil geworden.

Von diesen bundesrechtlichen Festsetzungen sind einige freilich nur als transitorische ergangen. Denn die Verpflichtungen, welche einstmals den Bundesgliedern behufs Unterstützung der durch den Bundesbeschluss vom 20. September 1819 zur Verfolgung der revolutionären Umtriebe eingesetzten Zentral-Untersuchungskommission zu Mainz; und welche ihnen dann wieder durch den Bundesbeschluss vom 20. Juni 1833 behufs Unterstützung der in Frankfurt a./M. eingesetzten Bundeszentralbehörde für Untersuchung des gegen den Bestand des Bundes und die öffentliche Ordnung in Deutschland gerichteten Komplottes auferlegt worden waren, sind mit dem Zeitpunkt erloschen, da diese Behörden ihre langjährige Wirksamkeit einstellten. Nicht anders aber verhielt es sich mit dem übrigens in Württemberg nicht publizierten Bundesbeschluss vom 5. Juli 1832 über »Massregeln zur Aufrechterhaltung der gesetzlichen Ordnung und Ruhe im Bunde«, welcher auf A. 28 der Wiener Kongressakte begründet, lediglich »für die Dauer der gegenwärtigen Zeitverhältnisse« gefasst war. Von seinen zehn Nummern sprach die Nr. 8 die Verbindlichkeit der Bundesregierungen aus, solche Personen, welche in einem Bundesstaat (also nicht Jenseits seiner Grenzen) »politische Verbrechen oder Vergehen« begangen, und sich, um der Strafe zu entgehen, in andere Bundeslande geflüchtet hätten, auf erfolgende Requisition, sofern es nicht eigene Unterthanen wären, ohne Anstand auszuliefern.

Eine bleibende Bedeutung dagegen haben erlangt die beiden Bundesbeschlüsse vom 18. August 1836 und vom 26. Januar 1854. Von beiden ist ausführlicher zu handeln. Der erstere betrifft die Auslieferung politischer Verbrecher; der zweite regelt in Recht und Verfahren die Extradition wegen nicht politischer, s. g. gemeiner Delikte.

1. Nachdem auf den geheimen Wiener Ministerialkonferenzen des Jahres 1834 unter anderen Gegenständen, die dort zur Erörterung und zur Vereinbarung gelangten, in den Sitzungen vom 7. Mai; 11. Juni 1834 auch Bestimmungen wegen Bestrafung der Vergehen gegen den Bund und wegen Auslieferung der politischen Verbrecher auf dem Bundesgebiete angeregt, vgl. v. Weech, Korrespondenzen und Aktenstücke zur Geschichte der Ministerkonferenzen von Karlsbad und Wien (1865) 260, und verschiedene Entwürfe eines hierüber zu fassenden Bundesbeschlusses vorgelegt worden waren, kam dann ein solcher am 18. August 1836 (Protokolle der deutschen Bundesversammlung, Loco dictaturae gedruckt, § 226) zu förmlicher Schlussziehung. Diese erfolgte auf Grund eines österreichischen neuredigierten Vorschlags vom 5. November 1835 (Protokolle § 437). Der Bundesbeschluss enthält zwei Artikel, deren erster, hier nicht weiter hergehöriger, in Jedem Einzelstaat die gerichtliche Verfolgung der gegen den Bund gerichteten Unternehmungen sicherstellte und späterhin die Grundlage von

Rvf. A. 74 gebildet hat. Der zweite behandelt die Auslieferungspflicht bei Delikten gegen die Einzelstaaten. Dem, was im Jahre 1832 beschlossen worden war, sollte nunmehr »der Stempel des Bleibenden« aufgedrückt werden. Doch ist der Ausdruck »politisches Verbrechen oder Vergehen« vermieden worden. An seiner Stelle wird die Verbindlichkeit, welche die Regierungen übernehmen, dahin präzisiert, dass »In-dividuen, welche der Anstiftung eines gegen den Souverain, oder gegen die Existenz, Integrität, Verfassung oder Sicherheit eines anderen Bundesstaates gerichteten Unter-nehmens, oder einer darauf abzielenden Verbindung, der Teilnahme daran, oder der Begünstigung derselben bezichtigt sind, dem verletzten oder bedrohten Staate auf Verlangen« ausgeliefert werden sollten. Die Kompetenz zu diesem Artikel hat man auf A. 1 und 4 der Wiener Schlussakte zurückgeführt. Die württembergische Regie-rung erklärte bei ihrer Abstimmung ihn »in allgemeinen Rechtsgrundsätzen und völ-kerrechtlichen Normen« begründet. Dennoch ist in Württemberg die Publikation desselben unterblieben. Zum Ersatz erging die Kgl. Verordnung vom 9. September 1836, Rbl. 461, welche, ohne der politischen Delikte besonders zu gedenken, den Behörden die Auslieferung gegenüber Jedem Staat des deutschen Bundes und bei allen im Auslande von Ausländern begangenen, nicht gegen den württembergischen Staat oder seine Angehörigen gerichteten Verbrechen oder Vergehen zur Pflicht machte; die Auslieferung an nicht deutsche Staaten zur Entscheidung des Ministeriums verstellte. Sie ist späterhin durch die Kgl. Verordnung vom 18. Januar 1855, s. unter Nr. 2, abgelöst worden.

2. Der Bundesbeschluss vom 26. Januar 1854. Er erklärt die durch den Be-schluss von 1836 bezüglich der Auslieferung politischer Verbrecher getroffenen An-ordnungen in fortdauernder Wirksamkeit, ergänzt sie aber durch die Verpflichtung, auch wegen »anderer« Verbrechen oder Vergehen auszuliefern [9].

Diese für die Strafrechtspflege der deutschen Staaten von hoher Bedeutung gewesene, auch heute noch nicht völlig unpraktisch gewordene bundesrechtliche Norm führt sich zurück auf einen gemeinsamen Antrag von Österreich und Preussen, der in der Bundestagssitzung vom 20. Dezember 1851 eingebracht wurde (Protokolle § 261). Ihm entsprechend übertrug der Bundestag die Abfassung des Beschluss-entwurfs einem Ausschusse, zu dessen Mitgliedern die Gesandten von Bayern (Frei-herr von Schrenk), Grossherzogtum Hessen (Freiherr von Münch), Meklenburg

---

9. Der Titel, den er in der amtlichen Ausgabe der Bundestagsprotokolle führt (1834 § 25): Bestimmungen wegen gegenseitiger Auslieferung gemeiner Verbrecher auf dem deutschen Bundesgebiet, ist nicht mitbeschlossen worden. Im Gegen-teil hatte Bayern bei seiner Abstimmung den Wunsch ausgesprochen, »den Ausdruck: gemeine Verbrecher oder gemeine Ver-brechen durchgängig vermieden« zu sehn, »weil mit Zuversicht vorauszusehen wäre, dass die äusserst schwankende Bedeutung des Begriffes der gemeinen Verbrechen, — welche es zweifelhaft lässt, ob dadurch der Ausschluss der militärischen, oder der politischen und Pressverbrechen, oder endlich der Defraudationen und Übertretungen von Polizei- und Finanzgesetzen bezeichnet werden wolle —, bei der künftigen Anwendung des Bundesbeschlusses zu den verschiedenartigsten Umständen und Kontroversen führen müsste; und weil andererseits dieser Ausdruck überflüssig erscheint, da — ohnedem im A. I des Beschlusses genau bestimmt werden soll, um welcher Verbrechen und Vergehen willen die Auslieferung stattzufinden habe.« Der Ausschuss hatte gemeint diesem Wunsche entsprechen zu sollen, Protokolle 1852 § 301, p. 1355; 1853 § 46 p. 188.

(von Oertzen), als Stellvertreter der von Baden (Freiherr von Marschall) erwählt wurden. Die Vorlage des neun Artikel zählenden (I) Entwurfs erfolgte in der Sitzung vom 17. Juli 1852 mit ausführlichem Vortrag des Freiherrn von Schrenk (Protokolle § 187). In demselben wurde die Kompetenz des Bundes auf seine Zuständigkeit zu »gemeinnützigen Anordnungen« nach Massgabe von Bundesakte A. 6, Wiener Schlussakte A. 64 begründet [10]; hienach der zu fassende Beschluss als Plenarbeschluss, also als Unanimitätsbeschluss in Aussicht genommen. Denn nach der, in den Grundstatuten des Bundes freilich nicht zum Ausdruck gebrachten, sondern verschleierten Regel waren die Plenarbeschlüsse mit einziger Ausnahme derer über Krieg und Frieden Stimmeneinheitsbeschlüsse. Von freien Verträgen der Einzelstaaten waren solche nicht bloss dadurch verschieden, dass der Bund über ihre Befolgung wachte, und dass sie an die Geschäftsordnung des Bundestages gebunden waren, sondern auch dadurch, dass Jeder vom Plenum zu fassende Beschluss im engeren Rat »zur Reife« gebracht wurde und die Gründe etwaigen Widerspruchs dargelegt werden sollten [11].

Bei der in den Sitzungen vom 23. Dezember 1852, Protokolle § 301; 30. Dezember ej., Protokolle § 313; 13. Januar 1853, Protokolle § 6, stattfindenden Abstimmung der Bundesregierungen über den Entwurf wurden zahlreiche Bedenken und Abänderungsvorschläge vorgebracht. Württemberg insbesondere machte die Annahme davon abhängig, dass die Durchlieferung denselben Ausnahmen und Beschränkungen wie die Auslieferung zu unterliegen habe, Protokolle 1852 p. 1357. Auf Grund der eingegangenen Monita erfolgte dann die Vorlage eines abgeänderten (II.) Beschlussentwurfs mittelst eines neuen Vortrags des Herrn von Schrenk in der Sitzung vom 3. März 1853, Protokolle § 46. Die Abstimmung über diesen am 30. Juni ej., Protokolle § 180, ergab abermals mannigfache dissentierende Voten, und wurden demgemäss die Artikel einer neuen Revision unterworfen. Der revidierte

---

10. Wie mir scheint, mit Unrecht. Denn als gemeinnützige Anordnungen sollten nur Beschlüsse über die speziellen als »besondere Bestimmungen« der Bundesakte festgestellten Punkte oder in Aussicht genommenen Angelegenheiten gelten. Ein allgemeines Recht gemeinnützige Anordnungen zu beschliessen war nicht vorhanden.

11. Dass diesen fundamentalen Gegensatz der Bundestag sich nicht immer zu klarem Bewusstsein gebracht hat, zeigt auch der Verlauf dieser Angelegenheit. Auffällig war schon die Sprache des Beschlussentwurfs, welcher sich selbst im Artikel X als »Übereinkunft« der deutschen Bundesstaaten bezeichnete; auffälliger noch das Hereinspielen der Limburger Frage. Nämlich nur formell ist der Bundesbeschluss vom 26. Januar 1854 per unanimia gefasst worden, materiell nicht. Denn die Niederlande für das Herzogtum Limburg stimmten erst ganz zuletzt, erst bei der Schlussziehung zu, nachdem auf Grund der vertraulichen Beratung vom 22. Dezember 1853 die Hinzufügung eines A. XI in dem Entwurfe beschlossen worden war: Auf das Gebiet des Herzogtums Limburg findet dieser Bundesbeschluss keine Anwendung. Gegen dieses Verfahren erhob retrospektiv der preussische Bundestagsgesandte, v. Bismarck-Schönhausen, im Berichte vom 17. Dezember 1858 eine lebhafte Kritik, v. Poschinger, Preussen im Bundestag III 462: »Zur Herstellung eines Beschlusses ist die Mitwirkung aller Bundesstaaten erforderlich. Beschlüsse, welchen Einzelne nicht konsentieren, können nur in den Fällen, welche zur Kompetenz der Majorität gehören, zu Stande gebracht werden. — Schliesst sich auch nur ein Bundesstaat aus, so würde es einen misslichen Präzedenzfall geben, wenn es zugelassen werden sollte, dass Beschlüsse, zu welchen Stimmeneinhelligkeit erforderlich ist, auch dann, wenn dieses Requisit nicht erlangt werden kann, als wirkliche Beschlüsse gefasst und behandelt werden, indem man lediglich ihre Verbindlichkeit für die dissentierenden Staaten ausschliesst. Es würden dadurch die Garanticen, welche in dem Erfordernis der Zustimmung Aller liegen, umgangen werden und in dem Bunde würden sich Sonderverbände für bestimmte Zwecke bilden, welche sich auf bestimmten Gebieten als Gesamtheit des Bundes im Protokoll und in den beratenden und beschliessenden Formen gerierten.«

(III.) Entwurf gelangte mittelst Vortrags des Herrn von Schrenk am 11. August 1853, Protokolle § 244, in die Versammlung. Nunmehr lauteten die Erklärungen, welche in der Sitzung vom 8. Dezember ej., Protokolle § 319, abgegeben wurden, mit alleiniger Ausnahme der niederländischen Stimme für Limburg, zustimmend. Die Schlussziehung, die am 19. Januar 1854 vertagt worden war [12], erfolgte in der Sitzung vom 26. Januar 1854, deren Protokoll den Bundesbeschluss in seiner defi- nitiven Fassung unter § 25 brachte. In Württemberg erfolgte die Publikation des- selben durch Kgl. Verordnung vom 18. Januar 1855, Rbl. 29, welche nicht allein ihn als »Übereinkunft« der deutschen Bundesstaaten seinem Wortlaut nach bekannt machte, sondern daran auch eine Reihe von Bestimmungen betreffs des überhaupt bei Auslieferungen Platz greifenden Verfahrens knüpfte. Diese Verordnung, an die Stelle der vom 9. September 1836, s. o. Nr. 1, getreten, gilt noch heute, insoweit ihr nicht reichsgesetzlich oder landesrechtlich derogiert worden. Übrigens wurden durch A. X des Bundesbeschlusses die bestehenden Auslieferungsverträge nur inso- weit ausser Kraft gesetzt, als sie etwa mit ihm im Widerspruch ständen. Lediglich besondere vertragsmässige Abreden über die Auslieferungsprozedur, desgleichen über Kosten des Verfahrens sollten schlechthin vorgehen. Demnach hatten übereinstimmende oder weitergehende Verpflichtungen fortzugelten, und blieben also die württembergi- schen Jurisdiktionsverträge, wie die obige Darstellung ergeben hat, bei Kräften. Da- gegen die mit fremden Mächten bis dahin aufgerichteten Konventionen sollten durch den Bundesbeschluss überhaupt nicht berührt werden, also auch dann nicht, wenn die dort übernommenen Verbindlichkeiten mit den gegen deutsche Staaten bestehenden in Kollision kämen [13]. In Beziehung auf die inskünftige mit dem ausserdeutschen Auslande zu schliessenden Verträge ist nur gesagt, dass die »Erneuerung« derselben (man wird doch wohl annehmen dürfen, auch ihre Neuschliessung) in einer mit dem Inhalt dieser Übereinkunft übereinstimmenden Weise »erstrebt« werden sollte.

Bundesrechtlich verpflichtete der Beschluss von 1854, mit Ausnahme des Her- zogtums Limburg [14] sämtliche zum deutschen Bunde gehörigen Regierungen. Doch dehnte seine Geltung alsbald sich Jenseits der Bundesgrenzen aus. Auch wurde dieser Ausdehnung sein Vorläufer, der Beschluss von 1836 teilhaftig. Er war gleich anfangs von Preussen durch das Publikationspatent vom 28. Oktober 1836, preus- sische Gesetzsammlung 309, als auch für die Provinz Preussen und Posen ver- bindlich erklärt worden; eine Reziprozitätsversicherung hiefür hat freilich seitens

---

12. Über die Szene, die die Veranlassung zu dieser Vertagung abgab, vgl. v. Poschinger a. a. O. I 348.

13. Ausdrücklich anerkannt in den Ausschussberichten des Bundestages vom 3. März und 11. August 1853, Protokolle p. 190. 193. 790. Damit erledigt sich auch das von Lammasch, Auslieferungspflicht und Asylrecht 429, geltend gemachte Bedenken. Vgl. meine Schrift: Internationale Rechtshilfe in Strafsachen I 377 n. 71. Die Frage ist wegen der Beziehungen zu Österreich noch heute nicht unpraktisch.

14. Für Württemberg hatte diese Exemtion nichts zu besagen, da Limburg als integrierender Teil des Königreichs der Niederlande unter dem öffentlichen Rechte derselben, demnach unter dem Régime der niederländischen Staatsverträge, also auch des niederländisch-württembergischen von 1852, s. unter VIII, stand und verblieben ist.

keiner anderen Bundesregierung, auch seitens Württembergs nicht, weder damals, noch später stattgefunden. Anders als mit Preussen gestalteten sich die Beziehungen zu Österreich. Hier ergingen nämlich über die Frage, ob Jene beiden Beschlüsse auch für die nicht zum deutschen Bunde gehörigen Kronländer verbindlich seien, zwei verschiedene Ministerialerlasse, beide vom 9. Juli 1855 [15] datiert. Der eine gibt zu erkennen, dass die österreichische Regierung durch Deklarationsaustausch mit sämtlichen deutschen Bundesgliedern (ausgenommen Dänemark, Niederlande und Liechtenstein) dahin übereingekommen sei, den die s. g. gemeinen Verbrecher betreffenden Bundesbeschluss von 1854 aktiv und passiv auf die nicht zu Deutschland gehörigen Teile der österreichischen Monarchie in Anwendung bringen zu wollen. Der zweite, wichtigere Erlass bezieht sich auf die inzwischen brennend gewordene Frage der politischen Delikte, also auf die Abmachung von 1836. Auch für sie wird eine analoge Ausdehnung des Geltungsgebiets verfügt; aber das Verzeichnis der Regierungen, mit welchen eine solche deklarationsweise festgestellt worden sei, weicht erheblich von dem des ersten Erlasses ab; denn in ihm fehlen auch Preussen und die drei Hansestädte [16]. Für Württemberg stand demgemäss die Sache so, dass die Regierung völkerrechtlich verpflichtet war, unter den gesetzlichen Voraussetzungen die in Österreich diesseits und Jenseits der Leitha wegen Verbrechen oder Vergehen politischer oder nicht politischer Natur verfolgten Individuen auszuliefern.

Die Bundesbeschlüsse von 1836 und 1854 haben bis zum Kriege von 1866, der sie ausser Wirkung setzte, in Geltung gestanden. Die Auflösung des deutschen Bundes, welche im Prager Frieden vom 23. August 1866 ausgesprochen wurde, entzog ihnen endgiltig ihre bisherige Kraft, nämlich die bundesrechtliche Verbindlichkeit; wie sie denn auch in allseitiger Anerkennung ihre Geltung für das Grossherzogtum Luxemburg [17] einbüssten. Sollte Jenen Festsetzungen eine fernere Bedeutung für die Gegenseitigkeitsbeziehungen der bis dahin bündnerisch geeinigten deutschen Regierungen gefristet werden, so bedurfte es eines neuen Einverständnisses zwischen denselben. Nur als Staatsverträge obligatorischen Charakters konnten ehemalige Bundesbeschlüsse inhaltlich bei Kräften bleiben. Hiezu aber waren nach den Grundsätzen völkerrechtlicher Vertragsschliessung ausdrückliche oder auch stillschwei-

---

15 Sie sind beide abgedruckt bei L. Neumann, Recueil des Traités et Conventions conclus par l'Autriche VI (1859) 128, 129. Hienach sind die Angaben von Lammasch a. a. O 100 N 4 und in v. Holtzendorff's Handbuch des Volkerrechts III 548 zu ergänzen.

16. Damit stimmt denn auch die preussische Publikation des Bundesbeschlusses von 1854, welche durch Patent vom 10. Juni 1854, Gesetzsammlung 359, erfolgte und durch die Ministerialerklärung vom 20. Oktober ej., Gesetzsammlung 555, erläutert wurde. Hier wird seine Verbindlichkeit aktiv und passiv auch für die nicht zum deutschen Bunde gehörigen Landesteile Preussens und Österreichs in beiderseitigem Einverständnis verordnet; dagegen diese Verbindlichkeit ausdrücklich nur betreffs der gemeinen Verbrecher ausgesprochen, die Extension also des Beschlusses von 1836 indirekt verneint und die Anordnung des Publikationspatents vom 28. Oktober 1836 insoweit zurückgenommen.

17. Den Beleg hiefür lieferte die Vorlage des luxemburgischen Auslieferungsvertrages vom 9. März 1876 im deutschen Reichstag, Verhandlungen II. L. P. IV Session III 416.

gende Willenserklärungen unumgänglich. In der That hat es nun im vorliegenden Falle an einem solchen Einverständnis der ehemaligen Bundesregierungen nicht gefehlt. Es bestimmte zunächst A. 13 des Prager Friedens vom 23. August 1866, dass alle zwischen Österreich und Preussen vor dem Kriege abgeschlossenen »Verträge und Übereinkünfte, insofern dieselben nicht ihrer Natur nach durch die Auflösung des deutschen Bundes ihre Wirkung verlieren mussten«, hiemit neuerdings in Kraft gesetzt würden. Dass mangels Jener Voraussetzung nicht bloss Staatsverträge, sondern auch Bundesbeschlüsse wieder aufzuleben hätten [18], war nicht zweifelhaft und wurde in Bezug auf die Bundeskartelkonvention von 1831 ausdrücklich anerkannt. Dem Prager Vertrage gemäss stipulierten auch die preussischen Friedensschlüsse mit Bayern, mit Sachsen, mit Hessen, mit Meiningen, mit Reuss. Dagegen lassen allerdings die beiden Friedensverträge mit Württemberg vom 13. August 1866 und mit Baden vom 17. August ej. eine spezielle Bestimmung über die zwischen den vertragenden Teilen vor dem Kriege bestandenen Konventionen vermissen, wie ja denn auch seitens Österreichs eine ausdrückliche Erneuerung derselben weder im Verhältnis zu den verschiedenen mit Preussen verbündeten norddeutschen Regierungen, noch im Verhältnis zu den süddeutschen Staaten erfolgte [19]. Auch unter sich haben die letzteren eine Reaktivierung unterlassen. Nur für Norddeutschland bestimmte das Augustbündnis, dass »alle zwischen den Verbündeten bestehenden Verträge und Übereinkünfte in Kraft bleiben sollten, soweit sie nicht durch gegenwärtiges Bündnis ausdrücklich modifiziert« würden. Immerhin selbst dort, wo solche Abreden fehlten, haben auch späterhin die deutschen Staaten diesseits und Jenseits des Mains, unter ihnen das vergrösserte Preussen, für ihren gegenseitigen Rechtshilfeverkehr den Bundesbeschluss von 1854 als eine sie vertragsmässig bindende Norm betrachtet und in Anwendung gebracht [20]; und dem Beschlusse von 1836, etwa um seines Inhalts willen, die gleiche Weitergeltung zu versagen, dazu lag für sie kein Rechtsgrund vor [21]. Erst das norddeutsche Gesetz, betreffend die Gewährung der Rechtshilfe vom 21. Juni 1869, dessen Prinzipien durch die Verträge mit Baden vom 14. Januar

---

18. Sie hatten wiederaufzuleben, insofern sie sich als obligatorische Gegenseitigkeitsverhältnisse, unabhängig von dem Dasein einer Bundesgewalt aufrecht erhalten liessen. Eine andere Deutung des »ihrer Natur nach« gibt Lammasch a. a. O. 102: Darunter fiele das, was »nur zwischen eng verbündeten Staaten Sinn und Zweck hat«, gegenüber dem, was sonst zwischen Staaten, die in keinem näheren Verhältnis zu einander stehen »seine Berechtigung bewahrt«. Nun weise der Inhalt der Abmachungen von 1854 eine andere Struktur auf als sonstige Auslieferungsperiode der nämlichen Periode. Also sei er mit dem Bundesverhältnis hinfällig geworden; 281. 429. Diese Argumentation ist nicht schlüssig. Warum sollte es nicht Absicht der Frieden schliessenden Mächte gewesen sein, ihre Beziehungen zu einander enger zu gestalten, als es sonst zwischen souveränen Staaten der Fall ist? — Zweifelnd äussern sich, ohne des Prager Friedens zu gedenken, v. Rönne Ergänzungen 5 A. (1868) IV 732; Schönemann in Goltdammers Archiv XXIX (1881) 26.

19. Anders für die Bundeskartelkonvention von 1831 und ihre Novelle, über deren fortdauernde Wirksamkeit Erklärungen ausgewechselt wurden, Kundmachung des österreichischen Ministeriums des Innern vom 12. Dezember 1869, L. Neumann a. a. O. Nouvelle Suite VI 456.

20. Im norddeutschen Reichstage gelegentlich der Beratung des Rechtshilfegesetzes zur Sprache gebracht, Verhandlungen I L. P. 1869 II 874.

21. Übereinstimmend Thudichum, Verfassungsrecht des norddeutschen Bundes (1870) 309.

1870 und mit Hessen vom 18. März ej. auf den strafrechtlichen Requisitionsverkehr mit diesen beiden süddeutschen Staaten übertragen wurden, dessen Geltung dann mit der Reichsverfassung sich auf Süddeutschland ausdehnte, hat innerhalb des deutschen Reichs beiden Beschlüssen Jede fernere Geltung entzogen [22].

Anders hat sich die Sache im Rechtshilfeverkehr der deutschen Einzelstaaten mit der seither unter das System des Dualismus getretenen österreichisch-ungarischen Monarchie gestellt. Es ist nämlich durch einen wichtigen, im Einverständnis des österreichisch-ungarischen Ministeriums des Äussern ergangenen Erlass des österreichischen Justizministeriums vom 7. Dezember 1870, Fr. Starr, Die Rechtshilfe in Österreich 1878 279, zunächst erklärt worden, dass der Bundesbeschluss vom 18. August 1836 über die Auslieferung politischer Verbrecher, als nur in dem bestandenen Bundesverhältnisse wurzelnd [23], gemäss A. 13 des Prager Friedensvertrages seine Wirksamkeit verloren habe. Ein Einverständnis Deutschlands zu dieser Erklärung scheint allerdings nicht gesucht worden zu sein. Andererseits haben die deutschen Regierungen derselben, welche in einer Parlamentsrede des ungarischen Ministerpräsidenten von Tisza am 20. März 1880 wiederholt wurde, nicht widersprochen. Hienach greifen heutzutage für die österreichisch-ungarischen Jurisdiktionsbeziehungen mit dem deutschen Reiche, insoweit es sich um die Verfolgung s. g. politischer Delikte handelt, die allgemeinen völkerrechtlichen Gesichtspunkte Platz, die freilich unbestimmt genug sind.

Gleichzeitig hat aber der nämliche Erlass vom 7. Dezember 1870 den k. k. Oberlandesgerichten und Oberstaatsanwaltschaften eingeschärft, dass von dem Schicksal Jenes unanwendbar gewordenen Beschlusses von 1836 der zweite die s. g. gemeinen Verbrechen angehende von 1854 keineswegs betroffen worden sei. Wenn auch nicht zum Vertrage des deutschen Reichs geworden, so gelte er im Verhältnis zu den deutschen Einzelstaaten fort. Seine Bestimmungen erschienen durch die in den politischen Verhältnissen Deutschlands eingetretenen Änderungen in ihrer Wesenheit nicht alteriert und sollten »als internationale Transaktionen der betreffenden Staaten fortan beobachtet werden«. Dass nun diese Fortgeltung, welche auch aus sonstigen Erlassen der österreichischen Ministerien zu Tage tritt [24], nicht minder seitens der

---

22. Sowohl die weitergehenden Verpflichtungen, welche die Bundesbeschlüsse auferlegten (also Auslieferung auch wegen extraterritorialer Delikte, wegen politischer und Pressvergehungen, die Verpflichtung zum Kostenersatz), als auch die Beschränkungen, die sie aufstellten (also Nichtauslieferung wegen eigener Staatsangehörigkeit, wegen eigener Strafkompetenz, wegen Schuldhaft) sind beseitigt worden; Endemann, Die Rechtshilfe im norddeutschen Bunde (1869) 165.

23. Gegen diese Begründung ist der o. N. 18 gemachte allgemeine Einwand zu wiederholen. Immerhin liess sie sich in Beschränkung auf die Auslieferung politischer Verbrecher verteidigen. In der That war Ja im Jahre 1836 die Kompetenz des Bundestags, die Rechtshilfe in diesem Falle aufzuerlegen, auf den Bundeszweck, Sorge für die innere Sicherheit Deutschlands und der deutschen Einzelstaaten zu tragen, zurückgeführt worden. Und man konnte sagen, dass mit Wegfall des Bundes Jener Bundesbeschluss »seiner Natur nach« die Wirkung verlieren musste, also die Freiheit der ehemaligen Bundesregierungen in diesem Punkte wieder aufgelebt war.

24. Reskripte des österreichischen Justizministeriums vom 7. August 1871; 19. September 1874 bei Herbst, Handbuch des österreichischen Strafrechts 7. A. (1882) I 149. Vgl. im übrigen aus dem Bereiche der österreichischen Rechtslitteratur die Schriften: Starr a. a. O. Vesque von Püttlingen, Handbuch des internationalen Privatrechts 2. A. (1878) 522. Etwa auch die Manz'schen Ausgaben des österreichischen Strafgesetzes (16. A. 1888) zu § 41.

deutschen Regierungen anerkannt wird, dafür liegen mancherlei indirekte und direkte Zeugnisse vor [25]. Seitens der süddeutschen Staaten erfolgten sogar spezielle Zustimmungserklärungen [26]. Zwischen Württemberg und der k. k. österreichisch-ungarischen Monarchie kam im Jahre 1869 eine — nicht publizierte — ›Feststellung‹ zu stande, gemäss deren der Bundesbeschluss vom 26. Januar 1854, abgesehen von dem Fall des Vorliegens politischer Verbrechen und Vergehen, noch vollständig Anwendung zu finden hätte [27]. Und nach wie vor gilt im Requisionsverkehr deutscher und österreichisch-ungarischer Gerichtsbehörden der in Jenem Beschluss festgesetzte, späterhin verallgemeinerte, unmittelbare Schriftwechsel als zulässig [28].

Aus alledem ergibt es sich, dass die Bedenken, aus welchen ganz neuerdings ein trefflicher österreichischer Rechtsgelehrter, Lammasch, in seinem Werke über Auslieferungspflicht und Asylrecht (1887), auch den Bundesbeschluss von 1854 als durch den Prager Frieden erloschen, als für Österreich-Ungarn nicht mehr zu Recht bestehend, als obsolet bezeichnet, Jedenfalls an den entscheidenden Stellen nicht geteilt werden. Allerdings ist aber zuzugeben, dass seine Geltung nachgerade eine etwas unbestimmte geworden ist, und habe ich an einem anderen Ort das Verhältnis als das eines blossen modus vivendi bezeichnet. Zwar möchte darauf weniger Gewicht zu legen sein, dass die Ungarn heutzutage eine gewisse Neigung zeigen, ihn zu ignorieren [29], wie Ja überhaupt der deutsche Rechtshilfeverkehr mit den Ländern der ungarischen Krone neuerdings eine weniger günstige Gestalt anzunehmen begonnen hat. Denn ein separater Rechtszustand der Länder Jenseits der Leitha lässt sich für die Frage nach Geltung oder Nichtgeltung der beiden Bundesbeschlüsse nicht wohl deduzieren. Soweit diese durch den Prager Frieden nicht beseitigt sind, haben sie bis zu ihrer völkerrechtlich legalen Aufhebung, für welche nur das gemeinsame österreichisch-ungarische Ministerium

---

25. So bemerkt die vom auswärtigen Amt des deutschen Reichs besorgte Sammlung der deutschen Auslieferungsverträge (1875) 4 in Bezug auf ganz Deutschland: ›Österreich-Ungarn gegenüber kommt der Bundesbeschluss vom 26 Januar 1854 in Betracht, welcher in den einzelnen deutschen Staaten des früheren deutschen Bundes veröffentlicht wurde.‹ Für Preussen äusserte sich übereinstimmend das preussische Justizministerium in der für Lammasch ausgearbeiteten Denkschrift bei v. Holtzendorff, Handbuch des Völkerrechts III 548. Vgl. auch Hetzer, Deutsche Auslieferungsverträge (1883) 39.

26. Von Bayern erfolgte eine Erklärung unter dem 25. März 1869, L. Neumann a. a. O. Nouvelle Suite VI 307. Über Baden s. Kah, Die Staatsverträge des deutschen Reichs und des Grossherzogtums Baden (1889) 63.

27. Vgl. meine Schrift: Internationale Rechtshilfe in Strafsachen I 377 N. 71; v. Sarwey, Das Staatsrecht des Königreichs Württemberg I (1883) 146.

28. Es erhellt dies aus den ganz neuerdings von den Justizministerien vieler deutscher Staaten nach dem Vorgang der preussischen vom 20. Mai 1887 wesentlich übereinstimmend erlassenen Generalverfügungen betreffend die im Ausland zu erledigenden Ersuchschreiben der Justizbehörden, F. Böhm, Handbuch des Rechtshilfeverfahrens II (1888) 185. Für Württemberg erging die Verfügung vom 15. September 1888, Amtsblatt des Justizministeriums 1888 Nr. 9, die freilich den Verkehr mit ungarischen Justizbehörden auf den diplomatischen Weg verwiesen hat. Vgl. auch Gaupp, Das Staatsrecht des Königreichs Württemberg (1884) 86 N. 6.

29. Auffällig ist es, dass ein ungarischer Jurist, Fr. Heil, in einer dem ungarischen Auslieferungsrecht speziell gewidmeten Abhandlung, Rivista penale XXV (1887) 73 ihn mit Stillschweigen übergeht. Auch Lammasch a. a. O. 100. 281 ist der Meinung, dass er Jedenfalls für die transleithanische Reichshälfte nicht mehr verbindlich sei. Aber die von ihm in Bezug genommene Parlamentsrede des Ministerpräsidenten v. Tisza vom 20. März 1880 ist nicht beweisend. Sie bezog sich direkt gar nicht auf ihn, sondern auf den Bundesbeschluss von 1836. Die Interpellation des Grafen Apponyi betraf lediglich die Frage nach der Auslieferung politischer Verbrecher.

V.

das kompetente Organ sein kann [30], in beiden Reichshälften als Staatsverträge massgebend zu bleiben, und zwar in dem Umfange aktiv und passiv massgebend zu bleiben, der vormals ihrer Wirksamkeit auch für die nicht zu Deutschland gehörigen österreichischen Kronländer zugewiesen war. Erheblicher als das Verhalten der Ungarn ist es, dass man auch in Österreich die Unmöglichkeit behauptet, den Beschluss von 1854 seinem vollen Inhalte nach anwenden zu können; soweit er blosse Übertretungen in die Auslieferungspflicht einschliesse [31], dürfe er nicht mehr angerufen werden [32].

Die hieraus hervorgehende Unsicherheit über das zwischen den beiden engverbündeten Reichen für eines der wichtigsten Anliegen ihres Gegenseitigkeitsverkehrs bestehende Rechtsverhältnis ist um so mehr zu beklagen, als die in den Jahren 1879 und 1880 behufs Abschlusses eines umfassenden Rechtshilfevertrages in Zivil- und Strafsachen geführten Unterhandlungen ein Ergebnis zunächst nicht erzielt haben.

VI. Übereinkünfte zu gemeinsamer Unterdrückung des Schleichhandels. Solche sind im Zusammenhang mit Zollvereinsverträgen in der Form s. g. Zollkartels mehrfach eingegangen worden:

1. Bereits für den württembergisch-bayrischen Zollverein vom 18. Januar 1828 wurde gelegentlich seines mit dem Grossherzogtum Sachsen abgeschlossenen Zollerleichterungsvertrages vom 10. März 1831, als Beilage desselben ein Zollkartel verabredet und zugleich mit Jenem durch Kgl. Verordnung vom 7. August 1831, Rbl. 361, verkündet; Martens N. R. IX 231. Es machte alsbald Platz dem

2. Zollkartel vom 22. März 1833. Vereinbart zwischen Württemberg und Bayern einerseits, Preussen und den beiden Hessen andererseits, verkündet durch Kgl. Verordnung vom 4. Dezember 1833, Rbl. 431, war es ein Nebenvertrag des an Jenem Tage aufgerichteten grossen Zollvereinvertrages. Es legte den vereinten Staaten die Verpflichtung auf, sich gegenseitig Beistand in allen zur Verhütung, Entdeckung, Bestrafung der »Zollkontraventionen« dienenden Massregeln zu leisten, insbesondere eine Auslieferung der Zollkontravenienten an den Staat des begangenen Delikts oder den der Heimat auf Requisition eintreten zu lassen, eigene Unterthanen aber zur Strafe zu ziehen.

---

30) Lammasch a. a. O. 97 N. 13. Jellinek, Die Lehre von den Staatenverbindungen (1882) 241. Etwas weniger bestimmt Vesque von Püttlingen a. a. O. 16. 525.

31. Es ist nämlich hervorzuheben, dass der Bundesbeschluss von 1854, den deutschen Jurisdiktionsverträgen entsprechend, der Auslieferungspflicht der Bundesglieder einen exorbitant weiten Umfang gegeben hat. Alle Verbrechen im weiteren Sinne, ausschliesslich der Abgabedefraudationen und der Übertretung von Polizei- und Finanzgesetzen, sollten die Auslieferungsverbindlichkeit begründen. »Denn die verschiedene Terminologie der von den Strafgesetzen abzuurteilenden Handlungen darf über die Verbindlichkeit zur Auslieferung nicht entscheiden, wenn nicht Ungleichheit die Folge sein soll.« So der Ausschussbericht vom 11. August 1853, Protokolle der deutschen Bundesversammlung 789.

32. So Vesque von Püttlingen a. a. O. 522 N. 1; auch Lammasch a. a. O. 104. Der von diesen Schriftstellern angeführte Grund: Der § 234 des österreichischen Strafgesetzes vom 27. Mai 1852 verordne, dass Ausländer, welche sich einer im zweiten Teile des Strafgesetzes vorgesehenen strafbaren Handlung schuldig gemacht haben, deshalb an das Ausland nicht auszuliefern sind, scheint nicht zwingend zu sein. Denn nach § 41 soll ja im Falle, dass mit auswärtigen Staaten Verträge bestehen, in Gemässheit derselben (also nicht nach dem Strafgesetz) vorgegangen werden.

3. Bereits am 11. Mai 1833 bei Vereinigung des thüringischen Zoll- und Handelsvereins mit dem inzwischen durch die Accession des Königreichs Sachsen erweiterten Zollverein wurde, ohne materielle Abänderung, das Kartel erneuert, Rbl. 1834, 210; Martens N. R. XI 606, und hat in dieser Form ein wesentliches Glied in der Organisation des deutschen Zollvereins gebildet. Mit der allmählichen Ausdehnung des letzteren erweiterte sich auch das Geltungsgebiet dieser Übereinkunft. Und die wiederholte Prorogation der Zollvereinsverträge erstreckte sich immer auch auf sie, wie denn auch ihre Verwendung zum Schutze der vereinsländischen Verbrauchsabgaben gegen Hinterziehungen vertragsmässig sichergestellt wurde. Nachdem bei der Neukonstituierung des Zollvereins am 8. Juli 1867 der Fortbestand des Zollkartels vom 11. Mai 1833 ausdrücklich erklärt worden war, hat ihm A. 40 der Reichsverfassung die Eigenschaft eines Reichsgesetzes verliehen. Doch ist vermöge des Gesetzes über die Gewährung der Rechtshilfe vom 21. Juni 1869 sowie der Reichsjustizgesetze seine Bedeutung für den strafrechtlichen Rechtshilfeverkehr erloschen; vgl. Delbrück, Der Artikel 40 der Reichsverfassung (1881) 20.

4. Nach dem Muster des Zollkartels vom 11. Mai 1833 wurden von den zollvereinten Regierungen ähnliche Verabredungen mit benachbarten vereinsausländischen Regierungen getroffen. Für Württemberg kam praktisch lediglich in Betracht das mit Österreich, als Anlage III des deutsch-österreichischen Handelsvertrages vom 19. Februar 1853, vereinbarte Zollkartel, verkündet durch Kgl. Verordnung vom 21. August 1853. Rbl. 313; Martens N. R. G. XVI, 1, 422. Nachdem dasselbe am 11. April 1865, Rbl. 117 p. XLV, und dann wieder am 9. März 1868, Rbl. 356; Martens N. R. G. XIX 403 erneuert worden war, ist es gelegentlich des am 16. Dezember 1878 von Deutschland geschlossenen österreichisch-ungarischen Handelsvertrages mit unwesentlichen Abänderungen zu einem Reichsvertrage erhoben und am 23. Mai 1881 erneuert worden.

VII. Übereinkünfte zu gemeinsamer Repression von Münzdelikten. Auch sie verdanken ihren Ursprung dem deutschen Zollverein. Die erste, das s. g. Münzkartel vom 21. Oktober 1845, auf der siebenten Generalkonferenz zu Karlsruhe vereinbart, von Württemberg nicht publiziert, Martens N. R. G. VIII 565, war eine Ergänzung der allgemeinen Münzkonvention vom 30. Juli 1838, und unterwarf Münz- und gewisse ihnen gleichgestellte Fälschungsverbrechen und Vergehen gegenseitigen Straf- und Auslieferungspflichten der zollvereinten Staaten. Bei Aufrichtung des deutsch-österreichischen Münzvereins vom 24. Januar 1857 wurde es ersetzt durch das inzwischen mit Österreich am 19. Februar 1853 vereinbarte Münzkartel, das die Anlage IV des o. VI Nr. 4 erwähnten deutsch-österreichischen Handelsvertrags bildete, und mit diesem in Württemberg durch Kgl. Verordnung vom 21. August 1853, Rbl. 313; Martens N. R. G. XVI, 1, 428 verkündet worden war. Nun hat zwar der Prager Friede von 1866 und der Vertrag vom 13. Juni 1867 jenen Münzverein aufgehoben; doch liess man das Münzkartel vorläufig, bis 1878, in Kraft. Für Deutschland ist es mit dem Rechtshilfegesetz und dem Strafgesetzbuch weggefallen. Österreich-Ungarn gegenüber ist es nicht mehr erneuert worden.

VIII. Der Vertrag mit dem Königreich der Niederlande, betreffend die gegenseitige Auslieferung von Verbrechern und Leistung von Rechtshilfe in Strafsachen, doppelsprachig abgeschlossen zu Stuttgart am 23. und im Haag am 30. August 1852, in Württemberg verkündet durch Kgl. Verordnung vom 14. Oktober 1852, Rbl. 377; Lagemans, Recueil des traités et conventions conclus par le Royaume des Pays-Bas IV (1859) 73. Durch ihn wurde Württemberg dem Netz der europäischen Auslieferungsverträge angeschlossen. Seine Stipulationen beruhen auf den freilich noch sehr beschränkten Vollmachten, die damals der niederländischen Regierung durch das Fremdengesetz vom 13. August 1849 erteilt worden waren [33]. Er steht noch gegenwärtig in Geltung, zusammen mit neun andern holländischen Auslieferungsverträgen deutscher Staaten; ein bei dem Umstande, dass die niederländische Regierung des Mutterlandes nur auf Grund und in Gemässheit einer Konvention Auslieferungen gewähren darf, nicht unbedenklicher Zuschnitt des deutschen Rechtshilfeverkehrs mit der Nachbarmacht. Auf das holländische Kolonialreich erstreckt der Vertrag sich nicht.

IX. Der Vertrag mit dem französischen Kaiserreiche, betreffend die gegenseitige Auslieferung von Verbrechern und Leistung von Rechtshilfe in Strafsachen, doppelsprachig abgeschlossen zu Stuttgart am 25. Januar 1853, in Württemberg verkündet durch Kgl. Verordnung vom 6. März 1853, Rbl. 70; De Clercq, Recueil des traités de la France VI (1866) 277. Die Stipulationen sind die üblichen der zahlreichen französischen Extraditionsverträge jener Zeit. Die mangelhaft redigierte Klausel über die Nichtauslieferung politischer Delinquenten teilt der Vertrag mit dem preussischen vom 21. Juni 1845 und dem (nicht mehr geltenden) bayerischen vom 23. März 1846, De Clercq V 296. 432 [34]. Eine Attentatsklausel, s. u. XIV, ist nicht hinzugekommen. Der Vertrag gilt noch heute. Die Zersplitterung des mit Frankreich in Beziehung auf strafrechtlichen Rechtshilfeverkehr bestehenden deutschen Vertragsrechts ist beklagenswert. Zur Zeit bestehen sechzehn unter sich sehr divergierende Auslieferungskonventionen deutscher Einzelstaaten mit der französischen Republik.

X. Der Vertrag mit dem Königreich Belgien, betreffend die gegenseitige Auslieferung von Verbrechern und Leistung von Rechtshilfe in Strafsachen, doppelsprachig abgeschlossen durch das württembergische Ministerium des Auswärtigen und den belgischen Gesandten am Frankfurter Bundestage, Grafen C. de Briey [35] zu Stuttgart am 2. April und zu Frankfurt am 4. April 1853, verkündet durch Kgl. Verordnung vom 28. Mai ej., Rbl. 144; Garcia de la Véga, Recueil des traités de Belgique II (1854) 491. Er trägt die Signatur des belgischen Auslieferungsrégimes,

---

33. Über die interessante Neuerung des A. 5 vgl. meine Internationale Rechtshilfe in Strafsachen I 364 N. 34.
34. Vgl. hiezu Lammasch, Auslieferungspflicht und Asylrecht 275. 281.
35. Nicht: Brieg, wie das Regierungsblatt irrtümlich abdruckt.

wie dasselbe durch das Auslieferungsgesetz vom 1. Oktober 1833 begründet war; hienach bildete die Grenze der übernommenen völkerrechtlichen Pflicht für Belgien zugleich Grenze der staatsrechtlichen Befugnis. Im übrigen unterschied er sich von den gleichzeitigen belgischen Kartelen durch die Vollständigkeit, mit der die Materie der rogatorischen Kommissionen behandelt ist. Sehr merkwürdig lauten die bei Vollziehung des Vertrags ausgetauschten Notes explicatives, welche von Württemberg nicht publiziert wurden: »Il reste convenu que dans le cas où un individu sera accusé ou condamné, simultanément ou non, pour délit politique et pour crime ou délit commun, les gouvernements respectifs s'abstiendront de réclamer son extradition.« Nicht einmal Konnexität wird also vorausgesetzt! Der Vertrag mit dieser seiner authentischen Interpretation ist durch den neuen belgischen Vertrag vom 8. Juni 1870, s. u. XIV, ersetzt worden.

XI. Der Auslieferungsvertrag mit den Vereinigten Staaten von Amerika. Nachdem ein solcher als Resultat langwieriger Verhandlungen der Krone Preussen [36], welche zugleich im Namen zahlreicher anderer norddeutscher Regierungen abschloss, endlich am 16. Juni 1852 zu Washington unter dem vorbehaltenen Beitritt anderer Staaten des deutschen Bundes zu stande gekommen war, erklärte auch Württemberg unter dem 13. Oktober 1853, gegen Austausch einer entsprechenden amerikanischen Deklaration seinen Beitritt. Die Publikation erfolgte durch Kgl. Verordnung vom 2. März 1854, Rbl. 33; Treaties and Conventions concluded between the U. St. of America and other powers, Revised ed. (1873) 899. 732. Durch den norddeutschen Naturalisationsvertrag vom 22. Februar 1868 ist der preussische Vertrag zu einem norddeutschen erhoben worden, stellt also heute einen Reichsvertrag für die ehemals zum norddeutschen Bunde gehörigen Staaten dar. Aber auch der württembergische, welcher durch den württembergischen Naturalisationsvertrag vom 27. Juli 1868, Rbl. 1872, 173, gleichfalls als unverändert fortbestehend erklärt worden ist, gilt noch gegenwärtig.

XII. Der Vertrag mit dem Königreich Spanien, betreffend die gegenseitige Auslieferung von Verbrechern und Leistung von Rechtshilfe in Strafsachen. Er wurde zu Frankfurt am 14. März 1864 doppelsprachig abgeschlossen durch den württembergischen Bundestagsgesandten v. Reinhard und den spanischen Gesandten am Bundestage Don Manuel Rancés y Villanueva, und in Württemberg durch Kgl. Verordnung vom 17. Juni ej., Rbl. 107, publiziert; Janer, Tratados de España (1869) 346. Seinen Klauseln lagen die von dem nämlichen spanischen Unterhändler früherhin negoziierten Konventionen mit Nassau vom 31. Oktober 1861 und mit dem Grossherzogtum Hessen vom 17. Februar 1862 zu Grunde, und erstreckte er, wie diese, seine Giltigkeit auch auf die spanischen Provinzen de Ultramar. Heute steht er nicht mehr in Kraft, da er durch den Auslieferungsvertrag des deutschen Reichs mit Spanien vom 2. Mai 1878 ersetzt worden ist.

---

36. Näheres über dieselben in meiner N. 33 citierten Schrift 208.

XIII. Der Vertrag mit dem Königreich Italien, betreffend die gegenseitige Auslieferung von Verbrechern und Leistung von Rechtshilfe in Strafsachen, doppelsprachig
abgeschlossen zu Stuttgart am 3. Oktober 1869; nebst einer Deklaration von demselben Tage, wonach beide Texte als gleichwertig zu gelten haben und im Zweifel
eine der Auslieferung günstige Interpretation Platz zu greifen habe; beide in Württemberg publiziert durch Kgl. Verordnung vom 31. Dezember 1869, Rbl. 1870, 145;
Raccolta dei Trattati e convenzioni fra il regno d'Italia ed i governi esteri III (1872)
359. Die Konvention gehört, wie die kurz zuvor unterhandelten mit dem Grossherzogtum Baden vom 30. März 1867, dem Königreich Bayern vom 18. September
1868, der österreichisch-ungarischen Monarchie vom 27. Februar 1869 zu den ersten
Rechtshilfeverträgen, welche das soeben zu staatlicher Einheit konsolidierte Königreich Italien mit seinen Nachbarn aufzurichten beflissen war, wofür die mit dem
Fürstentum Monaco am 26. März 1866 vereinbarte Vertragsurkunde als Normaltypus
benutzt wurde. Nur kurze Zeit hat der württembergische Vertrag in Geltung gestanden.
Denn gleichzeitig war Italien auch mit dem norddeutschen Bunde in Unterhandlungen
getreten, welche erst zu Reichszeiten ihren Abschluss erreicht haben. Diese fanden zwar
auf Grundlage des belgisch-norddeutschen Vertrags vom 9. Februar 1870 statt; doch
wurden mannigfach hiebei die Klauseln der italienischen Auslieferungsverträge mit den
süddeutschen Staaten verwertet. Der zwischen dem deutschen Reich am 31. Oktober
1871 abgeschlossene grosse Auslieferungsvertrag vom 31. Oktober 1871 hat mit
den andern süddeutschen auch den württembergischen aufgehoben. — Übrigens war
behufs Vollziehung der württembergisch-italienischen Übereinkunft auch mit der Schweiz
ein Abkommen wegen der Durchlieferung der Verbrecher durch eidgenössisches Gebiet, getroffen worden, dessen Inhalt die württembergische Ministerialverordnung
vom 5. April 1871, Rbl. 109, verkündete. Auch dieses ist durch das denselben Gegenstand
regelnde Abkommen des deutschen Reichs vom 25. Juli 1873 ausser Wirkung getreten.

XIV. Der zweite Vertrag mit dem Königreich Belgien, betreffend die gegenseitige Auslieferung von Verbrechern und Leistung von Rechtshilfe in Strafsachen.
Er wurde zu Stuttgart am 8. Juni 1870 doppelsprachig abgeschlossen. Die beim
Abschluss abgegebene Deklaration beider Teile ist gleichlautend mit der gelegentlich des italienischen Vertrages von 1869, s. o. XIII, verlautbarten. Die Publikation
erfolgte in Württemberg durch Kgl. Verordnung vom 4. Oktober 1870, Rbl. 379;
Garcia de la Véga, Recueil des traités de Belgique VIII (1870) 323. Dieser Vertrag, wodurch der ältere von 1853, s. o. X, beseitigt wurde, gehört zu der langen
Reihe derjenigen Konventionen, welche der belgische Staat, dessen Auslieferungsrecht durch die Loi sur les extraditions vom 5. April 1868 und die dazu ergangene
Novelle vom 1. Juni 1870, neugeordnet worden war, an die Stelle der früheren beschränkten und unzureichenden zu setzen sich beeiferte. Insbesondere den deutschen
Nachbarregierungen gegenüber suchte Belgien seinen Jurisdiktionsverkehr auf den

Fuss des neuen Rechtes zu setzen. Auf belgische Anregung kam es zu den Verträgen mit Bayern vom 17. Oktober 1869; mit Baden vom 3. November 1869; mit dem norddeutschen Bunde vom 9. Februar 1870, denen der württembergische folgte. Allen diesen Konventionen sind gewisse spezifische Merkmale des damaligen belgischen Auslieferungsrechts gemeinsam. Von der bayrischen und badischen unterscheidet die württembergische sich namentlich dadurch, dass sie die belgische Klausel in betreff der politischen Attentate nicht rezipiert hatte. Man trug also in Stuttgart, wie auch in Berlin, damals noch Bedenken, auf die völkerrechtliche Neuerung einzugehen[37]. Erst der grosse Auslieferungsvertrag des deutschen Reichs mit Belgien vom 24. Dezember 1874 hat in diesem Punkte ein neues Recht geschaffen. Durch seinen Artikel 17 wurde die württembergische Übereinkunft von 1870 ausser Kraft gesetzt.

Der belgische Vertrag von 1870 war der letzte in der Reihe der von Württemberg mit ausserdeutschen Regierungen aufgerichteten Rechtshilfeverträge. Dem Vorgange des preussischen Staats, welcher neuerdings mit der kaiserlich russischen Regierung behufs gemeinsamer Abwehr anarchistischer Umtriebe und Verbrechen am 13./1. Januar 1885 durch Notenwechsel einen partikularen Auslieferungsvertrag verabredet[38] und in demselben zwar dem Prinzip der belgischen Klausel, unter weiterer Eingrenzung des Begriffes der politischen Delikte, analoge Anwendung verliehen; aber feste Verbindlichkeiten hinsichtlich der Auslieferungsmässigkeit unpolitischer Thatbestände weder formell noch materiell präzisiert hat, ist zwar das Königreich Bayern mittelst bayrisch-russischen Deklarationsaustausches vom 1. Oktober 1885 gefolgt, bayrisches Gesetz- und Verordnungsblatt 1885 Nr. 40; Martens N. R. G. II Série XI 594. Dagegen hat Württemberg sich ihm nicht angeschlossen.

Es mag zum Schlusse gestattet sein, diesen Überblick über das württembergische Vertragsrecht durch Zusammenstellung der vom deutschen Reiche über Materien der Rechtshilfe aufgerichteten oder als solche geltenden Staatsverträge zu ergänzen. So weit das Reich solche nicht aus älterer Zeit übernommen hat, sind sie von der

---

37. Die belgische Klausel, welche seither einen wahren Siegeslauf durch die zivilisierte Welt gehalten hat, ist ein spezieller Vorbehalt, durch welchen die traditionell in den Verträgen sich findende Abmachung, wonach politische Delikte und konnexe Reate der Auslieferungspflicht nicht unterliegen und an den legal ausgelieferten Personen nicht verfolgt werden sollen, eine Restriktion erfährt. Diese Restriktion lautet in ihrer ursprünglichen Fassung, belgisch-französischer Vertrag vom 22. September 1856, dahin: Ne sera pas réputé délit politique, ni fait connexe à un semblable délit, l'attentat contre la personne d'un Souverain étranger ou contre celle des membres de sa famille, lorsque cet attentat constituera le fait, soit de meurtre, soit d'assassinat, soit d'empoisonnement.

38. Derselbe ist in Preussen nicht publiziert, sondern nur durch Abdruck im deutschen Reichsanzeiger 1885 Nr. 20 bekannt gemacht worden, hat demnach landesrechtliche Verbindlichkeit, preussische Verfassungsurkunde A. 48. 106, nicht erlangt, trägt also ausschliesslich diplomatischen Charakter. Durch die preussische Regierung wurden zwar alsbald Schritte gethan, um das Abkommen in einen förmlichen Reichsvertrag mit Russland zu verwandeln. Ein solcher ist auch in der That zu St. Petersburg am 20./s. März 1885 unterzeichnet worden, Martens N. R. G. II Série XII 275. Er erhielt die Zustimmung des Bundesrates und wurde am 6. Mai 1885 dem Reichstage zu verfassungsmässiger Genehmigung vorgelegt, Verhandlungen VI L. P. I Session 1884/5 Nr. 380. Doch ist er nicht zur Beratung gekommen, die Ratifikation demnach unterblieben. Bei Martens a. a. O. fehlt ein bezüglicher Vermerk.

kaiserlichen Regierung abgeschlossen worden und haben sie die Zustimmung des Bundes-rats und die Genehmigung des Reichstags erlangt. Sie weisen allen deutschen Staaten völkerrechtliche Ansprüche und Verbindlichkeiten zu; welche indes nicht bloss unter Schutz und Kontrolle des Reichs stehen, Rvf. A. 11, sondern auch regel-mässig, vgl. Laband Staatsrecht des deutschen Reichs II 242 N. 1, im diplomatischen Verfahren des Reichs zur Geltung zu bringen sind. Nur hat allerdings der belgische Reichsvertrag von 1874 und die ihm nachfolgenden den deutschen Regierungen in Auslieferungssachen das Recht unmittelbaren Schriftwechsels mit der fremden Macht »je nach den Umständen des einzelnen Falles« ausdrücklich vorbehalten.

Die in Geltung stehenden Reichsverträge sind nach der Zeitfolge der Errichtung folgende. 1. Der Freundschafts-, Handels- und Schiffahrtsvertrag mit China vom 2. September 1861 im A. 33. 2. Der Freundschafts-, Handels- und Schiffahrts-vertrag mit Siam vom 7. Februar 1862 im A. 11. 3. Der Naturalisationsvertrag mit den V. St. von Amerika vom 22. Februar 1868 im A. 3, gültig nur für das Gebiet des ehemaligen norddeutschen Bundes, s. o. unter XI. 4. Der Auslieferungs-vertrag mit dem Königreich Italien vom 31. Oktober 1871, s. o. unter XIII. 5. Der Auslieferungsvertrag mit Grossbritannien vom 14. Mai 1872. 6. Der Auslieferungs-vertrag mit der Schweiz vom 24. Januar 1874, s. o. unter I Nr. 5. 7. Der Aus-lieferungsvertrag mit Belgien vom 24. Dezember 1874, s. o. unter XIV. Er ist Mustervertrag für die folgenden Konventionen gewesen. 8. Der Auslieferungsvertrag mit Luxemburg vom 9. März 1876, s. o. S. 20 N. 17. 9. Der Auslieferungsvertrag mit Brasilien vom 17. September 1877. 10. Der Auslieferungsvertrag mit Schweden-Norwegen vom 19. Januar 1878. 11. Der Auslieferungsvertrag mit Spanien vom 2. Mai 1878, s. o. unter XII. Nach seinem Muster ist entworfen 12. Der Aus-lieferungsvertrag mit Uruguay vom 12. Februar 1880. 13. Der Vertrag mit Öster-reich-Ungarn vom 25. Februar 1880 betreffend die Urkundenbeglaubigung. 14. Das Zollkartel mit Österreich-Ungarn vom 25. Februar 1881, s. o. unter VI Nr. 4. 15. Der Konsularvertrag mit Serbien vom 6. Januar 1883 im A. XXV. 16. Der Freundschafts- und Handelsvertrag mit der südafrikanischen Republik vom 22. Januar 1885 im A. XXXI.

Als Resultat ergibt sich, dass das Königreich Württemberg heutzutage in seiner doppelten Rechtsstellung als Gliedstaat des deutschen Reichs und als völkerrechtliche Macht vertragsmässig gesicherte Rechtshilfebeziehungen unterhält: innerhalb des Reichs und Jenseits des Rahmens der reichsgesetzlichen Rechtshilfepflichten mit den drei Staaten Bayern, Baden, Preussen für Hohenzollern; ausserhalb des Reichsverbandes mit allen Grossmächten, Russland ausgenommen; sodann mit den europäischen Mächten: Niederlande, Belgien, Luxemburg, Schweiz, Schweden-Norwegen, Spanien, Serbien; endlich mit sechs aussereuropäischen Reichen.